本书的出版获得了江苏师范大学哲学社会科学优秀学术著作出版基金的资助
国家社会科学基金项目"荀子疑难问题辨正与荀子思想体系研究"(14BZX041)
国家社会科学基金重大项目"中国人性论通史"(15ZDB004)

江苏师范大学哲学社会科学文库

天道天行与人性人情

——先秦儒家"性与天道"论考原

林桂榛 著

中国社会科学出版社

图书在版编目（CIP）数据

天道天行与人性人情：先秦儒家"性与天道"论考原/林桂榛著. —北京：中国社会科学出版社，2015.12

（江苏师范大学哲学社会科学文库）

ISBN 978-7-5161-5247-8

Ⅰ.①天… Ⅱ.①林… Ⅲ.①儒家—哲学思想—研究—先秦时代　Ⅳ.①B222.05

中国版本图书馆 CIP 数据核字（2014）第 297501 号

出 版 人	赵剑英
选题策划	卢小生
责任编辑	凌金良
责任校对	李　红
责任印制	王　超

出　　版	中国社会科学出版社
社　　址	北京鼓楼西大街甲 158 号
邮　　编	100720
网　　址	http://www.csspw.cn
发 行 部	010-84083685
门 市 部	010-84029450
经　　销	新华书店及其他书店
印刷装订	北京君升印刷有限公司
版　　次	2015 年 12 月第 1 版
印　　次	2015 年 12 月第 1 次印刷
开　　本	710×1000　1/16
印　　张	26.25
插　　页	2
字　　数	442 千字
定　　价	90.00 元

凡购买中国社会科学出版社图书，如有质量问题请与本社营销中心联系调换

电话：010-84083683

版权所有　侵权必究

在创新语境中努力引领先锋学术
（总序）

任 平[*]

2013年江苏师范大学文库即将问世，校社科处的同志建议以原序为基础略做修改，我欣然同意。文库虽三年，但她作为江苏师大学术的创新之声，已名播于世。任何真正的创新学术都是时代精神的精华、文明的活的灵魂。大学是传承文明、创新思想、引领社会的文化先锋，江苏师大更肩负着培育大批"学高身正"的师德精英的重责，因此，植根于逾两千年悠久历史的两汉文化沃土，在全球化思想撞击、文明对话的语境中，与科学发展的创新时代同行，我们的人文学科应当是高端的，我们的学者应当是优秀的，我们的学术视阈应当是先锋的，我们的研究成果应当是创新的。作为这一切综合结果的文化表达，本书库每年择精品力作数种而成集出版，更应当具有独特的学术风格和高雅的学术品位，有用理论穿透时代、思想表达人生的大境界和大情怀。

我真诚地希望本书库能够成为江苏师大底蕴深厚、学养深沉的人文传统的学术象征。江苏师大是苏北大地上第一所本科大学，文理兼容，犹文见长。学校1956年创始于江苏无锡，1958年迁址徐州，1959年招收本科生，为苏北大地最高学府。60年代初，全国高校布局调整，敬爱的周恩来总理指示："徐州地区地域辽阔，要有大学。"学校不仅因此得以保留，而且以此为强大的精神动力得到迅速发展。在50多年办学历史上，学校人才辈出，群星灿烂，先后涌现出著名的汉语言学家廖序东教授，著名诗

---

[*] 任平，江苏师范大学校长。

人、中国现代文学研究专家吴奔星教授，戏剧家、中国古代文学史家王进珊教授，中国古代文学研究专家吴汝煜教授，教育家刘百川教授，心理学家张焕庭教授，历史学家臧云浦教授等一批国内外知名人文学者。50 多年来，全校师生秉承先辈们创立的"崇德厚学、励志敏行"的校训，发扬"厚重笃实，艰苦创业"的校园精神，经过不懈努力，江苏师大成为省重点建设的高水平大学。2012 年，经过教育部批准，学校更名并开启了江苏师范大学的新征程。作为全国首批硕士学位授予单位、全国首批有资格接收外国留学生的高校，目前有 87 个本科专业，覆盖十大学科门类。有 26 个一级学科硕士点和 150 多个二级学科硕士点，并具有教育、体育、对外汉语、翻译等 5 个专业学位授予权和以同等学力申请硕士学位授予权，以优异建设水平通过江苏省博士学位立项建设单位验收。学校拥有一期 4 个省优势学科和 9 个重点学科。语言研究所、淮海发展研究院、汉文化研究院等成为省人文社会科学重点研究基地；以文化创意为特色的省级大学科技园通过省级验收并积极申报国家大学科技园；包括国家社科基金重大、重点项目在内的一批国家级项目数量大幅度增长，获得教育部和江苏省哲学社会科学优秀成果一等奖多项。拥有院士、长江学者、千人计划、杰出青年基金获得者等一批高端人才。现有在校研究生近 3000 人，普通全日制本科生 26000 余人。学校与美国、英国、日本、韩国、澳大利亚、俄罗斯、白俄罗斯、乌兹别克斯坦等国的 20 余所高校建立了校际友好合作关系，以举办国际课程实验班和互认学分等方式开展中外合作办学，接收 17 个国家和地区的留学生来校学习。学校在美国、澳大利亚建立了两个孔子学院。半个世纪以来，学校已向社会输送了十万余名毕业生，一大批做出突出成就的江苏师范大学校友活跃在政治、经济、文化、科技、教育等各个领域。今日江苏师大呈现人文学科、社会学科交相辉映，基础研究、文化产业双向繁荣的良好格局。扎根于这一文化沃土，本着推出理论精品、塑造学术品牌的精神，文库将在多层次、多向度上集中表现和反映学校的人文精神与学术成就，展示师大学者风采。本书库的宗旨之一：既是我校学者研究成果自然表达的平台，更是读者理解我校学科和学术状况的一个重要窗口。

努力与时代同行、穿透时代问题、表征时代情感、成为时代精神的精华，是本书库选编的基本努力方向。大学不仅需要文化传承，更需要创新学术，用心灵感悟现实，用思想击中时代。任何思想都应当成为时代的思想，任何学术都应当寻找自己时代的出场语境。我们的时代是全球资本、科技、经济和文化激烈竞争的时代，是我国大力实施科学发展、创新发展、走向中国新现代化的时代，更是中华民族走向伟大复兴、推动更加公正、生态和安全的全球秩序建立和完善的时代。从以工业资本为主导走向以知识资本为主导，新旧全球化时代历史图景的大转换需要我们去深度描述和理论反思；在全球化背景下，中国遭遇时空倒错，前现代、现代和后现代共时出场，因而中国现代性命运既不同于欧美和本土"五四"时期的经典现代性，也不同于后现代，甚至不同于吉登斯、贝克和哈贝马斯所说的西方（反思）的新现代性，而是中国新现代性。在这一阶段，中国模式的新阶段新特征就不同于"华盛顿共识"、"欧洲共识"甚至"圣地亚哥共识"，而是以科学发展、创新发展、生态发展、和谐发展、和平发展为主要特征的新发展道路。深度阐释这一道路、这一模式的世界意义，需要整个世界学界共同努力，当然，需要本土大学的学者的加倍努力。中国正站在历史的大转折点上，向前追溯，五千年中国史、百余年近现代史、六十余年共和国史和三十余年改革开放史的无数经验教训需要再总结、再反思；深析社会，多元利益、差异社会、种种矛盾需要我们去科学把握；未来展望，有众多前景和蓝图需要我们有选择地绘就。历史、当代、未来将多维地展开我们的研究思绪、批判地反思各种问题，建设性地提出若干创新理论和方案，文库无疑应当成为当代人的文化智库、未来人的精神家园。

我也希望：文库在全球文明对话、思想撞击的开放语境中努力成为创新学术的平台。开放的中国不仅让物象的世界走进中国、物象的中国走向世界，而且也以"海纳百川、有容乃大"的宽阔胸襟让文化的世界走进中国，让中国精神走向世界。今天，在新全球化时代，在新科技革命和知识经济强力推动下，全球核心竞争领域已经逐步从物质生产力的角逐渐次转向文化力的比拼。民族的文化精神与核心价值从竞争的边缘走向中心。发现、培育和完善一个民族、一个国家、一个地区的优秀的思想观念、文化精神和价值体系，成为各个民族、国家和地区自立、自强、自为于世界民族之林的重要路径和精神保障。文化力是一种软实力，更是一种持久影响世界的力量或权力（power）。本书库弘扬的中国汉代精神与文化，就是培育、弘扬这种有深厚民族文化底蕴、对世界有巨大穿透力和影响力的本土文化。

新全球化具有"全球结构的本土化"（glaocalization）效应。就全球来看，发展模式、道路始终与一种精神文化内在关联。昨天的发展模式必然在今天展现出它的文化价值维度，而今天的文化价值体系必然成为明天的发展模式。因此，发展模式的博弈和比拼，说到底就必然包含着价值取向的对话和思想的撞击。20世纪90年代以来，世界上出现了三种发展模式，分别发生在拉美国家、俄罗斯与中国，具体的道路均不相同，结果也大不一样。以新自由主义为理论基础的"华盛顿共识"是新自由主义价值观支撑下的发展模式，它给拉美和俄罗斯的改革带来了严重后果，替代性发展价值观层出不穷。2008年爆发的全球金融危机更证明了这一模式的破产。1998年4月，在智利首都圣地亚哥举行的美洲国家首脑会议，明确提出了以"圣地亚哥共识"替代"华盛顿共识"的主张。但是，"拉美社会主义"至今依然还没有把南美洲从"拉美陷阱"中完全拔出。从欧洲社会民主主义价值理论出发的"欧洲价值观"，在强调经济增长的同时，倡导人权、环保、社会保障和公平分配；但是，这一价值并没有成为抵御全球金融危机的有效防火墙。改革开放以来，中国是世界上经济增长最快的国家。因此，约瑟夫·斯蒂格利茨指出，中国经济发展形成"中国模式"，堪称很好的经济学教材。[1] 美国高盛公司高级顾问、清华大学兼职教授乔舒亚·库珀·拉莫（Joshua Cooper Ramo）在2004年5月发表的论文中，把中国改革开放的经验概括为"北京共识"。通过这种发展模式，人们看到了中国崛起的力量源泉。[2] 不管后金融危机时代作为"G2"之一的中国如何，人们不可否认"中国经验"实质上就是中国作为一个发展中国家在新全球化背景下实现现代化的一种战略选择，它必然包含着中华民族自主的社会主义核心价值——和合发展的共同体主义。而它的文化脉络和源泉，就是"中国精神"这一理想境界和精神价值，与努力创造自己风范的汉文化精神有着不解之缘。文库陆续推出的相关著作，将在认真挖掘中华民族文化精神、与世界各种文化对话中努力秉持一种影响全球的文化力，为中国文化走向世界增添一个窗口。

  文库也是扶持青年学者成长的阶梯。出版专著是一个青年人文学者学术思想出场的主要方式之一，也是他学问人生的主要符码。学者与著作，

---

[1] 《香港商报》2003年9月18日。
[2] 《参考消息》2004年6月10日。

不仅是作者与作品、思想与文本的关系，而且是有机互动、相互造就的关系。学者不是天生的，都有一个学术思想成长的过程。而在成长过程中，都得到过来自许许多多资助出版作品机构的支持、鼓励、帮助甚至提携和推崇，"一举成名天下知"。大学培育自己的青年理论团队，打造学术创新平台，需要有这样一种文库。从我的学术人生经历可以体会：每个青年深铭于心、没齿难忘的，肯定是当年那些敢于提携后学、热荐新人，出版作为一个稚嫩学子无名小辈处女作的著作的出版社和文库；慧眼识才，资助出版奠定青年学者一生学术路向的成名作，以及具有前沿学术眼光、发表能够影响甚至引领学界学术发展的创新之作。我相信，文库应当热情地帮助那些读书种子破土发芽，细心地呵护他们茁壮成长，极力地推崇他们长成参天大树。文库不断发力助威，在他们的学问人生中，成为学术成长的人梯，学人贴心的圣坛，学者心中的精神家园。

是为序。

2011 年 2 月 28 日原序
2013 年 11 月 5 日修改

推陈出新　饶有别致[①]

（序　一）

陈瑛

在研究中国古代哲学和伦理学著作中，关乎天道性命的，可以说是汗牛充栋矣。但是，读着林桂榛博士所著的博士学位论文《天道天行与人性人情——先秦儒家"性与天道"论考原》一书（以下简称"林著"），我还是觉得别开生面。虽然它还是谈论孔子天道人性思想的开创，然后是孟子与荀子思想的对立，但是仔细一看却又与一般论著很不相同，一派新意扑面而来。

首先是关于孔子方面。在林著里，孔子的天道观已经不再是以往人们所常说的什么建构"道德理论体系"，而是"在清晰的天文科学或天文观察以及基于天行基本规律所建构的'损益'之易道哲学"（见本书"引言"）。林著发掘了汉郑玄以"血气"之"生"释孔子"性"概念及以"七政"天体之动或行释孔子"天道"概念的真谛，揭开了"天道"即"天行"即"天体之行"（行动或行迹）的真相，佐证了李约瑟《中国科学技术史》中"天文和历法一直是'正统'的儒家之学"之高见；林著对孔子"性"、"习"概念的分析以及对孔子"性—习"之论与"善"或"恶"为人性所固有的人性观念、人性学说有差别的辨正，别开生面地描绘出了孔子一种合乎自然、科学朴素的人性观，发前人所未发。

其次是关于孟子方面。在林著里，作者仔细地考察了孟子的"五行"思想，指出孟子的天道是宗教性、伦理性的，"是伦理天道而非天文天道"（见本书"创新要点"），而孟子的性善论、性善说是伦理型天道下的超越型的人性体验观或人性信仰观，孟子"将天道及流行的天文学天道话语与心性及心性话语对接起来，实现了伦理思想的天人合一建构"（见

---

① 作者系中国社会科学院哲学研究所研究员、伦理研究室前主任、中国伦理学会前会长。

本书"摘要")。书中探索了孟子天道思想的起源,甚至与杨墨、黄老学说的关系,分析了它的不足,特别是挖掘了稀世文献里北宋学者江望对于孟子思想的批判,肯定它是在荀子之后对于孟子性善说的"第二大批判",堪与荀子的批判为"双璧"(见本书"创新要点")。这些见解或观点,在以往的研究者之中都颇少见。

林著最出彩的是关于荀子天道人性论的研究。在林著里,作者不仅考证了荀子天道论思想的渊源是来自孔子与楚国子弓的"易学天道论",而且肯定荀子坚持的也是一种出自理智天文观察的、理智天文学的天道论,"荀子认为天道即天体运行之阴阳大化,而性乃血气心知之形神俱生,天人乃生态一体而非伦理合一,故曰'不求知天'及'明天人之分'"(见本书"摘要")。在人性论上,林著认为荀子构筑了"材—性—伪—积"的理论架构,荀子说的"材"、"性"二者是结构与功能的关系;荀子主张的是材性非善、不善、未善的"性朴论",荀子只是否定"性善说",强调人性本"不善"而非说人性本"恶"或"性恶"等;"性恶"说乃是西汉以后对于《荀子》的误读误校,是后人强加给《荀子》一书的;"性朴说是荀子学说体系的基础与核心,是对思孟派人性论的拨正与对孔子'性近习远'人性论的正确绍继与发展,为迄今为止中国思想史上人性说的最高成就"(见本书"摘要")。如此等等。

林桂榛博士在自己这本著作里,真正做到了古人所期望的"推陈出新,饶有别致"(如清戴延年《秋灯丛话》曰"不特推陈出新,饶有别致"),在天道与人性这一历时数千年、万众颇关注的学术领域里,可谓是游刃而有余、新见迭出。这一切自然是由于他的聪明,但是更主要的原因还是在于他的勤奋,这只要看看他所读过、所引用的大量的古今中外的学术文献、学术资料,看看他如何在其中爬梳整理,如何对其破旧立新,就可以了然而知。正是勤奋所铸成的视野广阔、魄力宏大,使他能够在学海里纵横驰骋、自在遨游,取得了如此丰厚的学术收获。

所谓"做学问要在不疑处有疑,待人要在有疑处无疑"、"大胆的假设,小心的求证"(胡适语),作者在正文及弁跋等处也已示意须进一步补充文献以实证其见。林著当然并非尽善尽美,比如其考据、辞章虽佳,但以哲学观之则义理稍显不足。书中也还有一些率意及不够谨严之处,许多观点也还需要再推敲、再讨论、再详证。但是,它毕竟不是一本敷衍之作,而是作者历经多年研究才写出的充满新意、创见之著作。而新意、创见对于理论研究工作者尤其是理论史研究工作者来说是最难得的，也是最宝贵的。

  林桂榛博士是我的学生（硕士），他一直好学乐思。在此，我祝愿他在以后的学术创新道路上前途无量，祝愿我们中华思想学说正本清源后能焕发出更加灿烂的光辉，为中国及世界提供思想力量！

学究天人际　自成一家言[①]

（序　二）

郭齐勇

　　林桂榛博士《天道天行与人性人情——先秦儒家"性与天道"论考原》一书是在其同题博士学位论文的基础上整理而成的，全书分三章，各论孔、孟、荀的"性与天道"论，每章四节，共十二节，另有引言、结语及附录若干，四十余万字，体例简美，脉络清晰。是书实非"稻粱谋"的应景之作，乃作者近十年来苦心孤诣、匠心独运所得，创见迭出，堪为王夫之所谓"六经责我开生面"之作。作者素以太史公"究天人之际，通古今之变，成一家之言"勉励自己，至今已学术成绩斐然。

　　在林桂榛的博士论文印制本的"创新点"里（亦见本书"创新要点"部分），作者自述了9条：①关于道与天道的真相；②关于孔子天道论真相；③关于孔子人性论真相；④关于思孟五行论真相；⑤关于孟子沟通天人的性道论；⑥关于北宋江望的孟子性善论批判；⑦关于"弓—荀"学派及其天道论；⑧关于《荀子》"性恶"本为"性不善"；⑨关于荀孟分歧及孟子的杨墨论等痕迹。——或有人疑作者于创新点自列过多，但通观其书及所作论证，我以为作者所列并非名不副实之妄拟或自夸。

　　以先秦儒学思想史脉络及近百年来中国哲学史研究现状观之，林桂榛此书之创新可归结为三大方面（分别对应于本书三章内容）：其一是对孔子天道论的辨正，通过爬梳古文献（包括出土古文献）描绘了一个精通天文与历法以及其天道论寄寓于其晚年易学思想的孔子，将孔子天道论揭示为基于日地天体运行规律及相应气候、生态效应的"阴阳五行"式天文学天道论，并旁及孔子接于《尚书》"习与性成"等的血气心知、积习

[①] 作者系武汉大学哲学学院暨国学院教授，兼国学院院长、国际中国哲学会副执行长、中国哲学史学会副会长、中华孔子学会副会长、湖北省文史研究馆馆员、国际儒联理事等。

成性式人性论（本性、习性有别而有关）。这个揭示或辨原的核心是对"易"、"阴—阳"等字义以及孔子晚年易学面貌及传授至商瞿子木、馯臂子弓之易学谱系的澄清。

其二是对孟子天道、人性贯通论的辨正，通过辨析孟子将天道予以伦理化及人性予以德性化加本体化以及将仁、义、礼、智、圣五种德性往天道历数性五行论的附凑比拟而建构起伦理五行论并自树新五行说伦理天道论，将思孟天人论揭示为伦理化、本体化甚至是神秘化、崇高化的天人贯通论，还原了思孟儒学心性道命玄思中将善美伦德在人亦在天的本体化及本体化天命、心性在"圣"的精神自觉中获得贯通融会及精神自足的思想旨趣。这个揭示或还原的核心就是对中国原始"五行"论的破解，从而再现了思孟新五行论创说的最关键性思想意趣与学说理路。同时，本书对孟子性善论的得失多有系统的发掘与辨正，并创新性地释证了《孟子》"天下之言性也则故而已"章这一重大疑案。

其三是对荀子人性论的辨正，通过钻研《荀子》文本及其思想义理，发现了荀子论善恶间、习性本性间的差别及材质与性能间的关联以及荀书"性恶—性朴"两论断的矛盾，提出荀书唯一说"性恶"的《性恶》篇之"性恶"字眼系荀书首次整理编校者即西汉末年刘向因汉代泛滥"善—恶""性—情""阴—阳"对说及配说思潮而误校了《性恶》篇驳"性善"之行文中的"不善"字眼，提出《性恶》篇并非是要以"性恶"驳孟子的"性善"论并自立"性恶"论，而是以"性无善"、"性不善"论驳孟子的"性善"论并自立"性朴"论、"习伪"论，并旁及了与血气心知、材性知能人性论相贯通的荀子阴阳五行天道论的天文学真相及与孔子、子弓等易学的关联。

上述见解都是令人耳目一新甚至震耳发聩的，甚至有些骇人听闻。但观其作为结论依据、来源的详博论证，则知其并非凭空臆想、言之无据。林书的研究不仅视野宏大、骨线坚明以至有如上见解，而且起论、立论尤为细微精湛，有以小博大之法之效。譬如章一对"道、易、阴、阳、时、行、性"诸概念的溯源与辨正，章二对"五行、德、圣、情、才、故"诸概念及学说的溯源与辨正，章三对子弓身份的精确考辨与对荀子《天论》的天文天象解析，对《荀子》"性恶—性朴"的立说矛盾与《性恶》篇"不直—不善"、"性不直—性不善"等修辞及驳论语气的敏锐把握与深入辨析，这些都是林书的立论基础或基点。在基点方面，林桂榛博士充分发挥了其小学、朴学工夫，以字学与考证为先导，以宏大问题澄清或厘定为归宿，考镜源流，辨析谜白，其研究方法和研究所得独树一帜。

就我感兴趣的问题而言，本书的许多论证是成功的。比如本书对"不可得而闻也"的孔子天道论作了前无古人的发掘与辨析，爬梳了《易传》尤帛书《易传》以及其他散见于先秦两汉文献（含出土文献）中的孔子言行录，披沙拣金、博存众家、网罗遗逸、会通融贯。以本书第49—51页所集《论语》、帛书《易传》《左传》《孔子家语》《孔子世家》《论衡》、上博简《中弓［仲弓］》所记孔子12条语句看来，孔子精通天文与历数当是无疑的，比如北极枢机、黄道运行、四时交替、阴阳损益、万物生杀及历差、岁差等，比如于"月离于毕，俾滂沱矣"的节气知识与气象预测等。孔子的这种天文天象学认识与《左传》以天文天象言"天道"及"推天道以明人事者"的《易传》天文学天道论是完全一致的，而且《左传》、《易传》的作者与孔子或孔子之学多有关，其中的思想也与孔子多有关甚至明确记载了孔子的易道思想。

林书第一章成功地再现了一个精通天文与历法的孔子形象，辨正了孔子并非于"天道"未达或未言，辨正了孔子持天文学的阴阳五行天道观，发中国思想史、中国科学史研究所未发或所未详发，令人大开眼界。辅之以本书第二章于"五行"论的破解以及第三章于"子弓"身份的厘定，子贡称"夫子之文章可得而闻也，夫子之言性与天道不可得而闻也"的疑案当已水落石出：一则《论语》里孔子重礼乐教化或教养，颇有孟子"以仁存心、以礼存心"及荀子"礼者法之大分、类之纲纪也，故学至乎礼而止矣，夫是之谓道德之极"之义；二则吕思勉《先秦学术概论》所谓《春秋》、《周易》二学"非凡及门者所得闻……文章者，诗书礼乐之事；性与天道，则易道也"，孔子天道论在其易道论中；三则孔子易道论在其老年好《易》中，此前"不可得而闻"完全正常。故而，帛书《易传》载子赣（贡）于老年孔子之好《易》的不解之问，恰恰透露了孔子天道论的成熟在孔子老年以及子贡对孔子老年易学天道论的不解。

《史记·货殖列传》曰："子赣既学于仲尼，退而仕于卫，废著鬻财于曹鲁之间，七十子之徒，赐最为饶益。"精商业与辞令外交的卫人端木子贡少孔子31岁，孔子73岁殁时他42岁，他不是能受与历史上已受孔子易学精髓的弟子，受传孔子易学精髓的弟子是少孔子29岁的鲁人商瞿子木。《孔子家语·七十二弟子解》说他"特好《易》，孔子传之，志焉",《论衡·别通》说"孔子病，商瞿卜期日中……昔有商瞿能占爻卦"。商瞿子木的历史形象或儒学贡献于秦汉时学者而言是清晰确凿的，从《孔子家语》、《史记》等有关商瞿不出妻且40岁后得五子及商瞿40岁时曾以"恐子自晚生耳，未必妻之过"之语劝30岁的齐人梁鳣勿责妻、出妻的故事看来，商瞿与晚年孔子交往亲密（孔子六七十来岁时商瞿正值三四十来岁之壮年），且商瞿家庭当比较殷实，不仅好《易》善占，而且个性淡定仁慈，有知识、定力和远见，无疑是受孔子易学的佳才。

再从司马迁《仲尼弟子列传》、《儒林列传》所记孔子易学由商瞿子木到汉初的传授谱系及《太史公自序》所记司马谈、司马迁父子的易学受源来看，商瞿子木、馯臂子弓是孔子易学的第二、第三代传人，而迁父的易学老师杨何是孔子易学的第八代嫡传且是当时西汉易学的总源，且司马迁所述孔子至西汉的儒家易学学者主要分布在环绕今山东中部山地的古兖州、青州、徐州一带（唯两人不在此域，此范围与荀子至齐以后的主要活动范围一致）。从帛书《易传》记孔子晚年与弟子对话中称"二三子"、"门弟子"以及"子赣"等看来，帛书《易传》中前四篇（《二三子》《系辞》《衷》《要》）当出自商瞿子木、馯臂子弓一系之学者，它们记录了孔子晚年谈话中传出的易道思想或阐发了孔子晚年的易道思想；而帛书《易传》中《缪和》《昭力》两篇所称"先生"、"子"或是孔子，或也更可能是商瞿子木之后的易学学者，《张政烺论易丛稿》（2011）推之为秦或汉初人。李学勤先生《周易经传溯源》（1992）则将帛书《易传》都推为楚人所传，并认为荀子易学源自馯臂子弓。于豪亮先生在给帛书《易传》的经传文字作释文时（1984）则将《系辞》《二三子》《要》《缪和》《昭力》等推为战国晚期所作，谓今参以《史记》等所记易学传承谱系，可知帛书《周易》传文与楚人子弓之学或有密切关联。以荀子易学天道论及司马迁天道论看来，荀子、司马迁与《易传》易道思想或《易传》所录孔子易道思想是吻合的，这恰恰证明司马迁所述孔易谱系之不谬。——于此，林书考原或详证了孔子易道哲学的精髓及孔子易道哲学的传承大貌，顺此易道哲学或天道论源流而下，清晰地描绘了与子思年代大体相当的子弓所居中而架构的一个"孔子—子弓—荀子"儒学谱系，先秦儒学大易、大道思想在此书得到呈现。

于孟子的"性与天道"论，本书尊重了徐宗泽神甫（1866—1947）所谓"有人类即有宗教，宗教者言受造之人与造物之主在伦理上之关系；

因而信从神默启之道理，遵守其诫命而奉事之"及严复（1854—1921）所谓"中国言道德礼义本称天而行，但非由教（宗教）而起耳"（俱见本书第 156 页引）的论说，抓住了先秦儒家思孟学派以伦理言天道、人性以及以伦理天道说天命、心性且将天命、心性在伦理上予以贯通的思想学说特征，经考辨和体悟各种思孟文献后指出："孟子标举'性善'说的根由不是人性的经验归纳或实证，而是伦理型天道的超越性体验与天命信仰，这种宗教性天道精神是《尚书》及商周的观念传统的一种残遗或变种，此种'天'层面的立说与信念才是孟子整个'性与天道'论的关键，才是孟子标举'性善'与'天命'及努力去推崇和张言天人相贯的关键。"（见"摘要"）这种见解是允当和精辟的，是知孟子"性善"理路及孟子"此天之所与我者"立场的，此与王国维《论性》一文"故其性善之论实由其乐天之性质与尊崇道德之念出，而非有名学上必然之根据也"之见解同，与冯友兰《中国哲学简史》一书"宇宙在实质上是道德的宇宙，人的道德原则也就是宇宙的形上学原则，人性就是这些原则的例证"之解说同。

　　我在《再论"五行"与"圣智"》一文曾说："思孟五行是具有终极信仰的、以天道为背景的'天人圣智五行观'，蕴含着深刻的道德形上学的思想，其枢纽是'圣智'。与'聪明'相连的'圣智'是一种'神明'、'天德'，是对'天道'的体悟或神契，是体验、接近超越层的'天德之知'。"（本书第 157 页已引）思孟文献以仁义礼智圣等为"性"且谓仁义礼智圣之德"形于内谓之德之行，不形于内谓之行"以及"德犹天也，天乃德也"、"道也者，天道也"、"善，人道也；德，天道也"、"圣人知天之道"、"圣始天，智始人"，如此人德天道化、天道人德化及人德性命化、性命人德化。从"耳"之"聖（圣）"与听闻有关，与"聪"有关，圣是聪于知天德天道，智是明于知人德人性，故作者云："思孟学派认为五德为'性'（形于内）则是'德'，而此'德'即是'天道'；如此以'仁义礼知圣'为性（形于内），就实现了天人的伦理沟通或伦理共生而天人一体，由心性直达高远天道，故《孟子·尽心上》'知性知天'、'事天立命'、'尽心存心'云云。"（见本书第 135 页）

　　本书第二章破解了原始五行说的天道历数本义，进而破解了思孟新创伦理化五行说的用意及来龙去脉，此更足澄清或证明孟子天人论思想体系的伦理内核或伦理架构，并揭示了思孟不同于商周政治神学或民俗神祇之神灵化天论也不同于弓荀学派之天文学天论的天论特色，揭示了神灵天论、伦理天论、天文天论在先秦儒学的分布脉络。在本书第二章第三节的第三大部分，作者又将傅斯年《性命古训辨证》所不敢提及的孟子"天下之言性也则故而已矣"章作了一个彻底的文字疏证，证明此"故"字是本、本初、本原之义，即《孟子》他处所谓"本故"及《荀子·性恶》所谓"性故"义，指出此"则故"是"效法本初"义，指出此章"则故而已""以利为本""恶智于凿""苟求其故"正与《孟子》"性善"论下"禹之行水""牛山木美""顺杞柳之性""求其放心而已"等设喻之论吻合。此解决了黄彰健、裘锡圭等众多学者所关心的《孟子》"天下之言性也则故而已矣"章究竟何意的问题，破解了此孟子论性难题，将孟子顺性法本之性善论的理解与研究推进了一大步。

庞朴先生《帛书五行篇研究》（1988）曾说马王堆帛书《五行》篇的发现证明了《孟子·尽心下》"君子不谓命也"章"圣人之于天道也"句当作"圣之于天道也"，说《五行》篇"解开了思孟五行说的古谜，是学术史上的一件大事"。那么，林书在天文历法史专家陈久金先生的成果基础上详证原始"五行"说是天道历数概念并揭开思孟以伦理五德比附天道五行及后思孟的邹衍又以水火金木土五材比附天道五行的学说真相，就也是学术史上的一个大进步了。而林书第三章对《荀子·性恶》之"不善"字眼的校正，那更是新见、奇论；若林书于《性恶》篇的校勘是正确的，那么这必将改写中国哲学思想史中有关荀子的定论或常识。

以荀书辞章与义理言之，以秦汉思潮流变言之，我认为本书作者于《荀子》"性恶"复原为"性不善"的校勘结论是有一定道理的。说荀子持"性恶"论的确只初见于西汉末年刘向及东汉初年王充之所记，有关西汉董仲舒的文献恰恰证明董仲舒的人性天生"质朴"论（其真实无伪的《贤良对策》曰"质朴之谓性，性非教化不成；人欲之谓情，情非度制不节"，《春秋繁露·实性》则屡云"质朴"并曰"性者天质之朴也，善者王教之化也，无其质则王教不能化，无其王教则质朴不能善"）正来自他撰文所美的荀子（宋刻本《荀子》卷末所附刘向《孙卿书录》曰"至汉兴，江都相董仲舒亦大儒，作书美孙卿"），荀子后学西汉贾谊、陆贾之书以及毛生取于诸子之书而作且与《荀子》多有重复的《乐记》等更可证明荀子性朴论。《五行》篇的出土证实了清代段玉裁对《孟子》"圣人之于天道也"句基于前后文之义理的校勘推断（此早庞朴先生之校百余年），那么林桂榛博士对《荀子》"性恶"的校勘推断是不是也会出土秦汉文献以完全证实之呢？或许会有，或许永无，但这并不妨碍"大胆假设、小心求证"的学术探索，也并不削弱本书已有证据的证明力量。

林桂榛博士用了六年之久才写出本书并递交答辩，这并非是他文字写作能力不够或文字写作篇幅不够，而是他"自加压力、志在一流"所致，但他依然在博士论文跋语里表达了对本书的"不满意"之情。他的博士论文外审和答辩时受到专家好评，申请出版时也受到匿名审查专家肯定，比如说："该成果在继承前人和吸收今人研究成果的基础匿名上，利用丰富的传世文献资料和大量的出土简帛资料，勇于探索，敢于创新，提要钩稽，探赜索隐，旁征博引，条分缕析，发前人未发之覆，睹今人未睹之秘，大胆假设，小心求证，新意迭出，取得了可喜的研究成果……该成果具有较高的学术价值，是一部优秀的学术专著……该成果创新点突出，科学性强，研究难度极大，学术价值高。该成果公开出版能为中国儒学史尤其是中国先秦儒学史的进一步研究提供新思路……嘉惠学林升堂矣，入室尤有可望。""本文……企图还原历史（思想史）的本来面貌，澄清先秦儒学开创阶段的天道性命思想，具有重要的学术价值。作者在全面梳理前人论述的基础上，以强烈的问题意识，对诸多问题加以论辩，提出了许多发人深省的新鲜见解……论文史料翔实，考辨精审，剖析亦相当透彻，可以说是一篇较为优秀的博士学位论文。"——而本书存在的问题，书末全真所附两份书稿出版匿名审查报告及三份博士论文匿名审查报告已作了陈述，读者无论是否同意之，都可查看并比酌。我未必赞赏荀子更未必赞赏荀子批评孟子，但我认为本书对荀子的研究和对孟子的研究是高水平和居前沿的，对孔子天道论或对《易传》的研究更是如此。

林桂榛博士现在正在进行《乐记》的专题研究，以"乐"（樂、楽）字为中心，全面新解《乐记》的"声""音""乐"概念及乐论义理。以我所见他的部分《乐记》文字与义理考辨论稿而言，他于《乐记》的研究也是颠覆性、独创性的，许多见解同样可谓振耳发聩或石破天惊。另外，他在本书成果或见解的基础上于《荀子》《易传》都有专题研究计划，他于华夏文明中"龙"神之原型（闪电）以及"帝"观念之天文学背景（天枢）的文化史研究亦收集了大量古史资料，我相信日后他会于荀子、易传、龙神研究等拿出扎实而崭新的独创性成果，以飨学林。

林桂榛博士并不是一位纯粹向古而求、向壁而思的枯燥"学究"，而是富有思想活力或现实力之学者。他于世间的礼乐刑政等都有浓厚的研究兴趣，他有求真知、求正义之诚，亦有兴于诗、游于艺之乐，他于世界化浪潮下中国本土思想的正本清源及转进复活更富有痴情。所以他于"五行"论、"性朴"论的正本清源以及对先秦儒家天文学天道论或天文学易道论的考原辨析，其实所继续的就是戴震心中的事业；他认为他将戴震于儒家天道论、人性论的"疏证"工作大大推进了一步，无论他人是否理解或明白，其苦心孤诣如鱼饮水冷暖自知，非俗人俗学可知也。

林桂榛博士也并非是食古不化或坐井观天之人。本书讨论孟子"怵惕恻隐"论时对欧洲近代思想家大卫·休谟、亚当·斯密、巴鲁赫·斯宾诺莎等著作中"同情"论的援引，本书对古希腊柏拉图、亚里士多德著作的不时提起及恰当征引，本书引言部分对欧洲形而上学哲学思潮的熟悉及鉴别，以及他对日本古学派思想者著作的了解，说明他是一位开放的思想史研究者，是一位在努力会通中外哲学的思想者。他耗费十几年薪水的藏书以及对藏书（尤中外古籍）的不竭热情，更说明他于学术工作或思想工作的赤诚，他如此藏书、读书中求学而学、求仁得仁的亚里士多德式之自足态度，亦令师友或同行肃然起敬。

我曾任林桂榛博士在武汉大学修读博士学位时的专业指导教师，我阅过他的博士论文，也知他的为人与为学。他现要整理出版其博士学位论文并嘱余作序，此于公于私皆盛情难却，故撰如上评议以为序。是耶非耶，读者自可据本书等以审断之，《荀子·正名》所谓"以仁心说，以学心听，以公心辨"是也。

本书及作者另一书《"亲亲相隐"问题研究及其他》仅是作者思考和研究中一个阶段或一个问题的暂结，我相信他会在"周虽旧邦"的学术、思想道路上"其命维新"，这是他的愿望，也是我的期待。

是为序。

创新要点

一 关于道与天道的真相

考证"道"与"天道"的语言范畴,"道"系"所行"或"行迹"义,"天道"即天之所行或天之行迹,天道实是天行轨迹,是天体在天宇中的行迹。宇宙本原或终极实在的本体论天道观与天文学天道观完全有别,后者脱离了形而上学或哲学本体论。

二 关于孔子天道论真相

考证孔子的天文学天道观,天不言不语而"四时行,百物生",天不思不虑而"日月往来,寒暑成岁"。孔子精通天文与历法,《易传》尤帛书《易传》等文献所记述的孔子天道观是阴阳、四时、五行的天文学天道观,并"推天道以明人事"地由天道之阴阳损益来阐发人事吉凶进退或忧患悔吝之道。此是孔子天道论澄清或复原的一大进展。

三 关于孔子人性论真相

考证孔子人性论不同于孟子也不同于宋儒,他将"本性—习性"区分对说,"上知下愚"既可指个体生理基础的差异,也更指个体心知、习性累积的差异。孔子认为习性有别且习以成性成德性:"性"字从生即生命,人体生命在血气;"性"字从忄即心知,血气乃心知之基础。

四 关于思孟五行论真相

荀子批判的思孟"五行"论之真相是思孟以仁义礼智圣五种意识化、心性化的德性匹配天道"五行"以让他们所崇尚的五德获得天道或天道论的高度。"五行"本义不是水、火、木、金、土五材五物,而是一、二、三、四、五的天行历数,水、火、木、金、土五材说与十、五以分的历数说是两种独立的学说,原始五行说、五材说、五德说合流后产生了泛五行说,历数概念、历数含义的五行说之本义遂长期遭湮没。"五行"本义破解,则思孟五行论的真相由此获得根本的厘清。

五 关于孟子沟通天人的性道论

思孟道德"五行"说是为了沟通天道与人德，故云"德，天道也"、"天，乃德也已"、"诚者，天之道也"、"圣人知天之道"、"圣之于天道也"等等，此是将人德天道化，又将天道人德化。孟子的天道论是伦理天道而非天文天道，他的人性论是伦理本质善、本原善的人性论而非血气心知人性论，其"性善"论是主张人性本善之伦理信念，但他的性本善论在辩难中遭遇了经验与逻辑的质疑而落于摇摆、支吾之中。

六 关于北宋江望的孟子性善论批判

北宋江望（民表）约3000字的《性说》以"指习性而为性"、"指性以善不可"批判孟子，批评他将后天伦理性的习性指为本性或固有，这是荀子之后孟子性善论批判的第二大批判，与荀子《性恶》构成孟子人性论批判之双璧。江望持佛学"正性无性"观，反对性善说。

七 关于"弓—荀"学派及其天道论

考证荀子与子弓的学说关系或学派关系，考证子弓的身份及与《易传》的关系，认为子弓即楚人馯臂子厷，子厷又写作子弓、子弘、子宏、子泓等，有传易之大功；认为"弓—荀"学派不同于"思—孟"学派，弓荀派的天道论是天文学天道论，也即是《易传》派天道论。

八 关于《荀子》"性恶"为"性不善"

校勘《荀子·性恶》篇，据其义理及修辞等将《性恶》篇"性恶"、"恶"字眼勘为"性不善"或"不善"字眼，实现《荀子·性恶》内在义理的统一或通达，也实现《荀子·性恶》与其他篇章的义理统一。荀子反对孟子性善论，反对以伦理固有来论人性本貌，主张"性朴"，主张"血气心知"结构功能论的人性论。《性恶》篇的校勘能复原《荀子》人性论及荀子整个思想体系，是荀子研究的一大突破。

九 关于荀孟分歧及孟子的杨墨论等痕迹

孟子的性道论既有商周以来的神秘观念传统与《尚书》的神秘学说传统在，也受了当时显学墨家"天志"思想及黄老本体论、全性论的相关影响。孟子的性道论等具有显著的玄学特征与神秘主义倾向，有杨墨思想之痕迹。"孟—荀"分歧是先秦儒家学派经验主义与理性主义（性理主义）的分歧，后世理学、心学因袭了孟子的思维或观念。

摘　　要

　　《论语》记载孔子弟子子贡曰："夫子之文章可得而闻也，夫子之言性与天道不可得而闻也。"吕思勉征引子贡此语中曾说："《春秋》者，史职；《易》者，巫术之一也。孔子取是二书，非凡及门者所得闻……文章者，诗书礼乐之事；性与天道，则易道也。""性与天道"因其问题本身的重要性而成为中国哲学史上的基本理论或思想问题，更成为儒家哲学的基本问题。先秦儒家学派中孔子、孟子、荀子为代表的三阶段、三人物儒学尤其是后孔子的孟子、荀子儒学在"性与天道"问题上有话语及思想传承，也有思想与学说的差异或分歧，而这些差异或分歧颇能体现孔、孟、荀的思想体系或学说内核的异同。

　　子贡（帛书《易传》作子赣）某时言不闻孔子言天道不等于孔子于天道不言或不知或知而说不清（说不清即未真知）。"道"（䆠）字本作"衜/衟"，从"行"，乃"行"及"所行"义；"天道"即天行或天行之道或天行之迹，天行则是天体在天宇之行而非别有抽象本体或神灵谓天行。"学儒者之业，受孔子之术"（《淮南子·要略》）的墨子批判性地说"儒之道足以丧天下者四政焉：儒以天为不明，以鬼为不神，天鬼不说，此足以丧天下……"（《墨子·公孟》），这足以证明孔子学派不以鬼神、天意、天志等论天或天道或天命。"三代以上，人人皆知天文。"据《论语》、《左传》、《易传》、《史记》、《孔子家语》、上博简《中弓》等，可知孔子精通天文、天象学及历法或历数，有丰富的天文与历法知识。孔子的"天道"观不具有道家宇宙本体的意义或内涵，也未必有孟子天人一体之伦理本体、心灵神圣的意义或内涵，他的天道观及天道思想在《易传》尤帛书《易传》里有集中记述，此实是以阴阳五行损益变化为核心的天文学天道观及天体运行观。天道即天行或天行之道，阴阳五行非天道本身（非天行轨迹），但阴阳五行是天行之基本功效（日地运行效果），故又以阴阳五行称天道；《易传》曰"一阴一阳之谓道"，阴阳变化或损益是天道运行的结果，是天行的自然效应。日地相关，易道会乎天人，以损益之道"观天地之变而君者之事"，此即"推天道以明人事者"之义。

"阴阳"二字繁体作"陰陽"，又本作"侌昜"；"侌"字本义为汽汇云集，"昜"字本义为日升光照；"侌"字要义是水分，"昜"字要义是热量或能量。"易"字甲骨文作"𠃓、𠃕、𠃔"等，非源自像"日—月"等，乃像云蔽日而雨落之状，表"变天"义即气象变化义。叙述天道的阴阳理论、阴阳哲学的要义是黄赤交角中绕日运行的地球其大气层热量与水分出现时间性、空间性的交替循环，从而导致"四时行、百物生"。跟地球上的人类及其他万物（尤生物与生态）最密切相关的天道是日地天体运行的轨道，此轨道运行催生地球地表的热量与水分之变易，此变易之道即阴阳损益之道，即《易传》"水流湿，火就燥"、"寒暑往来，相推而岁"之道。《易传》里孔子认为天道移变而阴阳损益，阴阳损益则春秋交替及万物生衰。基于基本天行规律的天道往复学说及阴阳损益理论并非"出于羲和之官"的阴阳家所独创，更非"因阴阳之大顺，采儒墨之善，撮名法之要"的道家所独有，而实是先秦诸学派的天文学共识。李约瑟《中国科学技术史》曰"天文和历法一直是'正统'的儒家之学"，《论语》曰"天之历数在尔躬"，《易传》曰"仰以观于天文，俯以察于地理"，《尚书》曰"乃命羲和，钦若昊天，历象日月星辰，敬授民时"，《史记》曰"盖黄帝考定星历，建立五行，起消息，正闰馀，于是有天地神祇物类之官"，《汉书》曰"儒家者流，盖出于司徒之官，助人君顺阴阳、明教化者也"，此皆由于早期儒家观天象、知天文、明天道。

孔颖达曰："天行健者，谓天体之行昼夜不息，周而复始，无时亏退。"天道即天行，天不言不语而"四时行，百物生"，天不思不虑而"日月往来，寒暑成岁"。郑玄注"夫子之言性与天道不可得而闻"时以血气之生释"性"，又以天体之动释"天道"。"性"者从"生"又从"心"，既有血气形体义，亦有心知精神义。孔子"性相近、习相远"句是将"性—习"对说，这说明其义乃性是生、习是为，此系肯定一般人的生性之相近性及习性之差异性。孔子语"唯上知与下愚不移"与其说是在言人之基本材质与性能之差异，莫如说是在言人之积习之差异，此类"人和人之差，有时比类人猿和原人之差还远"云云。孔子不以善恶论人性或论人之本原，上智下愚是材性或习性，但皆非善恶。孔子言"少成若天性，习惯（贯）如自然"亦是说积习成性、习以性成。孔子言血气、重养生，此亦其知"性"之必然。孔子之后，以"血气心知"言性的是荀子，荀子与以"天命"、"性命"、"性善"等言性的思孟学派迥异。

孟子标举"性善"说的根由不是人性的经验归纳或实证，而是伦理型天道的超越性体验与天命信仰，这种宗教性天道精神是《尚书》及商周的观念传统的一种残遗或变种，此种"天"层面的立说与信念才是孟子整个"性与天道"论的关键，才是孟子标举"性善"与"天命"及努力去推崇和张言天人相贯的关键。简书《五行》与帛书《五行》、《四行》等是思孟学派文献，思孟不以天体运行理解天道，而将天道、天之道赋予本体性、超越性的伦理"天"内涵，并以"德"或"诚"或"圣"（听、聪）沟通天人而谓"诚者，天之道也"、"德，天道也"、"知天道曰圣"等。思孟提出德"形于内"及安乐于德义，又提出"圣"或"圣人"方知天及天道，而圣则是"闻而知之"，故又注重"聪"、"乐"问题。清段玉裁在无出土文献可证时就已据章句义理确凿地将孟子"圣人之于天道也"句勘为"圣之于天道也"，此远早庞朴据帛书《五行》之校。为将所推崇的德或德性获得天论、天意之高度或理论上实现天人崇高一体，思孟学派创新性地将"仁义礼智圣"五德附凑到古老的天道五行论上而另立伦理五行说，从而将天道及流行的天文学天道话语与心性及心性话语对接起来，实现了伦理思想的天人合一建构，但因此也为持天文学天道论及持血气心知人性论、人性本朴论的荀子所激烈批判。

今人约定俗成地将"五行"理解为水、火、木、金、土，但"五行"实本是时间性叙述天道天行的十月制历法之历数概念，是天行之行时或天道之行时概念；而水、火、木、金、土则是朴素的物质构成概念，水、火、木、金、土与天文历法的"五行"概念本毫无瓜葛。原始五行说非指水、火、木、金、土，而指历数一二三四五，起源于十、五分周天一岁，与阴阳、四时、八正等同构，属于天文天象学的天道论体系；水、火、木、金、土则本是原始五材说的真实内涵，是朴素的物质构成论。以水、火、木、金、土五物或该五物之性之德比附、指称于天道天行的交替往复则约是孟子之后的邹衍之功，子思开创的是以仁义礼智圣五者匹说天道五行的学说路数，而人之五德、地之五材、天之五行杂合统称曰"五行"则是邹衍至董仲舒间完成的，汉代已非常流行。邹衍等"以材比德"地将人间水、火、木、金、土的生克性能与天道五行历数的变替循环附会对配而张"五德终始"论，五材说遂鹊巢鸠占地进入了历数五行的天道论系统并作水、火、木、金、土概念的根植及泛化。

匹应于孟子地位在宋代的日益被推崇，北宋时孟子的思想学说也遭受到诸多批判，李觏、司马光、苏轼、郑厚、叶适等都曾严厉地批判孟子，其中为宋以后所遗忘或忽视的是北宋进士江望（字民表）的孟子批判。江望所著《性说》批判孟子及北宋道学尤得要害，遂在南宋遭朝廷禁毁，今存宋刻本《诸儒鸣道》第五十四卷幸留有江望《心性说》（分《心说》、《性说》两篇）。江望驳斥孟子关于孩提之童无不知爱亲敬长的良能良知说，驳斥孟子关于"尧舜性之矣"的想象性见解，揭穿孟子回答告子时以"水无有不下"来类比论证"性无有不善"的强词夺理。江望认为："自孔子没，诸子之言性甚众，未曾有一言及正性。""自孔子没，诸子之言性非正性也，指习性而为性也。""老师宿儒咸以孟子性善为近，亦如见水之湿指以为真性，而不知真性无性，仁义礼智信亦无不性，亦在习焉然后见，学之不可已也。如此，此孔子所谓'性相近也，习相远也'。"（江文见本书第二章第四节末尾所附）

观天道即观天文天象，观天文天象有信机祥神秘的路数，荀子反对机祥神秘与神学、玄学，其天道论完全是《易传》派的天道论，是纯实证天文学、理智天文观测的天道论，故荀子称"善为《易》者不占"及云"天行有常，不为尧存，不为桀亡"，又云"列星随旋，日月递炤，四时代御，阴阳大化，风雨博施，万物各得其和以生，各得其养以成"、"天地以合，日月以明，四时以序，星辰以行，江河以流，万物以昌"等。"天左旋，地右动"或"天道所以左旋，地道右周"，北半球居民在地球为中心的天行视感或天体视运动中，天之北极为天宇中心，众星环绕北极运转，太阳则在遥远的恒星背景上走过，群星周日往复（因地球自转）及周年往复（因地球公转）地运行，加之黄道、赤道交角的存在，故大气及大地寒暑交替、燥湿随变，如此四时代兴、万物生衰，如此往复循环、行而不息。荀子此种易学天道论当传自楚人子弓，是一种天文学的天道论或对日地天体为主的天体轨道及轨道运行功效的明见与真知。

子弓非孔子亲炙弟子仲弓（鲁人冉雍）而是楚人馯臂子弓，字子厷，衍作子弓、子弘、子宏、子泓等。厷本即肱义，故子弓名臂，肱臂相关。子厷从孔子弟子鲁人商瞿子木受易学，有传孔易之大功。子厷为孔子易学的正宗嫡传，他横跨在孔、荀之间，架起了"孔子—荀子"的天道论传承谱系，且这个谱系完全不同于由子思所架构的"孔子—孟子"之思想谱系。经验主义的"孔子—子厷—荀子"谱系有别于理性主义的"孔子—子思—孟子"谱系,前者的天道论、人性论是非本体论、非形而上学的、非宗教神灵的,而后者糅合伦理信念与天道高远本体臆想的思想正为汉魏、唐宋的伦理忧心家所继承与发展,遂成道学之儒。荀子将子厷、仲尼相提并论并高度称赞之,实是因为"孔子—子厷—荀子"一脉思想的近同性,他们有一致的天道论及人性论,有共同的治世论。

《荀子》的"性恶"实非荀子所本有,荀子不持"性恶"论而持"性朴"论。"性恶"在《荀子》凡20处,皆在《性恶》篇,其中11处在"人之性恶明矣,其善者伪也"句式。以"不善"勘《性恶》篇"恶"字的缘由有:荀子对"性"与"善"、"恶"等有明确无疑的概念或范畴界定,"性恶"断语与其基本概念界定完全不符;荀子另说"性者本始材朴也,伪者文理隆盛也",又云"离其朴,离其资"而成恶及"不离其朴而美之,不离其资而利之"方成善,故言"性朴"又与言"性恶"完全矛盾;《性恶》篇专驳孟子性善论,而"性善"的反命题是"性不善"而非"性恶",以"性恶"驳"性善"不仅自身立论荒谬而且驳孟根本无效;先秦论性以"善—不善"对说,汉以来方流行"善—恶"对说并各配"性—情"、"阴—阳"等,然含义上"不善≠恶"且"不善＞恶","不善"包括"恶"情况与"不恶不善"情况,"不善—恶"两概念显然有差异而不可混淆;《荀子》"人之性恶明矣"句式前的论证文字根本不能证明"性恶"而仅能证明"性不善"或"性非善",以情为恶或情欲结果或恶来解释或论证"性恶"论则完全与《荀子》反复而明确界定的"性"范畴或何谓"性"及何谓"善—恶"的断语完全不符;荀子类比论证人需化治时屡称直木原态其性状直、枸木原态其性状不直、钝金原态其性状不利等,此更证其类比、比喻论证人性本状时乃言"朴"及以"不善"驳孟子言"性善",言"性不善"正与言"朴"、言"材朴"、言"性朴"立意不违,正是驳"性善"论而立"性朴"论。荀子、孔子等以美恶述材质高下好坏,不以善恶述材质高下;善恶在"正理平治—偏险悖乱"与否,为伦理评价,非材质评价。

"性朴"、"性恶"两命题完全不能兼容,《性恶》篇之"不善"讹为"恶"字约在西汉刘向时代,系校理或抄写者在"善—恶"对说的汉代流行思潮下将"不善"误改为"恶"字所致,误改者的最大可能性正是校书者刘向。将《性恶》篇"不善"字样逐一复原,《荀子》论性问题皆迎刃而解，《荀子》是篇及全书义理了无滞碍，无论正反推验皆通达无隙，此校勘或许能得到未来出土文献的完全证实亦难说。荀子严驳孟子"性善"说并建构起了"材—性—伪—积"的性朴说，其理论结构是：材是性的基础，性是材的机能，性即材的性能，材朴则性朴，人为则习积，"材—性"关系若"结构—功能"关系。原始材性若天赋，后天之"伪"（人为）基于原始材性且后天成善恶之习性、德性皆是可能，离朴离资可恶亦可善，非单一、单向的必恶或必善也。荀子认为天道即天体运行之阴阳大化，而性乃血气心知之形神俱生，天人乃生态一体而非伦理合一，故曰"不求知天"及"明天人之分"。性即血气心知之生，血气心知下生命皆趋利，朴性乃可化，故治世须教化与管制并行。性朴说是荀子学说体系的基础与核心，是对思孟派人性论的拨正与对孔子"性近习远"人性论的正确绍继与发展，为迄今为止中国思想史上人性说的最高成就，期待《荀子》持"性朴/性不善"论能得到新文献的完全坐实。

荀子持结构功能论的人性论，是血气心知的人性论，是性朴的人性论，是反对玄思人性的人性论，是反对"性善"也反对"性恶"而主张德性及行为之善恶在"伪"（人为）而不在"性"（本生）的人性论；荀子持天文学天道论，反对信奉机祥、玄思天道的天道论，反对孟子、邹衍之流的天道论，反对将"天"巫祝神灵化或伦理神秘化。荀子的"性与天道"论本是孔子以来的正统儒家学说，并非受道家影响或黄老影响。孟子"性与天道"论不仅受《尚书》及殷商以来的传统观念影响，而且明显受墨学"天志"思想影响，受杨朱等道家"全性"思想影响，此其辟"杨墨"而难免入"杨墨"的儒学转进，此问题尤值得深入探讨。

Abstract

Zigong (子贡) says: "The Master's speaking on the subjects of art and literature may be heard, while his discourses about human nature and heaven way not." Human nature and heaven way have become one of the basic issues in the history of Chinese philosophy due to its importance as well as Confucian Philosophy. The Confucian "human nature and heaven way" in history actually has more than one focus: the three well-known philosophers Kongzi (孔子), Mengzi (孟子), and Xunzi (荀子) represent three distinctive phrases respectively. Their Confucianism, to be more specific, human nature and heaven way, especially that from Mengzi, and Xunzi, has both inherited from and departed with their earlier predecessor Kongzi. These distinctions or departures may well demonstrate the similarities and differences of the core value among these three philosophical systems.

There is a time when Zigong says "Not hearing Kongzi's lectures on heaven way" does not necessarily mean that Kongzi does not understand it or does not lecture on it or unable to express it clearly. "Tao" (道) also written as "衛/衘", deriving its meaning from the Chinese character "行", which refers to the act of walking. "天道" refers to the ways the heaven does things, and "天行" refers to the walk of the heaven, not any other abstract noumenon or divinity. "Three generations above from now, everyone knows about astronomy". According to *Lunyu*, *Zuozhuan*, *Shiji*, *Jiayu*, collected and displayed on bamboo books at the Shanghai Museum *Zhonggong* and *Yizhuan* and some others, it's known that Kongzi is proficient and knowledgeable at astronomy, astrology, and calendar. His concept of "Heaven Way" does not necessarily approach Mengzi's ethics of the integration of heaven and people, or his connotation of the sacred religion. Instead, his conceptual thought of "Heaven Way", as recorded in *Yizhuan*, the silk book, virtually is astronomical, whose core content is about the increase and decrease of ying – yang and changes of Wuxing. Meanwhile, those who understand yitao (易道) are heavenly men who can understand human activities by observing changes of the heaven and the earth with theories of gains and losses. In other words, they understand human activities by studying astronomical changes.

The two Chinese characters "阴阳" are also written as "陰陽" or "侌昜" in ancient Chinese characters. The literal meaning of the Chinese character "侌" is the gathering of vapors and clouds, and that of the Chinese character "昜" is the beam of the sunrise. The basic meaning of "侌" is water, and "昜" is heat or energy. The character "昜" inscribed on bones and tortoise shells are spelt as "氵、氵、仌", which are not from the Chinese characters "日+月", but shape like an on – going rain with the sun clouded, meaning climatic changes. The core content of ying – yang and "Heaven Way" goes that the revolving earth round the sun in the obliquity of the ecliptic emits heat and water in an alternating cycle in time and space, resulting in "the cycle of the four seasons and the growth of things". "Heaven way" is most closely related to human beings and things on the earth, thus is the change of the surface energy and water under the system of the sun, the earth, and the heaven. This change is the increase and decrease of ying – yang, i. e. "water causes wetness and fire sustains dryness", and "the interchange of coldness and hotness results in a year" as stated in *Yizhuan*.

Kongzi in *Yizhuan* proposes that Heaven way changes and so does ying – yang, and the seasons, and the living things. Such theory grounded on basic astronomic rules is neither conceived by ying – yang experts whose job is to observe astronomic changes and serve the people on earth, nor Taoists who "widely and wisely learn from ying – yang, nor Confucianism, Mohism, or any other prominent philosophy school". Rather, it's mutually conceived and accepted by all schools in earlier Qin Dynasty. "Astronomy and calendar have long been the mainstreams of Confucianism", *Yizhuan* says "look up to observe the heaven, and look down to study the earth", *Yiwenzhi of Hanshu* says "Confucians are those government officers who help the emperor to balance ying – yang and educate its people". All these quotes indicate that early Confucians study and understand astronomy and heaven way.

Kong Yinda (孔颖达) says: "A superior heaven way is a full circle going on continuously all day and all night with no break or retreat." When there is nothing wrong, "the four seasons alternate, and the living beings grow", the sun and the moon take its due turns, and so do summers and winters. When Zheng Xuan zhu (郑玄注) explains the sentence "There is no chance to hear Kongzi talk about human nature and heaven way", he uses "vigor" to explain "human nature" and the move of celestial body to explain "heaven way". Human nature is related both to the physical body sap and the mental spirit. Kongzi's remarks of "similarities of nature and differences of education" put human nature and human nurture in opposite positions, which proves that nature is inborn and nurture is habit, in other words, he believes in that human nature is born to be similar, while human behaviors are different for different people because they are learned. Kongzi says "it's not possible to change the wise and the stupid". His comments are about differences in human habits rather than human nature. Such differences are sometimes bigger than those between simians and primitive men. He also says "An experienced and sophisticated young man is supposed to be born like that, but actually it's a cultivated habit", which also indicates that well-formed habits can gradually become part of human nature. His theory of physical vigor and health maintaining is also about forming good habits. After Kongzi, Xunzi advocates "cognition from physical vigor". Xunzi's theory is far away from the Si-meng school, whose focus is on "destiny", "life", "good nature" and the like.

Mengzi's proposal that "human nature is born to be good" is not grounded on empirical research or induction of experience, rather, it's based on transcendental experience and belief in destiny according to ethics of heaven way. Such religious spirits of heaven way are conventional concepts in the time of Shang Dynasty and Zhou Dynasty, as written in *Shangshu*, and such convictions from the perspective of heaven are the keys to a thorough understanding of Mengzi's theory of "human nature and heaven way". The books *Wuxing* in bamboo and silk copies, and the silk version of *Sixing* are documents of the Si-meng school. Si-meng philosophers do not approach heaven way by way of celestial bodies, instead, they attach transcendental and noumenonal ethical connotations to it, explaining "heaven way" with "morality", "honesty" or "holiness". Those who can have a good mastery of "heaven way" are labeled as wise men, as indicated by sentences like "Honesty is the way of heaven", "Morality is the way of heaven", "Holy men know about heaven ways". Si-meng argues that morality is internal, leading to inner peace and happiness; they also hold that only holy men or sages know about "heaven way", and also that holy men "hear and know", therefore, they pay special attention to issues like "intelligence" and "happiness". When Duanyucai (段玉裁) is reading Mengzi's "holy men to heaven way", with no other available documents for reference, he understands it as "holiness to heaven way", which is far earlier than the proofreading for the silk book *Wuxing* by Pangpu as recorded. To achieve higher theoretical prestige for their beloved morality of heaven way, the Si-meng philosophers creatively put the five moralities of "kindness, loyalty, courtesy, wisdom, and holiness" together with the well-established theory of Wuxing of the physical universe, i.e. "metal, wood, water, fire, and earth", thus, formulating a new theory of the five ethical elements. In doing so, they synthesize the popular astronomic heaven way with human nature and integrate heaven with humans. Also for this original integration, they are harshly criticized by Xunzi who strongly takes the side of the astronomic heaven way about physical vigor and kindness of human nature. Modern men conventionally interpret "五行" as water, fire, metal, wood, and earth, but actually, "Wu xing" is a 10-month system of calendar, adopted to describe heaven way, not the physical material concept. It is Mengzi's follower, Zouyan (邹衍)'s contribution to compare the five moralities to the five period of physical universe, and specify the recurrence of heaven way. Zisi initiates the doctrine of the inter-consistency between the five moralities of "kindness, loyalty, courtesy, wisdom, holiness" and the five period of heaven way. It's between Zouyan and Dongzhongshu (董仲舒) that the five human moralities, the five earthly elements, and the five heavenly ways are integrated into a singular "Wuxing", which is very popular in Han Dynasty.

Xunzi's heaven way theory is purely astronomic, derived from *Yizhuan*. He says "He who is proficient at *Yizhuan* needs not to practice divination"; he also says "The heaven has its own rules to follow, so it does not change for anyone powerful or prominent, even the greatest emperors like Yao or Jie"; he says "The stars, the sun, the moon, the seasons, the ying – yang, the wind, the rain, everything in the universe needs to be harmonious with others in order to grow things"; he also says "The heaven and the earth are balanced, the sun and the moon are bright, the four seasons are in order, the stars are rotating, the rivers and seas are running, everything in the universe is prosperous". The above quotes confirm his recognition that among the universal movements, the north pole is the centre of the celestial sphere around which all stars are revolving; the sun walks through the remote background of the fixed star; the stars journey around annually (revolution of the earth) or daily (rotation of the earth); the corner of the ecliptic and the equator exists; coldness and hotness shift in a loop in the atmosphere and the earth, so do the wetness and dryness; so the four seasons change, the living things prosper and fade in a non – stop circle, forever and ever. Xunzi's heaven way from *Yizhuan* is supposed to be from Zigong（子弓）in the ancient country of Chu. It's an astronomic theory of heaven way, or we can say its knowledge on the orbits and movements of celestial bodies.

Zigong is not Zhonggong（仲弓）. Zigong is also known as 馯臂子弓, 子厷, or 子弘. He studies the knowledge of Yi from Kongzi' disciple 商瞿子木, a man from the country of Lu, and spreads it too. Zihong（子厷）is the authentic disciple of Kongzi' knowledge of Yi, sometime between Kongzi and Xunzi, serving as a transition of their respective theory of heaven way, a somewhat new thinking pedigree. The empirical "Kongzi - Zihong - Xunzi" pedigree is different from the rational "Kongzi - Zisi - Mengzi" one, with the former being non – ontological, non – metaphysical, and non – religious, while the latter, taking in ethical principles and ontological ideas that are learned and preached by those officers who worry about the decline of ethics at Han, Wei, Tang, Song dynasties, later gradually developed into Confucianism of Taoism.

The concept that "Human nature is born to be evil" is actually not Xunzi's own idea. He doesn't believe in human's evil nature, rather, he thinks that human nature is born to be blank. The words "evil nature" appear in the book of *Xunzi* 20 times, all in the chapter of *Xing e*, and 11 out of 20 are in the sentence of "It's obvious that human nature is evil, and its goodness is faked". The reasons for translating "not kind" into "evil" are as follow: Xunzi has very neat concepts and definitions for "human nature", "kindness", "badness", and his statement of "bad nature" is totally different from his basic definition; he mentions that "Human nature is the raw material from which characters are well shaped"; he also says that "One becomes evil because he goes far away from his nature. Only by sticking to and making the best of one's nature will he be good"; therefore, "plain nature" and "evil nature" are contradictory; the article *Xing e* is written to refute Mengzi's concept of good human nature. Due to the reason that the inverse proposition for "good human nature" should be "no - good human nature", rather than "bad human nature", the refutation is invalid in itself. In the early Qin Dynasty, the statements of "good" and "no good" are set against each other, but since Han Dynasty, it's common to oppose "good" with "bad", along with the opposition of "yin - yang". As is well known, "not good" does not equal "bad". These two concepts are very distinctive. His supporting words preceding the sentence "It's obvious that human nature is evil" are not enough to prove "evil nature", and his using human sexuality to illustrate evil nature is totally a departure from his consistent definition of "human nature" and "evil". When declaring that humans need to be educated, Xunzi repeatedly mentions that an erect tree is born to be erect, a bent tree is born to be bent, and a blunt metal is born to be blunt, trying to analogize human nature's plainness, and use "nature's plainness" to refute Mengzi's "nature's goodness". Xunzi, Kongzi and some other important philosophers in history use "good" or "bad" to describe the material quality of human nature, which is not the kind of ethical comments like "Rules and regulations lead to peace and harmony, while breaking rules causes riot and turmoil".

Nature's "plainness" and "badness" are completely incompatible with each other. The misinterpretation of "not good" as "bad" in the article of *Xing e* is about at the time of Liuxiang (刘向), at Xihan, probably due to careless transcript work or intentional mistranslation under the influence of the prevailing Han mentality. If we restore to the original diction of "not good" throughout the article, the understanding of Xunzi's concept of human nature will be no hard work. An insightful and consistent understanding of his concepts will be free of obstacles by means of either induction or deduction, which may be fully proved by future literature. Xunzi argues against Mengzi in terms of "human nature" and establishes his own concept concerning human nature, that is, "material – nature – education – habit". This concept's theoretical base is that Material is the basis of human nature, and human nature is the function of material; plain material moulds into plain nature, and later education can formulate human habits; the relationship between material and nature is similar to that between structure and function. Original materials are like human talents, acquired education is based on original materials and thus it's possible to result in both good and bad habits. Xunzi holds the opinion that heaven way is the movement of the universe, the shift of ying – yang. According to him, human nature is the result of one's physical vigor. It's the integration of heaven and human, not in the sense of ethics. He says "Do not intent to compete with heaven, for human are human, not heaven". Human nature is the result of physical vigor, so it can be nourished, and therefore, both education and supervision are indispensible for effective management. The plainness of human nature is the foundation and core for Xunzi's theoretical system, the correction of Si – meng's approach, and the continuity and development of Kongzi's approach, and also, the highest achievement so far in the field of human nature.

Xunzi's theory of "human nature" about human vigor and cognition is a structure – functional one, which states that human nature is born to be plain, neither good nor bad. It goes against the fancy theories about human nature, because it holds that the goodness or badness of human moralities and behaviors is nurture (later learned), rather than nature (inherent). Xunzi's concept of "heaven way" is astronomic, not illusionary, with faith in divinities' prophecy. He argues against Mengzi, Zouyan, insisting that "heaven" should not be considered mysterious like witches, ghosts, or spirits. Xunzi's theory "heaven way and human nature" is the orthodox Confucianism, with no influence from Taoism or Huanglao(黄老). It's major influence is from *Shangshu*, the conventional mentality ever since Yin and Shang dynasties, and most obviously, "human law" from Mohism, "complete individuality" from Taoists like Yangzhu (杨朱) and the like. He means to resist Yang's Mohism, but eventually can't help falling into it, which should deserve more insightful research work.

目　录

引　言 1

　一　黑格尔对孔子的哲学批评 2
　二　怎样的哲学、孔子及儒学 5

第一章　孔子天文学天道论 17

第一节　道与天道 21
　一　"道"字初义及哲思泛化 21
　二　两种天道观、天道理论 26
　　（一）本体论哲学的天道 26
　　（二）天文学的阴阳天道（孔子及易传语录五种之解）...... 31

第二节　天道与阴阳 65
　一　易、阴、阳的字义 69
　二　阴阳易道哲学的要义 76

第三节　四时与五行 79
　一　"时"与"四时" 80
　二　"行"与"五行" 82

第四节　孔子论性与血气 86
　一　"性"、"习"之对说 87
　二　"性谓人受血气以生" 92
　三　血气之性与阴阳天道 95

第二章　孟子天论、性论辨 102

第一节　思孟"五行"考原 106
　一　"五行"概念、观念源流考辨 106

（一）五行本为历数概念非材质概念 …………… 108
  （二）水火木金土五材附会历数五行 …………… 115
  （三）《尚书·洪范》"五行"概念问题 …………… 120
 二　荀子的思孟"五行"批判问题 …………… 125
  （一）思孟"五行"多解 …………… 125
  （二）思孟"五行"正解 …………… 126
  （三）"五行"说的几种形态 …………… 130

第二节　沟通天人的性道论 …………… 131
 一　独以仁义礼知圣为"性" …………… 131
 二　由"性—德"到"天道" …………… 134
  （一）"德，天道也" …………… 135
  （二）"形色，天性也" …………… 136
  （三）"不安不乐，不乐无德" …………… 140
  （四）"诚者天之道，诚之者人之道" …………… 143
  （五）配天道五行以立德性之五行说 …………… 145
 三　"聖（圣）"与"聪"、"闻" …………… 149
 四　段玉裁勘"圣人之于天道也" …………… 158
 五　"聖（圣）"：《尚书》与殷商传统 …………… 159

第三节　孟子"性善"论的勉强 …………… 166
 一　绝对的性善论 …………… 166
 二　摇摆的性善论 …………… 169
  （一）孟子的四个辩论点 …………… 170
  （二）"恻隐之心"从何而来？
      （同情心：怵惕→恻隐） …………… 180
 三　"天下之言性也，则故而已矣"辨正 …………… 187
  （一）《孟子》说"性"的最后疑难点 …………… 188
  （二）"故"字的"古"义与"攵"义 …………… 192
  （三）作本初、原本义的故、本故、性故 …………… 197
  （四）性、故、则、利、凿、致及其章义 …………… 201

第四节　北宋江望的孟子批判 …………… 205
 一　北宋道学的孟子改造 …………… 205
 二　北宋江望的孟子批判 …………… 208

（附）宋本江望《性说》原文 …………………………… 212

第三章　荀子天论、性论考 …………………………………… 216

第一节　子弓易学与弓荀学派 ……………………………… 216
　　一　子弓非仲弓（冉雍） …………………………………… 217
　　二　子弓为楚人馯臂子弘 …………………………………… 220
　　三　弓荀学派的天文学天道论 ……………………………… 227

第二节　《荀子》"性恶"之校正 …………………………… 240
　　一　传世《荀子》人性论的矛盾 …………………………… 240
　　　（一）荀子严申"性—伪"之分 ………………………… 241
　　　（二）荀子严申"善—恶"之别 ………………………… 242
　　　（三）荀子严申"合—验"之则 ………………………… 243
　　　（四）荀子严申"可—必"之异 ………………………… 243
　　二　"性恶"乃"性不善"之讹 …………………………… 244
　　　（一）"性善"相反命题是"性不善" …………………… 245
　　　（二）非证"性恶"，乃证"性不善" …………………… 247
　　　（三）荀子驳性善、谈朴伪、论化治 …………………… 252
　　　（四）本当作"性不善"的其他证据 …………………… 254
　　三　"性恶"可能始讹于西汉末年 ………………………… 256

第三节　性朴论的结构与源流 ……………………………… 260
　　一　"性恶"的怀疑与辩护 ………………………………… 260
　　二　"性朴"论的理论结构 ………………………………… 263
　　　（一）性、材、伪、积范畴及其关系 …………………… 263
　　　（二）循人性人情而教化与管制并行 …………………… 267
　　三　"性朴"论的理论源流 ………………………………… 268
　　　（一）荀子"性朴"论的源 ……………………………… 268
　　　（二）荀子"性朴"论的流 ……………………………… 271
　　　（三）荀子走出玄学性道论 ……………………………… 274
　　　（附）宋本《荀子·性恶》校勘清样 …………………… 277

第四节　由人性论到人情论 ………………………………… 283
　　一　"天功"与"天情" …………………………………… 283
　　二　"因人情"而治天下 …………………………………… 287

三　"法出于礼"的礼法论 ………………………………… 289
　结语　孟荀天人论的差异 ……………………………………… 299

附　录 ……………………………………………………………… 315

　《無求備齋荀子集成》49 册總目録 …………………………… 315
　荀卿贊十二章——兼和楊海文教授 …………………………… 321
　孟子得运二千年、荀子失运二千年（一）
　　　——关于孟荀思想路向及学说命运 …………………… 324
　孟子得运二千年、荀子失运二千年（二）
　　　——再述孟荀的思想路向及学说命运 ………………… 332
　各时期谁真正坚持了孔子的路线（道）? …………………… 335
　《易经》的术数体系与思想体系
　　　——孔子易道思想考原［论纲］………………………… 341
　正统儒家本无什么本体论及形而上学 ………………………… 345
　挽武漢大學中國哲學三賢（三章）……………………………… 353
　致思尚经史，为学避玄谈
　　　——林桂榛三十五学术自述 …………………………… 354

主要参考书目 …………………………………………………… 358

跋　语 ……………………………………………………………… 367

审查报告五则 …………………………………………………… 371

后　记 ……………………………………………………………… 376

引　言

亚里士多德在《形而上学》（此"形而上学"的本义实是在自然学/物理学之后而已）曾将求知作为人类的"本性"，在《尼各马科伦理学》又曾将思辨的快乐作为人的最高幸福，他在这两书中分别说：

（1）求知是所有人的本性……很显然，这种知识一开始就不是创制科学。不论现在，还是最初，人都是由于好奇而开始哲学思考，开始是对身边所不懂的东西感到奇怪，继而逐步前进，而对更重大的事情发生疑问，例如关于月象的变化，关于太阳和星辰的变化，以及关于万物的生成。一个感到疑难和好奇的人，便觉得自己无知……如若人们为了摆脱无知而进行哲学思考，那么，很显然他们是为了知而追求知识，并不以某种实用为目的的。[①]

（2）我们认为幸福应伴随着快乐，而德性活动的最大快乐也就是合于智慧的活动。所以，哲学以其纯洁和经久而具有惊人的快乐……如若理智对人来说就是神，那么合于理智的生活相对于人的生活来说就是神的生活……其他动物没有幸福，因为他们全不分有思辨。凡是思辨所及之处就有幸福，哪些人的思辨越多，他们所享有的幸福也就越大，不是出于偶然而是合乎思辨，因为思辨就其自身就是荣耀。所以，幸福当然是一种思辨。[②]

古希腊哲学家的求知求真精神是欧洲文明的卓越思想动力。在中国，也有古老的"究天人之际，通古今之变"（司马迁语）之学思传统，孔子说"学而时习之，不亦说乎"（《论语·学而》）、"十室之邑必有忠信如

[①] 亚里士多德：《亚里士多德全集》第七卷，中国人民大学出版社1994年版，第27、31页。
[②] 亚里士多德：《亚里士多德全集》第八卷，中国人民大学出版社1994年版，第227—230页。

丘焉，不如丘之好学也"（《论语·公冶长》），又说"欲知则问，欲能则学"（《尸子·处道》）、"君子不可以不学，见人不可以不饰"（《大戴礼记·劝学》），这说明他也非常推崇学问或学习，故《韩诗外传》述孔子云："可与言终日而不倦者，其惟学乎！其身体不足观也，勇力不足惮也，族姓不足称也，宗祖不足道也，而可以闻于四方而昭于诸侯者，其惟学乎！诗曰'不愆不忘、率由旧章'，夫学之谓也。"①

一　黑格尔对孔子的哲学批评

"默而识之，学而不厌"（《论语·述而》）、"学如不及，犹恐失之"（《论语·泰伯》）、"朝闻道，夕死可矣"（《论语·里仁》），这种表征强烈好学精神的语录尽管都出自孔子，但**黑格尔**《哲学史讲演录·东方哲学》说："孔子只是一个实际的世间智者，在他那里思辨的哲学是一点也没有的——只有一些善良的、老练的、道德的教训，从里边我们不能获得任何特殊的东西。西塞罗留下给我们的'政治义务论'便是一本道德教训的书，比孔子所有的书内容丰富，而且更好。我们根据他的原著可以断言：为了保持孔子的名声，假使他的书从来不曾有过翻译，那倒是更好的事。"② 黑格尔是认为孔子根本没有哲学，认为哲学学说于孔子根本不存在。**陈鼓应**说："中国第一位哲学家是老子——他在中国哲学史上第一个建立相当完整的形上学体系……相形之下，孔子的思想领域里，形上学思维几乎是一片空白，孔学中也见不到系统的认识论，没有丝毫辩证法思想。"③ **张世英**也说："孔子少言天道而重人道，很难说他有形而上学……最早讲本根的形而上学者是老庄，老庄的'道'就是形而上的本根。"④ **王中江**说："简单地说孔孟儒家缺乏形而上学的任何东西，也没有提供一点形而上学的方法，可能是草率的。但是……对于超越性的'本体'，孔子兴趣不大，也不大关怀。黑格尔对孔子的评价，不留余地，断定他在形上超越和思辨方面是不毛之地……从一个相对的意义上来看，黑格尔的话

---

① 林桂榛：《孔子的好学精神》，《光明日报》2004年4月27日"学术"版。
② 黑格尔：《哲学史讲演录》第一卷，商务印书馆1959年版，第119—120页。
③ 陈鼓应：《老庄新论》，上海古籍出版社1992年版，第308页。
④ 张世英：《天人之际：中西哲学的困惑与选择》，人民出版社1994年版，第117页。

仍是有道理的。"①

以传统所认可的先秦儒家文献观之,"思辨的哲学"于孔子而言即使不是"一点也没有",也是稀少至极的。然而,没有黑格尔说的那套"思辨的哲学"或王中江说的那套"形而上学的方法",就能说明思维及学问必然低下吗?还是事实上是可能恰恰相反?或许正因"思辨的哲学"或"形而上学的方法"导致思维及语言形式的貌似高明而实则思维水平及学问功夫低下?还是其他情况?此笼统问题孰是孰非并不好给出答案,且回答了也未必有实质性学术意义。这里倒要指出的是,黑格尔指责孔子只关心道德,但是希腊"三哲"之首的苏格拉底也具有同样的品格或气质,而且苏格拉底晚孔子(约前551—前479)近百年。苏格拉底(约前469—前399)、柏拉图(约前427—前347)、亚里士多德(约前384—前322)是一脉相承的师生关系,亚里士多德说:

> 在所说的各派哲学之后,柏拉图的方案出现了,它在许多方面追随着这些哲学,但也有和意大利派哲学不同的自己的特点……**苏格拉底致力于伦理学,对整个自然则不过问**。并且在这些问题中寻求普遍,他第一个集中注意于定义。柏拉图接受了这种观点,不过他认为定义是关于非感性事物的,而不是那些感性事物的。正由于感性事物不断变化,所以不能有一个共同定义。他一方面把这些非感性的东西称为理念,另一方面感性的东西全都处于它们之外,并靠它们来说明。由于分有,众多和理念同名的事物才得以存在。②

色诺芬对苏格拉底的述评近于亚里士多德"苏格拉底致力于伦理学"之解,色诺芬回忆说:

> **……他并不像其他大多数哲学家那样,辩论事物的本性,推想智者们所称的宇宙是怎样产生的,天上所有的物体是通过什么必然规律而形成的。**相反,他总是力图证明那些宁愿思考这类题目的人是愚妄的。首先,他常问他们,是不是因为他们以为自己对于人类事务已经

---

① 王中江:《道家形而上学》,上海文化出版社2001年版,第68—69页。
② 亚里士多德:《亚里士多德全集》第七卷,中国人民大学出版社1994年版,第43—44页。

知道得足够了……还是因为尽管他们完全忽略了人类事务而研究天上的事情，他们还以为自己做得很合适。……他们竟不能看出，对于人类来说，不可能使自己满足于这一类事情，因为即使那些以研究这些事为夸耀的人，他们彼此的意见也互不一致，而是彼此如疯如狂地互相争执着。①

柏拉图《申辩篇》笔下的苏格拉底在遭死刑判决的雅典审判中自称：

……只要我还有生命和能力，**我将永不停止实践哲学，对你们进行规劝，向我遇到的每一个人阐明真理**。我将以我通常的方式继续说，我的好朋友，你是一名雅典人……你只注意尽力获取金钱，以及名声和荣誉，而不注意或思考真理、理智和灵魂的完善，难道你不感到可耻吗？……我把自己所有的时间都花在试探和劝导你们上，不论老少，使你们首要的、第一位的关注不是你们的身体或职业，**而是你们灵魂的最高幸福**。我每到一处便告诉人们，财富不会带来美德（善），**但是美德（善）会带来财富和其他各种幸福，既有个人的幸福，又有国家的幸福**。②

苏格拉底之前的地中海地区哲学家将万物、宇宙的本始来源或本质作为讨论对象（亚里士多德《形而上学》第一卷有叙述），而到了苏格拉底则把目光投向人间，投向伦理生活。尽管有人认为苏格拉底的事迹是"神话"③，尽管有人提出"苏格拉底是个巫师"④，尽管有人说"苏格拉底对地上天上的事物进行考察，不信诸神"⑤，但苏格拉底倾心于对人间知识与德性的探究当是确凿的事实；而且他的探究尽管有本质主义的语言或语言思维（如寻找终极定义），但他还是与柏拉图不一样，柏拉图的学生亚里士多德也与柏拉图有距离。希腊"三哲"中柏拉图最"哲学"，故怀

---

① 色诺芬：《回忆苏格拉底》，商务印书馆1984年版，第4页。
② 柏拉图：《柏拉图全集》第一卷，人民出版社2002年版，第18页。
③ Anton – HermannChroust: *Socrates, Man and Myth: the Two Socratic Apologies of Xenophon*, 1957.（商务印书馆《回忆苏格拉底》"译后记"引）
④ 格里马尔迪：《巫师苏格拉底》，邓刚译，华东师范大学出版社2007年版。
⑤ 柏拉图：《柏拉图全集》第一卷，人民出版社2002年版，第9页。

特海（1861—1947）说："欧洲哲学传统最可信赖的一般特征是，它是由柏拉图的一系列注脚所构成的。"① 亚里士多德则说："形式学说（指理念论）是我们所敬爱的人（指柏拉图）提出来的……为了维护真理就得牺牲个人的东西。两者都是我们所珍爱的，但人的责任却要我们更尊重真理。"②

因而，若黑格尔以西方哲学的柏拉图传统或柏拉图式哲学作为最高标准来贬低孔子及自诩，那么他首先就忘记了柏拉图的老师苏格拉底其实也是一位倾心于社会伦理的思想者——也不曾将思想的主要注意力投向天空上的本体哲学及神灵宗教。而且，或许黑格尔似乎也忽视了柏拉图及亚里士多德哲学的起点及终点其实正是完全继承了苏格拉底，那就是将培养公民的良好德性作为实现大"善"的起点，而将建立良好的城邦生活秩序作为实现大"善"的终点。可以说，伦理学以及属广义伦理学的政治学是希腊"三哲"的思想起点与终点。在思想的起点与终点上，东亚的孔子与希腊"三哲"其实并没有什么区别或不同（路径或有差别，但如孔子曰"殊途而同归"），只是孔子的汉字遗言更加玑珠点滴，让人难以琢磨他的思想体系，毕竟他比希腊"三哲"任意一哲都古老，大概只有南亚佛陀的教喻与他（孔子）在时间上旗鼓相当些。

二 怎样的哲学、孔子及儒学

黑格尔说"孔子只是一个实际的世间智者"、"在他那里……只有一些善良的、老练的、道德的教训"，那生卒于1770—1831年的德国黑格尔怎么知道东方孔子的学问就只有"道德的教训"呢？或许，他翻阅转译后的白话本《论语》所得的直觉印象就是他对2000余年前孔子的全部印象，以至他说"假使他（孔子）的书从来不曾有过翻译，那倒是更好的事"。这里有几个问题值得反思：①孔子的学问只有道德训谏之辞而无其他知识吗？②孔子的思想学问果真是没有任何宏深的内容吗？③黑格尔

---

① 怀特海：《过程与实在：宇宙论研究》，中国城市出版社2003年版，第70页。
② 亚里士多德：《亚里士多德全集》第八卷，中国人民大学出版社1994年版，第9页。此即"吾爱吾师，吾更爱真理"之谓也。亚里士多德很大程度是反对柏拉图理念论并能摧毁柏拉图这一哲学内核的，详见下下条注释——"亚里士多德《形而上学》批判柏拉图理念论"。

"思辨的哲学"之外的学问就不是哲学或 philosophia 吗①?《论语》里孔子曰"叩其两端而竭",先说第三个问题,再说第一个问题,最后说第二个问题,以导入本书关于先秦儒家"性与天道"论的考辨研究。

(一) 黑格尔"思辨的哲学"之外的学问就不是哲学?

所谓"高深"的哲学思维及哲学言说都须依赖于语言载体(高深不一定就正确)②,有什么样的语言模式及语言积累或许就有什么样的哲学乃至无黑格尔赞赏的那种"思辨的哲学"(比如不少日本学者认为古代日本无哲学);离开语言来谈哲学,这不啻空中楼阁或天方夜谭尔。曾在英国伦敦大学、德国柏林大学留学近七年的傅斯年1928年曾指出世界上最以哲学著名的印度亚利安人(亚利安今称雅利安)、希腊人、德意志人:

> 这三个民族有一个共同特点,就是在他的文化忽然极高的时候,他的语言还不失印度日耳曼系语言之早年的烦琐形质。思想既以文化提高了,而语言之原形犹在,语言又是和思想分不开的,于是乎繁丰的抽象思想,不知不觉的受他的语言之支配,而一经自己感觉到这一层,遂为若干特殊语言的形质作玄学的解释了。以前有人以为亚利安人是开辟印度文明的,希腊人是开辟地中海北岸文明的,这完全是大错特错。亚利安人走到印度时,他的文化,比土著半黑色的人低……希腊人在欧洲东南也是这样,即地中海北岸赛米提各族人留居地也比希腊文明古得多多,野蛮人一旦进入文化,思想扩张了,而语言犹昔,于是乎凭藉他们语言的特别质而出之思想当做妙道玄理了。……③

---

① Philosophy: c.1300, from O. Fr. filosofie (12c.), from L. philosophia, from Gk. philosophia "love of kowledge, wisdom", from philo - "loving" + sophia "knowledge, wisdom", from sophis "wise, learned"; of unknown origin. —http: //www. etymonline. com.

② 亚里士多德《形而上学》批判柏拉图理念论:"说形式作为模型而存在,其他的东西分有它们是一句空话,是一种诗的比喻。""为什么那些实体会成为这些东西的实体,我们只说了一些不着边际的话。所谓的分有,正如我们前面所说,是毫无价值的。""没有比这样的说法更荒唐的了:在天外存在着某种东西,这些东西和感性的东西一样,只不过一种是永恒的,另一种是消灭的罢了。""……我们不能涉定在某些房屋之外有某所房屋存在。此外,是否所有事物只有一个实体呢,例如,人?这是荒谬的,因为其实体为一的东西都是一。"(《亚里士多德全集》第七卷,第53、55、70、75页)

③ 傅斯年:《傅斯年全集》第二卷,湖南教育出版社2003年版,第251页。

傅斯年的历史考察是有趣的。东亚中国是否也如此姑且勿论，但以德国哲学为例，18—19 世纪德国古典哲学最繁荣最高水平的时候德国并不是欧洲文化水平最高的国家，也不是人类思想最前沿最先进的国家①，但的确是傅斯年说的"文化忽然极高的时候"。恩格斯说："……一个民族想要站在科学的最高峰，就一刻也不能没有理论思维。"② 此语虽是砥砺理论思维之可贵，但其实有了理论思维也未必能立科学高峰③，谁能否认梵文哲学不是"理论思维"呢？但有"理论"即能引导"科学"吗？故所谓的"哲学"与其说是完全来自于哲学家的努力，莫若说它的语言特质也是这种哲学繁荣的起点及桥梁——因为这种语言，才可能产生这种思维形式及表述形式的"哲学"。今梵语、希腊语④、拉丁语、日耳曼语等被统称为"印欧语系"就是基于这些语言的共性，古"哲学"在历史上繁荣于人类这些民族或种族的语言之中，这不能说"语言是哲学存在之家"（套海德格尔"语言是存在之家"语）⑤。傅斯年继续说：

---

① 罗素对视康德为近代哲学家中最杰出者的观点不以为然，然对杜威评价又极高。（罗素《西方哲学史》下卷，商务印书馆1976年版，第247、378页）

② 恩格斯：《自然辩证法》，人民出版社1971年版，第29页。

③ **冯友兰** 1990 年说："**真正的哲学不是初级的科学，不是太上科学，也不是科学**。这是它的性质所决定的。真正的哲学的性质，如我在《新理学》中所说的'最哲学的哲学'，是对于实际无所肯定，科学则是对实际有所肯定。科学的性质，是对于实际必定有所肯定……反过来说，如其对于实际有所肯定，它就不能称为哲学了。"（《三松堂全集》第十卷，河南人民出版社2000年版，第646页）**胡适** 1929 年说："**过去的哲学只是幼稚的、错误的或失败了的科学**。……凡科学已解决的问题，都应承受科学的解决。凡科学认为暂时不能解决的问题，都成为悬案。凡科学认为成问题的问题，都应抛弃……科学不能解决的，哲学也休想解决。……在生活的各方面，自然总不免有理论家继续出来……但他们都不能自外于人类的最进步的科学知识思想，而自夸不受科学制裁的哲学家……他们的方法必须是科学实验的方法。**若不如此，那他们不是将来的思想家，只是过去的玄学鬼**。"（《胡适经典论丛：胡适论哲学》，安徽教育出版社2006年版，第41—42页）**梁漱溟**《勉仁斋读书录》曾批评熊十力一味"**以哲学玄想自雄**"，说熊十力于儒学"可惜止于有所窥而未曾登堂入室，却自恃聪明仿佛能知堂奥事……熊先生严重的失败在其癖好哲学，不谨于方法"，又说"**然而他不晓得本体论早绝了路，除非它结合着宗教，待从宗教而得救**"（《勉仁斋读书录》，人民日报出版社1988年版，第120—122页）。而**宗白华**《中国哲学史提纲》则说："**旧哲学企图凭玄想以发现关于宇宙人生的绝对真理，建立包罗万象的系统，这种旧哲学已经终结**。"（《宗白华全集》第二卷，安徽教育出版社1994年版，第722页）

④ "古希腊文属印欧语系。操这种语言的各民族约在公元前两千多年之前侵入希腊半岛，然后征服爱琴海诸岛，拓展到小亚细亚。"（罗念生、水建馥：《古希腊汉语词典》"前言"，商务印书馆2004年版）

⑤ 海德格尔：《路标》，孙周兴译，商务印书馆2011年版，第392页。

……哲学之为语言的副产物，似乎不待繁证即可明白了。印度日耳曼族语之特别形质，例如主受之分，因致之别，过去及未来，已完及不满，质之与量，体之与抽，以及各种把动词变作名词的方式，不特略习梵文或希腊文方知道，便是略习德语也就感觉到这麻烦。这些麻烦便是看来"仿佛很严重"的哲学分析之母。

汉语在逻辑的意义上，是世界上最进化的语言（参看叶斯波森著各书），失掉了一切语法上的烦难，而以句叙（Syntax）求接近逻辑的要求。并且是一个实事求是的语言，不富于抽象的名词，而抽象的观念，凡有实在可指者，也能设法表达出来。文法上既没有那么多的无意识，名词上又没有那么多的玄虚，则哲学断难在这个凭借发生，是很自然的了。①

既然"哲学之为语言的副产物"，那么澄清、澄明于语言是澄清、澄明于某语言下之哲学的关键。职是之故，汉语、汉字是理解中国"哲学"或中国"philosophia"的关键，对于汉语、汉字概念的澄清与否决定着对中国哲学命题或中国 philosophia 思想体系是否澄清或澄明。因此，傅斯年1928年创建的"中央研究院"历史语言研究所之所以命名为"历史语言研究所"，也不外是清晰于"语言"对于历史文明的重要性以及语言研究对于历史研究的重要价值，这其实是傅斯年"历史—语言"观的真实反映，傅斯年《历史语言研究所工作之旨趣》一文也颇能集中表达他的"史语"研究立场②。于黑格尔批评孔子没有"思辨的哲学"的问题，傅斯年另有不相关但又相关的见解，他说：

（1）……中国本没有所谓哲学。**多谢上帝，给我们民族这么一个健康的习惯**。我们中国所有的哲学，尽多到苏格拉底那样子而止，就是柏拉图的也尚不全有，更不必论到近代学院中的专技哲学，自贷嘉、来卜尼兹以来的。我们若呼子家为哲学家，大有误会之可能。③

（2）"斐洛苏非"，译言爱智之义，试以西洋所谓爱智之学中包有各问题与战国秦汉诸子比，乃至下及魏晋名家宋明理学比，像苏格

---

① 傅斯年：《傅斯年全集》第二卷，湖南教育出版社2003年版，第252—253页。
② 傅斯年：《傅斯年全集》第三卷，湖南教育出版社2003年版，第3—13页。
③ 傅斯年：《傅斯年全集》第一卷，湖南教育出版社2003年版，第459页。

拉底那样的爱智论，诸子以及宋明理学是有的；像柏拉图所举的问题，中土至多不过有一部分，或不及半；像亚里士多德那样竟全没有；像近代的学院哲学自戴卡以至康德各宗门，一个动词分析到微茫，一个名词之语尾变化牵成溥论（如 Cangality 观念之受 Instrnental 或 Ablative 字位观念而生者），在中土更毫无影响了。拿诸子名家理学各题目与希腊和西洋近代哲学各题目比，不相干者如彼之多，相干者如此之少，**则知汉土思想中原无严意的斐洛苏非一科**，"中国哲学"一个名词本是日本人的贱制品，明季译拉丁文之高贤不曾有此，后来直到严几道、马相伯先生兄弟亦不曾有此，我们为求认识世事之真，能不排斥这个日本贱货吗？①

中国历史上有没有柏拉图那样的哲学，这值得另外讨论，傅斯年说中国没有哲学未必不对，也未必全对。譬如说中国本土没有黑格尔或怀特海说的思辨哲学、形而上学，殆未必是，至少思维形式上未必无如是。如"道"本体、"理"本体的本体论哲学，比如所谓"理一分殊"，焉能说不是思辨哲学、形而上学？所谓"哲学史即哲学"②，现代的中国哲学研究方家喜就宋明儒立说，实未必是宋明儒离我们近（实清儒更近）或宋明儒更关心道德（先秦墨家更关心道德），而或许多是因为宋明儒之学更具备"哲学"的思维或形式③，故为获得西方式哲学概念体系或哲学思维方法的学者所尤加关注，就如黑格尔对老子的兴趣要大于孔子一样。

---

① 傅斯年：《傅斯年全集》第二卷，湖南教育出版社2003年版，第253页。
② 黑格尔：《哲学史讲演录》第一卷，商务印书馆1981年版，第13页。
③ 冯友兰曰："我们要想叫现代学术到中国来，我们还是先教现代学术说中国话。"（《三松堂全集》第十四卷，河南人民出版社2001年版，第42页）用中国话，怀特海谓欧洲哲学传统是柏拉图"注脚"实是谓欧洲大陆传统哲学的主流是"玄学"而已，李达《法理学大纲》就坚持以"玄学派"来称欧洲非经验主义哲学家。**从柏拉图到黑格尔，都是玄学派哲学家，其哲学思想的核心不过是玄学观念打转而已，罗素曾谓之"绝对主义"和"神秘主义"**。譬如罗素说："'物自体'是康德哲学中的累赘成分……受他影响的哲学家们必然要在经验主义方向或在绝对主义方向迅速发展下去；事实上，直到黑格尔去世为止，德国哲学走的是后一个方向。康德的直接后继者费希特（1762—1814）抛弃了'物自体'，把主观主义发展到一个简直像沾上某种精神失常的地步。"（《西方哲学史》下卷，商务印书馆1976年版，第262页）"在青年时代，他（黑格尔）非常热中[衷]于神秘主义，他后日[日后]的见解多少可以看成是最初他以为是神秘洞察的东西的理智化。……由于他早年对神秘主义的兴趣，他保留下来一个信念：分立性是不实在的；依他的见解，世界并不是一些各自完全自立的坚固的单元——不管是原子或灵魂——的集成体。"（《西方哲学史》下卷，商务印书馆1976年版，第276页）

而孔子有没有"思辨的哲学"或形而上学呢？所谓的有，其实多是孔子之后的后学尤其是汉魏玄学、宋明理学、马列哲学所建构起来的（比如太极本体，比如阴阳辩证法）；先秦文献中的孔子未必有这种哲学。但没有这种哲学也未必是不高明，此傅斯年所谓**"多谢上帝，给我们民族这么一个健康的习惯"**之叹。罗素曾经说："没有什么是可以归功于罗马哲学的，因为根本就没有什么罗马哲学。"① 罗马虽然没有哲学，但否认不了罗马的伟大成就或伟大贡献，更否定不了罗马学者的卓识（**罗马学问主要在法律**）。孔子说"未能事人，焉能事鬼"、"未知生，焉知死"，又说"君子于其所不知，盖阙如也"、"多闻阙疑，多见阙殆"，又说"必也正名乎……名不正则言不顺"（皆见《论语》），这不正是一种理智么？梯利评杜威时说："这位进化论的哲学家所感兴趣的问题，不是本体论的老问题，而是实际、活的道德和社会问题。"② 如果说苏格拉底似乎还有点"本体论"的色彩，那么到了经验主义、实验主义哲学大家杜威那里就根本上取消了本体论③；孔子所能感共鸣的不是柏拉图、黑格尔，或是杜威，或是"拒斥形而上学"④。

（二）孔子的学问只有道德训诫之辞而无其他知识吗？

答案当然是否定的。华夏先哲的思维模式是"仰观天文，俯察地理，中知人事"，所以就求知路线及知识特征而言，孔子是位典型的"博学家"，尤长于历史与博物（名物），故他是历史学家（"好古，敏以求之"）与博物学家（"多识于鸟兽草木之名"），这与中国学术（求知）的

---

① 罗素：《西方哲学史》上卷，商务印书馆1963年版，第14页。

② 梯利：《西方哲学史》，商务印书馆1995年版，第623页。

③ 胡适《实验主义》一文说："杜威在哲学史上是一个大革命家。为什么呢？**因为他把欧洲近世哲学从休谟和康德以来的哲学根本问题一齐抹杀，一齐认为没有讨论的价值。一切理性派与经验派的争论，都是不成问题的争论，都可'以不了了之'。杜威说近代哲学的根本大错误就是不曾懂得'经验'究竟是个什么东西。一切理性派和经验派的争论，唯心唯实的争论，都只是由于不曾懂得什么叫做经验。**"（《胡适经典文丛：胡适论哲学》，安徽教育出版社2006年版，第80页）《五十年来之世界哲学》一文又说："向来的哲学家不明白经验的真性质，所以有些人特别注重感觉，只认那细碎散漫的感觉为经验的要义；有些人特别注重理性，以为细碎的感觉之上还应该有一个综合组织的理性。"（同前书，第128页）

④ "维也纳学派认为，讨论关于存在的本体论问题，是'形而上学'，应当从哲学中排除出去。哲学只是对科学所使用的语言作逻辑分析，分析语言表达式的逻辑关系和意义，这种分析没有本体论的意义，并不从科学本身中发掘出任何本体论的前提或内蕴。因为在维也纳学派看来，'一个语言构架的接受决不可以看作蕴涵着一个关于所谈的对象的实在性的形而上学教条'。"（蒯因：《从逻辑的观点看》，上海译文出版社1987年版，中译本序，第3页）

整体路向是吻合的（重天文地理及历史，学问也重天文地理与历史，历史尤甚）①。孔子从小喜欢关于礼的知识，他17岁的时候，鲁大夫孟釐子临死时命其子孟懿子"若必师之"，后孟懿子与鲁人南宫敬叔"往学礼焉"，此亦说明孔子这时已饱学于"礼"（礼制、礼俗，皆历史性知识），后又曾"一乘车，两马，一竖子俱，适周问礼，盖见老子云"。孔子后来曾破解肃慎之矢、土缶之狗、防风大骨等难题，赢得"善哉圣人"之赞。达巷党人曰"大哉孔子，博学而无所成名"（《论语·子罕》），这虽有讥讽味，但孔子的博学还是为常人所不能否认。孔子博学与多能，弟子等赞之为"圣"，但孔子说"若圣与仁，则吾岂敢？抑为之不厌，诲人不倦，则可谓云尔已矣"、"吾少也贱，故多能鄙事，君子多乎哉？不多也"，公西华则曰"正唯弟子不能学也"（《论语·述而》）。孔子弟子三千贤者七十二，难道仅仅是学道德？非也，如此何以能干禄？学礼，学六艺，学技能。孔子常说"君子博学于文，约之以礼"，这应是他一生的最好写照，是他教育工作的最好写照。司马迁说："天下君王至于贤人众矣，当时则荣，没则已焉。**孔子布衣，传十余世，学者宗之，自天子王侯，中国言六艺者折中于夫子，可谓至圣矣！**"六艺之学能折中于孔子，那孔子可能是"只有一些善良的、老练的、道德的教训"吗？《颜氏家训·勉学》曰："**尔观天下书未徧，不得妄下雌黄。**"黑格尔读中国书未几，却妄下雌黄，陋矣！此亦罗素说"世界历史一向就是历经从中国的'纯有'到'绝对理念'的各范畴而进展的"时所谓"关于中国，黑格尔除知道有他而外毫无所知"②（此"他"指"纯有"）。

孔子说"君子不器"（《论语·为政》）、"女为君子儒，无为小人儒"等（《论语·雍也》），他心中的"不器"、"君子儒"是怎样的呢？荀子或许已替孔子做了回答或评定。荀子将"儒"分成贱儒、陋儒、散儒、俗儒、雅儒、大儒等，《荀子·儒效》曰"有俗人者，有俗儒者，有雅儒者，有大儒者"，**俗人**是"不学问，无正义，以富利为隆"，**俗儒**是"逢衣浅带，解果其冠，略法先王而足乱世术，缪学杂举"等。**雅儒何？大儒何？**曰："法后王，一制度，隆礼义而杀诗书；其言行已有大法矣，然而明不能齐法教之所不及，闻见之所未至，则知不能类也；知之曰知之，

---

① 林桂榛：《儒学的世界性与世界性的儒学》，《光明日报》2004年12月28日"学术"版。
② 罗素：《西方哲学史》下卷，商务印书馆1976年版，第282页。

不知曰不知，内不自以诬，外不自以欺，以是尊贤畏法而不敢怠傲，是**雅儒者也**。"曰："法先王，统礼义，一制度；以浅持博，以古持今，以一持万；苟仁义之类也，虽在鸟兽之中，若别白黑；倚物怪变，所未尝闻也，所未尝见也，卒然起一方，则举统类而应之，无所儗作；张法而度之，则晻然若合符节，是**大儒者也**。"荀子云："其穷也俗儒笑之；其通也英杰化之，嵬琐逃之，邪说畏之，众人愧之。通则一天下，穷则独立贵名，天不能死，地不能埋，桀跖之世不能污，**非大儒莫之能立，仲尼、子弓是也**。"——"儒"是"博学约礼"即知识加实践的士人，大处言之"上不臣天子，下不事诸侯"（《大戴礼记·儒行》），小处言之"三军可夺帅也，匹夫不可夺志也"（《论语·子罕》），黑格尔以没有"思想的自由"而将东方思想摈弃在"哲学"及"哲学史"之外，这就非常类似于将苏格拉底摒弃在哲学及哲学史之外一样。

（三）孔子的思想学问果真是没有任何宏深的内容吗？

前面已经说过，语言或概念的高深或语言思维的高深并不一定就思想高深，更未必谈得上是科学或真知，故而哲学实际上难逃"哲学是概念的游戏"之讥。梁启超1927年所作《儒家哲学》说："近人批评西洋哲学说，'**哲学这门学问不过播弄名词而已**'。语虽过火，但事实确是如此。哲学书籍虽多，要之仅是解释名词的不同。标出几个名词来……搅作一团无法分辨。专就这一点看，问题固不必多，多之徒乱人意。"① 冯友兰《〈中国哲学史新编〉总结》则说："金岳霖在英国剑桥大学说过：'**哲学是概念的游戏。**'消息传回北京，哲学界都觉得很诧异，觉得这个提法太轻视哲学了……现在我认识到，这个提法说出了哲学的一种真实性质。试看金岳霖的《论道》，不就是把许多概念摆来摆去吗？岂但《论道》如此，我的哲学体系，当时自称为'新统'者，也是如此……我们两个人的体系，显然都是'概念的游戏'。金岳霖在剑桥的提法，不过是用简单的话说出了一个公开的秘密。"② （此是冯临终之年的文字，足代表他对一生哲学活动的反思与总结。）

我们在先秦时代遗留下来的儒家著作中，是几乎看不到"概念的游戏"的句子或论著。《老子》中的那种哲学语句的表意及叙述方式，在儒

---

① 梁启超：《梁启超全集》第九册，北京出版社1999年版，第4989页。
② 冯友兰：《三松堂全集》第十卷，河南人民出版社2000年版，第647页。

家著作中是不见或罕见的——老孔哲学的被诠释利用，则后有互补融合的情况，这则是另当别论了。故而在一定的意义上，傅斯年所谓"**多谢上帝，给我们民族这么一个健康的习惯**"这种功劳应该主要归功于儒家，而不是归功于所谓道家或其他家（中国本土哲学主要是儒道构成的）。衡之以冯友兰、傅斯年所揭示的于"哲学"之洞察，陈鼓应等提出中国哲学"道家主干"说①，这并不为过。因为道家哲学的玄思概念及玄思命题，这实非儒家所能企及与创造，甚至也非真正的儒家所愿企及与创造。孔子曰："野哉，由也！**君子于其所不知，盖阙如也。名不正则言不顺，言不顺则事不成**……故君子名之必可言也，言之必可行也。**君子于其言，无所苟而已矣。**"（《论语·子路》）防止惑于名、乱于名是儒家的重要思想②，这种思想并非是仅仅盯着今人理解的什么"欲正伦理名分"，而实是广义的"循名责实"之义，故《荀子·性恶》曰"凡论者贵其有辨合，有符验，故坐而言之，起而可设，张而可施行"，《韩非子·奸劫弑臣》曰："循名实而定是非，因参验而审言辞。"《荀子·正名》曰："今圣王没，**名守慢，奇辞起，名实乱，是非之形不明**，则虽守法之吏，诵数之儒，亦皆乱也。若有王者起，必将有循于旧名，有作于新名。然则所为有名，与所缘以同异，与制名之枢要，不可不察也。"

冯友兰又说："西方有一句话说，哲学家不同于哲学教授。哲学教授是从文字上了解哲学概念，哲学家不同，他对于哲学概念，并不是只作文字上的了解，而是作更深入的理解，并把这样的理解融合于他的生活中。"③ 维特根斯坦则曾说："**凡是能够说的事情，都能够说清楚，而凡是不能说的事情，就应该沉默。**"又说："**哲学的目的是使思想在逻辑上明晰……哲学应该说明和清楚地划分否则就象模糊不清的思想。**"④ 先秦时代是秦后中国思想的源头，更是儒家哲学开宗创派的阶段，本书的选题及目的，就是意图在学术上澄清先秦儒家思想学说最为"哲学"或"形而上学"的"性与天道"论部分；但是本书落实思想澄清的手段或途径不

---

① 《易传与道家思想》，（台北）商务印书馆 1994 年版；《道家易学建构》，（台北）商务印书馆 2003 年版。
② 宗白华认为荀子正名思想、法家刑名思想从孔子正名思想而出，见宗白华《宗白华全集》第二卷，安徽教育出版社 1994 年版，第 739 页。
③ 冯友兰：《三松堂全集》第十卷，河南人民出版社 2000 年版，第 648 页。
④ 维特根斯坦：《逻辑哲学论》，商务印书馆 1962 年版，第 20、44 页。

是"哲学家"式自我依据某概念或概念群作一当下哲学原理或语言逻辑的思辨,而是"哲学教授"式通过对历史对象的历史考察来还原历史。傅斯年 1928 年曾这样告白史语研究的原则:

> 我们高呼:一、把些传统的或自造的"仁义礼智"和其他主观,同历史学和语言学混在一气的人,绝对不是我们的同志!二、要把历史学语言学建设得和生物学地质学等同样,乃是我们的同志!三、我们要科学的东方学之正统在中国!①

历史上的问题,不论是学说还是制度,不论是观念还是事件,都唯有通过历史考原实证才能逼近历史真相,而且这也才是通往历史真相的唯一道路,傅斯年所谓"**一分材料出一分货,十分材料出十分货,没有材料便不出货**"②。今借司马迁语:"高山仰止,景行行止。虽不能至,然心乡[向]往之!"

胡适 1919 年说:"做学问的人……当存一个'为真理而求真理'的态度。研究学术史的人更当用'为真理而求真理'的标准去批评各家的学术。学问是平等的。发明一个字的古义,与发现一颗恒星,都是一大功绩。"③ 陈寅恪 1935 年说:"依照今日训诂学之标准,凡解释一字即是作一部文化史。"④ 其实厘清一个话语范畴的历史真相,厘清一个遥远观念的历史真相,或许也算在作一小部思想史、观念史了。就古人的天道论与人性论而言,今天看来都是高度抽象的理论话题,但原始儒家对于天道与人性的理解与叙述却未必有后人所叙述的那么抽象,那么显得有"哲学"味;而且原始儒家的天道论、人性论的统一也未必都是后世理学、心学所解释的那种构架或模式;另外原始儒家也并非只有后儒所树的"孔子—子思—孟子"这个理论或观念路数以及只有这理论或观念路数才是唯一嫡传或道地。而先秦《易传》等构建的儒家哲学并非什么形而上学或辩证法哲学,而是天文哲学的天道叙述及数术说明,是"会天道人道"及"推天道以明人事"而已,这个"道"不是老子的"道",也不是庄子的

---

① 傅斯年:《傅斯年全集》第三卷,湖南教育出版社 2003 年版,第 12 页。
② 同上书,第 10 页。
③ 许啸天:《国故学讨论集》第一集,群学社 1927 年版,第 133 页。
④ 沈兼士:《沈兼士学术论文集》,中华书局 1986 年版,第 202 页。

"理"。本书就"道"、"天道"及"性",将辨正一个与过往叙述大有不同的儒家哲学,尤其是阐释一个与过往叙述大有不同的孔子。罗素曾说:

> 我们所说的"哲学的"人生观与世界观乃是两种因素的产物:一种是传统的宗教与伦理观念,另一种是可以称之为"科学的"那种研究……哲学,就我对这个词的理解来说,乃是某种介乎神学与科学之间的东西。他和神学一样,包含着人类对于那些迄今仍为确切的知识所不能肯定的事物的思考;但是它又象科学一样是诉之于人类的理性而不是诉之于权威的,不管是传统的权威还是启示的权威。**一切确切的知识——我是这样主张的——都属于科学;一切涉及超乎确切知识之外的教条都属于神学**。但是介乎神学与科学之间还有一片受到双方攻击的无人之域;这片无人之域就是哲学。①

借用罗素之语,孟子的"哲学"多来自一种"传统的宗教与伦理观念"尤其是宗教观念的东西,孟子的理论尤其他关于天与人的理论多包含着"为确切的知识所不能肯定的事物",比如"性"与"天道"。论天方面,孟子与墨子有相似处或渊源处;在论性方面,孟子与道家有相似处或渊源处——而墨家、道家都有神秘主义思想特征或思想领域,详见第二、第三章论及。孔子和荀子尽管也包含"传统的宗教与伦理观念",但"子不语怪力乱神"(《论语·述而》),其"敬鬼神而远之,可谓知矣"(《论语·雍也》)及"君子以为文而百姓以为神"(《荀子·天论》)、"其在君子以为人道也,其在百姓以为鬼事也"(《荀子·礼论》)的理智以及他们有别于孟子的天文学天道论与血气心知人性论,却证明他们的知识更属于前引罗素所说的"确切的知识"。

孟子有孟子的深刻,孔子有孔子的宏深,但孔子的宏深不在那种所谓的"思辨的哲学"或天人合一的道德信念体系、道德理论体系,而在清晰的天文科学或天文观察以及基于天行基本规律所建构的"损益"之易道哲学。大道在天道,天道即天行,在这样的天文哲学或天学智慧下,坐井观天之城邦国家的本体哲学思维及开口"神"闭口"神"的终极观念只会多余,中国道家在天体行道之上又别立一抽象"道"的本源(原)

---

① 罗素:《西方哲学史》上卷,商务印书馆1963年版,第7页。

或本体亦不过像亚里士多德所批评的柏拉图"理念"及"理念"思维一样属于聪明睿知有余而已。"天文可以使人博大，天文使人见到崇闳。"①孔子就是这样的人，儒学就是这样的学，欲识大道，欲知孔子，先从天文说起，先从"道"及"天道"之字说起。

或问：你下文先不通过对孔子语录中"天"字的罗列统计、归纳分类并数量化依据地判定孔子言"天"多为天文学的天或天道，你怎么就在下文中大肆立言孔子的天文学天道论呢？孔子天论或天道论真的有天文学天道论吗？孔子有那么精通天文学吗？有这种"天"、"天道"观吗？——此问颇似在理，然一个精知天体运行规律或宇宙现象的不信神之学者，他口语中或许也常用"天啊""My God"等词句，但这些词句常有的伦理、宗教意蕴或惊叹修辞义并不等于这个学者本身的天观或天道观。须知：在远古时代，"天象敬畏—天神崇拜"与"天象观察—天文测度"是共存的，而两者的结合则是占星术等，两者的分离则是"神灵—伦理"天道与"天文—历数"天道的分判，是纯天文学脱离神灵宗教、神秘体验或神秘占星术（礼祥、谶纬）的确立与进展。

顾炎武《日知录》曰："三代以上，人人皆知天文。七月流火，农夫之辞也；三星在天，妇人之语也；月离于毕，戍卒之作也；龙尾伏晨，儿童之谣也。后世文人学士，有问之而茫然不知者矣。"**在孔子时代，既有天象敬畏—天神崇拜，也有天象观察—天文测度；既有占星术，也有纯天文学。**"子不语怪力乱神。""子曰：天何言哉？四时行焉，百物生焉，天何言哉？"不管《论语》等孔子语录中的"天"字在特定语境中何其语义复杂、暗昧或意味深长，它们都是修辞意义多于孔子天道观直陈直述意义，它们并不实际表明孔子的天道观，它们也无法否认孔子的根本"天"观是天不言不语的"四时行，百物生"，此不言不语的"四时行，百物生"即是日地天行的基本效应规律，即是日地天道的基本运行规律。

"**天文和历法一直是'正统'的儒家之学**"（李约瑟语），孔子精通天文与历数，先秦儒学的"仲尼—子厷—荀卿"一系是持天文学天道论，本书正文诸章于此等皆有实证焉，望读者明察②。

---

① 张申府：《张申府文集》第三卷，河北人民出版社2005年版，第76页。
② "仲尼—子厷—荀卿"一系与后孔子的"子思—孟轲"一系神圣或玄秘化的伦理天道论、形上天道论、本体天道论大异其趣，与道家式"道"本体论大异其趣，与道家哲学化的宋道学及后道学大异其趣。

第一章 孔子天文学天道论

●子贡曰：夫子之文章可得而闻也，夫子之言性与天道不可得而闻也。

——《论语·公冶长》

●三代以上，人人皆知天文。七月流火，农夫之辞也；三星在天，妇人之语也；月离于毕，戍卒之作也；龙尾伏晨，儿童之谣也。后世文人学士，有问之而茫然不知者矣。若历法，则古人不及近代之密。

——顾炎武《日知录》第三十卷

●对于中国人来说，天文学曾经是一门很重要的科学，因为它是从敬天的"宗教"中自然产生的……在这个农业国家里，历法是由皇帝颁布的……与此相应，天文和历法一直是"正统"的儒家之学，它们和炼丹术这类东西不同，后者被看作是典型的道家"邪说"。

——［英］李约瑟《中国科学技术史》

"道"是个摄义宏大而精微的汉语言文字，先秦基本文献里说"道"者最富有所谓"哲学"意味的莫过于老子《道德经》，比如通行本《道德经》有如下数章分别云：

（1）道可道，非常道。名可名，非常名。无名天地之始，有名万物之母……

（2）孔德之容，唯道是从。道之为物唯恍唯惚，忽兮恍兮其中有象，恍兮忽兮其中有物，窈兮冥兮其中有精，其精甚真，其中有信。自古及今，其名不去，以阅众甫……

（3）有物混成，先天地生。寂兮寥兮，独立不改，周行而不殆，可以为天下母。吾不知其名，字之曰道，强为之名曰大。大曰逝，逝曰远，远曰反。故道大，天大，地大，王亦大。域中有四大，而王居其一焉。人法地，地法天，天法道，道法自然。

（4）道生一，一生二，二生三，三生万物。万物负阴而抱阳，冲气以为和……

由这种一般的断句去理解上述章句，老子说的那个"道"究竟是什么？这还真有老子所谓"玄之又玄，众妙之门"的味道；其实恐怕作《道德经》的老子自己也说不清楚这个"道"究竟是什么（这老子究竟是哪个老子恐怕也说不清楚）[1]，故他只得以"唯恍唯惚"、"窈兮冥兮"之类的形容词来描之、状之了，又说"吾不知其名，字之曰道，强为之名曰大"，此"道"真可谓"道可道非常道，名可名非常名"也。

历时 500 余年的东亚东周时代恰处雅斯贝尔斯所说的"轴心时代"，东周时代中 250 多年的战国阶段不仅诸侯纷争，更是百家争鸣。司马迁之父谈公"论六家之要指"指出"夫阴阳、儒、墨、名、法、道德，此务为治者也，直所从言之异路，有省不省耳"（《太史公自序》），即诸家诸说实皆有孟子说的"思以易天下"（《滕文公上》）之立意，故司马迁又云"自驺衍与齐之稷下先生……各著书言治乱之事以干世主，岂可胜道哉"（《孟子荀卿列传》）。司马谈"论六家之要指"论评诸家时评价最高、最详的是道家而不是儒家或其他家，他说：

> 道家使人精神专一，动合无形，赡足万物。其为术也，因阴阳之大顺，采儒墨之善，撮名法之要，与时迁移，应物变化，立俗施事，无所不宜，指约而易操，事少而功多……道家无为，又曰无不为，其实易行，其辞难知。其术以虚无为本，以因循为用。无成势，无常形，故能究万物之情。不为物先，不为物后，故能为万物主。有法无

---

[1] 《史记·老子韩非列传》曰："老子者，楚苦县厉乡曲仁里人也，姓李氏，名耳，字聃，周守藏室之史也……或曰：老莱子亦楚人也，著书十五篇，言道家之用，与孔子同时云。"

法，因时为业；有度无度，因物与合。故曰"圣人不朽，时变是守。虚者道之常也，因者君之纲"也。群臣并至，使各自明也……乃合大道，混混冥冥。光耀天下，复反无名。凡人所生者神也，所讬者形也。神大用则竭，形大劳则敝，形神离则死。死者不可复生，离者不可复反，故圣人重之。由是观之，神者生之本也，形者生之具也。不先定其神形，而曰"我有以治天下"，何由哉？

而他同时对儒家的评论则是：

儒者博而寡要，劳而少功，是以其事难尽从；然其序君臣父子之礼，列夫妇长幼之别，不可易也……夫儒者以六艺为法。六艺经传以千万数，累世不能通其学，当年不能究其礼，故曰"博而寡要，劳而少功"。若夫列君臣父子之礼，序夫妇长幼之别，虽百家弗能易也。

司马谈不仅对儒家评价不高，且与评价道家相比则显得似对儒家颇有贬责之意。在他或又在司马迁看来，儒家的学说一如墨家、法家都是功利主义的，而且儒家讲"礼"则讲得繁文缛节、劳而少功，没有思想高度，也没有思维高度。儒家小六艺礼乐射御书数不过是六种生活技术或技能，而大六艺则是诗尚礼乐易春秋六种经术[①]，前者不存在哲学，后者似乎也无什么哲学。《论语》有言"子罕言利与命与仁"（《子罕》），又言"子贡曰：夫子之文章可得而闻也，夫子之言性与天道不可得而闻也"（《公冶长》），五经、六经或九经或十三经中，大概唯有易经直接讲"性与天道"了，其他多是"不可得而闻"。

《周易》文本里原经是卜辞，唯传的部分有较高思想阐发，即原经文不存在高深的哲学思想，唯"是故形而上者谓之道，形而下者谓之器"（《系辞上》）、"是故易有太极，是生两仪，两仪生四象，四象生八卦"（《系辞上》）、"一阴一阳之谓道，继之者善也，成之者性也"（《系辞

[①] 《大戴礼记·保傅》曰："古者年八岁而出就外舍，学小艺焉，履小节焉；束发而就大学，学大艺焉，履大节焉。居则习礼文，行则鸣佩玉，升车则闻和鸾之声，是以非僻之心无自入也。"吕思勉《先秦学术概论》曰："予谓诗、书、礼、乐、易、春秋，大学之六艺也；礼、乐、射、御、书、数，小学及乡校之六艺也。"（世界书局1933年版，第63—64页）

上》）"和顺于道德而理于义，穷理尽性以至于命"（《说卦》）之类的传文被学者认为极有高深的理论思维。因为先秦孔子等儒没有说清"性与天道"问题，因为《易传》也涉及了"理—性—命"与"太极"的具体内容，故孟子自命自己继承了孔子之学而以伦理之善说"性"与"心—性—命"及"天道"或"天之道"，自居"道学"的宋儒又自命自己继承了孟子及孔子而以"性即理"说"心—性—命"及"理—气—道"等。《宋史·道学一》曰：

> 道学之名，古无是也。三代盛时，天子以是道为政教，大臣百官有司以是道为职业，党、庠、术、序师弟子以是道为讲习，四方百姓日用是道而不知。是故盈覆载之间，无一民一物不被是道之泽，以遂其性。于斯时也，道学之名，何自而立哉。
>
> 文王、周公既没，孔子有德无位，既不能使是道之用渐被斯世，退而与其徒定礼乐，明宪章，删《诗》，修《春秋》，赞《易象》，讨论《坟》、《典》，期使五三圣人之道昭明于无穷。故曰："夫子贤于尧、舜远矣。"孔子没，曾子独得其传，传之子思，以及孟子，孟子没而无传。两汉而下，儒者之论大道，察焉而弗精，语焉而弗详，异端邪说起而乘之，几至大坏。
>
> 千有余载，至宋中叶，周敦颐出于春陵，乃得圣贤不传之学，作《太极图说》、《通书》，推明阴阳五行之理，命于天而性于人者，了若指掌。张载作《西铭》，又极言理一分殊之旨，然后道之大原出于天者，灼然而无疑焉。仁宗明道初年，程颢及弟颐实生，及长，受业周氏，已乃扩大其所闻，表章《大学》、《中庸》二篇，与《语》、《孟》并行，于是上自帝王传心之奥，下至初学入德之门。融会贯通，无复余蕴。……

那么，儒家之学是不是司马谈评价的那么世俗烦琐而无思想高度呢？而如果先秦儒家有思想高度地讲了"性与天道"，那又是不是宋儒或明儒说的心性、性命、理气等呢？本章即试图作一思想史的分疏考证，力图还原性叙述出孔子晚年天道论及易传哲学的天文学性质，还原"五行"本非水火木金土义及"阴阳五行"论的天文天象学内涵，同时还原出孔子以血气论"性"及"性相近"而非后儒式以抽象心性论"性"。清戴震

《孟子字义疏证》对"理"等的字义考原以及"阴阳五行,道之实体也;血气心知,性之实体也"(卷中)的学术总结是对宋儒天人不分的"理一性"合一之理本体哲学、理本体思维的解构,但他依然停留在秦汉以来以水火木金土做天道的思维观念上,论性之"血气心知"为是却又不知生命形神构成实是"结构—功能"而已,落于反宋儒而不逃宋儒的境地①。

第一节 道与天道

为免"枉尺而直寻"(《孟子·滕文公下》)或"以其昏昏使人昭昭"(《孟子·尽心下》),或欲知"道"尤其"天道"为何,当先知"道"字为何义及何来源,如此则方知古人言"道"本为何以及今"道"字诸义如何演变至此,尤其才知先秦儒家文献中的"道"及先秦儒家的"天道"学说是何具体内涵,此即戴震《与是仲明书》所树立的"**所以明道者其辞也,所以成辞者字也,由字以通其辞,由辞以通其道,必有渐求所谓字**"的学术主张或学术原则②,此亦是戴震弟子段玉裁之外孙龚自珍的"以经说字、以字说经"之义③。龚自珍《家塾策问一》说:"夫解经莫如字也,解字莫如经也。韩氏曰:读书略识字,古未有不明乎字而称经生者也。"此言甚是。

一 "道"字初义及哲思泛化

"道"字篆体作"䲜",《说文》曰:"**所行,道也;从辵,从首,一达(达)谓之道。**"辵從彳從止,《说文》释义为"乍行乍止也",《甲骨文编》辵写作"䇞"、"䇞"等④;首从鼻或从目,《金文编》作

---

① 刘师培《左盦外集》卷十七《东原学案序》曰:"东原之书《原善》、《孟子字义疏证》为最著……仍汉儒以五行解性之遗说,且亦不能脱宋儒言性理之范围……"
② 戴震《与是仲明书》、洪榜《戴先生行状》、余廷灿《戴东原事略》。
③ 龚自珍《定盦续集》有诗曰:"张杜西京说外家,斯文吾述段金沙。导河积石归东海,一字源流奠万哗。"龚自珍自注曰:"年十有二,外王父金坛段先生授以许氏部目,是平生以经说字、以字说经之始。"
④ 中国科学院考古研究所:《甲骨文编》,中华书局1965年版。▲以下引甲骨文具体字形据此者皆不另注。

"⿱、⿱、⿱、⿱、⿱、⿱、⿱、⿱、⿱"①。陈直《读金日札》第 60 条曰:"金文'首'字作⿱或作⿱。第一字象髪与目形,第二字象髪与鼻形。盖人首之中,以髪、目、鼻三部分即可以代表,独无象口者。"② 此"首"字或是象毛髪与鼻子,或是象毛髪与眼睛,指代人首或人头。⿱从⿱,就是人行或所行之义,后者即轨迹或道路之义。《金文编》收"道"字如下 11 个字形:

⿱、⿱、⿱、⿱、⿱、⿱、⿱、⿱、⿱、⿱、⿱

这 11 个字形中,皆有"首"部,或再从"彳行"(如第 1 字),或再从"彳止"(如末 2 字);或从"首"从"彳行"之下又从"止",即从"⿱"、"⿱"(亦表行),此符后衍为"⿱"、"⿱",如中间共 11 字即是如此。今之"導(导)"字当从加"⿱"、"⿱"符的"道"字所衍,"寸"疑正从"止"而衍,此"⿱"(止)最后衍为"⿱"(寸)。"⿱、⿱、⿱、⿱"诸字中的"止"部实即今"之"字,"之"即往、到之义。《甲骨文编》里的"⿱"、"⿱"、"⿱"等字是今之"止"字,表步子到某地而停,如同"至"字古文。"道"字既写作"彳行"内加"首",也写作"彳行"内加"人","彳行"添首即"衜"或"衜","彳行"添人即隶作"衍","衍"又隶作"衍"。"首"有个体之头脸义,也有群体之首领义,从"彳行"甚至又从"⿱、⿱",故衍有导引、领导、控制义。做动词基本义项是行进、导引义,做名词基本义项是道路、行迹(即所行)义。

那《说文》为何称"一達谓之道"呢?"達(达)"者,《说文》释曰"行不相遇也",此跟行路方向或线路关,故《尔雅》曰:"一達谓之道路,二達谓之岐旁,三達谓之剧旁,四達谓之衢,五達谓之康,六達谓之庄,七達谓之剧骖,八達谓之崇期,九達谓之逵[馗]。"所谓"四通八达"或"康庄大道"云云,乃是"路"的一个进向谓"達(达)",四条路汇聚处当然是四通八达了,"康庄大道"则是两三个路口处的大路,有五六个行路方向……由此可见,在古人的语言或思想观

---

① 容庚:《金文编》,中华书局 1985 年版。▲以下引金文具体字形据此者皆不另注。
② 陈直:《读金日札 读子日札》,中华书局 2008 年版,第 41 页。

念中,"道"是有条理、有规律之行动的轨迹,还是行动的方向,基本上是物理内涵的"道",而社会内涵或前述《道德经》之玄思哲学内涵的"道"是从其本义或基本义延伸过来的,如何衍变?龚自珍《定盦文集》卷中《家塾策问一道》曰:

> 《说文》,形书也,顾一字有一字之形与一字之音与义而后一篆完,故说者曰《尔雅》、《广雅》义书也,《声类》音书也,然则歧而为三,抑治《说文》而经纬备举也?能发其凡与?以字义而论一字,有一字之本义,有引申之义,有假借之义,往往引申假借之义通行于古今而本义反晦者。

龚氏此"三义"之说实源于他外祖父段玉裁之说,段注《说文》解某字字义多以此"三义"模式作具体辨析。段注《说文》释"道"字曰:

> 道,所行道也:传每云行道也,道者人所行,故亦谓之行,道之引申为道理,亦为引道。从辵首:首者行所达也,首亦声,徒皓切,古音在三部。一达谓之道:释宫文行部称四达谓之衢,九部称九达谓之馗,按许三称当是一例,当作一达谓之道。从辵首,道人所行也,故从辵,此犹上文遵人所登,故从辵也,自遵以下字皆不系于人,故发其例如此,许书多经浅人改窜,遂不可读矣。

徐锴《说文解字系传》通释卷四、通论卷上分别说:

> (1) 道,所行道也,从辵、首,一达谓之道。臣锴曰:所行道,此道字当作今導字之意。余则通论详矣。徒讨反。𧗟,古文道从首、寸。(榛按:"𧗟"隶作𧗟,𧗟即導)
>
> (2) 道者,蹈也,人所蹈也,一达谓之道,二达曰歧旁。三代之所以直道而行也,故夏后太康之弟述大禹之戒以歌曰"唯彼陶唐,有此冀方,今失其道,乱其纪纲,乃底灭亡",此禹遵陶唐之道也。

尧舜同道，尧曰稽古，推可知矣，此夏道也。箕子作《洪范》曰"无有作好，遵王之道，无反无侧，王道正直"，此殷之道也。诗曰"周道如砥，其直如矢"，此周道也。左道者衷僻之径也，直道必循川涂，衷径越山，便而行利速也……

刘锦藻《清续文献通考》卷九十六曰：

衢，鼓文原本作𧗳、𧗪，与導同。《说文》導引也，谓引而道之也。道者人所行道也，一达谓之道，从寸，经涂九轨之意……衍，薛氏、潘氏释作道字，丁鼓原文释为行，叶胡郎切，古者行、道字通用，《说文》道者人所行道也可证。

综上可见，"道"字的字形字义都起源于"行"或"彳亍"符，或从"首"或从"人"，皆是行进、导引或轨迹之义。"行—道（衢）—導"三字，其形同源，其义同根，并可互训互代。写作"導"者，不过是"衢"再从"止"或"寸"而已，"衢"再从"止"即可省作"道（𧗪）"字，此"止"即"足"字之下部，乃步进之义，非驻足不进之止义，故"道（𧗪）"从足"步"且又从"首"或从"人"而有"导引"义也实在是自然而然的语义情况，绝非"导引"义只在"導"字而此字从"寸"方生有"导引"义，古文献许多"道"字为动词作导引义用，正证明从"行"从"止"的"道（𧗪）"本义即有行及领行之义，如《论语·为政》"道之以政，齐之以刑……道之以德，齐之以礼"的"道"即今"導（导）"字义，然《论语》该"道"字的本字是"道"而非"導"。《汉书·刑法志》有句曰"牧民而道之以善者，吏也"，颜师古注曰"道，读曰導，以善導之也"，此亦是"道"即"導"义而已。

"道"作动词有导引、行进义，作名词其本义是行进之轨道的意思，是物理与空间含义，古人以"道"称道路以及"道—路"、"衢—道"并称亦即是由于此理。汉佚名《三辅黄图》卷一曰："驰道，案《秦本纪》始皇二十七年'治驰道'注曰'驰道，天子道也'，蔡邕曰'驰道，天子所行道也，今之中道。'"司马迁《史记》卷六"治驰道"，裴骃集解引应劭曰："驰道，天子道也，道若今之中道。"《汉书》

卷十"绝驰道"有注曰："应劭曰：驰道，天子所行道也，若今之中道。"《中庸》曰："天命之谓性，率性之谓道，修道之谓教。道也者，不可须臾离也，可离非道也。"郑注曰："道，犹道路也，出入动作由之，离之恶乎从也。"《中庸》的"道"即道路之道的引申义。随着语言的演绎发展以及思维水平的提高，"道"字的语义由行进、轨迹、导引这种原义作延伸与泛化，引申之以指称社会或自然的道理与规律（或具体可判的实称，或精微难言的虚称）①，甚至衍作老子哲学的最高实在、最高本始之"道"。"喜刑名法术之学而其归本于黄老"（《史记·老子韩非列传》）的韩非子，其论说的"道"的最高语旨就是指称一种普遍的行迹或规律或决定事物所以然的黄老哲学式之实在本体、本源，《韩非子·解老》云：

  道者，万物之所然也，万理之所稽也。理者成物之文也，道者万物之所以成也。故曰道理之者也。物有理不可以相薄，物有理不可以相薄故理之为物之制，万物各异理而道尽……

西汉《淮南子·原道训》说"道"更能代表黄老哲学家的"道"观念，高诱解篇题曰"原，本也，本道根真，包里天地，以历万物故曰原道，因以题篇"，《原道训》开篇则云：

  夫道者，覆天载地，廓四方，柝八极，高不可际，深不可测，包裹天地，禀授无形；原流泉浡，冲而徐盈；混混滑滑，浊而徐清。故植之而塞于天地，横之而弥于四海；施之无穷，而无所朝夕。舒之幎于六合，卷之不盈于一握。约而能张，幽而能明，弱而能强，柔而能刚，横四维而含阴阳，纮宇宙而章三光……

郭沫若《青铜时代》说："**道字本来是道路的道，在老子以前的人又**

---

① 《荀子·儒效》曰："先王之道，人之隆也……道者，非天之道，非地之道，人之所以道也，君子之所道也。"《礼记·礼运》曰："大道之行也，天下为公。"《孟子·尽心下》："仁也者人也，合而言之道也。"此"道"皆是说人之道。而帛书《五行》反复曰"道也者，天道也"是强调其"天道"为根本，推崇天，但此所推崇的道、天道、天是伦理性的。

多用为法则。"① 又说:"老子的最大的发明便是取消了殷周以来的人格神的天之至上权威,而建立了一个超绝时空的形而上学的本体。这个本体他勉强给了它一个名字叫作'道',又叫'大一'。《道德经》的第二十五章说:'有物混成,先天地生,寂兮寥兮,独立不改,周行而不殆,可以为天下母。吾不知其名,字之曰道,强为之名曰大一。(一字原夺。)……所谓'强字之曰道'即出本章,而'道可道非常道'更是《道德经》中的第一句。故尔在资料上以及由文字上说来,'道'这个观念为老子所发明,是毫无疑义的。"②

二 两种天道观、天道理论

若回到儒家学说这一主题上,一说儒家的"道"理论,学人多能想到《周易·系辞下》所谓的"有天道焉,有人道焉,有地道焉"句,甚至关联性地想起《大戴礼记·四代》"有天德,有地德,有人德"句。先不论先秦"德"的理论或思想真相是什么(包括文字来源及初义),先秦儒家论"道"除了《系辞下》说"有天道焉,有人道焉,有地道焉",还有《系辞上》说"故形而上者谓之道,形而下者谓之器",而今之哲学界多以此二句互想,谓"天道"即"形而上之道"、"形而上之道"即"天道",这样就把"形而上"、"形而下"作本体论式的哲学化理解或阐释了,从而也将"天道"概念本体论式地哲学化了。

(一)本体论哲学的天道

比如《〈易传〉道德的形上学》(1990)、《〈易传〉之形而上学研究》(2007)、《儒家形上学》(1957、1980、1991)、《中国哲学的本源——本体论》(2001)这类现代专著③,比如《不息之本体:儒家哲学的形上之思》(2010)、《从先秦本体哲学看儒家的"显学"地位》(2008)这类现

---

① 郭沫若:《青铜时代》,科学出版社1957年版,第38页。
② 同上书,第36—38页。
③ 范良光:《〈易传〉道德的形上学》,台湾商务印书馆1990年版;张汝金:《解经与弘道——〈易传〉之形而上学研究》,齐鲁书社2007年版;罗光:《儒家形上学》,辅仁大学出版社1980年版;冯达文:《中国哲学的本源——本体论》,广东人民出版社2001年版;严正:《儒学本体论研究》,天津人民出版社1997年版;王蔼:《〈礼记·乐记〉之道德形而上学》,文史哲出版社2002年版。

代论文①，其理路正是认为儒家有欧洲哲学的终极本体论②，儒家这种本体观不是希腊哲学的"理式"或"逻各斯"等，而是《易传》哲学"形而上者谓之道"、"穷理尽性以至于命"的"道"、"性"本体之类。以这样抽象哲思式的本体存在论去理解《易传》或先秦儒家以《易传》为核心的天道观，并不是今人的发明，而实是一个古老的传统。尽管司马谈、司马迁的论六家要旨之议并没有说及儒家有什么高拔的"道"的哲学，尽管《论语》这种最直接可靠记载孔子及其第一代弟子之言行的著作无迹象表明它已有《礼记》"道德仁义"句唐孔颖达疏之外的高拔哲学含义③，但"道"思维骋想之与《易传》文本结合，《易传》的"道"还是抽象实在之哲学本体化了。这种哲学本体化的理论解释或宣扬，最有影响及最具有理论体系的，莫过于宋代的"道学"先生，即莫过于理学"理—气—太极—无极"的道论哲学了。道学家、理学家眼光下的

---

① 郭振香：《不息之本体：儒家哲学的形上之思》，《哲学研究》2010年第5期；魏义霞：《从先秦本体哲学看儒家的"显学"地位》，《燕山大学学报》2008年第1期；丁为祥：《牟宗三"本体—宇宙论"解读——儒家视域中自然与道德关系的再检讨》，《陕西师范大学学报》2009年第3期；贾海涛：《孔子形而上学新探》，《哲学研究》2006年第3期；郑家栋：《牟宗三对儒家形而上学的重建及其限制》，《中国社会科学》1993年第1期；董平：《儒家形而上学简议》，《学术月刊》1986年第4期；胡治洪：《帛书〈易传〉四篇天人道德观析论》，《周易研究》2001年第2期；康宇：《儒家道德形而上学问题探究》，《哲学动态》2008年第5期。另有：沈顺福：《试谈什么是形而上学》，《哲学研究》2007年第1期；王路：《如何理解形而上学》，《哲学研究》2003年第6期；田宋："形而上学"一词的起源》，《教学与研究》1962年第2期。

② 关于此问题主要参考了苗力田主编的中文版《亚里士多德全集》卷七《形而上学》（1993年版）、汪子嵩：《亚里士多德关于本体的学说》（1983年版）、张世英：《天人之际——中西哲学的困惑与选择》（1995年版）、俞宣孟：《本体论研究》（2005年版）、丁福宁：《语言、存有与形上学》（2006年版）、牟宗三：《从周易方面研究中国之元学及道德哲学》（1935年版）、梁漱溟：《勉仁斋读书录》（1988年版）、牟宗三：《周易哲学讲演录》（2004年简体版）及《宋明儒学的问题与发展》（2004年简体版）等。**亚里士多德《形而上学》认为"本体"有终极本体实在，又有非终极本体实在，终极本体实在就如柏拉图的"理念/理式/相/相式"等，本书在终极本体意义上使用这"本体"词汇。**

③ 孔颖达疏《礼记·曲礼上》"道德仁义非礼不成"曰："道德仁义非礼不成者，道者通物之名，德者得理之称，仁是施恩及物，义是裁断合宜，言人欲行四事不用礼无由得成，故云非礼不成也。道德为万事之本，仁义为群行之大，故举此四者为用礼之主则余事须礼可知也。道是通物，德是理物，理物由于开通，是德从道生，故道在德上。此经道谓才艺，德谓善行，故郑注《周礼》云道多才艺、德能躬行，非是《老子》之道德也……今谓道德，大而言之则包罗万事，小而言之则人之才艺善行，无问大小，皆须礼以行之，是礼为道德之具，故云非礼不成。然人之才艺善行得为道德者，以身有才艺事得开通，身有美善于理为得，故称道德也。"——《论语》里的"道"多是指社会伦理的道，余则指道路或导引，全无哲学本体论或形而上学意义"道"之用法或语义。

《易传》或先秦儒家，都难免披挂上"理—气—性—命"及"太极—无极"的哲学色彩，故深受道学影响的明代曾在山东曲阜孔庙棂星门内特立一"太和元气"石坊（**如下图**）①，这或许意味着至少立坊者或立坊时代已将"**太和元气**"的元气本体思想许配于儒家思想了，故配之于孔庙（紫禁城"太和殿"之名或亦与太和元气观念有关）。

文渊阁《四库全书》本沈起元《周易孔义集说》卷十八曰注今本《易传》"一阴一阳之谓道，继之者善也，成之者性也"句曰：

邵康节曰道无声无形不可得而见，故假道路之道为名，人之行必由乎道。一阴一阳天地之道也，物由是而生，由是而成者也。……按：天地之大德曰生，人物之生禀二气之化育，此生物之气即生物之理，气之生物者即元也，万物之所以资始也，元即仁也，故曰善也。自生物之气凝聚而成形，即生物之理凝聚而成性，性之所以为善也即《中庸》所谓仁者人也，具此生理而为人，即有此仁也。盖万物之生皆从生机而出未有从杀机而出者，惟其生机故无不善也，**亦可见善字性字皆分不得理气，看理即气也，气即理也，孟子性善之说本此**。

宋鲍云龙《天原发微》卷二曰：

周子曰："太极动而生阳，动极复静，静而生阴，静极复动，一动一静互为其根，分阴分阳两仪立焉。"朱子释此章极为精妙，曰：

---

① 资料图，摄影作者不详。

"太极之有动静是天命之流行也,所以一阴一阳之谓道。"……太极,形而上之道也;阴阳,形而下之器也。愚谓太极理也,动静气也,所乘之机是动静,乘载此理在气上不觉动了又静,静了又动,故曰太极犹人动静……所以太极乘此气之动静而生阴阳也,动时便是阳之太极,静时便是阴之太极。从阴阳处看阴阳只在太极里,谓之太极,万物各有禀受,又自各全一个太极,如月在天一而已,及其散在江湖,影随处而见,渠可谓月分乎一本万殊,万殊一本无间然也。

《二程遗书》卷三载程颐曰:"一阴一阳之谓道,道非阴阳也,所以一阴一阳道也,如一阖一辟谓之变。"《朱子语类》卷九十四曰:"问一阴一阳之谓道是太极否,曰阴阳只是阴阳,道是太极,程子说所以一阴一阳者道也。"他们以为"道"不是"阴阳","所以一阴一阳"才是"道","道"即"太极"这一大本。程颐、朱熹不是科学家或天文学专家,他们这种说法绝不是要阐释什么地球阴阳发生或变迁的天文学基础——所以一阴一阳之变乃日地天体运行轨道所致,而不过是要表达他们道学家"无极—太极—道—理"的本体论哲学思想而已,故《伊川易传》卷九曰:

> 又曰一阴一阳之谓道,自然之道也,继之者善也,出道则有用元者,善之长也,成之者却只是性,各正性命者也。故曰仁者见之谓之仁,知者见之谓之知,百姓日用而不知,故君子之道鲜矣。如此则亦无始亦无终亦无因,甚有亦无因,甚无亦无有处,有亦无,无处无。
>
> 又曰生生之谓易,是天之所以为道也,天只是以生为道,继此生理者即是善也,善便有一个元底意思,元者善之长,万物皆有春意,便是继之者善也,成之者性也,成甚性须得。
>
> ……
>
> 又曰离了阴阳便无道,所以阴阳者是道也,阴阳气也,气是形而下者,道是形而上者,则是密也。
>
> 又曰一阴一阳之谓道,道非阴阳也,所以一阴一阳者道也,如一阖一辟谓之变。

《朱子语类》卷一百曰:

"性者，道之形体。心者，性之郭郭。"康节这数句极好，**盖道即理也**，如父子有亲君臣有义是也。然非性何以见理之所在，故曰性者道之形体，仁义礼智性也理也，而具此性者心也，故曰心者性之郭郭。

明胡广所编《性理大全书》卷三十四"性理"记朱熹言曰：

道须是合理与气看，理是虚底物事，无那气质则此理无安顿处，**易说一阴一阳之谓道，这便兼理与气而言**。阴阳，气也，一阴一阳则是理矣。犹言一阖一辟谓之变，阖辟非变也，一阖一辟则是变也。**盖阴阳非道，所以阴阳者道也。**

道是道理，事事物物皆有个道理。器是形迹，事事物物亦皆有个形迹。有道须有器，有器须有道，凡有形有象者皆器也，其所以为是器之理者则道也。这个在人看，始得指器为道固不得，离器于道亦不得，**须知形而上者指理而言，形而下者指事物而言**。

这种道论，影响深远，故郑观应光绪二十三年成都刻本的《盛世危言新编·道器》曰：

《易·系辞》曰：形而上者谓之道，形而下者谓之器。盖道自虚无始生一，气凝成太极，太极判而阴阳分，天包地外，地处天中，阴中有阳，阳中有阴，所谓一阴一阳之谓道者是也。由是二生三，三生万物，宇宙间名物理气无不罗括而包举，是故一者奇数也，二者偶数也，奇偶相乘，参伍错综，阴阳全而万物备矣。故物由气生即器由道出。老子云："无名天地之始，有名万物之母。"

"道—理"贯通，"道理—太极"贯通，"太极"等辞阐叙宇宙本体或宇宙肇源，这便是宋道学家"太极"本体、"道"本体、"理"本体的哲学思想。不过这种"太极—道—理"本体思想其实并不是先秦儒家所固有的[①]，《易传》的"道—太极—理"不能解释为宋道学家模式的概念

---

① 戴震《孟子字义疏证》等指出，本体论式的理、道、太极等是"程朱以理为如有物焉，实杂乎老庄释氏之言"，即指出这种哲学本体概念或本体哲学思想不是儒家的，而是援自老释的。

内涵及思想义理。也就是说道学家如上思想的"道"尤其是"道"之最高即"天道"这些概念或命意,并非是《易传》所固有,而是后人或宋道学所解释及附载上去的思想。《易传》的"道—太极—理"并不是道学家道本体的天道概念或天道内涵,宋道学如此解释不过是望文生义或"传情入色"而已,而且这种解读并非从唐宋时代才开始的,而是长期以来便形成了道学化解释的《易传》注释体系,甚至导致道家学派研究专家陈鼓应得出"《易传》各篇哲学思想从属于道家学脉"、"《易传》为道家学派作品"等见解。陈鼓应认为《易传》是道家思想或是道家所作以及持"中国哲学道家主干说"[1],这实是类似《孟子·尽心上》说的"久假而不归,恶知其非有也",也即道家将《易传》道家哲学化及后儒又视道家哲学化的《易传》阐释为正解,最后鸠占鹊巢、久假不归矣。

笔者为什么这么说?为什么如此看待陈鼓应等的该类学术见解[2]?**本书以下将结合帛书《易传》等先秦文献尤其是先秦儒家文献对"天道—阴阳—五行"之儒家自然哲学、儒家天文哲学作一详细辨正**,同时笔者前面已对"道—理—太极"式之中国本体论哲学传统作了一简约交代,故二者比较而合观之,则孔子等的天道观或天道哲学是否是宋道学先生等终极本体论的"道—理—太极"式哲学?此或许可以推知一二。下面详论先秦儒家天文学天道论。

(二)天文学的阴阳天道(孔子及易传语录五种之解)

《论语》说:"子贡曰:夫子之文章可得而闻也,夫子之言性与天道不可得而闻也"(《公冶长》)那么"天道"是什么呢?是宋道学家阐释或宣发的哲学本体论式"道"或"理"或"太极"吗?是《老子》以及秦汉黄老家言里作为最高实体范畴的"道"吗?前面"**'道'字初义及哲思泛化**"部分已探讨了"道"字之义的来龙去脉,并预先简要地指出个

---

[1] 《老庄新论》,上海古籍出版社1992年版;《易传与道家思想》,台湾商务印书馆1994年版;《易传与道家思想》(修订版),商务印书馆2007年版;《道家易学建构》,台湾商务印书馆2003年版;《道家易学建构》(增订版),商务印书馆2010年版。

[2] 吕绍纲:《〈易大传〉与〈老子〉是两个根本不同的思想体系——兼与陈鼓应先生商榷》,《哲学研究》1989年第8期;李存山:《道家"主干地位"说质疑》,《哲学研究》1990年第4期;张立文:《道家思想与中国传统文化——兼评儒家或道家思想主干地位说》,《传统文化与现代化》1994年第2期。另,陈来《马王堆帛书〈易传〉与孔门易学》一文第四部分"《系辞》道家说驳议"亦与陈鼓应道家视角的创说相关,见《国学研究》第2卷(1994年)及《竹帛〈五行〉与简帛研究》(2009年)。

人认为先秦儒家天道意义上的"道"不是宋道学等的"道",不是哲学抽象本体论上的"道",而是天文或天体运行的"道","天道"实即天体意义上"天行"或天文天象观察所得的"天行",此与"道"字本义正相吻合。论天道,还是从孔子及《易传》如下1—5条话语说起吧。

1. "天何言哉?四时行焉,百物生焉,天何言哉?""天下何思何虑?"

《论语》中"天"字出现33次,"道"字出现60次,而"天道"一词则仅出现1次,唯见《公冶长》载子贡曰**"夫子之文章可得而闻也,夫子之言性与天道不可得而闻也"**,内容竟是子贡在孔子身边于天道问题"不得闻"!尽管《论语》里有"畏天命、知天命、天厌之、获罪于天、天生德于予、天之将丧斯文、天丧予"等表义似乎有点诡秘意蕴的"天"之称谓,尽管子贡说他没有听到孔子说天道如何,但《论语》还是有一处记载着孔子正面地说天或天道,即《论语·阳货》曰:**"子曰:天何言哉?四时行焉,百物生焉,天何言哉?"** 王充《论衡·卜筮》就此说:"孔子曰'天何言哉,四时行焉,百物生焉',天不言则亦不听人之言,天道称自然无为。"孔子这个**"天何言哉,天何言哉"** 语气语式及**"四时行焉,百物生焉"** 话语主旨非常类似帛书《系辞》孔子**"天下何思何虑"** 这个语气语式及话语主旨:"子曰:天下何思何虑?天下同归而殊途,一致而百虑,天下何思何虑?日往则月来,月往则日来,日月相推而明生焉。寒往则暑来,暑往则寒来,寒暑相推而岁成焉。往者诎也,来者伸也,诎伸相钦而利生焉。"

天道是什么呢?汉郑玄注"夫子之文章可得而闻也,夫子之言性与天道不可得而闻也"句曰:**"性谓人受血气以生,有贤愚吉凶,天道七政变动之占也。"**①《论语》"言性与天道"章郑注最古,"天道"在郑玄看来是"七政"之变动与变动之占卜而已(七政即七纬、七耀,五星加日月)。郑注虽不排除星占,但实际上已经说明天道与"七政"等天体有关。天是什么呢?天是地表上的虚空与虚空中的天体或天体之象而已,天不说话,天不思虑,但四季交替、万物生养,故"天何言哉,四时行焉,百物生焉",故"天下何思何虑,日月相推而明生焉,寒暑相推而岁成焉",故《孔子家语·哀公问政》载孔子说"天道敏生,人道敏政,地道

---

① 见宋绍熙本《后汉书·桓谭传》注引、清陈鳣《论语古训》卷三引、清黄式三《论语后案》引;亦见卜天寿抄本残卷《论语》郑注,转引自唐文《郑玄词典》,语文出版社2004年版,第190页。

敏树"（《中庸》引孔子曰无"天道敏生"四字），故象天的《周易》乾卦象辞曰"大哉乾元，万物资始，乃统天，云行雨施，品物流形"，象地的《周易》坤卦象辞曰"至哉坤元，万物资生，乃顺承天，坤厚载物，德合无疆"，《系辞》则曰"天地之大德曰生"、"生生之谓易"。

"四时行焉，百物生焉"、"日月相推而明生焉，寒暑相推而岁成焉"、"天道敏生，地道敏树"、"天地之大德曰生"，然"天"何以能致四时行与百物生？何以能致日月交替及寒暑往来？何以能致天者敏生而地者敏树？此天与地的"生生"大德从何而来？《论语》此书未载有弟子这么问，更未载孔子如何回答这类提问。不过，谈此种问题，《论语》未载不等于孔子未实际说过，子贡未问过也不等于其他弟子未实际问过，而且弟子未问过也不等于孔子未实际想过。巧的是，20世纪70年代湖南长沙马王堆汉墓出土的帛书《周易》的《要》篇倒数第二章记载的却正是孔子与子贡的一则别样对话（但子贡同《春秋左传》、《史记》、《汉书》一样曾写作子赣）①，而且此对话的记录还有对话背景的交代首先置于对话记录的句前，兹抄于下②：

> 夫子老而好《易》，居则在席，行则在橐。子赣曰：夫子它日教此弟子曰：**惪行亡者，神灵之趋；知谋远者，卜筮之蘩**。赐以此为然矣。以此言取之，赐缗行之为也，夫子何以老而好之乎？……子曰：校哉！赐，吾告女《易》之道：良筮而善占，此百生之道也，非易道也……**子曰：《易》，我后其祝卜矣，我观其德义耳也**。幽赞而达乎数，明数而达乎德，又仁守者而义行之耳。赞而不达于数，则其为之巫；数而不达于德，则其为之史。史巫之筮，乡之而未也，好之而非也。后世之士疑丘者或以《易》乎？**吾求其德而已，吾与史巫同**

---

① 张舜《赣榆释》说江苏县名赣榆来自山名弇榆，赣弇双声转读所衍，又说"赣以竷省声，《说文》引三家诗'竷竷鼓我'，转读若贡。赣，赐也。贡，献功也'"（《张舜全集》第五卷上册，江苏古籍出版社1994年版，第16—17页）。《史记·仲尼弟子列传》曰："端木赐，卫人，字子贡。少孔子三十一岁。"《说文》曰："赣，赐也。从贝，竷省声。"

② 本书征引帛书《周易》经传文字据廖名春《帛书〈周易〉论集》中所附释文（标点或有改动），并个别间下己意采录其他学者的文字隶定，主要参考释文分别为：邓球柏：《帛书周易校释》（第3版），湖南人民出版社2002年版；张立文：《帛书周易注译》，中州古籍出版社2008年版；廖名春：《帛书〈周易〉论集》，上海古籍出版社2008年版；张政烺：《张政烺论易丛稿》，中华书局2011年版；丁四新：《楚竹简与汉帛书〈周易〉校注》，上海古籍出版社2011年版。

途而殊归者也。君子德行焉求福，故祭祀而寡也；仁义焉求吉，故卜筮而希也。祝巫卜筮，其后乎！……故明君不时不宿，不日不月，不卜不筮，而知吉与凶，顺于天地之心，此谓易道。

《易传》以及今帛书《易传》的各篇足资证明不是孔子不言"天道"，也不是所有弟子于孔子言"天道"不可得而闻，而是《论语》此书有没有记载孔子言"天道"，是孔子在世时言"天道"究竟给了哪些或哪位弟子以及今《论语》句子的记录者耳听范围、耳听兴趣、记录兴趣何在的问题等。上引帛书易传《要》篇句子清楚地证明了孔子一贯的理智主义思想或理智主义精神，这与《论语》语录的思想显示是完全一致的。譬如《论语》等记载孔子几则跟占卜有关的谈话：①"子曰：南人有言曰：人而无恒，不可以作巫医。善夫！"（《论语·子路》）②"不恒其德，或承之羞。子曰：不占而已矣。"（《论语·子路》）③"子曰：南人有言曰：人而无恒，不可以为卜筮，古之遗言与？龟筮犹不能知也，而况于人乎？《诗》云：我龟既厌，不我告犹……"（《礼记·缁衣》）④"子曰：宋人有言曰：人而亡恒，不可为卜筮也，其古之遗言欤？龟筮犹弗知，而况于人乎。《诗》云：我龟既厌，不我告犹。"（郭店楚简《缁衣》）① ⑤"子曰：宋人有言曰：人而亡恒，不可为卜筮也，其古之遗言欤？龟筮犹弗知，而况于人乎。《诗》云：我龟既厌，不我告犹。"（上博楚简《缁衣》）② "南人"、"宋人"之别或有字讹，但无论说"巫医"或"卜筮"，孔子尚德而不善占的语旨是确凿无疑的。而《要》篇也类似，篇中孔子向子贡表达了不反对《易》而反对卜筮、祝巫的见解，表达了他"后其祝卜、观其德义"及"吾与史巫同途而殊归"的易学取舍。《周易》或易术本身为卜筮之书、卜筮之术，这是众所周知的常识，孔子"后其祝卜、观其德义"、"吾与史巫同途而殊归"的易学正是要蜕去其神秘主义的思想或数术，将其改造为理智主义的哲学或观念。

司马迁《孔子世家》曰"孔子晚而喜《易》……读易，韦编三绝"，《儒林传》曰"（孔子）盖晚而好《易》，读之，韦编三绝，而为之传"③，

---

① 李零：《郭店楚简校读记》，中国人民大学出版社2007年版，第80页。
② 李零：《上博楚简三篇校读记》，中国人民大学出版社2007年版，第79页。
③ 商承祚：《"韦编三绝"中的韦字音义必须明确》，《商承祚文集》，中山大学出版社2004年版，第460—462页。

《论语》又曰"子曰：加我数年，五十以学《易》，可以无大过矣"，这正与帛书《要》篇的记载完全吻合，可见孔子晚年的确对《周易》有特别的爱好和深入的研究。那么，他如此"韦编三绝"地喜好《周易》是为了什么呢？他研究《周易》是为了什么呢？这又回到了前一段所述的问题，也同样回到了帛书《要》篇孔子说他"后其祝卜、观其德义"及"吾与史巫同途而殊归"的问题。这表明孔子那时在利用旧《周易》来装载某种思想，来转换某种思想，那有什么新思想呢？观乎《易传》及帛书《易传》，就灼然可知是关于远离神灵或神灵化天道而阐阴阳自然天道或损益易道的新思想，孔子的天道哲学或易道哲学正在此卜筮易学的创造更化中获得了新的理论生成及学派繁衍。

前已再三述《论语·阳货》载孔子曰："天何言哉？四时行焉，百物生焉，天何言哉？"帛书《周易·系辞》也有一章句与《论语》此章含义非常类同，且《系辞》这章也是孔子所说，又与韩康伯本（即今通行本）《系辞》大体相同，兹抄录于下：

> 子曰：天下何思何虑，天下同归而殊途，一致而百虑，天下何思何虑？日往则月来，月往则日来，日月相推而明生焉。寒往则暑来，暑往则寒来，寒暑相推而岁成焉。往者诎也，来者伸也，诎伸相欻而利生焉。尺蠖之诎，以求伸也；龙蛇之蛰，以存身也。精义入神，以致用；利用安身，以崇德也……

这章天下不思不虑而"日月往来而生明，寒暑往来而成岁"之义及后述包括人在内的生物如何生存等，正是《论语》"天何言哉？四时行焉，百物生焉"之意。"日往则月来，月往则日来，日月相推而明生焉。寒往则暑来，暑往则寒来，寒暑相推而岁成焉"这句的核心，亦不过是"天何言哉，四时行焉"之义，即天地不言，昼夜更替，四季往复，寒暑相推，万物生息。四季往复成寒暑，寒暑相推关万物，此道即天道，此道即阴阳之道，故实际阐发的实是阴阳天道的"何思何虑"、"天何言哉"运行变化。故帛书《衷》篇（篇名或拟为《易之义》）又记载孔子谈阴阳之易曰：

> 子曰：易之义唯？阴与阳，六画而成章。曲句焉柔，正直焉刚。

六刚无柔，是谓大阳，此天之义也。□□□□□见台而□□方。六柔无刚，此地之义也。天地相衛①，气味相取，阴阳流刑，刚柔成涅。万物莫不欲长生而恶死，会心者而以作易，和之至也。是故乾□□□九□□，高尚□□，天之道也。川顺从而知畏兕，义沽下就，地之道也……

2. "故《易》有天道焉，而不可以日月星辰尽称也，故为之以阴阳"

上引一章在《衷》篇篇首，再看帛书《要》篇最末一章，观此两章在篇中的首尾位置及内容，就知此两章居位及此两篇的篇名乃大有深意。"衷"常训中也、中心也、正也、适也、当也，"要"常训身中也、中也、会也、约也、正也（见《故训汇纂》）。衷、要二字在帛书《易传》的含义类同。《要》篇末章云：

> 孔子籀《易》，至于《损》《益》二卦，未尝不废书而叹，戒门弟子曰：二三子，夫损益之道，不可不审察也，吉凶之门也。**益之为卦也，春以授夏之时也，万物之所出也，长日之所至也，产[生]之室[至]也，故曰益。损者，秋以授冬之时也，万物之所老衰也，长夕之所至也，故曰损。**产道穷焉而产道至焉（画线处为引者所校补），益之始也吉其终也凶，损之始凶其终也吉，**损益之道足以观天地之变而君者之事已。**是以察于损益之变者，不可动以忧喜。故明君不时不宿，不日不月，不卜不筮，而知吉与凶，顺于天地之心，此谓易道。**故《易》有天道焉，而不可以日月星辰尽称也，故为之以阴阳。有地道焉，不可以水火金土木尽称也，故律之以柔刚。有人道焉，不可以父子君臣夫妇先后尽称也，故要之以上下。有四时之变焉，不可以万物尽称也，故为之以八卦。故《易》之为书也，一类不足以亟之，变以备其情者也。**故谓之《易》有君（群）道焉，五官六府不足尽称之，五正之事不足以产之，而诗书礼乐不止百遍难以致之。不问于

---

① 多数学者释作"率"，"率"加"行"亦是率义，章太炎《新出三体石经考》曰"衛皆作𢓺"。下一句"气味相取，阴阳流刑"疑即"气味相聚，阴阳流形"或"气味相聚，阴阳流行"义，而且"气味"或即"气沫"义，作"气沫相聚，阴阳流行"最通。

古法，不可顺以辞令，不可求以志善。能者由一求之，所谓得一而君（群）毕者，此之谓也。损益之道，足以观得失矣！

"籀"字廖名春释本隶作"𧽞"，丁四新释本隶作"𧽞"，邓球柏释本隶作"𧽞"并注为"由"，张政烺释本隶作"𧽞"并校作"籀"，此四隶以张本胜出。《说文》云："籀，读书也，从竹榴声，《春秋传》曰'卜籀'云。"段玉裁《毛诗故训传定本》卷四曰："《说文》'籀，读书也'，籀之义训抽，《说文·叙》云'讽籀书九千文'是也。毛公及《方言》皆用抽为籀，抽、籀汉之古今字，或叚纽为籀。"段玉裁《说文解字注》卷三曰："竹部曰'籀，读书也'，读与籀迭韵而互训，《庸风》传曰'读，抽也'，《方言》曰'抽，读也'，盖籀、抽古通用。《史记》、《绅史》记石室金匮之书字亦作纽，抽绎其义蕴至于无穷是之谓读，故卜筮之辞曰籀，谓抽绎易义而为之也。"籀、籀一也，籀从抽从竹，或正与读竹牍简文有关，其义也正是"研读"之意而已，"籀《易》"即研读《易》。关于孔子读易而谈"损益"之道的记载还见诸《淮南子》、《说苑》、《孔子家语》，内容主要是由天道损益谈人道启迪：

（1）孔子读《易》至《损》《益》未尝不愤然而叹，曰：益损者，其王者之事与！事或欲与利之，适足以害之；或欲害之，乃反以利之。利害之反，祸福之门户，不可不察也。（《淮南子·人间训》）

（2）孔子读《易》至于《损》《益》则喟然而叹，子夏避席而问曰：夫子何为叹？孔子曰：夫自损者益。自益者缺，吾是以叹也。子夏曰：然则学者不可以益乎？孔子曰：否，天之道成者，未尝得久也。夫学者以虚受之，故曰得，苟不知持满，则天下之善言不得入其耳矣。昔尧履天子之位，犹允恭以持之，虚静以待下，故百载以逾盛，迄今而益章。昆吾自臧而满意，穷高而不衰，故当时而亏败，迄今而逾恶，是非损益之征与？吾故曰谦也者，致恭以存其位者也。夫丰明而动故能大，苟大则亏矣，吾戒之，故曰天下之善言不得入其耳矣。日中则昃，月盈则食，天地盈虚，与时消息。是以圣人不敢当盛。升舆而遇三人则下，二人则轼，调其盈虚，故能长久也。子夏曰：善，请终身诵之。（《说苑·敬慎》）

（3）孔子读《易》至于《损》《益》喟然而叹，子夏避席问曰：

夫子何叹焉？孔子曰：夫自损者必有益之，自益者必有决之，吾是以叹也。子夏曰：然则学者不可以益乎？子曰：非道益之谓也，道弥益而身弥损。夫学者损其自多，以虚受人，故能成其满博也。天道成而必变，凡持满而能久者，未尝有也。故曰：自贤者，天下之善言不得闻于耳矣。昔尧治天下之位，犹允恭以持之，克让以接下，是以千岁而益盛，迄今而逾彰。夏桀、昆吾，自满而无极，亢意而不节，斩刈黎民，如草芥焉；天下讨之，如诛匹夫，是以千载而恶著，迄今而不灭，满也。如在舆遇三人则下之，遇二人则式之，调其盈虚，不令自满，所以能久也。子夏曰：商请志之。而终身奉行焉。（《孔子家语·六本》）

《淮南子》、《说苑》、《孔子家语》述孔子谈"损益"主要侧重"人事"或"人道"，而帛书《要》里孔子谈"损益"是先清晰阐明天道再谈人道。帛书《要》说："春以授夏之时也，万物之所出也，长日之所至也……秋以授冬之时也，万物之所老衰也，长夕之所至也。"类似帛书《要》见解的有《六韬·守国》："故春道生，万物荣；夏道长，万物成；秋道敛，万物盈；冬道藏，万物寻。盈则藏，藏则复起，莫知所终，莫知所始。圣人配之，以为天地经纪。"损卦象辞曰："二簋应有时，损刚益柔有时。损益盈虚，与时偕行。"益卦象辞曰："天施地生，其益无方。凡益之道，与时偕行。"此皆是云天行及天时，故人随天时之变而变。《四库提要·易类总叙》曰《易》"寓于卜筮"，然"《易》之为书推天道以明人事者也"。"天道"为何？道者所行也，天道者天行及天之所行也。曰天道往复、天道好还，皆自天体运行之道也，宋蔡渊《周易经传训解》卷注复卦象曰"反复（覆）其道，道者天之道也，天行一终而又始也"。帛书《要》集中表述的其实就是《四库提要》所说的"《易》则寓于筮，故《易》之为书推天道以明人事者也"而已。帛书《要》还可与《周易正义》蛊卦象辞"终则有始，天行也"、剥卦象辞"君子尚消息盈虚，天行也"两句的孔疏对看，此或更可知"消息盈虚"即"损益"之道实在于天道往复之阴阳变化、春秋交替的效果，君子则当效法天道损益而知损益吉凶之道。孔疏分别曰：

（1）若天之行四时既终，**更复从春为始，象天之行**，故云天行也。

（2）"君子尚消息盈虚天行"者，解所以在剥之时顺而止之，观其颜色形象者须量时制变，随物而动。君子通达物理，贵尚消息，盈处道消之时行消道也，道息之时行盈道也，在虚之时行虚道也。若值消虚之时，存身避害、危行言逊也。若值盈息之时，极言正谏建事立功也。**天行谓逐时消息，盈虚乃天道之所行也。春夏始生之时天气盛大，秋冬严杀之时天气消灭。故云天行也。**

唐李鼎祚《周易集解》卷四注"无往不复，天地际也"及卷十五注"《易》，穷则变，变则通，通则久，是以自天佑之吉无不利"分别引宋衷、陆绩（皆汉末三国时人）曰：

（1）宋衷曰：位在乾，极应在坤，极天地之际也，地平极则险陂，**天行极则还复**，故曰无平不陂无往不复也。

（2）陆绩曰：**阴穷则变为阳，阳穷则变为阴，天之道也**。庖牺作网罟教民取禽兽以食，民众兽少，其道穷，则神农教播殖以变之，此穷变之大要也。穷则变，变则通，与天终始故可久，民得其用，故无所不利也。

清李道平《周易集解纂疏》卷九疏"《易》，穷则变，变则通，通则久，是以自天右之吉无不利也"及卷七疏"物不可穷也故受之以未济终焉"时分别曰：

（1）陆绩曰：阴穷则变为阳，阳穷则变为阴，天之道也……**阴穷则变为阳，阳穷则变为阴，剥极必复，复极必剥，皆天道自然之运也**。庖牺教民取禽兽，民众兽少，其道易穷。神农则教民播殖以养其生，是血食穷则变而为谷食，此穷变之大要也。化而裁之存乎变，故穷则变，推而行之存乎通，故变则通。《蛊》彖传曰'**终则有始，天行也**'，与天终始则可久，故通则久，穷变通久，民得其用，故无所不利也。案：黄帝尧舜亦位乾五，五动之坤为大有，故自天右之吉无不利。

（2）"《易》，穷则变，变则通"，《系下》文。陆绩注云："阴穷则变为阳，阳穷则变为阴，天之道也。"**夫阴阳变化往来不穷，故变则通矣，既济必盛，盛极必衰，于数穷之时而得变通之道，故受之未济以明物不可穷也。**盖未济冬十一月卦也，于时天地闭藏而万物发生之机已伏，君子知之故制治于未乱，保邦于未危，因鉴既济之凶常存未济之心。《书》所谓"满招损，谦受益"，《家语》所谓"满则覆，中则正，虚则欹"者，皆此义也。如是则穷不终穷，而天下国家可长保矣。六十四卦终以未济，圣人示戒之矣深矣哉。

将唐李鼎祚《周易集解》所录古注及清李道平的《周易集解纂疏》与帛书《要》对看，那么古注所表达的天道周年往复、阴阳损益生杀的天道道理以及天道所统摄及所启发的人事吉凶变化的社会道理就非常清晰，而且这种《周易》理解与阐释与孔子思想完全吻合。而帛书《要》中的孔子思想，亦可在《周易》古传、古注、古解中得到印证。**帛书《要》"春以授夏之时也，万物之所出也，长日之所至也，产之室［至］也……秋以授冬之时也，万物之所老衰也，长夕之所至也，故曰损"**，正与《荀子·天论》"繁启蕃长于春夏，畜积收藏于秋冬"句同；《荀子·天论》"在天者莫明于日月，在地者莫明于水火……故日月不高则光明不赫，水火不积则晖润不博"，又类似帛书《要》"有天道焉，而不可以日月星辰尽称也……有地道焉，不可以水火金土木尽称也……"。此亦可见《周易》后学有很接近孔子易学的思想存在，有很多传注是对原始《易传》思想的正确继承与发挥。《易传》"与日月合其明，与四时合其序"、"日月得天而能久照，四时变化而能久成"、"变通莫大乎四时，县象著明莫大乎日月"其实不过是《荀子》说的"日月递炤，四时代御"八字而已；"日月递炤，四时代御"乃成"阴阳大化，风雨博施，万物各得其和以生，各得其养以成"，此即帛书《要》"春以授夏之时也，万物之所出也……秋以授冬之时也，万物之所老衰也"之义也。《荀子·哀公》、《大戴礼记·哀公问五义》、《孔子家语·五仪解》还记载一则孔子与鲁哀公的对话，这则对话也非常重要，对话中孔子所言"大道"实是帛书《要》所言的天行之下的阴阳损益之"易道"，即天文式之天道：

孔子曰："人有五仪：有庸人，有士，有君子，有贤人，有大圣。"……哀公曰："善！敢问何如斯可谓大圣矣？"孔子对曰："**所**

谓大圣者，知通乎大道，应变而不穷，辨乎万物之情性者也。大道者，所以变化遂成万物也。情性者，所以理然不［否］取舍也。**是故其事，大辨乎天地，明察乎日月，总要万物于风雨，**缪缪肫肫其事不可循，若天之嗣其事不可识，百姓浅然不识其邻，若此则可谓大圣矣。"哀公曰："善！"（《荀子·哀公》）

另外，《礼记·哀公问》、《大戴礼记·哀公问于孔子》、《孔子家语·大昏解》记载孔子与哀公的一则如下对话（两处略有文字差异），其中所谓"天道"也是天文学的天道，此天道就是以下所述"大道"：

公曰：敢问君子何贵乎天道也？孔子对曰：贵其不已。如日月东西相从而不已也，是天道也；不闭其久，是天道也；无为而物成，是天道也；已成而明，是天道也。

"大道者所以变化遂成万物也"句，《大戴礼记》作"大道者所以变化而遂成万物也"（遂字又有误作凝字者）。《孔子家语》的记述文字差异较大①，然唐代《群书治要》、《长短经》、《五行大义》等书皆引《家语》的记述。衡之以通行本和帛本《易传》，衡之其他关于孔子谈天道与天象天文的先秦文献，《荀子》、《大戴礼记》记孔子言"变化遂成万物"之"大道"应非荀子杜撰或伪造，而是孔子真实思想学说向后传承的战国笔录或战国抄录。孔子所言"变化遂成万物"的"大道"当然就是指日地天体等运行的天道，此类《系辞》曰："雷以动之，风以散之，雨以润之，日以烜之，艮以止之，兑以说之，乾以君之，坤以藏之。""鼓之以雷霆，润之以风雨；日月运行，一寒一暑。"故《荀子·天论》曰："天行有常……列星随旋，日月递炤，四时代御，阴阳大化，风雨博施，万物各得其和以生，各得其养以成。"《荀子·礼论》曰："天地以合，日月以明，四时以序，星辰以行，江河以流，万物以昌。"观天道，察人事，人随天，天人共，故《郭店楚简·语丛一》"易者所以会天道人道也"，故《易传》曰"观乎天文以察时变，观乎人文以化成天下"，《素问》又反

---

① 《孔子家语·五仪解》："孔子曰：所谓圣者，德合于天地，变通无方，穷万事之终始，协庶品之自然，敷其大道而遂成情性，明并日月，化行若神，下民不知其德，睹者不识其邻，此谓圣人也。"

复曰"上知天文，下知地理，中知人事，可以长久"，甚是。

观帛书《要》"老而好《易》"及"至于损益二卦"章，孔子形影不离、韦编三绝地读《周易》，他获得的易道、易卦之哲理要义寓于损益二卦，他称损益二卦最能体现易道，谓"损益之道足以观天地之变而君者之事已"（"而"表并列义，不表转折）。**实际上孔子说的"益之为卦也，春以授夏之时也，万物之所出也，长日之所至也……损者，秋以授冬之时也，万物之所老衰也，长夕之所至也"是天道损益，这个天道损益即阴阳损益，由阴阳损益而致万物损益，故《周易·杂卦》曰："损益，盛衰之始也。"**地球阴阳损益出自天道（天体运行），此阴阳损益又出天道生杀吉凶之效，由天道生杀吉凶而明人道之生杀吉凶，此即损益之道的易卦哲思之要义。故1731年伊藤长胤《周易经翼通解释例》云："后世谈理，率祖乎《易》，以为圣学之阃奥。然今玩《易》象卦爻所言，**因阴阳消之消息以示人事之吉凶**，不涉乎理气之辨。《十翼》演其义，纵横左右，深明天人之道……则知《易》之言天也，亦只止于阴阳生成上为说，而未尝向其上面讨所以然之故也。"1771年日本伊藤善韶《周易经翼通解序》曰："其为书也，广大悉备，精微无遗焉。**以天道阴阳消长之变，明人道进退存亡之机，以详吉凶悔吝矣**。避盈满，居退损，审居伦处世之宜，龟勉拮据，遂得其全焉。"① 《乾》卦象曰："天行健，君子以自强不息。"《乾》卦文言曰："亢之为言也，知进而不知退，知存而不知亡，知得而不知丧。其唯圣人乎！知进退存亡而不失其正者，其唯圣人乎。"此传辞即伊藤"以天道阴阳消长之变，明人道进退存亡之机"之意，故《四库提要》曰"《易》之为书，推天道以明人事者也"。

3. "理顺五行……与天道始，必顺五行……是故立天之道曰阴与阳"

孔子为什么说"吉凶之门"在损益之卦，又为什么说"《易》有天道焉，而不可以日月星辰尽称也，故为之以阴阳"，为什么说"损益之道足以观天地之变而君者之事已"，伊藤善韶"以天道阴阳消长之变明人道进退存亡之机以详吉凶悔吝矣"及伊藤长胤"因阴阳之消息以示人事之吉凶"之解是再清晰不过的了。即孔子认为君子当效法天道的阴阳损益，君子当遵守天道的阴阳生杀，以顺天道，以明人事。故帛书易传《二三

---

① 伊藤长胤：《周易经翼通解》（《汉文大系》第16册），新文丰出版公司1978年版。

子》篇又载孔子曰：

（1）孔子曰……圣人之立正（政）也，必尊天而敬众，理顺五行，天地无菑（灾），民人不伤，甘露时雨骤降，飘风苦雨不至，民恩相酬以寿，故番庶。……卦曰：履霜，坚冰至。孔子曰：此言天时谱，戒葆常也。岁成于东北，始于西南；温始于艮，寒始于川□□□□□□□□□□□□□□德，与天道始，必顺五行，其孙贵而宗不僩。

（2）子曰：五行□□□□□□□□□□□用，不可学者也，唯其人而已矣。□其利□□□□□□□。昔者圣人之作《易》也，幽赞于申明而生占也，参天两地而义数也，观变于阴阳而立卦也，发挥于刚柔而生爻也……是故位（立）天之道曰阴与阳，位地之道月柔与刚，位人之道曰仁与义。兼三才两之，六画成卦。分阴分阳，迭用柔刚，故易六书而为章也。

上引这两段文字里，有三处"五行"字样，一作"理顺五行"，一作"必顺五行"，一作"五行……用"或作"五行□□□……"（残句）。**此三"五行"不是"水火金土木"五物质概念，不是"材"概念，而是历数时间概念，是"行"概念，此正与阐述天道的"阴阳"概念匹应，故章中孔子说"天时谱，戒葆常"、"温始于艮，寒始于川"、"与天道始，必顺五行"、"五行……不可学者也"、"是故立天之道曰阴与阳"等**。"理顺五行"之"理"字作动词，当为"治"义，与前"圣人立政、尊天敬众"句相匹；"必顺五行"之"必"字作副词，义为"当"也。上引帛易《二三子》篇里孔子之言是说人们当效法天道之阴阳五行变化，天人和顺，民庶物阜，以成生养不息。"岁成于东北，始于西南；温始于艮，寒始于川"其实是明显的阴阳卦气思想，即分卦指寒暑阴阳，又以寒暑阴阳配卦序。孔子接着"温始于艮，寒始于川……"说及"与天道始，必顺五行"，这其实就是说天道在阴阳，阴阳分五行，"五行"与"四时"是常常并称的，皆为同质概念，表天行历数；而历数正是细叙阴阳天道或天道阴阳之变迁的时间坐标、时间话语，此时间又实匹应于日地天体的空间体系。

帛书《衷》篇开篇曰："子曰：易之义誶阴与阳，六画而成章。"

"諄"字邓球柏释本隶作"誰",释作"唯"或"𧦝（呼）"①。张政烺则隶作"𧦝",张曰："𧦝,假为萃,聚也。"② 无论"易之义唯阴与阳"或"易之义𧦝阴与阳",都说明至少《易》卦以阴爻阳爻构成以及诸卦在于阐明阴阳之道,故后文明说："天地相衞（率）,气味相取（疑即'气沫相聚'）,阴阳流刑（形）,刚柔成涅。万物莫不欲长生而恶死,会心者而以作《易》,和之至也。"故《要篇》末章又以"阴阳"称天道及谓天道要义、易学要门在主四时生杀吉凶的"损益之道"。帛书《易传》所记载的这些思想或孔子的这些语录,正好可与下列说法相互印证：

（1）《诗》以道志,《书》以道事,《礼》以道行,《乐》以道和,《易》以道阴阳,《春秋》以道名分。(《庄子·天下》)③

（2）《诗》往志也,《书》往诰也,《春秋》往事也,至于《易》则吾心阴阳消息之理备焉。(四部丛刊本《慎子·内篇》)

（3）昔者圣人建阴阳天地之情立以为《易》。(《礼记·祭义》)

（4）《易》著天地阴阳四时五行故长于变,《礼》经纪人伦故长于行,《书》记先王之事故长于政,《诗》记山川溪谷禽兽草木牝牡雌雄故长于风,《乐》乐所以立故长于和,《春秋》辩是非故长于治人。(《史记·太史公自序》)

（5）是故阴阳者,天地之大理也；四时者,阴阳之大经也。刑德者四时之合也。刑德合于时则生福,诡则生祸。(《管子·四时》)

（6）春秋冬夏,阴阳之推移也。时之短长,阴阳之利用也。日夜之易,阴阳之化也。然则阴阳正矣。虽不正,有余不可损,不足不可益也,天地莫之能损益也。(《管子·乘马》)

（7）阴阳者,天地之道也,万物之纲纪,变化之父母,生杀之

---

① 邓球柏：《帛书周易校释》(第3版),湖南人民出版社2002年版,第548页。
② 张政烺：《张政烺论易丛稿》,李零等整理,中华书局2011年版,第225页。
③ 吕思勉1933年《先秦学术概论》指出庄子"其数散于天下"前的此句当为注文羼入正文所衍,马叙伦1930年《庄子义证》亦有此说,且马《庄子义证》早于吕《先秦学术概论》。此说甚是,删衍文后当作："……其明而在数度者,旧法世传之史尚多有之。其在于《诗》《书》《礼》《乐》者,邹鲁之士缙绅先生多能明之。其数散于天下而设于中国者,百家之学时或称而道之。"另《盐铁论·论灾》曰"易明于阴阳",《春秋繁露·玉杯》曰"易本天地故长于数",《史记·太史公自序》"易以道化",《史记·滑稽列传》引孔子曰"易以神化",《礼记·经解》曰"洁静精微,易教也",《扬子法言·寡见》曰"说天者莫辩乎易"等。

本始，神明之府也，治病必求于本。故积阳为天，积阴为地。阴静阳躁，阳生阴长，阳杀阴藏。阳化气，阴成形。寒极生热，热极生寒。寒气生浊，热气生清。清气在下，则生飧泄，浊气在上，则生䐜胀。此阴阳反作，病之逆从也。（《内经·阴阳应象大论》）

（8）天有五行，御五位以生寒暑燥湿风，人有五藏，化五气，以生喜怒思忧恐，论言五运相袭而皆治之，终朞之日，周而复始……夫五运阴阳者，天地之道也，万物之纲纪，变化之父母，生杀之本始，神明之府也，可不通乎？（《内经·天元纪大论》）

（9）夫天布五行，以运万类，人禀五常，以有五脏，经络腑俞［腧］，阴阳会通，玄冥幽微，变化难极，自非才高识妙，岂能探其理致哉？（汉张仲景《伤寒卒病论序》，见日本丹波元胤《中国医籍考》卷二十三，孙思邈《备急千金要方》有类似句子）

（10）故夫变化之用，天垂象，地成形。天垂象，此七曜所以纬虚，言日月五星经纬于太虚也。地成形，此五行所以丽地，言天布五行，下丽于地，而生长化收藏也。（清高世栻注《内经·五运行大论》"天地动静，五行迁复……七曜纬虚，五行丽地"句）

（11）尝窃观阴阳之术……夫阴阳四时、八位、十二度、二十四节各有教令，顺之者昌，逆之者不死则亡，未必然也，故曰使人拘而多畏。夫春生夏长，秋收冬藏，此天道之大经也。弗顺则无以为天下纲纪，故曰"四时之大顺不可失也"。（《史记·太史公自序》）

（12）天道之大者在阴阳。阳为德阴为刑，刑主杀而德主生。是故阳常居大夏而以生育养长为事，阴常居大冬而积于空虚不用之处，以此见天之任德不任刑也。王者承天意以从事，故任德教而不任刑。刑者不可任以治世，犹阴之不可任以成岁也。（《汉书·董仲舒传》）

易学专家朱伯崑在《易学哲学史》里曾指出"太极"一词在《易传》里"是作为解释筮法的易学范畴而出现的"，指出汉以来将该概念作世界始基化或哲学本体化的解释，也曾指出魏晋玄学家于《易传》"一阴一阳之谓道"等句"将'道'解释为虚无实体……这些解释，显然属于形而上学的思维路线"[①]。将《易传》文本的原始思想和后世儒家或道家

[①] 朱伯崑：《易学哲学史》第一卷，北大版序言，昆仑出版社2005年版。

所释读或敷衍或附载的《易传》思想作历史性的区分，这当然是高见卓识，但他如下说法又是值得再推敲或斟酌的：

> 在道家看来，《周易》是讲阴阳学说的。"易以道阴阳"，可以说是概括出战国时期易说的特征。……以上这些材料说明，战国前期和中期，阴阳学说是由道家倡导起来的。而儒家的代表人物，从孔子到孟子都不讲阴阳说。……孔孟不讲阴阳说，而荀子则以阴阳为哲学范畴，说明事物的变化。如《礼论》说："天地合而万物生，阴阳接而变化起。"这是受了战国时代的阴阳说或以阴阳说解易的影响……（阴阳变易）这种解易的倾向，不是出于孔子的传统，而是来于春秋时期史官的阴阳说。此说后来被道家和阴阳家所阐发，用来解释《周易》中的哲理。①

前述帛书《易传》的"阴阳"除了是阐发阴爻阳爻的变化之道外（如《衷》"易之义誶阴与阳六画而成章"及《说卦》"分阴分阳迭用柔刚故易六位而成章"等），其他则多是阐发天道或天地的实际阴阳之道，即阐发寒暑燥湿、春夏秋冬之阴阳损益的自然天道变化规律，并有存在卦气思想的文字证据。马王堆帛书《易传》有力证明了《易传》及孔子或孔子学派言阴阳言五行，证明阴阳五行学说并非道家所创，亦非阴阳家所独有，证明《易传》阴阳思想并非道家所添，证明以天道阴阳损益阐发人事进退吉凶实乃孔子之重大创见，故《要》篇孔子曰"后世之士疑丘者或以《易》乎？吾求其德而已，吾与史巫同途而殊归者也"。而西晋太康年间汲郡魏襄王墓出土的《易繇阴阳卦》等《周易》传文，更足资印证帛书《易传》言卦爻阴阳、天道阴阳以及以卦爻阴阳说天道阴阳实乃是儒家易学的一大主流，《晋书·束晳传》曰：

> 太康二年，汲郡人不准盗发魏襄王墓，或言安厘王冢，得竹书数十车……其《易经》二篇，与《周易》上下经同。《易繇阴阳卦》二篇，与《周易》略同，《繇辞》则异。《卦下易经》一篇，似《说卦》而异。《公孙段》二篇，公孙段与邵陟论《易》。《国语》三篇，

---

① 朱伯崑：《易学哲学史》第一卷，昆仑出版社2005年版，第38、40、44页。

言楚、晋事。《名》三篇，似《礼记》，又似《尔雅》、《论语》。《师春》一篇，书《左传》诸卜筮，师春似是造书者姓名也。《琐语》十一篇，诸国卜梦妖怪相书也。《梁丘藏》一篇，先叙魏之世数，次言丘藏金玉事。《缴书》二篇，论弋射法。《生封》一篇，帝王所封。《大历》二篇，邹子谈天类也。《穆天子传》五篇，言周穆王游行四海……大凡七十五篇，七篇简书折坏，不识名题。

宋代王观国《学林》卷二"汲冢书"条曰：

> 杜预《春秋集解后序》曰："汲郡汲县有发其界内旧冢者大得古书，皆简编科斗文字，发冢者不以为意，往往散乱。科斗书久废，推寻不能尽通。始者藏秘府，余晚得见之。《周易》及《纪年》最为分了，《周易》上下篇与今正同，别有《阴阳说》，而无彖、文言、系辞。……"

明代陈许廷《春秋左传典略》卷十二曰：

> 杜预曰："……会汲郡汲县有发其界内旧冢者大得古书，皆简编科斗文字，发冢者不以为意，往往散乱，科斗书久废，推寻不能尽通。始者藏在秘府，余晚得见之，所记多杂碎，怪妄不可训知，《周易》及《纪年》最为分了，《周易》上下篇与今正同，别有《阴阳说》，而无彖、文言、系辞，疑于时仲尼造之于鲁，尚未播之于远国也。……"

清代沈钦韩《汉书疏证》卷二十四引杜预"而无彖、文言、系辞"之说以注《汉书·艺文志》"及秦燔书，而易为筮卜之事，传者不绝"句并曰"盖人间所用卜筮本无十翼耳"①。的确，史称"十翼"的内容非孔子之前所有，当然也非孔子亲撰，而是明显来自孔子后学，明显属于孔子的思想"学脉"，帛书《易传》及战国汲冢所说《周易》之《阴阳说》

---

① 《汉书·儒林传》曰："及秦禁学，《易》为筮卜之书，独不禁，故传受者不绝也。"《汉纪·孝成皇帝纪二》曰："及秦焚诗书，以《易》为卜筮之书，独不焚。"

等正是最好的证明，这种证明不仅在于相关文本形成的时代，更在于相关文本的主旨义理。

4.　"仰以观于天文，俯以察于地理，是故知幽明之故"与孔子天文学知识

恩格斯《自然辩证法》说："首先是天文学——游牧民族和农业民族为了定季节，就已经绝对需要它。天文学只有借助于数学才能发展。因此也开始了数学的研究。"① 顾炎武《日知录》第三十卷曰："三代以上，人人皆知天文。七月流火，农夫之辞也；三星在天，妇人之语也；月离于毕，戍卒之作也；龙尾伏晨，儿童之谣也。后世文人学士，有问之而茫然不知者矣。若历法，则古人不及近代之密。"许嘉璐引顾语后曰："粗浅的天文学常识，比如辨认星宿、日月运行的规律，当时连老婆婆都知道，现在要想知道就得上天文系，而且还得学中国天文学史才能知道。可见，人类在不断前进的过程中某些方面是会倒退的。"② 亚欧大陆的生物生态与人类生活跟太阳黄道轨迹及地球赤道位置关系密切（**太阳系如下图**），古人生活很简单但仰望星空便利，对"天"亦有浓厚兴趣，观察天文、天象以察天道时变一直是华夏先哲求知的重要方向，故《易传》曰"仰以观于天文，俯以察于地理"，《素问》曰"上知天文，下知地理，中知人事"（《气交变大论》、《著至教论》）。

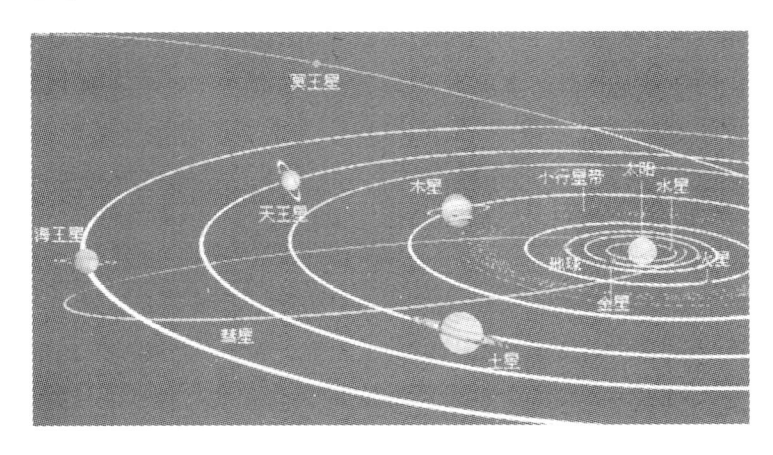

"天文"一词在通行本《易传》中凡 3 处，其中《贲》卦有 2 处，

---

① 恩格斯：《自然辩证法》，人民出版社 1971 年版，第 162 页。
② 许嘉璐：《小学与儒学》，《文史哲》2011 年第 3 期。

《系辞》有 1 处。《贲》卦彖辞曰:"利有攸往,天文也;文明以止,人文也。观乎天文以察时变,观乎人文以化成天下。"①(此"止"当是"之"义,往也,行也,如同前文释"道"字及后释"昔"之"止"符)《系辞上》曰"《易》与天地准,故能弥纶天地之道,仰以观于天文,俯以察于地理,是故知幽明之故。"幽明即暗明,即昼夜或天星之暗明。天文之"文"即文饰、纹理义,《说文》曰"文,错画也"。天文即天象或天象之文,故《系辞》曰"在天成象,在地成形,变化见矣",又曰"见乃谓之象,形乃谓之器"。有形谓"器",有象而无形仅谓"象","象"无见乎实体(如因光乃可见的星象),"形"则见乎实体(如鸟兽与山河等可视可触之实物)。远古时遥远恒星的观察以及观察月相及天气等皆是观天象而已,《尚书·尧典》曰"历象日月星辰,敬授民时"。孔子亦谙于天文天象,深知天道历法或天文历数,故孔子云:

(1) 子曰:天何言哉?四时行焉,百物生焉,天何言哉?(《论语·阳货》)

(2) 子曰:为政以德,譬如北辰居其所而众星共[拱]之。(《论语·为政》,此讲北极枢机,下一条同)

(3) 子曰:君子居其室言善则千里之外应之,况乎其近者乎……言行,君子之区几[枢机]。区几[枢机]之发,营辰之斗

---

① 有疑贲卦"小利有攸往"讹自"不利有攸往"者,明津逮秘书本唐郭京《周易举正》曰:"贲'不利有攸往',象'故不利有攸往',爻象注三'不'字并误作'小'字。谨按:定本'不'字草书势如'小'字,然九二弃中和之道就亢极无位之地,故疏云九二弃善从恶。凡弃善从恶皆非人所愿,欲此乃大恶,岂有小利?误亦明矣。'刚柔交错天文也(注:刚柔交错而成文焉天之文也),文明以止人文也(注:止物不以威武而以文明人之文也)','天文'上脱'刚柔交错'一句。"宋洪迈《容斋随笔》、宋郑樵《六经奥论》、元胡一桂《周易本义启蒙翼传》、元马端临《文献通考·经籍考》皆引郭京《周易举正》云"小利"作"不利"及"天文也"前脱"刚柔交错"四字。**然作"刚柔交错,天文也"是十分可疑的,天文并非刚柔交错,刚柔乃称地材或阴阳爻而已**,疑贲卦曰"亨,不利有攸往"象辞原作:"贲,亨,柔来而文刚,故亨;分刚上而文柔,故不利,利有攸往,天文也;文明以止,人文也。观乎天文,以察时变;观乎人文,以化成天下。"通行本《周易》"攸往"一词凡 34 处,天之攸往即天道往复,如曰"反复其道,七日来复,利有攸往"、"利有攸往,终则有始也"等。《古逸丛书》三编所影**宋元递修本**《周易注疏》贲卦彖辞作:"贲,亨,柔来而文刚,故亨;分刚上而文柔,故小利有攸往,天文也。文明以止,人文也。观乎天文,以察时变;观乎人文,以化成天下。"南宋初所刻的**日本足利本**《周易注疏》贲卦彖辞同前述宋元递修本,四部丛刊影**涵芬楼宋本**及**阮刻十三经注疏本**又同足利本,"天文也"皆前无"刚柔交错"四字。故"刚柔交错"四字当是后儒所错补,是"利有攸往"前文字抄漏或错删后致该句含义不通而好事者自作聪明另补。

也。言行，君子之所以动天地也。（帛书《系辞》，曰字前漏子字，通行本不漏）

（4）孔子籀《易》，至于《损》《益》二卦，未尝不废书而叹，戒门弟子曰：二三子，夫损益之道，不可不审察也，吉凶之门也。益之为卦也，春以授夏之时也，万物之所出也，长日之所至也，产［生］之室［至］也，故曰益。损者，秋以授冬之时也，万物之所老衰也，长夕之所至也，故曰损。……故《易》有天道焉，而不可以日月星辰尽称也，故为之以阴阳。有地道焉，不可以水火金土木尽称也，故律之以柔刚。有人道焉，不可以父子君臣夫妇先后尽称也，故要之以上下。有四时之变焉，不可以万物尽称也，故为之以八卦。……（帛书《要》）

（5）冬，十二月，螽，季孙问诸仲尼，仲尼曰：丘闻之，火伏而后蛰者毕，今火犹西流，司历过也。（《左传·哀公十二年》）

（6）季康子问于孔子曰：今周十二月，夏之十月，而犹有螽，何也？孔子对曰：丘闻之，火伏而后蛰者毕，今火犹西流，司历过也。季康子曰：所失者几月也？孔子曰：于夏十月，火既没矣，今火见，再失闰也。（《孔子家语·辩物》）

（7）孔子将近行，命从者皆持盖，已而果雨。巫马期问曰：旦无云，既日出，而夫子命持雨具，敢问何以知之？孔子曰：昨暮月宿于毕，《诗》不云乎"月离于毕，俾滂沱矣"，以此知之。（《孔子家语·七十二弟子解》）

（8）……昔夫子当行，使弟子持雨具，已而果雨。弟子问曰：夫子何以知之。夫子曰：《诗》不云乎"月离于毕，俾滂沱矣"，昨暮月不宿毕乎？他日，月宿毕，竟不雨。（《史记·仲尼弟子列传》）

（9）孔子出，使子路赍雨具。有顷，天果大雨。子路问其故，孔子曰：昨暮月离于毕。后日，月复离毕。孔子出，子路请赍雨具，孔子不听。出果无雨。子路问其故，孔子曰：昔日月离其阴，故雨；昨暮月离其阳，故不雨。夫如是，鲁雨自以月离，岂以政哉？如审以政，令月离于毕为雨占，天下共之。（《论衡·明雩》）

（10）（仲尼曰）山有崩，川有竭，日月星辰犹差，民无不有过，贤者有其咎。（上海博物馆馆藏楚简《中弓》篇）①

---

① 马承源：《上海博物馆藏战国楚竹书》（三），上海古籍出版社2003年版，第277页。

(11) 佛肸召，子欲往。子路曰：……佛肸以中牟畔，子之往也，如之何！子曰：然，有是言也。不曰坚乎，磨而不磷；不曰白乎，涅而不缁。吾岂匏瓜也哉，焉能系而不食？（《论语·阳货》）①

(12) 尧曰："咨，尔舜！天之历数在尔躬，允执其中。四海困穷，天禄永终。"舜亦以命禹曰：……（《论语·尧曰》）

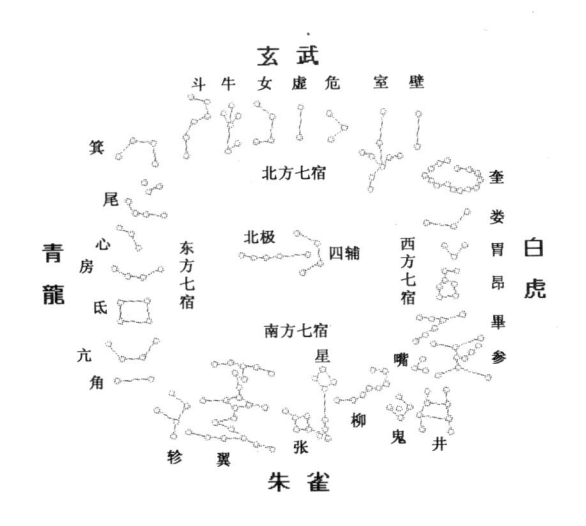

```
              玄 武
      斗 牛 女 虚 危 室 壁
   箕                    奎
   尾      北方七宿       娄
                         胃
青  心                    昂  白
    房  北极  四辅  西方七宿  毕
龙  氐  东方七宿            参  虎
   亢      南方七宿       嘴
   角                    
         星              柳  鬼 井
       轸 翼 张
              朱 雀
```

《论语·尧曰》"咨，尔舜！天之历数在尔躬，允执其中。四海困穷，天禄永终"章虽未言出自孔子，但也明显与天文历数有关。朱熹注此章曰："历数，帝王相继之次第，犹岁时气节之先后也。允，信也。中，无过不及之名。四海之人困穷，则君禄亦永绝矣。戒之也。"朱熹此注是有

---

① 此章颇为难解，一则匏瓜是何瓜果？二则匏瓜之喻是说匏不能被人食还是匏自身不能食？对此，何晏集解曰："匏，瓠也。言瓠匏得系一处者，不食故也。吾自（取？）食物，当东西南北，不得如不食之物系滞一处也。"朱熹集注曰："匏，瓠也。匏瓜系于一处而不能饮食，人则不如是也。"何、朱之注于该章对话情境及语义依然难喻。至于杨伯峻《论语译注》里以甘匏、苦匏两种别之似可解孔子语，然孔子亦未言其所说匏瓜必是苦匏也，况且苦匏虽不可食亦有所用，故与孔子是否仕于佛肸仍无可通处。于此章句，文星书店1963年版《子水文存》里《孔门和科学》一文深得其真相及要旨，毛氏据《史记·天官书》"匏瓜，有青黑星守之，鱼盐贵"、《史记索隐》"《荆州占》云：匏瓜，一名天鸡，在河鼓东"、《史记正义》"匏瓜五星，在离珠北"、曹植《洛神赋》"叹匏瓜之无匹兮，咏牵牛之独处"、阮瑀《止欲赋》"伤匏之无偶，悲织女之独勤"、皇侃《论语义疏》"一通云：匏，星名也；言人有才智，宜佐时理务为人所用，岂得如匏瓜系天而不可食耶"及焦竑《焦氏笔乘》"匏瓜"条、黄震《黄氏日钞》"匏瓜"条解孔子此所言匏瓜实为天上星名而非地上瓜果名，《论语》此章匏瓜之义及匏瓜之喻终大彰。

错误的,《论语》此章中的"历数"是节气时历概念,而不是帝王次第概念,故曰"天之历数"及"允执其中"。所谓"允执其中"之"中"是与"天之历数"相关的测日影的圭表或标杆,非后儒所谓"中庸"之"中"①。天文考古学家冯时曰:"表又叫'中',是观象者执掌的天文仪具,《论语·尧曰》论及此事则谓'允执其中'。用表测量大地可以获知天下之中,此为阴阳协和之地,自为统治者所居住。居中而治的传统政治观于此可见滥觞(陶寺遗址也见槷表……),传统哲学的中庸思想于此也可见滥觞。"②

《文选·东京赋》李善注引田俅子曰:"尧为天子,蓂荚生于庭,为帝成历也。"《竹书纪年》卷上曰:"(尧)帝在位七十年……有草夹阶而生,月朔始生一荚,月半而生十五荚,十六日以后日落一荚,及晦而尽。月小则一荚焦而不落,名曰蓂荚,一曰历荚。"《宋书·符瑞志下》曰:"昔在放勋③,历荚数朝。降及重华,倚扇清庖。"宋代李石《续博物志》卷七曰:"蓂荚一名历荚,圣王以是占日月之数。"《论衡·感虚》曰:"儒者传书言:尧之时,十日并出,万物燋枯。尧上射十日,九日去,一日常出。"这些都反映了尧舜时代的天文历数观念或制度,反映了《论语·尧曰》"天之历数在尔躬,允执其中"并非诬枉或出于伪造,反映了《论语》记述是可信的——十日轮出神话反映了十月制历法,详见后文"五行"本义考部分。

以上所列的 12 条文献足以说明孔子的天文或星象知识的丰富性,并且这种天文星象知识不是占卜的,而是天文科学的。上述孔子谈天象、星

---

① 考古专家何驽说:"陶寺遗址中期元首墓 IIM22 出土测日影的圭尺,其上第 11 号红漆彩刻度长度为 39.9 厘米,按照 1 陶寺尺等于 25 厘米基元折算近乎就是 1.6 尺,这是《周髀算经》记载的夏至影长数据,这个数据类同于《周礼》'1.5 尺夏至影长'地中标准……**清华简《宝训》篇有商代上甲微'假(借)中于河'之说**……陶寺铜朔望月小轮(铜齿轮形器)的出土,证实了《尧典》关于阴阳合历的存在。陶寺圭尺本身就是'中',甲骨文'中'字就是比照着圭尺实物而造的。由此表明《论语》所谓尧传位于舜时谆谆嘱托'天之历数在尔躬,允执其中',《尚书·虞书》中舜传位于禹时也叮嘱'允执厥中',很可能是将用于测影定历法和疆土测量的圭尺'中'作为国家权柄的象征,传给舜。"(《陶寺:帝尧时代的中国——"唐尧帝都文化建设"座谈纪要》,《光明日报》2013 年 12 月 9 日第 15 版)

② 冯时:《见龙在田 天下文明——从西水坡宗教遗存论到上古时代的天文与人文》,《濮阳职业技术学院学报》2012 年第 3 期。何驽、冯时论"中"的论文甚多,此不赘引。

③ 《大戴礼记·帝系》:"帝喾产放勋,是为帝尧。"《尚书·尧典》:"曰若稽古帝尧曰放勋。"《大戴礼记·五帝德》:"高辛之子也曰放勋。"

象的史料中，词语"北辰"、"辰"所指在北极天枢处，即孔子所云"**枢机（区几）**"，它相对不动，实为地轴北指点，绕日公转之地轴指向稳定，则地球北半球所观之天宇北极亦稳定。"斗"即北斗，由于地球自转及绕日公转，北斗环绕北极枢机而运转，即上引孔子所云"**区几之发，营辰之斗也**"。而孔子说的词语"火"、"毕"皆是黄道宇空上的星宿名（**所谓二十八星宿及四象如前图**），黄道运行下大地季节及月份变化与星宿坐标变化匹应，不同季节的大地上"寒暑燥湿风"等天象因日地轨道变化而呈现大体规律性变化且具体气象可反映在具体星象上，"月离于毕，俾滂沱矣"的节气知识与"昔日月离其阴故雨，昨暮月离其阳故不雨"的气象预报实是天文天象学。月离其阴或阳当指月有无月晕，"月离"句其月字指望月非指其他，其离字乃附丽义非离别义①，即《周易》离卦象辞曰所谓"离，丽也，日月丽乎天，百谷草木丽乎土"。那时秋初月望在毕，春分月望在箕，黄河流域是时秋初多雨、春初多风且是时黄河流域气候比现今温暖和湿润得多②，此即《吕氏春秋·贵信》"春之德风……秋之德雨"之谓。《汉书·天文志》曰："月去中道，移而东北入箕，若东南入轸，则多风……月去中道，移而西入毕，则多雨。故诗云'月离于毕，俾滂沱矣'，言多雨也。"见轸在当时属冬天，冬日多北风。

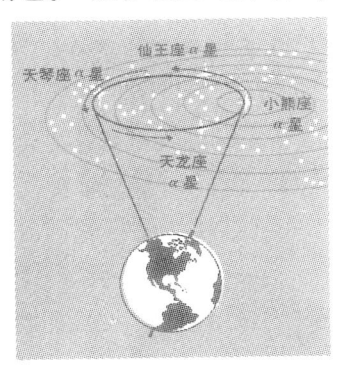

（图A）

---

① "丽"本字"麗"在甲骨文系数兽紧随状，《说文》则曰："麗，旅行也。鹿之性见食急则必旅行。从鹿，丽声。"

② 竺可桢：《二十八宿起源之时代与地点》，《思想与时代》1944年第34期；竺可桢：《中国近五千年来气候变迁的初步研究》，《考古学报》1972年第1期。该两文又见《竺可桢文集》，科学出版社1979年版，第234—254、475—498页；该两文节录本见竺可桢《天道与人文》，施爱东编，北京出版社2004年版。

(图 B)

上海博物馆所藏楚简《中弓》篇所记孔子说"日月星辰犹差",则或指日月星辰在年月日等历法上的时间差异性,一如孔子他说的"司历过也"、"再失闰"等。《左传·昭公七年》曰"日月之会是谓辰",《汉书·律历志下》曰"辰者,日月之会而建所指也"①。《后汉书·律历中》曰:"日月之行,曲直有差,以生进退。故月行井、牛,十四度以上;其在角、娄,十二度以上。皆不应率不行。以是言之,则术不差不改,不验不用。天道精微,度数难定,术法多端,历纪非一,未验无以知其是,未差无以知其失。"日月星辰等运行不是匀速的,轨道也不是绝对恒定的,空间位置也不是凝固的,即使是天极(北极)也因岁差而发生变动(**如前图 A**)[周期约为26000年,北极指示星是变化的,并非恒定]②;而且整个太阳系随太阳在银河系发生位移,银河系也在太空中快速移动(**如前图 B**)③,前图 B 的左上角大箭头为整个银河系运动方向示意图,而右

---

① 赵纪彬《中国哲学史纲要》曰:"中国古代,为要决定季节的变化,各观测一定星象,以为标准,称之为辰。"(《赵纪彬文集》第一册,河南人民出版社1985年版,第44页)赵纪彬所言是正确的,"辰"的一义指季节时辰,又专指观时性之星,如北辰,如黄道十二宫,如古人观天亦以30度为一辰及周天、周年分12辰等。"辰"字甲骨文作"񲁁、񲁂、񲁃、񲁄、񲁅"等,乃手执石斧之象。"農/辳"甲骨文"񲁆、񲁇、񲁈、񲁉、񲁊"及金文"񲁋、񲁌、񲁍、񲁎"的下符亦是石斧状,上草下刀,实乃刀耕火种时代的刈草耕作之貌,故为农业、农民之"農/农"。

② 陈久金:《星象解码》,群言出版社2004年版,第14—16页;让-马克·博奈-比多、弗朗索瓦丝·普热得瑞、魏泓:《敦煌中国星空:综合研究迄今发现最古老的星图》(上、下),黄丽平译,《敦煌研究》2010年第2、3期。

③ 此两图见《地球》,科学出版社、时代公司1979年版,第14、19页。△**本书凡未注明来源的天文学图为作者不详的资料图,或为本作者在相关资料图的基础上进一步编绘而成。**

下角螺旋上升箭头为太阳在银河系中的螺旋运动方向示意图。

《论衡·说日》曰:"儒者说日:日行一度,天一日一夜行三百六十五度。天左行,日月右行,与天相迎。……易曰:日月星辰丽乎天,百果草木丽于土。丽者、附也,附天所行,若人附地而圆行,其取喻若蚁行于硙上焉。"《尚书·尧典》曰:"乃命羲和,钦若昊天,历象日月星辰,敬授民时。……期三百有六旬有六日,以闰月定四时成岁。"《周礼·春官》曰:"冯相氏掌十有二岁……冬夏致日,春秋致月,以辨四时之叙。保章氏掌天星,以志星辰、月之变动,以观天下之迁,辨其吉凶。……凡此五物者,以诏救政,访序事。"故李约瑟说**"天文和历法一直是'正统'的儒家之学"**并非妄言①。温少峰、袁庭栋《殷墟卜辞研究——科学技术篇》前三章分别是天文学、历法、气象学内容,很能说明殷墟卜辞所反映的商代天文历法之学的成就或情况,远古人之重视天文历法及明于天文历法由此可见一斑②。

《春秋左传》是地道的儒家经典,该书出现"天道"一词凡5次,但都与天体运行的星象问题有关,而与《道德经》式的抽象宇宙本体之"道"概念绝不相同。《易传》云"在天成象,在地成形",星象实皆天体及天体运行之象;尽管《春秋左传》可能是在星占的角度上来发挥"天道"吉凶之说,但此"天道"无疑依然本为天体运行之道的含义,而且《春秋左传》提及"天道"范畴的对话中对话者常常是反对星占说的,反对"天道"于人道或人政有神秘性的昭示或因果决定关系。兹将《春秋左传》言"天道"的章句附列于下,以与谈孔子天文历法之"天道"相比参:

(1)晋侯问于士弱曰:吾闻之,宋灾,**于是乎知有天道**,何故?对曰:古之火正,或食于心,或食于咮,以出内火。是故咮为鹑火,心为大火。陶唐氏之火正阏伯居商丘,祀大火,而火纪时焉。相土因之,故商主大火。商人阅其祸败之衅,必始于火,**是以日知其有天道也**。公曰:可必乎?对曰:在道,国乱无象,不可知也。(襄公九年)

(2)夏五月,火始昏见。丙子,风。梓慎曰:是谓融风,火之始也。七日,其火作乎!戊寅,风甚。壬午,大甚。宋、卫、陈、郑皆火。梓慎登大庭氏之库以望之,曰:宋、卫、陈、郑也。数日,皆

---

① 李约瑟:《中国科学技术史》第四卷第1册,科学出版社1975年版,第1—2页。
② 温少峰等:《殷墟卜辞研究——科学技术篇》,四川省社会科学院出版社1983年版。

来告火。裨灶曰：不用吾言，郑又将火。郑人请用之，子产不可。子大叔曰：宝，以保民也。若有火，国几亡。可以救亡，子何爱焉？子产曰：**天道远，人道迩，非所及也，何以知之？灶焉知天道？是亦多言矣，岂不或信？**遂不与，亦不复火。（昭公十八年）

（3）齐有彗星，齐侯使禳之。晏子曰：无益也，只取诬焉。**天道不谄，不贰其命，若之何禳之？**且天之有彗也，以除秽也。君无秽德，又何禳焉？若德之秽，禳之何损？《诗》曰：惟此文王，小心翼翼，昭事上帝，聿怀多福。厥德不回，以受方国。君无违德，方国将至，何患于彗？《诗》曰：我无所监，夏后及商。用乱之故，民卒流亡。若德回乱，民将流亡，祝史之为，无能补也。公说，乃止。（昭公二十六年）

（4）晋人闻有楚师，师旷曰：不害。吾骤歌北风，又歌南风。南风不竞，多死声。楚必无功。董叔曰：**天道多在西北，南师不时，必无功。**叔向曰：在其君之德也。（襄公十八年）[榛按："天道多在西北"句杜注："岁在豕韦，月又建亥故曰多在西北岁。"孔疏："岁君右行于天，大率一岁行一次，二十八年岁在星纪，距此十一年，却而数之，此年在豕韦，豕韦一名娵訾，当亥之次也，周十二月夏之十月，其月又建亥，故曰多在西北。"]

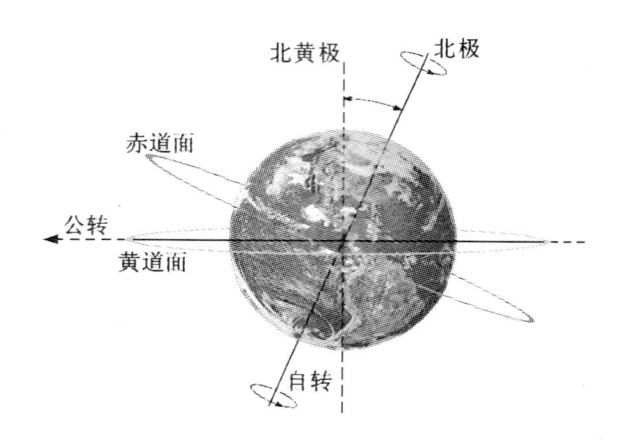

刘向《说苑》还有一则关于孔子言天道的记述，此可说明孔子言天道不是神秘主义、神灵主义的，他如同在帛书《易传》里一样反对巫祝占卜的宗教路线，此实亦可与《论语》里述孔子的理智立场相印照。荀卿"嫉……不遂大道而营于巫祝，信机祥"（《史记》、《风俗通义》），认可神鬼之礼亦不过是认为"君子以为文而百姓以为神，以为文则吉，以为神则凶也"（《荀子·天论》），孔子实类荀子（孔子曰"尔爱其羊，我

爱其礼")。——刘向《说苑·君道》云：

> 楚昭王有疾，卜之曰：河为祟。大夫请用三牲焉。王曰：止，古者先王割地制土，祭不过望；江汉睢漳，楚之望也；祸福之至，不是过也。不谷虽不德，河非所获罪也。遂不祭焉。仲尼闻之曰：**昭王可谓知天道矣。其不失国，宜哉！**

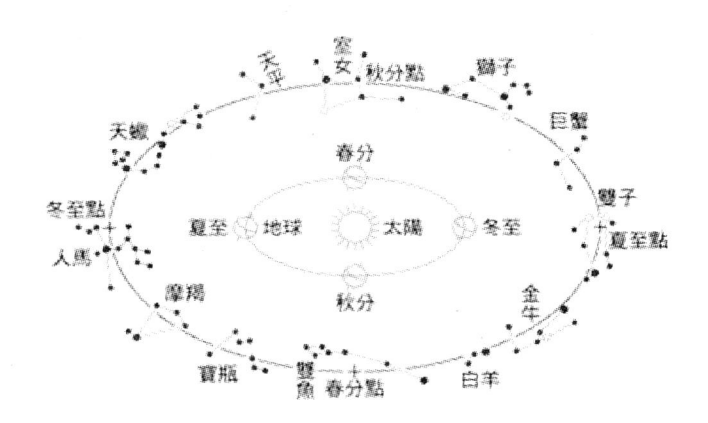

5.《易传》"天地定立，山泽通气，火水相射，雷风相榑"的八卦叙述体系

据《易传》等，《易经》六十四卦来自八卦之重，八卦则来自三位二爻也即三个阳爻（—）阴爻（— —）累叠而构成8种排列组合之象①。即阴爻阳爻二位组合得二爻体之四卦，三位组合得三爻体之八卦，六位组合得六爻体之六十四卦。故在六十四卦体系看来，八个三位卦是基本卦，这八个卦分别称乾、坤、艮、兑、震、巽、坎、离，又分别代表天、地、山、泽、雷、风、水、火，故是天乾、地坤、山艮、泽兑、雷震、风巽、水坎、火离或乾天、坤地、艮山、兑泽、震雷、巽风、坎水、离火。六爻体阴阳爻排列组合的结果当然是六十四卦，但为什么六爻成卦，此有什么含义？《说卦传》曰：

> 昔者圣人之作《易》也，将以顺性命之理，是以立天之道曰阴与

---

① 马叙伦《说文解字六书疏证》卷六引愈樾曰："卦为圭之后起字。圭之为卦，犹兆之为卦也。"杨树达《积微居小学述林》卷三曰："许君以筮训卦，于文法卦本动字也。后人因习闻《周易》八卦、六十四卦之语，认卦为名字而不知其为动字，惑之甚者也。"王献唐《炎黄氏族文化考》第四章"画圭族系"曰："圭璧之圭，即古文画字也。"

阳，立地之道曰柔与刚，立人之道曰仁与义。兼三才而两之，故《易》六画而成卦。分阴分阳，迭用柔刚，故《易》六位而成章。天地定位，山泽通气，雷风相薄，水火不相射，八卦相错。数往者顺，知来者逆，是故《易》逆数也。

在《说卦传》作者看来，天道有阴阳，地道有柔刚，人道有仁义，各比以一阴爻一阳爻，三二得六，故"六画而成卦……六位而成章"，于是复杂的爻数排列及六画、六位统天、地、人与万物的含义从此出，并又述天地、山泽、雷风、水火的互动及八卦构措，曰《易》是"逆数也"。而这些文字帛书《周易·衷》作：

昔者圣人之作《易》也，将以顺生命之理也……是故位天之道曰阴与阳，位地之道曰柔与刚，位人之道曰仁与义。兼三才而两之，六画而成卦。分阴分阳，迭用柔刚，故《易》六位而为章也；天地定立［位］，山泽通气，火水相射，雷风相榑［搏］，八卦相厝，**数往者顺，知来者逆，是故《易》达数也**。

比较韩本与帛本，可知帛本明显胜于韩本，此段文字韩本即今通行本有两大讹误，一是"火水相射"衍作了"水火不相射"，二是"达数也"衍作了"逆数也"①，此二误皆于《易传》义理不通，唯据帛本文字其义理通达、一体贯通。至于用"位"与用"立"的差别，张政烺曰："帛书《周易》常以位为立（动词），以立为位（名词），与今日通行汉字用法正相颠倒。"② **"数往者顺，知来者逆，是故《易》达数也"**是讲占术，"数往知来"当然是"达数"而非"逆数"，此即以数术之占来预察来事之意，故"立（位）天之道曰阴与阳"句前韩本、帛本分别有句子曰：

（1）前昔者圣人之作《易》也，幽赞于神明而生蓍，参天两地而倚数，观变于阴阳而立卦，发挥于刚柔而生爻，和顺于道德而理于义，穷理尽性以至于命。昔者圣人之作《易》也，将以顺性命之理。

---

① "达"本作"達"，又作"達"，其形类"逆"，作"逆"乃形近而误，似"显诸仁、藏诸用"在帛本作"聖者仁、壮者勇"显系形近、音近之故。
② 张政烺：《张政烺论易丛稿》，中华书局 2011 年版，第 228 页。

（2）前昔者圣人之作《易》也，幽赞于神明而生占也，参天两地而义数也，观变于阴阳而立卦也，发挥于刚柔而生爻也，和顺于道德而理于义也，穷理尽生而至于命也。昔者圣人之作《易》，将以顺生命之理也。

上两句在"立（位）天之道曰阴与阳"前，故"顺生（性）命之理"亦讲阴阳天道无疑，并非讲道德或宗教或神灵。那么帛书《易传》以"分阴分阳，迭用柔刚，故《易》六位而为章也。天地定立，山泽通气，火水相射，雷风相榑，八卦相盾，数往者顺，知来者逆，是故《易》达数也"来叙述"六画而成卦……六位而为章"又有什么含义呢？其实，其含义类似帛书《要》所载孔子之辞：

……故《易》有天道焉，而不可以日月星辰尽称也，故为之以阴阳。有地道焉，不可以水火金土木尽称也，故律之以柔刚。有人道焉，不可以父子君臣夫妇先后尽称也，故要之以上下。有四时之变焉，不可以万物尽称也，故为之以八卦。故《易》之为书也，一类不足以亟之，变以备其情者也。故谓之《易》有君道焉，五官六府不足尽称之，五正之事不足以产之，而诗书礼乐不止百遍难以致之。不问于古法，不可顺以辞令，不可求以志善。能者由一求之，所谓得一而君毕者，此之谓也……

在孔子看来，"《易》有君道焉"，此习诗书礼乐或读《诗》《书》《礼》《乐》所难致，非五官六府所能"称"，非五正之事所能"产"①。孔子此说是叹或赞"易道"的要门或重要性，故帛书《要》又说："能者

---

① 此五官、六府、五正究竟何指，值得另外探讨。梁韦弦《释帛书易传〈要〉篇之"六府"、"五官"》（《古籍整理研究学刊》2003年第3期）、刘彬《帛书易传〈要〉篇"五正"考释》（《周易研究》2007年第2期）等可参，但须注意"称之—产之"概念以探之，否则真相难明。《礼记·曲礼下》以司徒、司马、司空、司士、司寇为"五官"，又以司土、司木、司水、司草、司器、司货为"六府"，此与前后文言"君道"、"称之"契合。魏启鹏1998年《帛书黄帝五正考释》（《华学》第三辑）在清代学者任大椿的基础上认为"五正"即"五法"，此"五法"即规、矩、绳、权、衡，刘彬见解从之，此亦与前后文言"君道"、"产之"较契。《鹖冠子》以神化、官治、教治、因治、事治为"五正"，《左传》、《大戴礼记》以火、金、木、土、谷为"六府"，《淮南子》以子午、丑未、寅申、卯酉、辰戌、己亥为"六府"，《内经》、《白虎通》以大肠、小肠、胃、膀胱、三焦、胆为"六府"，此当非《易传》"五正"、"六府"本义，因与上下文不契。

由一求之，所谓得一而君毕者，此之谓也。损益之道，足以观得失矣！"此"君"字即"群"字之通假。然"君"字或有统领义。易道即统领万物群生之道，即大道，而大道在损益，损益在阴阳，天道在阴阳损益，人道亦在进退损益，且人道损益从乎天道损益，观天道损益可明人世之大智。

《易传》认为立卦观象是推衍之、观察之以明占道，**但我们又要注意"分阴分阳，迭用柔刚，故《易》六位而为章也：天地定立，山泽通气，火水相射，雷风相榑，八卦相盾，数往者顺，知来者逆，是故《易》达数也"的卦数叙述中其"天地定立，山泽通气，火水相射，雷风相榑"另有深意，此深意就是它本是地球上自然大生态的一个完整叙述**。我们知道，地球之所以有大量动植物生息，首先是因为地球有适合生命生存的大气、热量、水分，其中热量来自太阳，水分本自地球，但皆依赖大气进行循环等，大气循环则有动力因。我们先不追问地球大气的历史性本源，就如不追问日地天体的历史性初始一样（我们掌握的天体起源史的历史信息太少故难知难述），单就已有的大气状态而言，地球大气层的状态完全取决于太阳、地球以及太阳与地球间的空间运动关系。

在其他参数不变的情况下，质量上地球过大则引力过大而大气压将过大，此将影响大气循环及生物生存等，反之地球过小则地球无法吸附大气而大气物质将逃逸到宇宙空间；如果太阳质量过大，则地球运行还存在的话则它将更靠近太阳，反之太阳过小地球也可能远离太阳，此将是地球生命的灾难。如今太阳和地球的距离如果过近或过远，都将是地球生命的灾难。但地球刚好运行在如今之日地距离的轨道带上，唯独这个轨道带能保障地球在现在物质条件下能存在生命或生机。而其生机的要门，就是有水的地球之大气以及太阳热辐。科学家曰：

> 形成天气的两个参量一是天体反应堆——距离我们1亿5千万公里远的太阳，一是倾斜的不断旋转的行星——**地球**。还有第三个参量，它不仅对天气的生成，而且对生命本身的存在都是不可缺少的，这就是看不见和必需的**大气**。要是没有它，地球将是一个死的星球，犹如贫瘠的无生命的月球一样，没有树木，没有飞禽走兽，没有明亮的天空，没有云彩和金色的晚霞。大气之所以重要，不仅因为所有生物都要呼吸，而且因为它也是一层必不可少的保护层。要是没有大气，在赤道上白天的太阳将把地壳烤到温度高达82.2℃，而在夜间

同一个地方又将冷却到不可忍受的 -140℃。①

地球实宜称"水星",它是太阳系唯一存在固态、液态、气态三种水资源的星体,此星体71%的地表被液态水覆盖,剩余的29%是陆地。地球表面存在13亿5000万立方公里水,地下储水有830万立方公里,而大气储水则有12900立方公里②,"**从气象学的角度来说,水是地球大气当中最重要的组成部分**"③。陆地的水资源,全靠大气从海洋等水面输送,而这个输送全靠热量使水蒸发为水汽从而进入大气环流,"一小片浮云就可能含有91—907吨的水汽,一个炎热的下午,大气以每小时210亿升的速度将墨西哥湾的海水带走"④(即每小时蒸发210万吨水)。**大气运行的动力主要来自太阳能**(地球自转也会影响大气风向),大气运行尤其携带水分的运行是靠太阳的辐射及太阳辐射所储存于大气的能量:

(1) 太阳与地球虽遥距1.5亿公里,但它却是距地球最近的一颗恒星。地球大气高层从太阳获得的能量仅占太阳能的20亿分之一。但是,地球上的昼夜、四季,地球大气间的水分循环,大气环流,江河流动,岩石风化,大气内的风、雨、雷、电,甚至地球上的一切自然资源,如煤、天然气、石油、风能、水能,追根溯源,其能源无不渊源于太阳能……太阳能是地球最主要的能量来源。⑤

(2) 影响天气最主要的要素是太阳……太阳是巨大的热核动力工厂……如果太阳的热量下降13%,估计全球将很快被一层1.6公里厚的冰所覆盖;如果太阳的热量增加30%,那么,地球表面上的任何生物将被燃烧得一点儿都不剩。**太阳辐射到宇宙空间去的能量极大,地球截获的只是微小的一部分,不过约二十亿分之一而已。**然而,投射到地球表面上的这部分"微小"的能量就达到不变的17万亿千瓦时。太阳每分钟投射到地球上的能量比人类在一年中所用的各种形式的能量还要多……正是这种从赤道和温带的太阳辐射那儿贮存起来的热能,为复杂的大气环流提供了动力,导致阵风,孕育气旋与

---

① 《天气》,科学出版社、时代公司1981年版,第13页。
② 《水》,科学出版社、时代公司1981年版,第9页。
③ 《天气》,科学出版社、时代公司1981年版,第14页。
④ 同上书,第35页。
⑤ 李玉梅、狄勉祖:《太阳辐射浅说》,农业出版社1978年版,第2页。

飓风，使天空电闪雷鸣，产生阵雨、暴雨、大雪及其他天气现象，降临大地，直接影响人类的生活。①

电闪雷鸣现象是天空无云层时，电荷从带负电的大地漏向带正电的高层大气，云层（水汽）尤其雷雨云收集并储存负电荷，负电荷云层累积又使云层下面的大地感应出正电荷，正负电荷相吸，则驱使电子从云层快速走向大地，从而形成闪电及火花，"每秒钟总计有约100次闪电袭击地球……一次闪电可以产生三十七亿五千万千瓦的电能，比美国所有电厂最大容量之和还多……闪电中大约75%的能量作为热耗散了，它使闪电通道内的空气温度达到15000℃。空气受热迅速膨胀，就像爆炸时的气体一样，产生雷声，人们远在18英里（29公里）以外都能听到"②。而一个夏季雷暴的能量等于12个广岛原子弹的能量，整个地球则每天约有45000个雷暴③。

以上用科学数据来叙述"太阳—地球—大气"问题，尤其叙述地球大气及大气在太阳辐射下的大气循环，叙述热量对地球水面的蒸发及将水汽输送陆地而形成降水，叙述水汽输送过程中云层与雷电的产生机制，无非是想说明《易传》"天地定立，山泽通气，火水相射，雷风相榑"（即"天地定位，火水相射，山泽通气，雷风相搏"）其实叙述的是地球大气存在及大气基本运行规律而已。若要更符合地球自然景象的变化根源，《易传》八卦象征之叙述也可略调整次第为"天地定位，火水相射，山泽通气，雷风相搏"（如前一括注）。以地球为中心而言"天地定位"是日地定位及大气生成，大气生成则地表"山泽通气"；而日地"火水相射"，则是热积气运、水蒸气行，故"山泽通气，雷风相搏"，即水陆通气，气行汽输，风云雷电，此即《荀子·天论》所谓"阴阳大化，风雨博施，万物各得其和以生，各得其养以成"也。故《说卦传》说完乾天、坤地、艮山、兑泽、坎水、离火、震雷、巽风八者后又曰：

……雷以动之，风以散之，雨以润之，日以烜之［日即火，日烜即火射］，艮以止之，兑以说之，乾以君之，坤以藏之。帝出乎震，齐

---

① 《天气》，科学出版社、时代公司1981年版，第11—12页。
② 《能》，科学出版社、时代公司1981年版，第26页。
③ 《天气》，科学出版社、时代公司1981年版，第35页。

乎巽，相见乎离，致役乎坤，说言乎兑，战乎乾，劳乎坎，成言乎艮……神也者，妙万物而为言者也。动万物者莫疾乎雷，桡万物者莫疾乎风，燥万物者莫熯乎火，说万物者莫说乎泽，润万物者莫润乎水，终万物始万物者莫盛乎艮。故水火相逮，雷风相悖［原作不相悖，悖即前文两处"阴阳相薄"之薄］，山泽通气，然后能变化既成万物也。

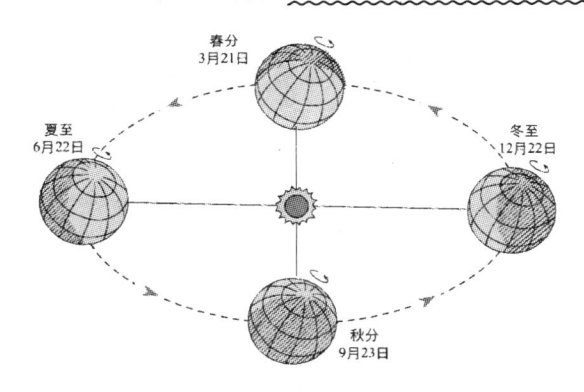

"天地变化而阴阳生，阴阳变化而人物生，人物变化而圣贤生。"（宋鲍云龙《天原发微·变化》）《周易》曰"有天地然后有万物"，又曰"天地纲缊，万物化醇，男女构精，万物化生"，古注曰此"男女构精"实即"阴阳构精"义，如干宝曰"男女犹阴阳也，故万物化生不言阴阳而言男女者，以指释损卦六三之辞主于人事也"，甚是。天地阴阳，万物化生，此正同前文所提《荀子·哀公》等所记载的孔子说："**所谓大圣者，知通乎大道，应变而不穷，辨乎万物之情性者也。大道者，所以变化遂成万物也。**"此不又正同于《说卦传》"水火相逮，雷风相悖，山泽通气，然后能变化既成万物也"之义么？所谓"水火相逮，雷风相悖，山泽通气"的自然现象，正是由于天地定位及天之大道（黄道）而致。八卦是说天地山泽火水雷风八者，八者构成"天地定位，火水相射，山泽通气，雷风相搏"的自然景象，此能囊括天地大变尤其地表以上、大气之下的天变内容，此正是帛书《要》孔子所说"有四时之变焉，不可以万物尽称也，故为之以八卦"、"《易》之为书也，一类不足以亟之，变以备其情者也"。大哉《易传》，"天地定位，火水相射，山泽通气，雷风相薄"述尽天地之变！大哉《易传》，"天地定位，火水相射，山泽通气，雷风相薄"述尽天地阴阳之象！子曰《易》于天地人"为之以阴阳，律之以柔刚，要之以上下"，大哉易传！至哉易典！"我后其祝卜矣，我观

其德义耳也","吾求其德而已,吾与史巫同途而殊归者也","天下何思何虑,天下何思何虑","天何言哉,天何言哉",日月往来、寒暑成岁,四时相行,万物随生,八卦相厝,损益终始,大哉孔子!至哉孔子!

康有为《万木草堂口说》说:"现在历学、天文学,出孔门。……天文学、历学,皆出孔子门……一部历学,自孔子出。"这显然是错误的评述或抬举,因为中国的天文学古老有自,因为孔子或孔门懂天文历法不等于天文历法出自孔子或孔门。而且康有为还不明孔子的天文哲学及出自孔门的《易传》哲学正由荀子所继承了,他还说"《荀子》不甚传《易》,通部不讲及《易》"正是他不懂荀子《天论》及《易传》的直接体现(详见本书第三章述荀子天道论)①。但康有为对天文学还是重视的,也是精通的,故他的《万木草堂口说》说:"人日在气中而不知,犹鱼日在水中而不知也……有气即有阴阳,其热者为阳,冻者为阴……地面之水,为日热力所吸,上而成雨,雨变为水……向以日主岁功,日为地之主也。"地球大气层之热量、大气运动及大气运动中的风雨雷电等现象皆本于日辐能量,非大气层自己生热或能自生暖冷,故他的天文学专著《诸天讲》以现代科学知识高度赞叙太阳在日地生态系统中的地位:

> 吾地上风云雨雪雷电之变化,蒸汽水源之腾发,石炭之火力,植物之茂育,动物之生活,何自来哉?皆非地所能为,由受日之热力为之也。即吾地外能自转生潮,内能震而喷火,然吾地之气体自日之热所分出,吾地之生命由日热所射来。故日为吾地之父,吾地无往而非赖日力所生也。日乎日乎,昱昱照灼!毕太拉斯与波斯之火教也,专祭太阳,得之哉!……吾地所受日之热……每一分时每地之一平方厘,受日直射之热一千九百三十三加伦,中有半分为经过大气层所吸收,其至地也,平均温度二百九十加伦……吾万物之生赖此。盛矣哉!热力之为功用也。无此热力,天亦已焉哉,何况于人?……地球受日燃烧之热而育生物……功德最大莫如日,火教祭敬最专诚,祭天主日以为报,先圣礼意何其莹。嗟乎吾日真吾父,当日望祭报其德。②

---

① 郭沫若与康有为见解相反,郭说:"荀子善言《易》,今存《易传》应多出自荀子或其门人。"(《青铜时代》,科学出版社1957年版,第287页)《易传》虽出自儒家,但当早于荀子,应出自子弓一脉,详见第三章第一节论子弓及弓荀学派。

② 康有为:《诸天讲》(康有为学术著作选),楼宇烈整理,中华书局1990年版,第56—61页。

地球尤其地球大气层、地球地表空间的阴阳变化（寒暑燥湿变化）完全依赖于太阳的经天运行（视运动，实则地绕日运行），依赖于太阳对地球这个水球的辐射，故《管子·枢言》曰"道之在天者日也"，《汉书·董仲舒传》曰"天道之大者在阴阳"，《史记·太史公自序》曰"夫春生夏长，秋收冬藏，此天道之大经也"。天道即天行，天体之行推动地球上的阴阳变化，阴阳变化又导致春生夏长、秋收冬藏之四季、四时变化，天道自然即如此切实分明而已，详又见下节叙述。

第二节 天道与阴阳

前已述《易传》主要是孔子或孔子学派的思想学说，其学说的主旨是在阐发阴阳损益之道，并由阴阳损益的常道提取人事损益吉凶的原理，故帛书《系辞》曰：

> 《易》与天地顺，故能弥论天地之道。仰以观于天文，俯以察于地理，是故知幽明之故；原始反终，故知死生之说……与天地相校故不违，知周乎万物道济乎天下故不过，方行而不流乐天知命故不忧。安土厚乎仁，故能悐（爱）。范回天地之化而不过，曲成万物而不遗，通乎昼夜之道而知……一阴一阳之谓道，系之者善也[1]，成之者生也。

天道者何耶？汉《尔雅》曰"行，道也"，王引之《经义述闻》卷二曰："《尔雅》'行、道也'，天行谓天道也。《晋语》'岁在大梁、将集天行'韦昭注曰'集、成也，行、道也，言公将成天道也'，是古人谓天道为天行也。"《系辞下》"日月之道"在帛书《易传》作"日月之行"[2]，《后汉书·律历志下》"日月之术则有冬有夏，冬夏之间则有春有秋"王

---

[1] 疑此"善"字当作"禅"，如此前后文义方通，乃声通或声误。禅、嬗同音义，先秦文献里多禅字。嬗即代变义，如《史记》、《汉书》引贾谊赋辞"万物变化，固无休息……形气转续，变化而嬗"，《史记》"号令三嬗"、"天下三嬗"，《汉书》"嬗以天下"、"受嬗于唐"，《淮南子》"以不同形相嬗"。

[2] 通行本曰："吉凶者，贞胜者也；天地之道，贞观者也；日月之道，贞明者也；天下之动，贞夫一者也。"帛书本作："吉凶者，上朕者也；天地之道，上观者；日月之行，上明者；天下之动，上观天者也。"

先谦集解曰:"李锐曰'術當作行',先谦曰官本作行。"《后汉书·律历志中》又曰"夫日月之術,曰循黄道"。《乐记》有云"应感起物而动,然后心術形焉",郑注曰"言在所以感之也,術所由也,形犹见也",孔疏曰"术谓所由道路也,形见也,以其感物所动故然后心之所由道路而形见焉"。《汉书·礼乐志》"应感而动,然后心術形焉"句颜师古注曰:"言人之性感物则动也,術道径也,心術心之所由也,形见也。"此"術"实即"衕"字,道术(術)之术(術),道、衕、衍、行诸字其义其源一也。《荀子·天论》曰:"天行有常,不为尧存,不为桀亡。应之以治则吉,应之以乱则凶。"对此,杨倞注曰:"天自有常行之道也。"俞樾《诸子平议》卷十四论曰:"《尔雅·释宫》'行,道也',天行有常即天道有常。杨注曰'天自有常行之道',则道字反为增出矣。"

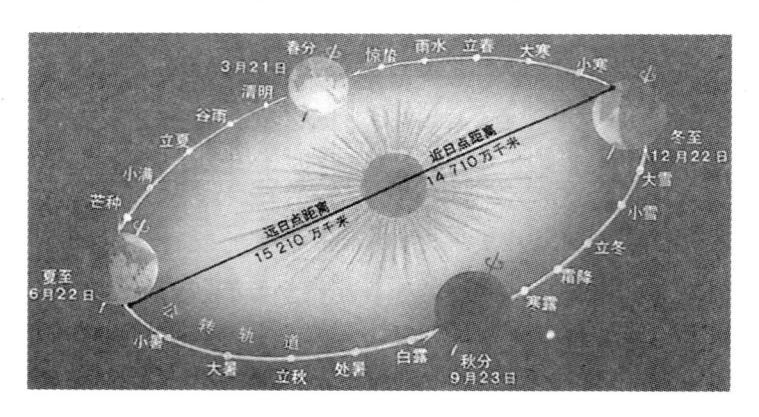

其实杨倞所注之"道"字并非多余,以动态之运行而言谓之"行",以行之所据线路或轨道痕迹而言则可谓之"道",此正《说文》所谓"所行,道也"义。"道"若作动词,则实与"行"一义同源;"道"若作名词,则初义实与动词"行"一事异指、一体二面而已。故"天行"、"天道"概念初义相关,皆指行或所行。然何行及何所行?孔颖达《周易正义》疏曰:**"天行健者,谓天体之行昼夜不息,周而复始,无时亏退,故云'天行健',此谓天之自然之象。'君子以自强不息',此以人事法天所行,言君子之人用此卦象自强勉力,不有止息。"** 又疏曰:**"天行健者,行者运动之称。**健者强壮之名,乾是众健之训。今大象不取余健为释,偏说天者,万物壮健,皆有衰息,**唯天运动日过一度,盖运转混没未曾休息,故云天行健。"**——"天道"是何者之道?天体之道也;"天行"是

何者之行？天体之行也。故天行系天体之行，而天道则系天体所行之道，此即《说文》所谓"所行，道也"之义。

金景芳《孔子的天道观与人性论》一文说："我认为谈孔子的天道观，实际上是辨明孔子思想是唯心的，还是唯物的问题……又如《论语·泰伯》说：'唯天为大，唯尧则之。'这个'天'，显然是指《尚书·尧典》'钦若昊天，历象日月星辰，敬授人时'的'天'……又如天道，本意是天行……'乾道变化，各正性命'是什么意思呢？我认为所谓'乾道变化'，实际上就是天道变化，也就是太阳变化。……'一阴一阳之谓道，继之善也，成之性也'是什么意思呢？据我看，这'一阴一阳'在《周易》六十四卦里，就是一乾一坤，也就是一天一地……**实际这一阴一阳之道也就是'天道'，也称'天行'**……其中心思想我认为就是孔子所说的'天何言哉？四时行言焉，百物生焉，天何言哉？'"① 宗白华则说："**中国人的最根本的宇宙观是《周易》传上所说的'一阴一阳之谓道'**。"② 宗白华的说法也是对的，中国人最喜讲阴阳之道或阴阳概念，但阴阳理论、阴阳概念、阴阳之道的背后实是日地天体运行及日地天运规律，"阴阳"理论学说最初源于华夏先哲的天文观察及天道规律。今本《周易》经传文本出现"天道"概念3次（出现天道意义的"天之道"2次），出现"天行"4次③，都是天文学意义的天道天行含义，都是天体运行方面的天道天行含义，它们分别是：

（1）天道下济而光明，地道卑而上行。（谦卦彖辞）
（2）天道亏盈而益谦，地道变盈而流谦。（谦卦彖辞）
（3）易之为书也，广大悉备，有天道焉，有人道焉，有地道焉。（《系辞下》）

---

① 金景芳：《金景芳学术文化随笔》，中国青年出版社2000年版，第79—85页。
② 宗白华：《宗白华全集》第二卷，安徽教育出版社1994年版，第434页。
③ 通行本《周易》"行"字凡152，"道"凡106。"行"字如"与时偕行、云行雨施、天行健、与时偕行、承天而时行、天与水违行、风行天上、应乎天而时行、地道卑而上行、终则有始天行也、七日来复天行也、动而以顺行、天下雷行、何天之衢道大行也、与时行也、柔进而上行、天下大行也、震行无眚、时行则行、风行水上、与时行也、日月运行"等，"道"字如"乾道变化、反复道也、乾道乃革、坤道其顺乎、天地之道、天道下济而光明、地道卑而上行、大亨以正天之道、天之道也、反复其道、天地之道恒久而不已、弥纶天地之道、昼夜之道、一阴一阳之谓道、天地之道、日月之道、有天道焉、三材之道、立天之道曰阴与阳、饮食之道"等。

（4）天行健，君子以自强不息。（乾卦象传）
（5）先甲三日，后甲三日，终则有始，天行也。（蛊卦象传）
（6）君子尚消息盈虚，天行也。（剥卦象传）
（7）反复其道，七日来复，天行也。（复卦象传）

就先秦道家著作而言，通行本《老子》即《道德经》"道"字凡77见，含义复杂且多玄远义。该书"天道"一词2处，分别是"不出户知天下，不窥牖见天道"、"天道无亲，常与善人"，含义似仍不确切。"天之道"一词则凡5处，依次是"功遂身退，天之道"、"天之道，不争而善胜，不言而善应，不召而自来"、"天之道，其犹张弓与？……天之道，损有余而补不足"、"天之道，利而不害"，这词的含义倒接近《易传》的"天道"、"天之道"、"天行"之含义，是指天文学意义上即天体运行方面的天道。尤其**"天之道，其犹张弓与？高者抑之，下者举之，有余者损之，不足者补之"**句的"天之道"，很可能实指黄道现象或是源自黄道观察的概念。**下图右上**为一北半球星图①，图中"("型长线是恒星背景上的太阳轨迹即黄道。更生动的太阳视运动在天球球面留下的黄道轨迹如**下图左上**，其黄道正是"高者抑之，下者举之"的"其犹张弓"的特点，故此"天之道"实本指黄道。黄道（太阳轨迹）决定地球的春夏秋冬及万物生衰，不断无声地来去往复，故曰云"天之道，损有余而补不足"及"功遂身退"、"召而自来"、"利而不害"等。李约瑟《中国科学技术史》绘有一天球图（**如下图末**）②，其中 Z 为观测者天顶，P 为北极，QR 为赤道，CL 为黄道，亦可参考。《庄子》"道"字凡368处，"天道"凡7处，"天之道"无一处，其"道"如《老子》而含义甚复杂，但其"天之道"却同《老子》的"天之道"而旨意较明——**显然在指黄道为主的天之道，故《庄子》云"夫春与秋，岂无得而然哉？天道已行矣"**、"天道运而无所积，故万物成"、"无为而尊者，天道也"。

《老子》曰"功遂身退，天之道"、"天之道，损有余而补不足"、"天之道，不争而善胜"，此"天之道"概念及旨意实当是本于天文学之天道，故古逸丛书影唐写本《道德经》"功遂身退，天之道"句有注曰

---

① 《宇宙》，科学出版社、时代公司1979年版，第10页。
② 李约瑟：《中国科学技术史》第四卷第1册，科学出版社1975年版，第29页。

"四时更运,功成则移",于"天之道利而不害"句又注曰"动常生成之也",于"功成名遂身退天之道"句宋范应元《老子道德经古本集注》注曰:"阴阳运行功成者退,天之道也。人当效天,故自古及今功成名遂而身不退者祸每及之,老子之言万世龟鉴如子房者,乃合天之道也。苏曰:日中则移,月满则四时之运,功成者去,天地尚然,而况于人为乎?"而四部丛刊景宋本《老子河上公注》注"功成名遂身退,天之道"句曰:"言人所为功成事立名迹称,遂不退身避位则遇于害,此乃天之常道也。譬如日中则移,月满则亏,物盛则衰,乐极则哀。"故《老子》、《庄子》里的"天道"也有天体之道的内涵并亦从中汲取人事智慧,可见黄道及黄道生阴阳四时的天文学知识为儒道等所共有,而司马迁之父司马谈评道家是"其为术也,因阴阳之大顺,采儒墨之善,撮名法之要,与时迁移,应物变化",甚切。

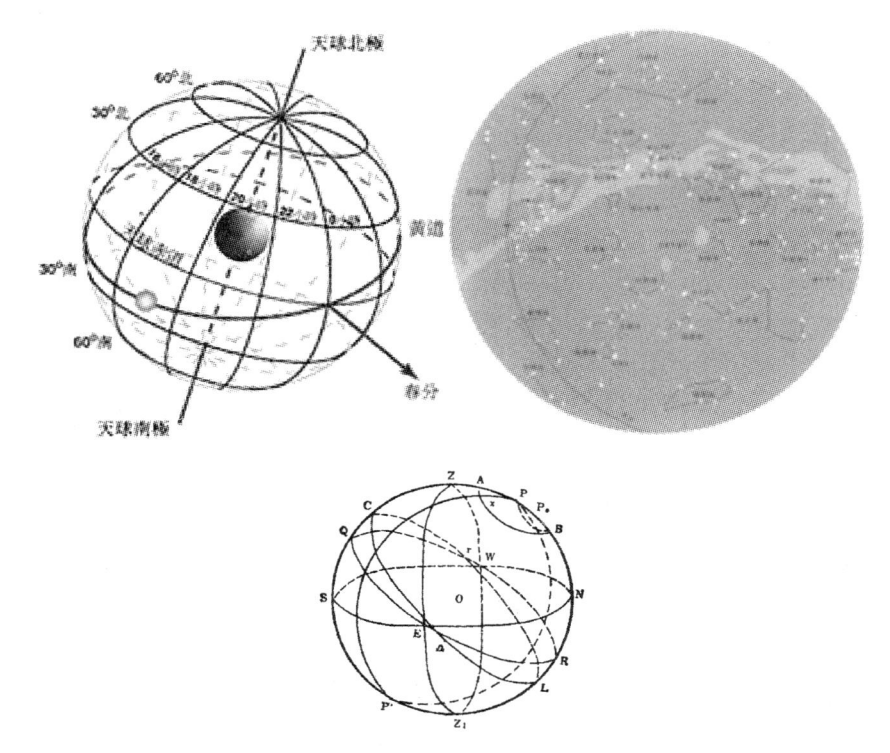

一 易、阴、阳的字义

前已征今本《庄子·天下》"《易》以道阴阳"、《慎子·内篇》"至于《易》则吾心阴阳消息之理备焉"及《史记·太史公自序》"《易》著天地阴阳四时五行故长于变"等句以佐证帛书《易传》是以说"阴阳"之道为主的。于司马迁《史记》"《易》著天地阴阳四时五行故长于变"句①，唐颜师古注曰"以变化之道为长也"。刘师培《经学教科书》第二册第一课认为《太史公自序》"《易》著天地阴阳四时五行故长于变"句中的"五行"二字为衍文②，泷川资言《史记会注考证》则引中井积德曰"《易》不陈五行，今云然者，岂出于纬书之谬邪"③，此似与赵翼《陔余丛考》卷一"《易》不言五行"条的考稽相与发明，那《易传》说不说"五行"？

通行本《易传》文本不见直说"水火金土木"，亦无"五行"这词语出现；但长沙马王堆帛书《易传》文本却明言"水火金土木"，"五行"这词语亦曾三次出现。不过，帛书《易传》里的"五行"并不是"水火金土木"之指，"水火金土木"亦非"五行"，故帛书《易传》曰："故《易》有天道焉，而不可以日月星辰尽称也，故为之以阴阳。有地道焉，不可以水火金土木尽称也，故律之以柔刚。有人道焉，不可以父子君臣夫妇先后尽称也，故要之以上下。有四时之变焉，不可以万物尽称也，故为之以八卦。"水火金土木在地，为柔刚之质，与在天的阴阳无关；而与天道相关的"理顺五行"、"必顺五行"、"五行……不可学者也"的"五行"句才是在说天道无疑，此必与阴阳相关。

实际上"五行"概念有两种。一种是原始的"五行"说，指阴阳变化的天文历数，起源于古老的华夏十月制历法，此正与天道天行相连，故"五行"谓"五行"而不谓其他"五×"；一种是后起的"五行"说，即以"水火金土木"五者匹配及代称原天文历数的"五行"而成"水火金土木"新五行论，历数"五行"原始含义渐被"水火金土木"夺去代替。而"水火金土木"亦有两种，一是以水、火、金、土、木为内容的原始五材说，此为华夏古哲的朴素物质构成论；二是以"五行"名称标签化的泛水、火、金、土、木说，此既言天道五德终始交替，又言世界五物分合生剋等。

帛书《易传》是目前所见最古老版本的《易传》，它既记录了原始五行说的面貌（天文历数之五行），也记录了原始五材说的面貌（物质构成之五材），准确地反映了孔子时代的范畴观念及思想本相。**关于"五材一**

---

① 《史记集解》曰此系征董仲舒言，当非，引董言只在"周道废……以达王事而已矣"间。
② 刘师培：《刘申叔遗书》，江苏古籍出版社1997年版，第2088页。
③ 泷川资言：《史记会注考证》（14册影印本），新世界出版社2009年版，第5198页。

五行"尤其是"五行"概念的衍变问题，详见本书第二章的考辨。因不明"五行"实为十、五以分周天历数的天文历数之概念，故刘师培误判《史记》"《易》著天地阴阳四时五行故长于变"中的"五行"为衍文，此跟马叙伦、吕思勉判《庄子》"《易》以道阴阳"前后 27 字系后人注语所羼不可同日而论矣①。戴君仁 1968 年《董仲舒不说五行考》犯了同样的错误②，即不明"五行"本指历数，望文生义地以水火木金土意义的五行概念衡董氏遗说，遂判《春秋繁露》与董氏无关，不知董氏实曾说历数"五行"，不知历数"四时五行"正是"阴阳"说的开展或具体化，亦不知难保董氏学了驺衍以五材、五德等匹说天道历数之五的方术家哲学。

　　《史记》载司马迁系孔子易学的第十代传人，司马迁说"《易》著天地阴阳四时五行故长于变"于己及于易道哲学皆无丝毫虚妄。今人须先明"阴阳"、"五行"、"易"的字义及《易传》的真正思想体系，才能真正理解该句话。何谓阴阳？阴阳之字繁体作陰陽。《说文》曰："陰，闇也，水之南山之北也，从𨸏，侌声。""陽，高明也，从𨸏，昜声。"《说文》的意思是：陰是暗义，背光处；陽是高明义，迎光处。其实"阴阳"实初作"侌昜"，知侌昜初义则知从𨸏之陰陽本义。王筠《说文解字句读》卷九曰："陰陽当作侌昜。"段玉裁《说文解字注》卷九曰："此陰陽正字也，陰陽行而侌昜废矣。"毕沅《释名疏证》曰"陰，《说文》云'霒，雲覆日也，从雲今声，古文省作侌'，今经典通用陰。"可见阴本为陰（𨸏侌），陰本为侌（侌昙），侌义即霒（霒）义（霒必后出于侌），"雲覆日也"即其侌字初义，"闇也，水之南山之北也"等义皆系后出。"令命侌會亼侖"等字的"亼"、"亽"皆表聚集、汇集义，"侌"是"云"聚，"云"非天雲，乃人哈气成汽，即"子曰诗云"之云（口云、口汽）。要之，侌乃水汽汇集，聚多成雲，雲遮为暗。陽本作昜，《说文》曰："昜：开也，从日一勿。一曰飞扬，一曰长也，一曰强者众皃。"结合其甲骨文、金文字形（旱旱旱昜昜，而昜昜昜昜昜）等观之，"昜"是日升光照义无疑，美国 Richard Sears 将"昜"英译为"activity of the sun"应算是准确的③。朱骏

---

① 马叙伦：《庄子义证》第三十三卷，商务印书馆 1930 年版，第 2 页；吕思勉：《先秦学术概论》，世界书局 1933 年版，第 62 页。
② 戴君仁：《董仲舒不说五行考》，见《梅园论学集》，开明书店 1970 年版，第 319—334 页。
③ http：//chineseetymology.org（Richard Sears 个人所办网站）。

声《说文通训定声》释"昜"曰:"此即古暘,为会昜字。会者见云不见日也,昜者云开而见日也。从日一者云也,蔽翳之象;勿者旗也,展开之象。会意兼指事。"总之,会、昜字形演变是"会→陰→阴"、"昜→陽→阳"(阝符在左实本指旗而非指阜,在右则指邑,如郡、都、郢、邶等),"会"本义为汽汇云集,"昜"本义为日升光照。

再看"易"字,最流行的解义见《说文》:"![易], 蜥易蝘蜓守宫也,象形。秘书说'日月为易,象阴阳也'。一曰从勿,凡易之属皆从易。"《说文系传》曰:"![易], 蜥易蝘蜓守宫也,象形。祕书说曰'日月为易,象阴阳也'。一曰从勿,凡易之属皆从易。臣错曰祕书谓下为月字,'日月为易'言阴阳昼夜相变易也。惕从此,移尺反。"《说文》段注曰:"'秘书说曰日月为易',秘书谓纬书……按《参同契》曰'日月为易,刚柔相当',陆氏德明引虞翻注《参同契》云'字从日,下月'。'象会易也'谓上从日象阳,下从月象阴。纬书说字多言形而非其义,此虽近理,要非六书之本,然下体亦非月也。"《易传》曰"与日月合其明"、"日月丽乎天"、"日月运行"、"悬象著明莫大乎日月"、"日月之道贞明者也"、"日月相推而明生焉"、"阴阳之义配日月",此似与《说文》所引"日月为易,象阴阳也"之说互证。

其实"易"字非蜥蜴,亦非日月,更非今人训解的"赐"[①],而是"变天"之形与义,虽关阴阳,但非日月。"易"甲骨文作"![易]、![易]、

---

① 2006年版《甲骨文字典·易》引"![] [] []"三形,并云:"原字为![],象两酒器相倾注承受之形,故会赐与之义,引申之而有更易之义。后省为![],乃截取![]之部分而成。金文作![]史豐尊、或省作![]德簋、![]辛巳簋,形、义皆与甲骨文略同。经传作锡、赐,皆后起字。"又释义为:"一,读为赐,赏赐也"、"二,用牲法"、"三,读如晹,'晹日'即阴天"、"地名"、"疑为更易之义"。《金文编·易》![]、![]、![]三字与《甲骨文字典》"![] []![]"三字皆非"易"字,而实"赐"原字,乃给水、给酒义,衍为赐给、赐予义,从"贝"即给财义,从"![]"乃执取义。![]、![]、![]存在通假借用情况,同音近形。易通赐,赐通锡。《诗经》曰"孝子不匱,永锡尔类",《庄子》曰"人有见宋王者,锡车十乘",《红楼梦》第18回元妃诗曰"天上人间诸景备,芳园应锡大观名",此"锡"皆赐义。以"易"本"赐"义者,以徐中舒主编的《甲骨文字典》最详(第2版,第1063—1064页),2011年8月1日《光明日报》第15版任继昉《〈易〉,源于"赐予"吗?》一文又言"易"字的本义是"祈求、赐予",并曰《易》的本义是"占卜求赐"之意,谬极。

〻、〻、〻"等，字形字义为云蔽日而雨落，郭沫若训"变天"义最是（《甲骨文编》、《金文编》所收"易"字各见下）①。另，关于《说文》解"易"字，段玉裁注曰"秘书谓纬书"，王筠注曰"秘书者，纬书也"。然此"秘书"非指纬书，乃许师贾秘书也。王筠《说文句读》附录卷一所载严可均《许君事迹考》说许慎曾从学于贾逵②，史称"永元八年复为侍中领骑都尉兼领秘书"，许慎"从逵受古学"。丁福保在《说文解字诂林》中亦曾说《说文》"秘书"即贾秘书逵，他说："《说文》'易'下引祕书说'日月为易'，段氏玉裁、桂氏馥、王氏筠皆以祕书为纬书。余考许书之例，凡引书当用曰字，如诗曰、易曰、虞书曰、春秋传曰等。引各家之说，当用说字，如孔子说、楚壮王说、韩非说、左氏说、淮南王说、司马相如说等。此许书之通例也。今段、桂、王三家以'祕书说'为纬书，终觉于许书之例未合。然亦别无其他佐证可以证明其误。洎见《大般若经音义》六卷七页'易'注引《说文》'贾祕书说日月为易'，始知徐《说文》脱'贾'字。考《后汉书·贾逵传》，逵两校祕书，贾祕书即贾逵也。许君古学正从逵出，故《说文》引师说，或称贾祕书，或称贾侍中而不名也。"③东汉末魏伯阳《周易参同契》曰"日月为易"当从《说文》而来，明唐顺之《荆川稗编》卷五录宋郑樵《论易取变易之义》之文亦曰"阴阳之大者莫如日月，故圣人取日月二字而为易"，亦皆从《说文》引秘书贾逵言。

〻	〻	〻	〻	〻	〻	〻
〻	〻	〻	〻	〻	〻	〻

---

① 李圃主编：《古文字诂林》第8册，上海教育出版社2003年版，第435页。
② 东汉有两位贾逵：东汉初学者贾逵景伯（约30—101）；东汉末将军贾逵梁道（约174—228）。
③ 《说文解字诂林》第一册（影印本），云南人民出版社2006年版，第22页。

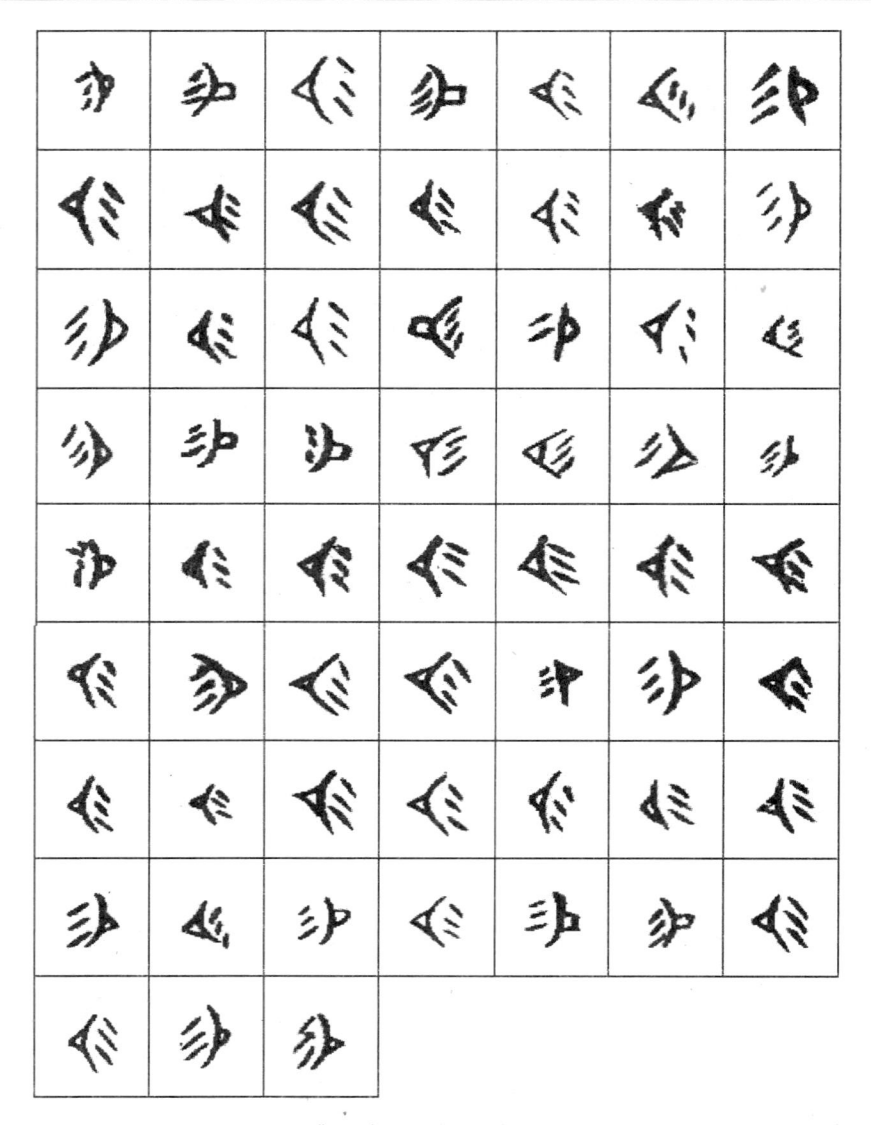

·74· 天道天行与人性人情：先秦儒家"性与天道"论考原

（《甲骨文编》"易"字）

(《金文编》"易"字)

二 阴阳易道哲学的要义

"《周易》这部书包括《易经》和《易传》两部分。《易经》是一部占筮书,《易传》则是一部哲学书……"[1]《易传》的核心是阴阳易道(变道)哲学,是天道(天行)自然哲学。帛书《易传·易之义》载孔子曰:"《易》之义唯阴与阳,六画而成章。"帛书《易传·要》又载孔子曰:"《易》有天道焉而不可以日月星辰尽称也,故为之以阴阳。有地道焉不可以水火金土木尽称也,故律之以柔刚[2]。有人道焉不可以父子君臣先后尽称也,故要之以上下。有四时之变焉不可以万物尽称也,故为之以八卦。"(八卦各象天、地、山、泽、火、水、雷、风)此即以"阴阳"赅叙天道运行,以"柔刚"赅叙地道材质(《易传》不以"五行"赅水、火、木、金、土,此五材非"五行"及"行"),以"上下"赅叙人伦秩序,以"八卦"赅叙万物变化。《易传》"一阴一阳之谓道"、"阴阳不测之谓神"、"形而上者谓之道"等即阴阳变化的天道之谓,实系自然哲学之表述而非什么形而上学、本体论的哲学表述。

易道哲学中"阴阳"作为自然哲学概念的要义是指日地间的热量与水分,但因日地热量与水分以及地球周日运行,故产生节气性的寒暑相推及气象性的雷电风雨,此即阴阳之易、阴阳之道[3]。故《内经·阴阳应象大论》曰:"阴阳者,天地之道也,万物之纲纪,变化之父母,生杀之本始,神明之府也,治病必求于本。"《内经·天元纪大论》曰:"夫五运阴阳者,天地之道也,万物之纲纪,变化之父母,生杀之本始,神明之府也,可不通乎?"(唐王冰注曰:"运谓五行,应天之五运,各周三百六十五日而为纪者也,故曰终朞之日周而复始也……道谓化生之道也,纲纪谓生长化成收藏之纲纪也,父母谓万物形之先也,本始谓生杀皆因而有之也,夫有形禀气而不为五运阴阳之所摄者未之有也。")《中藏经·生成论》曰:"阴阳者,天地之枢机;五行者,阴阳之终始;非阴阳则不能为

---

[1] 任继愈主编:《中国哲学发展史》(先秦),人民出版社1983年版,第582页。
[2] 《大戴礼记·五帝德》、《孔子家语·五帝德》各记孔子曰"养材以任地,履时以象天"或"养财以任地,履时以象天"(材通财),此"地材—天时"论即似帛书《易传》孔子所言"地道—水火金土木—柔刚"、"天道—日月星辰—阴阳"论。
[3] 《周易》经传多言阴阳天象,如《坤》卦初六曰"履霜,坚冰至",象曰"履霜,坚冰,阴始凝也,驯致其道,至坚冰也"。然象辞"坚冰"当系衍文,唐郭京《周易举正》曰:"今本于象文'霜'字下误增'坚冰'二字。""坚冰"状态非"阴始凝也",象辞"坚冰"二字当是从爻辞而衍。

天地，非五行则不能为阴阳。故人者成于天地败于阴阳也，由五行逆从而生焉。"《管子·四时》曰："是故阴阳者天地之大理也，四时者阴阳之大经也，刑德者四时之合也。"（四部丛刊影宋本有注曰："天地用阴阳为生成，阴阳更用于四时之间为纬也，德合于春夏，刑合于秋冬。"）《管子·乘马》又曰："春秋冬夏阴阳之推移也，时之短长阴阳之利用也，日夜之易阴阳之化也。"（宋本有注曰："夏秋推阳以生阴，冬春推阴以生阳；必长短相摩，然后成阴阳之用也；昼热夜寒交易其气，此阴阳之化也。"）此即阴阳哲学的天道论、生态论要义，完全是建立在天道、天文与气象、物候上的自然哲学理论。而且这种天道论知识或天道生态真相为先秦诸家所共有共知，可谓是先秦时代的"共识"①，并非阴阳家所独有，兵、法、墨、道等诸家皆论天道阴阳，医、农家等更甚，儒家亦然（详细引证须另文专论），此方是真正中国特色的思想内核。

《汉书·董仲舒传》载董仲舒曰："天道之大者在阴阳，阳为德，阴为刑，刑主杀而德主生。是故阳常居大夏而以生育养长为事，阴常居大冬而积于空虚不用之处。"《内经·阴阳应象大论》曰："水火者，阴阳之征兆也；阴阳者，万物之能始也。"《内经·天元纪大论》曰"水火者，阴阳之征兆也，金木者，生成之终始也。"《内经·天元纪大论》又曰："寒暑燥湿风火，天之阴阳也，三阴三阳上奉之。"《内经·阴阳应象大论》又曰："天有四时五行，以生长收藏，以生寒暑燥湿风。"《易传》曰："水流湿，火就燥，云从龙，风从虎。"《尚书正义》引王肃曰："水之性润万物而退下，火之性炎盛而升上，是润下炎上言其自然之本性。"《管子·乘马》曰："春秋冬夏，阴阳之推移也。时之短长，阴阳之利用也。日夜之易，阴阳之化也。""阴阳"在热量和水分，热量在太阳，水分在地球，热量、水分之变化呈寒暑燥湿，燥湿随寒暑，寒暑随天行，寒暑燥湿以风（大气）的方式主宰地球万物随天行历数更替往复而生杀消长，故"四时五行"并称以分说"阴阳"且"阴阳"隶属于"天道"。

秦汉文献以《汉书》、《汉纪》、《内经》、《太平经》等多见"四时五

---

① "战国秦汉时代的人们认为，自然界的运动，特别是气候的变化：日夜交替，四季代换，都是阴阳二气的运动。阴阳二气的运动，一年一循环。循环的起点是冬至。从冬至开始，阳气从地下萌动，然后逐渐升至地表，开始一年一度的循环运动。与气的运动相伴，是万物的生长老死。与物的生长老死相伴，是人的春种秋收冬藏。这是当时人们心目中的一幅完整的世界图象。"（李申：《中国古代哲学和自然科学》，中国社会科学出版社1989年版，第112—113页）

行"，《太平经》多达82处。"四时五行"之所以并称是起源于两者均表时间，均指天行，是同质概念；司马迁说的"四时五行"之"五行"绝非水、火、木、金、土，因为水、火、木、金、土五材与四时是异质的，是无法并称的，五材之五行是后起义。"阴阳"指能量（其要在热量），也指物质（其要在水分），"陽（昜）"字从日在光与热，"陰（侌）"字从云在水汽或云气，《周易注疏》曰："龙是水畜，云是水气。"而"四时五行"则是天时，也是历数。汉代严遵《道德指归论》曰："天地之道一阴一阳，分为四时，离为五行。""五行"若非指历数，如何与阴阳、四时相配？天道变迁导致的阴阳变迁又如何体现于四时五行之交替，岂不虚妄？"五行"非本指天时或节气，则《礼记·礼运》"五行之秀气"、"播五行于四时"、"五行之迭相竭"、"五行四时十二月还相为本"、"五行以为质，故事可复也"及《大戴礼记·本命》"礼之象五行也，其义四时也"，我们又如何将五行与四时并论？

《汉书·艺文志》录阴阳家著作《黄帝泰素》二十篇，颜师古引刘向《别录》注云"言阴阳五行以为黄帝之道也"；可见"阴阳"与"五行"是并称的，是天象学内容，相传起源于黄帝时代。《汉书·艺文志》录五行著作三十一家六百五十二卷，如《泰一阴阳》二十三卷、《黄帝阴阳》二十五卷、《黄帝诸子论阴阳》二十五卷、《诸王子论阴阳》二十五卷、《太元阴阳》二十六卷、《三典阴阳谈论》二十七卷、《神农大幽五行》二十七卷、《四时五行经》二十六卷、《猛子闾昭》二十五卷、《阴阳五行时令》十九卷……其中"四时五行"、"五行时令"的"五行"是指历数，历数五行与四时八正、四时八位等是同质概念，与阴阳又是同构概念。历数说完全基于天道阴阳的变迁，且历数说也是在具体地阐发天道阴阳的升降变迁，构成"天行→天道→阴阳→节气→日期"的天象学、历法学体系。古人谓"明堂阴阳"、"明堂月令"及"五祀"、"五帝"等，其实反映的是节气变迁以及天神崇拜，正跟历法数术有关。

陈荣捷《中国哲学文献选编》第十一章讲"阴阳家"时说："阴阳的理论甚为简朴，影响却极为广溥，任何领域的中国文化，不管是形上学、医学、政治或艺术，皆无从逃避其感染……阴阳与五行的概念，溯源甚古，而且其源头可能各不相同，然而其历史仍甚模糊。例如，我们不能确认'阴'、'阳'是否原指天象（此二词分别意指乌云蔽日及阳光朗照），或指雌雄性别？我们也不知它们早期的任何著作与代表人物。如说有的话，一般认为邹衍（约前305—前240）可以代表此派……"① 罗光论阴阳时也说："四季的变易，在骨子里只是冷热的变易。一冷一热互相继续，互相调节，五谷乃能生长。汉朝的易学乃以六十四卦的卦和爻，配合一年的月季和日数。易经的卦本是宇宙变易的象征；宇宙变易的实际运行，由四季而表现。四季的变易有冷热两种元素；六十四卦的变易有阳爻阴爻两种元素。于是在汉朝的易学里，阳爻即是热，阴爻即冷。宇宙万物的变易都由这两种元素合成。"②

《管子·枢言》曰"道之在天者日也"；孔颖达疏《洪范》曰"数之所起，起于阴阳，阴阳往来在于日道"；《礼记·郊特性》曰"郊之祭也，迎长日之至也，大极天而主日也"；《史记·董仲舒传》曰"天道之大者在阴阳"；《管子·乘马》曰"春秋冬夏，阴阳之推移也"；《史记·太史公自序》曰"夫春生夏长，秋收冬藏，此天道之大经也"；《管子·四时》曰"阴阳者天地之大理也，四时者阴阳之大经也"。阴阳当然原指天象，阴阳、五行的源头当然是同一，皆是天象学的概念，起源非常古老，史料说远在黄帝时代就有了，即在中国文明的起源时代就有了，这与恩格斯《自然辩证法》说的"首先是天文学——游牧民族和农业民族为了定季节，就已经绝对需要它。天文学只有借助于数学才能发展。因此也开始了数学的研究……"正相符合③。

第三节 四时与五行

司马迁《史记·太史公自序》说："《易》著天地阴阳四时五行故长于变。"又说："夫阴阳四时、八位、十二度、二十四节各有教令，顺之者昌，逆之者不死则亡，未必然也，故曰使人拘而多畏。夫春生夏长，秋收冬藏，此天道之大经也，弗顺则无以为天下纲纪，故曰四时之大顺，不可失也。"《素问·四气调神大论》云："故阴阳四时者，万物之终始也，死生之本也，逆之则灾害生，从之则苛疾不起，是谓得道。"又云："夫四时阴阳者，万物之根本也，所以圣人春夏养阳、秋冬养阴以从其根，故

---

① 陈荣捷：《中国哲学文献选编》，江苏教育出版社2006年版，第226页。
② 罗光：《儒家形上学》第三版，辅仁大学出版社1980年版，第115—116页。
③ 恩格斯：《自然辩证法》，人民出版社1971年版，第162页。

与万物沉浮于生长之门。"《管子·形势解》曰："天生四时，地生万财，以养万物，而无取焉；明主配天地者也，教民以时，劝之以耕织，以厚民养，而不伐其功，不私其利。"又曰："春者，阳气始上，故万物生。夏者，阳气毕上，故万物长。秋者，阴气始下，故万物收。冬者，阴气毕下，故万物藏；故春夏生长，秋冬收藏，四时之节也。""四时"是说阴阳之变的时间性体现，或说时间向度上的阴阳变迁，故古人常以"四时"与阴阳配说、连说，再譬如：

阴阳四时之理相受而次……（《春秋繁露·十指》）
通天地阴阳四时日月……（《春秋繁露·三代改制质文》）
董生推言阴阳，四时相继……（《盐铁论·论菑》）
合人形于阴阳四时……（《素问·八正神明论》）
必知天地阴阳四时经纪……（《素问·疏五过论》）
律者调阴阳四时而合十二经脉……（《灵枢经·九针论》）
气之逆顺者所以应天地阴阳四时五行也……（《灵枢经·逆顺》）
变动阴阳，四时开闭，以化万物……（《鬼谷子·捭阖》）
阴阳四时运行各得其序……（《庄子·知北游》）
和阴阳，节四时，调五行，润乎草木……（《文子·道原》）
阴阳四时……（《文子·精诚》、《文子·自然》）
阴阳四时……（《淮南子·泰族训》）
和阴阳四时之变……（《越绝书·吴内传》）

一 "时"与"四时"

"四时"词汇或概念在先秦两汉儒家基本文献里的出现次数分别是：《诗经》无，《尚书》1处，《周易》9处，《春秋左传》1处，《春秋穀梁传》3处，《春秋公羊传》1处，《逸周书》6处，《论语》1处，《孟子》无，《荀子》9处，《礼记》20处，《大戴礼记》12处，《周礼》16处，《仪礼》无，出现最多的是《礼记》（20处），最少的是《诗经》、《仪礼》、《孟子》（无）。《仪礼》不言"四时"很正常，但亦言"夏"16处，言"冬"5处；《诗经》不言"四时"，但言"春"、"夏"、"秋"、"冬"分别7、14、5、6处；《孟子》无"四时"与"阴阳"、"五行"概念，但曾言"农时"、"天时"、"日至之时"（即夏至）。

孔子说:"天何言哉?四时行焉,百物生焉,天何言哉?"汉语、汉字的"四时"概念最初不是四季含义,四季是周年、周岁分四大时段的含义,而"四时"实最初是时刻含义,"四时"本指春分、秋分、夏至、冬至之时刻。《说文》:"䁗,四時也,从日,寺声。旹,古文時,从之日。""时"本写作"時",从日从寺;"時"字在甲骨文、金文等中实本作"旹",从日从止（旹），如《甲骨文编》录作"旹、旹、旹、旹",《金文编》录作"旹"。"時"的"寺"部从止、寸,其中"寸"字起源于以手测距,后表长度,小篆即作"寸",其义如形;其中"止"字甲骨文实当作"止、止、止、止",不作"止、止、止、止、止、止"(《甲骨文编》将"止"隶作"之",将"止"隶作"止")。"止"象行走之足,下划一线即"止",表示达到、止步义。"步"字即由"止"或"止"复写而成,甲骨文作"步、步、步"等,乃前后足行进貌,步伐是也。——止、之二字形近且本同音同义或假借,此如同本章第一节释"道"字部分说"道、道、道"等之"止"符,又如"天文学的阴阳天道"部分谈"仰以观于天文"言"文明以止,人文也"之"止"字,该"止"或同于动词"之"义:进也,往也。

"止"者行也,到也,至也("之"下加一横即脚步到达、停止义,"至"乃象形字,本是箭至之义,如 至至至至至至），"旹"的字形、字义皆与"日"相关,实表太阳行迹、行时之所至,止即行止,"四旹"即四止、四至。一年中最重要的四时(夏至、冬至、春分、秋分)可通过圭表等人工树立物以测量周年之日影长短的方式来较准确地测定,也可参照山岭等自然树立物目测一年中的日高变化与日出日入的方位来大体判定。确立了二至二分的时间点,那么四季的时间段也就确立了,所以"旹"亦衍有时间段的意思,"时"从"寸"也有此义。总之,"旹"概念实本于观日,是日行之躔、日行之时的意思;"旹"后来衍作"時"而从"止日"、"之日"再加"寸"符,此或更加表示它衍有了时间段的"时"概念(寸表空间长度,可引申以述时长)。

所以,"四时"当本是春分、秋分、夏至、冬至的四时刻概念,因该四时刻实可断四季之节、四季之段,故"四时"又演化为指代春夏秋冬四季。譬如《荀子·强国》所谓"**积微,月不胜日,时不胜月,岁不胜**

"时"中的"时"显然是指一年内季节性含义的"时"而非一日内时刻、时钟性含义的"时",《荀子》该句话的意思是论积微则日胜月、月胜时、时胜岁。《尚书·尧典》曾提到"乃命羲和,钦若昊天,历象日月星辰,敬授民时"即"观象授时"的情况,此亦即《贲》卦象曰"观乎天文,以察时变"。《尧典》说了仲春、仲夏、仲秋、仲冬的确立,并说"期三百有六旬有六日,以闰月定四时成岁"。康有为《万木草堂口说》曰:"印度三时:春夏秋,以四个月为一时。缅甸二时,每时六月。俄十二为正。"此"时"就是季节概念,意为印度分三季而缅甸分二季——中国古人以"春秋"概念代指年岁也是始于分二季或注重此春秋二季,一年分二季的观念或历法显然要早于一分四季。

古籍尤其先秦古籍中的"四时"一词并非皆是指春夏秋冬四季义,许多或实是在直接指春分、秋分、夏至、冬至四个时刻而已,正好与古人的"八正"等概念完全同构,《史记·自序》"四时、八位、十二度、二十四节"或都是时刻性概念。"四时五行"与黄道(日躔)有关,"四时"本指二分二至,"五行"本指五节十月(**"五行"本义及概念流变详见本书第二章详考**),"四时五行"等躔度、天时概念与"阴阳"概念并述天道、天象之总体变化,并述天体性的天道运行往复与该运行往复下的时间变化及气象变化——年月日周天变迁与大地寒暑燥湿四季变迁。总之,日地黄赤交角运动下天体周天往复,大地节气亦周年往复,此即"阴阳"天道论的要义,此即"四时五行"天道论的要义,此即"四时五行"等与"阴阳"合称以阐天道的奥秘之所在。

二 "行"与"五行"

"行"字的本义是行进,"五行"的本源或真相是叙述天之行(**"行"、"五行"考详见第二章**),天之行在物理性、力学性的天体运行及天道轨迹(太阳黄道到地球生态与人类生活最重要)。作为"行"即天体运行现象,此"日—地"天体运行系统中的"五行"可以体现为空间,也可以体现为时间,空间是运行空间,时间是运行时间。以太阳黄道为例,以空间去叙述(恒星背景的空间移动)和以时间去叙述(周年的时间变迁)都是可以的,都可以叙述出日地关系及日地天体运行规律下的地球寒暑效应,但本质上都在于"道"即轨道的变迁。

"日地关系的变化导致天气上的季节变化。""地球在宇宙空间中……相对于它的绕日轨道平面是倾斜的,这个固定的倾斜角度为23.5°。这种倾斜进而造成了日光射到地球的角度。它也说明了四季形成的原因，正在于地球有一部分表面斜向太阳，另一部分则斜离太阳，每半年一换。"**①这其实说的是黄道、赤道的交角23.5°导致日地运行的结果是地球出现阴阳之四季差异（即水热差异，即燥湿寒暑之变）。从这一视角来看，是黄道轨迹变迁导致地球上阴阳变迁，导致地球上四时交替。"四时"可以叙述"阴阳"，"五行"也可以叙述"阴阳"，同时"五行"可以叙述"四时"（四时不叙述五行，因为五行是更具体细微者），而"四时五行"又可以连称以叙述"阴阳"。"四时五行"是时间性叙述阴阳天道变化及地球寒暑燥湿变化的，先秦两汉文献中"四时"、"五行"连用至少凡22处（有一处作"五行"、"四时"连用），比如：

（1）天之以动，地之以静，日之以光，月之以明，四时五行……（《潜夫论·德化》）

（2）今琴长四尺五寸，法四时五行也。七弦者、法七星也。（《风俗通义·声音》）

（3）天有四时五行九解三百六十日，人有四支五藏九窍三百六十节。（《文子·九守》）

（4）天有四时五行九解三百六十六日，人亦有四支五藏九窍三百六十六节。（《淮南子·精神训》）

（5）《易》著天地阴阳四时五行，故长于变。（《史记·太史公自序》）

（6）《易》著天地阴阳四时五行，故长于变。（《汉书·司马迁传》）

（7）四时五行，迭废迭兴，阴阳异类，水火不同器。（《盐铁论·论灾》）

（8）高祖庙奏武德、文始、五行之舞，孝文庙奏昭德、文始、四时、五行之舞，孝武庙奏盛德、文始、四时、五行之舞……至孝宣，采昭德舞为盛德，以尊世宗庙。诸帝庙皆常奏文始、四时、五行舞云。（《汉书·礼乐志》）

（9）夏四月诏有司议孝武庙乐，六月庚午尊孝武庙曰世宗，奏盛德、文始、四时、五行之舞。凡武德、昭德、盛德之舞，所以尊祖宗也，

---

① 《天气》，科学出版社、时代公司1981年版，第12—13页。

诸帝庙皆当奉文始、四时、五行之舞。(《前汉纪·孝宣皇帝纪一》)

(10)《四时五行经》二十六卷。(《汉书·艺文志》)

(11) 顺四时五行,是以非命。(《前汉纪·孝成皇帝纪二》)

(12) 阴阳之节。在于四时五行。(《前汉纪·孝成皇帝纪二》)

(13) ……大予八佾四时五行乐人服之,冠衣各如其行方之色而舞焉。(《后汉书·舆服下》)

(14) 天有四时五行,以生长收藏,以生寒暑燥湿风……(《素问·阴阳应象大论》)

(15) 上应天光星辰历纪,下副四时五行……(《素问·三部九候论》)

(16) 合人形以法四时五行而治……(《素问·藏气法时论》)

(17) 因不知合之四时五行……(《素问·离合真邪》)

(18) 此天地之阴阳也,非四时五行之以次行也。(《灵枢经·阴阳系日月》)

(19) 气之逆顺者,所以应天地阴阳四时五行也。(《灵枢经·逆顺》)

(20) 播五行于四时,和而后月生也。是以三五而盈,三五而阙。五行之动,迭相竭也,五行、四时、十二月,还相为本也……(《礼运·礼记》)

另有"四时"与"八位"、"八正"连用者,亦皆表时间度数:

(1) 夫阴阳四时、八位、十二度、二十四节各有教令,顺之者昌,逆之者不死则亡。(《史记·太史公自序》)

(2) 夫阴阳四时、八位、十二度、二十四节各有教令,顺之者昌,逆之者不死则亡。(《汉书·司马迁传》)

(3) 凡刺之法,必候日月星辰四时八正之气。(《素问·八正神明论》)

吕思勉曰:"《春秋》者,史职;《易》者,巫术之一也。孔子取是二书,盖所以明天道与人事,非凡及门者所得闻。子贡曰:夫子之文章可得而闻也,夫子之言性与天道不可得而闻也。**文章者,诗书礼乐之事;性与**

天道，则易道也。"①"易"首在天象变化，易道即变道，变道之大则在日地天体之天道，天道即在日月星辰等星体的运行及运行效应，此外天实别无其他实体"道"之存在。欲明天道，则当详观天象，《易传》所谓"观乎天文，以察时变；观乎人文，以化成天下"。李约瑟《中国科学技术史》天文学卷说："对于中国人来说，天文学曾经是一门很重要的科学，因为它是从敬天的'宗教'中自然产生的……与此相应，天文和历法一直是'正统'的儒家之学，它们和炼丹术这类东西不同，后者被看作是典型的道家'邪说'。"②《易传》曰"仰以观于天文，俯以察于地理，是故知幽明之故"，《史记》曰"盖黄帝考定星历，建立五行，起消息，正闰馀，于是有天地神祇物类之官，是谓五官，各司其序，不相乱也"，《汉书·艺文志》曰"儒家者流，盖出于司徒之官，助人君顺阴阳、明教化者也"。结合前文数节所述，则可足见正统儒家是明于天文学天道的，而这种明于天文学天道的儒学传统，不能说与孔子丝毫无关或无源流关系，孔子是明于天道历数的，是懂天文学的。

　　孔子及正统儒家的天道观如何，除了看正面记述孔子见解的文献，还可观之反面记述孔子见解的文献，譬如"学儒者之业，受孔子之术"（《淮南子·要略》）的墨子曾这样批判儒家："儒之道足以丧天下者四政焉：儒以天为不明，以鬼为不神，天鬼不说，此足以丧天下……"（《墨子·公孟》）钱穆考证墨子活在孔子卒后十年内及孟子生前十年内之间，"盖墨子初年，正值孔门盛时，故得闻其教论"③。墨子将不以天为神明或神灵指证为儒家"丧天下"之一的罪证，此正证明当时儒家不以天为明，不以鬼为神，不说"天—鬼"之类。故郭沫若如此评孔子："无疑地，他是把天或上帝否认了的，只看他说'天何言哉？四时行焉，百物生焉，天何言哉？'他所称道的天已和有意想行识的人格神上帝完全不同。故在他的心目中的天只是一种自然或自然界中流行着的理法。"④郭沫若虽未知孔子天道论的具体内涵，但此处他或比孟子更理解孔子或儒家。关于孔子时代或春秋时代的"天道"观是一种天文历法的天道观（如《左传》），陈来2002年《古代思想文化的世界：春秋时代的宗教、伦理与社会思想》第三章和陶磊

---

① 吕思勉：《先秦学术概论》，世界书局1933年版，第59页。
② 李约瑟：《中国科学技术史》第四卷第1册，科学出版社1975年版，第1—2页。
③ 钱穆：《先秦诸子系年》，商务印书馆2001年版，第103—104页。
④ 郭沫若：《十批判书》，人民出版社1954年版，第89页。

2008年《从巫术到数术——上古信仰的历史嬗变》第四章等有所言之①，但言之并不深入且未在天文学天道论方面展开更多的研究。

相比较于古希腊哲学家，孔子的天文学知识则不知要高明和精确多少。柏拉图在《蒂迈欧篇》提出的宇宙生成论，被罗素斥为"**里面显然包着有更多的简直是愚蠢的东西**"②。相反，看《左传》等对孔子精于天文历法的记载，就不能不对孔子的天文学知识感到惊异。1934年美国《天文月刊》编辑主任琴立希博士在《天文月刊》1934年第5期刊文说："观中国天文之史实，悠久明确，则所谓西方文化者，诚瞠乎其后矣。"③中文版《亚里士多德全集》第二卷有《物理学》、《论天》、《论生成和消灭》、《天象学》、《论宇宙》④，但亚里士多德的天文学水平不高，而且他也根本不存在《易传》这样的天文哲学或天道哲学（尽管他意识到干湿、热冷问题），而且他的整个天文学认识还包藏在"神"的思想或话语中，故甚鄙陋。

第四节　孔子论性与血气

"子贡曰：夫子之文章可得而闻也，夫子之言性与天道不可得而闻也。"（《论语·公冶长》）"子曰：性相近也，习相远也。"（《论语·阳货》）这是《论语》一书直接言"性"的全部文字。"性"与"天道"在《论语》里是曾被并谈，但子贡的表述实无"性与天道"的具体内容，仅能表示子贡说该话的时候不得闻孔子言"性与天道"。此"不得而闻"或是孔子之前没说，或是说了而子贡不明白不理解而似未说。而若孔子之前没说，则或是孔子知而不说，或是孔子不知。当然，前文已谈到不是孔子一生不言天道，也不是孔子一生不知天道，而是孔子当时没对弟子高谈天道从而不得为弟子所知及所记而已。

---

① 陈来：《古代思想文化的世界：春秋时代的宗教、伦理与社会思想》，生活·读书·新知三联书店2002年版，第61—70页；陶磊：《从巫术到数术——上古信仰的历史嬗变》，山东人民出版社2008年版，第108—129页。
② 罗素：《西方哲学史》上卷，商务印书馆1963年版，第189页。
③ 朱文鑫：《天文学小史》，商务印书馆1935年版，第12页。
④ 《亚里士多德全集》第二卷，中国人民大学出版社1991年版。

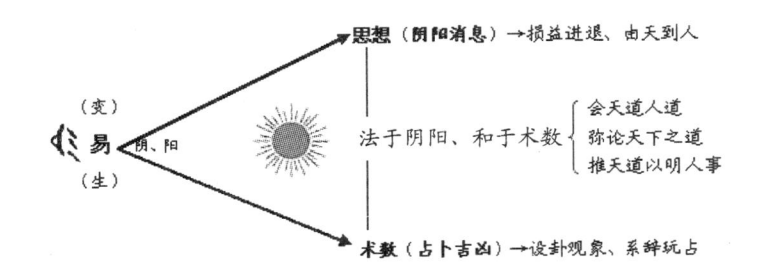

```
                  思想（阴阳消息）→损益进退、由天到人
         (变)                        ┌ 会天道人道
           易  阴、阳    法于阴阳、和于术数 ┤ 弥论天下之道
         (生)                        └ 推天道以明人事
                  术数（占卜吉凶）→设卦观象、系辞玩占
```

孔子的天道观在《论语》等中依然可以找到蛛丝马迹，而孔子晚年所关心和研究的更是天道问题，所以帛书《周易》里对孔子晚年与学生关于易道的集中对话里也记录了孔子与子贡的对话。孔子的天道观就在《易传》，《易传》的核心思想即孔子创发的天道观，这个天道观就是基于天体运行以及依赖术数的阴阳五行之损益变易哲学（**如上图，笔者2009年自绘**）。"《易》著天地阴阳四时五行"（《史记》），"《易》与天地顺故能弥论（纶）天下之道"（帛书《系辞》）、"《易》与天地准故能弥纶天地之道"（《系辞》）、"《易》者所以会天道人道也"（《郭店楚简·语丛一》），"法于阴阳，和于术数"（《素问·上古天真论》），由天道到人道，由天行到人行，其损益吉凶之理一也，故《系辞》曰"《易》与天地准，故能弥纶天地之道"、"《易》之为书也，广大悉备，有天道焉，有人道焉，有地道焉"，"《易》之为书也不可远，为道也屡迁，变动不居，周流六虚，上下无常，刚柔相易，不可为典要，唯变所适"。

一 "性"、"习"之对说

前面谈的是天文学的天道观尤其是孔子的天道观真相问题。因为"性与天道"问题是并列的，而孔子于"性"问题又语焉不详，所以本章在这里最后附带地谈谈孔子言"性"的问题。孔子谈"性"的问题除了子贡称"夫子之言性与天道不可得而闻"章外，一般将《论语·阳货》第二、三章都视作孔子谈人性的文献记录：

(1) 子曰：性相近也，习相远也。
(2) 子曰：唯上知［智］与下愚不移。

"性相近也，习相远也"与"唯上知与下愚不移"所言并非互相否定，而是实质相关与相通。观察与归纳人类一般现象，正常人的基本材质与基本性能差异不大,反而思想积习差异巨大,此有些类似于鲁迅《坟·论睁了眼看》"人和人之差,有时比类人猿和原人之差还远"这种感叹①。"人和人之差"的差别之大主要不在生理结构与性能,而在精神意识。精神意识是后天的,唯独大脑及四肢等是否发育健全才大体上称得上是所谓"先天"的或"与生俱来"等。——所谓"先天"或"与生俱来"等也是方便法门的修辞称谓而已,人的躯体及大脑的发育都是过程性的,都是渐生、渐变而成,非某时刻获得之并从而凝固有之。

"知"字训作"识""觉""解""别""晓达"等,"愚"训作"戆""钝""痴""不智""无智"等②。**愚即不知,知即不愚,亚里士多德《论善与恶》的说法非常切合孔子论智愚**:"明智在于深思熟虑,判断善恶以及生活中一切应该选择或该避免的东西,很好地运用存在于我们之中的一切善的事物,正确地进行社会交往,洞察良机,机敏地使用言辞和行为,拥有一切有用的经验。记忆、经验和机敏,它们全都或源于明智,或伴随明智……愚笨的特点是在判断、思考、交往时很糟糕,把现存的好东西也使用得很糟糕,并错误地认识生活中高尚而善良的东西。愚笨由无知识、无经验、不自制、不机敏以及无记忆力伴随。"③

"上知—下愚"之"不移"有两种情况,一是生理缺陷导致智愚分高低,二是思想学习导致智愚分高低。对于有大脑机能严重缺陷的人当然是"唯下愚不移"④,对于没有什么思想以及非常有自主思想的人当然也是"唯上知与下愚不移"。口语中言人"江山易改,本性难移"其实多是在指思想意识的顽固(顽固有高低),而不是指基本生理机能如何如何。而且,**孔子说"唯上知与下愚不移"跟性善或性恶无关**⑤,北宋刘敞就指出愚智非善恶范畴:"愚智非善恶也,虽有下愚之人不害于为善……孔子谓子贡曰'女〔汝〕与回也孰愈',对曰'赐也闻一以知二,回也闻一以知十',然则其亦有闻十而知一、闻百而知一、闻千而知一者矣,愚智之不可移如此。"(《公是先生弟子记》卷四、《宋元学案》卷四)陈澧《东塾读书记》卷三引刘敞上言而曰:"智愚与善恶判然不同,而永叔(欧阳

---

① 鲁迅:《鲁迅全集》第一卷,人民文学出版社1981年版,第239页。
② 宗福邦等主编:《故训汇纂》,商务印书馆2003年版,第1573、806页。
③ 《亚里士多德全集》第八卷,中国人民大学出版社1994年版,第460、462页。
④ 杨大膺:《孔子哲学研究》,中华书局1931年版,第5页。
⑤ 同上书,第3—5、66—68页。

修）不能分，宜为原父（刘敞）所折也。愚与明对，善与恶对，下愚不移是其极昏暗不能使之明，非极恶无善也。"甚是。

汉代孔安国注"性相近也，习相远也"曰："君子慎所习。"又注"唯上知与下愚不移"曰："上知不可使为恶下，愚不可使强贤。"宋邢昺疏"性相近也习相远也"曰："此章言君子当慎其所习也。性谓人所禀受以生而静者也，未为外物所感则人皆相似是近也。既为外物所感，则习以性成。若习于善则为君子，若习于恶则为小人，是相远也，故君子慎所习然。"又疏"唯上知与下愚不移"曰："此乃是中人耳，其性可上可下，故遇善则升，逢恶则坠也。孔子又尝曰唯上知圣人不可移之，使为恶下愚之人不可移之使强贤，此则非如中人性，习相近远也。"另外宋蔡节《论语集说》曰："……其相去初不远也，所以远者，习有善恶之异耳。"又曰："……既为上知则不复为下愚矣，下愚本非其性然也，惟其气禀既浊又自暴自弃而不知学，则所习愈下，安于下愚而不能为上知矣，唯之为言独也。中人则可上可下，唯此二者不能移也，不移云者亦自其习而言之也。"

《论语》记载："太宰问于子贡曰：夫子圣者与？何其多能也？子贡曰：固天纵之将圣，又多能也。子闻之，曰太宰知我乎，吾少也贱，故多能鄙事。君子多乎哉？不多也！"（《子罕》）又载："孔子曰：生而知之者上也，学而知之者次也；困而学之，又其次也；困而不学，民斯为下矣。"（《季氏》）实际上孔子也未必相信"生而知之者"，未必相信思想意识、道德观念的"知"是与生俱来，比如他从不像《孟子·尽心上》一样称"尧舜性之也"及"尽其心者知其性也"等。"吾少也贱，故多能鄙事"（《子罕》），孔子很清楚自己的知识与能力从何而来；"天生德于予，桓魋其如予何"（《述而》）正与"天之未丧斯文也，匡人其如予何"（《子罕》）相同，都是一种修辞表达以及言"天"的信念之托，绝非他真信什么"天生德于予"（详见本书第二章开头引皇侃、章学诚、梁启超等言证之）。故《论语》一书中孔子自称："我非生而知之者……敏以求之者也。""若圣与仁，则吾岂敢。抑为之不厌，诲人不倦，则可谓云尔已矣。""吾有知乎哉？无知也。有鄙夫问于我，空空如也，我叩其两端而竭焉。""其为人也，发愤忘食，乐以忘忧，不知老之将至云尔。""默而识之，学而不厌，诲人不倦，何有于我哉。"……

所以"性相近"是指基本材性，此正如《孟子·告子上》所谓"非天之降才尔殊也"，而"习相远"是指思想积习，性本近而习或远（或亦近）；"上知不移"是思想积习，"下愚不移"也是思想积习，间或是因生理结构与机能的缺陷导致"下愚不移"。材质有正常与非正常等（关于材质美恶高下问题详见第三章论荀子性朴论），思想见识有高、中、低等，高低者难移难改，孔子修辞式表述为"不移"也。**马一浮的弟子金景芳《孔子的天道观与人性论》一文说**："……（性）所以应当说'相近'，不应当说相同，这表明人又有个性。总之，二者都是指人的自然性而言。'习'则不然，'习'是指人的社会性。《春秋繁露·实性》说：'性者，天质之朴也；善者，王教之化也。无其质，则王教不能化；无其王教，则质朴不能善。董仲舒所说的'天质之朴'，指的正是人的自然性，所说的'王教之化'指的正是人的社会性。'习相远'是说人由于受社会的影响，因而有善有恶，差别非常大。由此可见，人的自然性只能说'相近'，不能用善恶来表述……我认为孔子的言性是对的，是符合实际的。相对来说，孟子说'人性善'，荀子说'人性恶'以及说'有善有恶'、说'善恶论'等等，五花八门，都不对。因为他们所说的都是'习'，而不是'性'。"①

《大戴礼记·保傅》、《贾谊新书·保傅》、《汉魏六朝百三名家集·贾长沙集》还分别保存孔子另一句言"性"的话，而且此话的含义与孔子"性相近也，习相远也"句完全一致：

（1）夫习与正人居不能毋正也，犹生长于齐不能不齐言也。习与不正人居不能毋不正也，犹生长于楚不能不楚言也。故择其所嗜必先受业乃得尝之，择其所乐必先有习乃得为之，恐其懈惰，故以所嗜好而诱之。孔子曰：<u>少成若天性，习贯之为常</u>。此殷周之所以长有道也。

（2）习与正人居之不能无正也，犹生长于齐之不能不齐言也；习与不正人居之不能无不正也，犹生长于楚之不能不楚言也。故择其所嗜，必先受业，乃得尝之；择其所乐，必先有习，乃得为之。孔子曰：<u>少成若天性，习贯如自然</u>。是殷周之所以长有道也。

（3）人性不甚相远也……夫习与正人居之不能毋正，犹生长于

---

① 金景芳：《金景芳学术文化随笔》，中国青年出版社2000年版，第83页。

齐不能不齐言也；习与不正人居之不能毋不正，犹生长于楚之地不能不楚言也……孔子曰：少成若天性，习惯如自然。……习与智长，故切而不愧，化与心成故中道若性。

而孔子六世孙孔斌所说的"作之不变，习与体成，则自然矣"则又与孔子上言意思完全相同（孔斌，字子顺，曾任魏相，见《资治通鉴》卷五）。《孔丛子·执节》曰：

赵孝成王问……子顺曰：以礼括其君，使入于善也。曰：其说可得闻乎？答曰：其在《商书》……惟王旧行不义，习与性成，予不狎于不顺。……魏安厘王问天下之高士，子顺曰：世无其人也，抑可以为次，其鲁仲连乎？王曰：鲁仲连，强作之者，非体自然也。答曰：人皆作之，作之不止，乃成君子。文武欲作尧舜而至焉，昔我先君夫子欲作文武而至焉。作之不变，习与体成，则自然矣。

"习与体成，则自然矣"就是"少成若天性，习惯如自然"义，就是"习与性成"义，就是"积习成性"义，无非表述略有差异而已，且显然是口语差异。孔斌称"先君子（孔子）"如何如何并征引和赞同《尚书》"习与性成"论：**"这说明孔子自己是照'习与性成'这一原则做了的，并说明'习与性成'可能是孔门家学中的一种传统思想。战国末年的荀况非常重视学习。他认为人的本性不是善的，要靠学习才行。所以他把《劝学篇》放在全部著作的首位。传说墨子也曾有哭染丝的事，认为染于苍则苍，染于黄则黄，显得在春秋战国时代，'性与性成'曾是一种流行的思想。到了汉代这种思想仍然流行。贾谊在《陈政事疏》……"** ① 梁启超在 1927 年所写《儒家哲学》也说："贾谊《陈政事疏》引孔子语：'少成若天性，习惯成自然。'这两句话好象'性相近习相远'的注脚。贾谊用汉人语，翻译出来的，意味稍微不同一点。"②

孔子"习惯[贯]成性"该句在《孔子家语》作"少成则若性也，习惯若自然也"，在《汉纪·孝文皇帝纪上》作"幼成若天性，习惯若自

---

① 潘菽：《心理学简札》下册，人民教育出版社 1984 年版，第 380—381 页。
② 梁启超：《梁启超全集》第九册，北京出版社 1999 年版，第 4990 页。

然",明袁氏嘉趣堂本《大戴礼记》作"少成若性,习贯之为常"。汪照《大戴礼记注补》卷三又曰:"赒补《国语》'少而习焉,其心安焉,不见异物而迁焉'。"**贯**"字与"**习**"字完全同义,《说文》:"摜,习也。"桂馥《说文解字义证》曰:"习也者,《释诂》文彼作'贯',郭云'贯,贯伏也,本书遗,习也'。《华严经音义》云郑笺《诗》曰'摜,习也'。字宜从扌,今经本从竖心者,俗通用也,通作贯。宣六年《左传》'以盈其贯',杜云'贯,犹习也'。正义《诗》称'射则贯兮',先儒亦以为'习'。《鲁语》'昼而讲贯',韦注'贯,习也'。《尚书大传》'贯之者,习之也',《大戴礼·保傅篇》'少成若天性,习贯之为常',《汉书·贾谊传》'习贯如自然',颜注'贯亦习也'。……"

可见,"习惯成性"就是"习以成性",也就是《尚书》"习与性成","习与性成"则"性相近,习相远"且本性、习性上又多"上智下愚不移"。《大戴礼记》里孔子曰"少成若天性,习贯之为常",明嘉趣堂本有古注曰"**言人性本虽无善,少教成之若天性自然也,《周书》曰'习之为常,自气血始'**"。此不是性善论,而是德性生成论及血气人性论无疑。

二 "性谓人受血气以生"

"性"(性)字从"生"从"忄"(心),其初义、本义即生,性字主要义项也一直是生。"生"加"忄"成"性"后则此"性"可指生理之生,亦可指心理之生,亦可综而有之;既可指与生俱来的性能,也可指后天修为的性能。然生理是心理的基础,心理亦不过是一种生理现象而已[1],孔子主要是从后天的思虑积习上去谈习性的,又是从生性机能去谈本性的,他将"性—习"对说就意味着本性、本生谓"性",习性、德性则谓"习",即其"性"相当于今人的"本性"、"生性"概念,其"习"相当于今人的"习惯"、"习性"、"作为"概念。阮元《性命古训》、傅斯年《性命古训辨证》等曾专门研究"性"范畴问题,提出"性"的本义为"生"(亦见《经籍纂诂》卷八十三)[2],这是符合"性"字的渊源真相的,如告子云"生之谓性"(《孟子·告子上》),皇侃《论语义疏》

---

[1] 恩格斯《自然辩证法》说"思维着的精神"是"地球上的最美的花朵"(人民出版社1971年版,第24页)。

[2] 阮元:《揅经室集》卷一,中华书局1985年版;傅斯年:《傅斯年全集》第二卷,湖南教育出版社2003年版。

疏"夫子之言性与天道不可得而闻也"曰"性，生也"。

在"性—习"对说的《论语》章句里，"性"字虽然未必就等于今天的"生"字用法及用义，但可料想它无特别高远深幽的哲学含义，无孟子言性命的含义尤其宋儒言理气性命的含义，春秋时代的"性"没有这么抽象的用法，孔子也没有这样抽象的思维水平，故汉郑玄注"夫子之文章可得而闻也，夫子之言性与天道不可得而闻也"句曰："**性谓人受血气以生，有贤愚吉凶，天道七政变动之占也。**"① 郑注是于《论语》"性与天道"章最古老的解释②，郑玄以为人"性"是"受血气以生"，又在血气之生上分贤愚吉凶（非谓性有贤愚吉凶）；而"天道"在郑玄看来是"七政"（七纬、七耀，即金木水火土五星加日月）之变动与占卜而已。郑玄此注道出了一个基本思想——**性与血气有关；天道与天体有关**（言天道问题见前述）。

郑玄注《乐记》"方以类聚，物以群分，则性命不同矣"曰"性之言生也，命生之长短也"，又注《孝经》"父子之道，天性也"曰"性，常也"。可见，性即生之常态或常态之生，生之基本在血气性命（性命即生命，如云"身家性命"）。"性"字从生、从心，从生即与血气生命有关，从心即与心知意识有关，故荀子《天论》曰"形具而神生"，东汉初王充《论衡·论死》曰："精神本以血气为主，血气常附形体。"东汉末荀悦《申鉴·杂言下》曰："生之谓性也，形神是也。所以立生终生者之谓命也，吉凶是也。"《逸周书·常训解》曰："民生而有习有常，以习为常，以常为慎……夫习之为常，自气血始。"形之生在血气，神之生在心知，故阮元《性命古训》接郑玄之注而曰："<u>性字从心，即血气心知也，有血</u>

---

① 见宋绍熙本《后汉书·桓谭传》注引、清陈鳣《论语古训》卷三引、清黄式三《论语后案》等引；亦见卜天寿抄本残卷《论语》郑注，转引自唐文《郑玄词典》，语文出版社2004年版，第190页。

② 何晏则注曰："性者，人之所受以生也；天道者，元亨日新之道也。深微，故不可得而闻也。"邢昺疏曰："夫子之言性与天道不可得而闻也者，天之所命，人所受以生是性也；自然化育，元亨日新，是天道也。与，及也。子贡言若夫子言天命之性及元亨日新之道，其理深微，故不可得而闻也。"颜师古则曰该章"谓孔子未尝言性命之事及天道"，见《汉书》卷八十一颜注"性与天道，自子赣之属不得闻，何况浅见鄙儒之所言"句。颜师古又注《汉书》卷九十七曰："《论语》称子贡：'夫子之文章可得而闻也，夫子之言性与天道不可得而闻也已矣！'谓孔子不言性命及天道。而学者误读，谓孔子之言自然与天道合，非唯失于文句，实乃大乖意旨。"又注《汉书》卷七十五曰："性命玄远，天道幽深，故孔子不言之也，此皆《论语》述子贡之言也。"

气无心知非性也,有心知无血气非性也。血气心知皆天所命人所受也,人既有血气心知之性,即有九德五典五礼七情十义,故圣人作礼乐以节之,修道以教之。"

郑玄的"血气—贤愚"之论既讲生理,也讲意识;而阮元讲"血气—心知"更是从"性"字的结构及语义上简约而准确地厘清了"性"范畴的实义。人之生命首赖血气(即郑谓"受血气以生"),而"心之官则思"(《孟子·告子上》),故基于血气生命的神识活动又谓"心知",合言之谓"血气心知",故《素问》曰"心者,生之本,神之变也,其华在面,其充在血脉,为阳中之太阳,通于夏气"、"藏真通于心,心藏血脉之气也",又曰"心者,君主之官也,神明出焉",此即古人认为"心"主宰血气生命(这符合生理事实)又主宰神识之意(这是古人的错误认识)。如《荀子·解蔽》又曰:"心者,形之君也,而神明之主也,出令而无所受令。"北宋陈淳《北溪字义》另曰:"心者一身之主宰也,人之四肢运动,手持足履与夫饥思食、渴思饮、夏思葛、冬思裘,皆是此心为之主宰。""性"字从"心"从"生",故性的内容不过是"形神"即"血气心知"的活动而已。肉体血气是神识活动的基础,神识活动亦不过是大脑的一种功能活动,故孔颖达疏《乐记》"民有血气心知之性"章曰:"人由血气而有心知,故血气心知连言之。其性虽一,所感不恒,故云'而无哀乐喜怒之常'也。"

康有为《万木草堂口说》曰:"**受天者谓之性,就天说。**"这就是"性"常加"天"字修饰之而称作"天性"或又释"性"为"天生"的缘由——不过就"天"立说而已。但"性"其实不在天,而在事物自身,如"人性"不在天而在人生命本身而已,故《荀子·性恶》曰"不可学、不可事而在人者谓之性,可学而能、可事而成之在人者谓之伪,是性伪之分也",曰"在人"不曰"在天",甚是。以"生"解"性"或谓"性"即"生"义是一个语言传统、思想传统,而"血气—心知"并称并以"血气心知"解"在人"的"性"则是另一个思想更深入、更清晰、更准确的语言传统、思想传统。

譬如《礼记·乐记》、《说苑·修文》、《汉书·礼乐志》、《汉纪·孝惠皇帝纪》等皆曰:"夫民有血气心知之性,而无哀乐喜怒之常,应感起物而动,然后心术形焉……小大相成,终始相生,唱和清浊,代相为经,故乐行而伦清,耳目聪明,血气和平,移风易俗,天下皆宁。"《荀子·

礼论》、《礼记·三年问》又曰:"凡生天地之间者,有血气之属必有知,有知之属莫不知爱其类。今是大鸟兽,则失丧其群匹,越月逾时焉,则必反巡,过其故乡,翔回焉,鸣号焉,蹢躅焉,踟蹰焉,然后乃能去之;小者至于燕雀,犹有啁噍之顷焉,然后乃能去之;故有血气之属者,莫知于人,故人于其亲也,至死不穷。"而以"血气心知"尤其是"血气"来描述人或生命,这个学术传统其实不是来自其他人,而正是来自说"性相近、习相远"的孔子。《论语·季氏》是这样来谈肉体之生与肉体生态下的精神生态:

孔子曰:君子有三戒:少之时,血气未定,戒之在色;及其壮也,血气方刚,戒之在斗;及其老也,血气既衰,戒之在得。

这说明,血气的盛衰伴随生命时间而变化,而生命的生老变化也正是由于血气盛衰之变迁。而不同的血气盛衰状态也即不同的生命强弱盛衰状态,这种状态也决定及影响人一般的心理欲求。所以"血气—心知"两者虽然是人之生命体的同体构成,但"形—神"是彼此影响的,尤其"血气"之形影响"心知"之神(心知也影响血气,即精神亦影响生理)。"血气心知"理论尤其"血气"理论,其实反映的是生命代谢的最基本机理或规律而已。

三 血气之性与阴阳天道

质以言之,"血气"生命论的要义其实类似天道阴阳论。《素问·阴阳应象大论》曰:"水火者阴阳之征兆也,阴阳者万物之能始也。"阴阳损益的易道哲学反映或揭示的是大气热量与水分的循环代谢决定了整个地球生态的四季生息之代谢,而血气生命论反映或揭示的也是个体能量(尤其是热量)与水分的代谢是动物尤人这种动物的生命之最基本代谢,故《素问·宝命全形论》曰"人生有形,不离阴阳……若夫法天则地,随应而动,和之者若响,随之者若影",《素问·生气通天论》又曰"阴阳离决,精气乃绝"等,而《礼记·礼运》曰"达天道顺人情",《礼记·丧服四制》曰"凡礼之大体,体天地,法四时,则阴阳,顺人情,故谓之礼",如此则是将天地阴阳与人性人情联说了。

血气论的意义是生命需要能量与水分,能量与水分是生命代谢的基本物质。尤其是需要水分,水是物质代谢的载体,水是维续生命的保障。身体的血流，宛如地球的水循环，地球的水循环则宛如身血循环——一个是小循环系统，一个是大循环系统，一个滋养个体的肉体生命，一个滋养地球的生命万物。故《管子·水地》曰：**"水者，地之血气，如筋脉之通流者也，故曰水具材也。"** 如此观之，天人同属于太阳、地球之热量与水分的循环代谢大生态，故阴阳天道论与血气生命论本是相通或一体的，故戴震《孟子字义疏证》曰 **"天道，阴阳五行而已矣"**、**"性者，血气心知本乎阴阳五行"**、**"人之血气心知本乎阴阳五行者，性也"**（当然戴震并不明白 "五行" 本是天行历数），故中国古代医家如此说血气：

（1）天地者万物之上下也，阴阳者血气之男女也，左右者阴阳之道路也，水火者阴阳之征兆也，阴阳者万物之能始也。（《素问·阴阳应象大论》）

（2）人之血气精神者所以奉生而周于性命者也，经脉者所以行血气而营阴阳濡筋骨利关节者也，卫气者所以温分肉充皮肤肥腠理司开阖者也……（《灵枢经·本藏》）

（3）……志意通内连骨髓，而成身形五藏，五藏之道，皆出于经隧以行血气，血气不和，百病乃变化而生，是故守经隧焉。（《素问·调经论》）

（4）……故养神者，必知形之肥瘦，荣卫血气之盛衰。血气者，人之神，不可不谨养。（《素问·八正神明论》）

（5）凡刺之法，必候日月星辰四时八正之气，气定，乃刺之……是以因天时而调血气也。（《素问·八正神明论》）

（6）万物生成之道惟阴与阳，非阳无以生，生者神其化也。非阴无以成，成者立其形也。人有阴阳即为血气。阳主气，故气全则神王。阴主血，故血盛则形强。人生所赖，惟斯而已。（明·张介宾《景岳全书》卷三十）

"血气" 在中医学上又常称 "气血"[①]，血是运输生命基本代谢物质的液态载体，其运行本于水基于能（此能乃心脏搏动之能量，古医家将

[①] 李德新主编：《气血论》，辽宁科学技术出版社 1990 年版；崔应珉等主编：《脏象理论临证指南》，郑州大学出版社 2002 年版；崔应珉等主编：《气血理论临证指南》，郑州大学出版社 2002 年版；威廉·哈维：《心血运动论》，黄维荣译，商务印书馆 1929 年版。

心脏比喻为火,如太阳之火摧动地球之水以运动一样;故身体为一小生态系统,日地为一大生态系统,皆在阴阳,皆在水与热量),气则是呼吸代谢的物质或泛指阴阳概念一样的能量或热量等(热量与水分在大气环流中运行变迁)。如此血气或气血则可维系生命体物质与能量的代谢,维系肉体生命的生存。故血气或气血是人体生命的代谢根本及总源,血动、血流在心、在脉:

(1) 人之所以成生者,血脉也。(《灵枢经·九针论》)

(2) 脉不通,则血不流;血不流,则发色不泽。(《灵枢经·经脉》)

(3) 少阴,心脉也。心者,五藏六腑之大主也,精神之所舍也……容之则心伤,心伤则神去,神去则死矣。故诸邪之在于心者,皆在于心之包络。包络者,心主之脉也,故独无俞焉。(《灵枢经·邪客》)

(4) 心者血,肺者气,血为荣,气为卫。(《难经·藏府配像》)

(5) 诸血者皆属于心,诸气者皆属于肺。(《素问·五藏生成》)

(6) 肺主身之皮毛,心主身之血……(《素问·痿论》)

(7) 夫山崩壅河,犹人之有痈肿,血脉不通也。(《论衡·感虚》)

(8) 故血脉不通,人以甚病。夫不通者,恶事也。(《论衡·别通》)

(9) 荣卫气血,在人体躬,呼吸出入,上下于中,因息游布,津液流通。(晋王叔和《脉经》卷五)

(10) 夫人之生以气血为本,人之病未有不先伤其气血者。(宋寇宗奭《本草衍义》卷一)

(11) 气血者,人之所赖以生者也。气血充盈,则百邪外御,病安从来?气血虚损,则诸邪辐辏,百病丛集。(明李中梓《医宗必读》卷一)

(12) 气血者,人之所赖以生者也。气血一亏,则诸邪辐辏,百病横生。(明缪希雍《神农本草经疏》卷一)

(13) 肾属水,心属火,水交于火而血以成,以其为心火所成。故经谓心生血,又云血属于心,又云心主身之血脉也……旧谓血总统于心,此即心生血之义矣。(清何梦瑶《医碥》卷一)

公元前 16 世纪，埃及人已正确发现了心脏、血与生命的关联，《失落的文明》一书有云：

> 在"埃伯斯纸草卷"里，有专门记述人类心脏运动的内容："医生秘诀的根本，就是心脏运动的知识，血管从心脏通过人体各部，因此任何医生……在触到头、手、手掌、脚的时候，到处都会触到心脏。因为血管是从心脏伸向人体每一部分的。"因此，埃及人把心脏看成是人体最重要的器官，是人的生命和智慧之源。因此他们在制作木乃伊时，才把心脏留在体内。①

血气和则如阴阳和，天地阴阳和而万物生（所谓"风调雨顺，国泰民安"云云），人体血气和而身心谐，天人共道，天人一也。天地阴阳和而万物和，人体阴阳和而性命和，故《说苑·谈丛》曰："寿命死者，岁数终也；痛疽死者，血气穷也。"《管子·禁藏》曰："宫室足以避燥湿，饮食足以和血气，衣服足以适寒温，礼仪足以别贵贱。"《管子·中匡》曰："道（导）血气以求长年长心长德，此为身也。"《管子·形势解》又曰："起居时，饮食节，寒暑适，则身利而寿命益。起居不时，饮食不节，寒暑不适，则形体累而寿命损。"班固《汉书·艺文志》曰："医经者，原人血脉经络骨髓阴阳表里，以起百病之本，死生之分，而用度箴石汤火所施，调百药齐和之所宜。至齐之得，犹慈石取铁，以物相使。拙者失理，以瘉为剧，以死为生。"《汉书·礼乐志》则曰："人函天地阴阳之气，有喜怒哀乐之情。天禀其性而不能节也，圣人能为之节而不能绝也。故象天地而制礼乐，所以通神明、立人伦、正情性、节万事者也。"——并非人或人性里有天地之阴阳，而是人或人性（生）通乎、连乎天地之阴阳（人在天地间），尤其机体经脉血气通乎、随乎天地间的寒暑燥湿之变化，故阴阳、情性不能"绝"而只能"节"，尤其是顺"天"而节，顺天而节的节性论无疑是明智或理智的。

郑康成谓"性谓人受血气以生，有贤愚吉凶"。血气否泰的确直接关乎生命吉凶，而以《易传》哲学言之，人间事莫过于"存亡吉凶"矣。孔子深明此理，故从《论语》中的孔子语录可见孔子重乎养生之道，尤

---

① 李郁夫主编：《失落的文明》，大象出版社 2004 年版，第 151 页。

见《乡党》篇。孔子饮食起居皆非常讲究，于朋友的馈药亦谨慎之至（"丘未达不敢尝"），这种讲究未必是仅仅因为"礼"，而实是更因为"生"。董仲舒《春秋繁露·循天之道》则曰："**循天之道，以养其身，谓之道也……中者天地之所终始也，而和者天地之所生成也**。夫德莫大于和，而道莫正于中，中者天地之美达理也，圣人之所保守也……是故能以中和理天下者，其德大盛；能以中和养其身者，其寿极命。"《素问·上古天真论》论养生之道曰："（黄帝）余闻上古之人，春秋皆度百岁而动作不衰；今时之人，年半百而动作皆衰者，时世异耶？人将失之耶？歧伯对曰：**上古之人，其知道者，法于阴阳，和于术数，食饮有节，起居有常，不妄作劳，故能形与神俱，而尽终其天年，度百岁乃去。**"2500年前的孔子能活73岁，亦可谓深谙"法于阴阳"的生养之道，古人云"人生七十古来稀"是也[①]。

宋代《云笈七签》卷三十二引前述《素问·上古天真论》句子并注"动作不衰"曰"谓血气犹盛也"，又注"和于术数"曰"房中交接之法"。唐王冰则注曰："上古，谓玄古也。知道，谓知修养之道也。夫阴阳者，天地之常道；术数者，保生之大伦。故修养者必谨先之。"明张景岳《类经》卷一曰："法，取法也。和，调也。术数，修身养性之法也。天以阴阳而化生万物，人以阴阳而荣养一身。阴阳之道，顺之则生，逆之则死。故知道者，必法则于天地，和调于术数也。"清高世栻《黄帝素问直解》则注曰："上古之人，其知养生之道者，**能取法于天地之阴阳，调和于五行之术数**，知阴阳术数之道，则食饮有节，起居有常，以养其形，不妄作劳，以安其神，故能形与神俱，而尽终其天年，此所以春秋皆度百岁乃去也。"

所谓"法于阴阳，和于术数"，就是首先必须顺乎天地阴阳之变化以生，故《内经·阴阳应象大论》曰：**"阴阳者，天地之道也，万物之纲纪，变化之父母，生杀之本始，神明之府也，治病必求于本……"**《素问·五常政大论》又曰："故治病者，必明天道地理，阴阳更胜，气之先后，人之寿夭，生化之期，乃可以知人之形气矣。"《素问·疏五过论》又曰："圣人之治病也，必知天地阴阳、四时经纪，五藏六府、雌雄表里，刺灸

[①] 杜甫《曲江二首》其二曰："朝回日日典春衣，每日江头尽醉归。酒债寻常行处有，人生七十古来稀。穿花蛱蝶深深见，点水蜻蜓款款飞。传语风光共流转，暂时相赏莫相违。"

砭石、毒药所主，从容人事，以明经道……揆度阴阳，奇恒五中，决以明堂，审于终始，可以横行。"

如本章第二节等所述，"阴阳"之要义在热量与水分。阴阳之运动或变迁体现在地球尤北半球的节气或大气问题上，则主要在关联"寒暑燥湿"的"风"的运动，故养生必须重视"寒暑燥湿"尤其是"风"（中医重视风）——"风"即显著运动之气，它在大气层输送、交替着"寒暑燥湿"。道家著作就以**"夫形伤乎寒暑燥湿之虐"**（《文子·道原》）、**"形伤于寒暑燥湿之虐"**（《淮南子·俶真训》）来讲阴阳之卫生、养生之道。《古三坟·地皇轩辕氏政典》亦曰："寒暑燥湿、风雨逆顺必有时，金木、水火、土石、羽毛必有济……政以崇化，化以顺性，性以存命，命以保生，生以终寿。"《吕氏春秋·尽数》曰："天生阴阳寒暑燥湿，四时之化，万物之变，莫不为利，莫不为害。圣人察阴阳之宜，辨万物之利以便生，故精神安乎形，而年寿得长焉。**长也者，非短而续之也，毕其数也。毕数之务，在乎去害**……故凡养生，莫若知本，知本则疾无由至矣。"《吕氏春秋·爱类》曰："民寒则欲火，暑则欲冰，燥则欲湿，湿则欲燥。寒暑燥湿相反，其于利民一也。利民岂一道哉？当其时而已矣。"

《素问·阴阳应象大论》曰："天有四时五行，以生长收藏，以生寒暑燥湿风。人有五藏，化五气，以生喜怒悲忧恐。故喜怒伤气，寒暑伤形。暴怒伤阴，暴喜伤阳。厥气上行，满脉去形。喜怒不节，寒暑过度，生乃不固。"《素问·天元纪大论》曰："天有五行，御五位以生寒暑燥湿风。人有五藏，化五气，以生喜怒思忧恐……喜怒不节，寒暑过度，生乃不固。故重阴必阳，重阳必阴。故曰：冬伤于寒，春必温病；春伤于风，夏生飧泄；夏伤于暑，秋必痎疟；秋伤于湿，徘生欬嗽。"《素问·天元纪大论》曰："寒暑燥湿风火，天之阴阳也，三阴三阳上奉之。木火土金水火，地之阴阳也，生长化收藏下应之。天以阳生阴长，地以阳杀阴藏。天有阴阳，地亦有阴阳。"

《素问·五运行大论》又曰："寒暑燥湿风火，在人合之奈何，其于万物，何以生化？……东方生风……南方生热……中央生湿………西方生燥………北方生寒……气更立，各有所先，非其位则邪，当其位则正。"《素问·六元正纪大论》又曰："黄帝问曰：六化六变，胜复淫治，甘苦辛咸酸淡先后，余知之矣。夫五运之化，或从五气，或逆五气……此天地之纲纪，变化之渊源……先立其年以明其气，金木水火土运行之数，寒暑燥湿风火临御之化，则天道可见，民气可调，阴阳卷舒，近而无惑……"——此皆是"治病必求于本"的"法于阴阳，和于术数"之道。该"术数"当指天道历术历数（如清高世栻所解），而非指宋代《云笈七签》里道家所释的房中之术，如此方与前文"阴阳"对言之。

《素问·上古天真论》曰："上古有**真人**者，提挈天地，把握阴阳，呼吸精气，独立守神，肌肉若一……有**至人**者，淳德全道，和于阴阳，调于四时，去世离俗，积精全神……有**圣人**者，处天地之和，从八风之理，适嗜欲于世俗之间，无恚嗔之心……有**贤人**者，法则天地，象似日月，辩列星辰，逆从阴阳，分别四时，将从上古合同于道，亦可使益寿而有极时。"——此等人皆知顺乎天道阴阳，故能"寿敝天地"、"益其寿命而强"、"亦可以百数"、"使益寿而有极时"等。孔子声称"素隐行怪，后世有述焉，吾弗为之矣"（《礼记·中庸》），而不愿当真人、至人及其他，但"亦可以百数"、"使益寿而有极时"等并非孔子所不愿也。

《周礼》详细记载了"医师、食医、疾医、疡医"甚至"兽医"的职责，这反映了古代儒家于疾病与养生的重视，《周礼·天官冢宰》曰："疾医：掌养万民之疾病。**四时皆有疠疾，春时有痟首疾，夏时有痒疥疾，秋时有疟寒疾，冬时有嗽、上气疾**。以五味、五谷、五药养其病。以五气、五声、五色视其死生……""疡医：掌肿疡、溃疡、金疡、折疡之祝药劀杀之齐［剂］。凡疗疡，以五毒攻之，以五气养之，以五药疗之，以五味节之……凡有疡者，受其药焉。"宋朱申《周礼句解》注肿溃金折四疡曰"四种之疮，含脓血者"，注"以五气养之"曰"气当谓谷养之，谓生之以致其和也"。《周礼》谈治病，也是讲四时阴阳、血脉生机的，这与《论语》里孔子说"四时行焉"、"不时不食"以及重"血气"同。

第二章　孟子天论、性论辨

●尽其心者，知其性也。知其性，则知天矣。存其心，养其性，所以事天也。殀寿不贰，修身以俟之，所以立命也。
——《孟子·尽心下》

●诚身有道，不明乎善，不诚其身矣。是故诚者，天之道也。思诚者，人之道也。至诚而不动者，未之有也。不诚，未有能动者也。
——《孟子·离娄上》

●孟子作"性善"之篇，以为人性皆善；及其不善，物乱之也。谓人生于天地，皆禀善性，长大与物交接者，放纵悖乱，不善日以生矣。
——王充《论衡·本性》

●有人类即有宗教，宗教者言受造之人与造物之主在伦理上之关系；因而信从神默启之道理，遵守其诫命而奉事之……
——徐宗泽《明清间耶稣会士译著提要》

《论语》曰"夫子之言性与天道不可得而闻也"、"性相近也，习相远也"、"子罕言利与命与仁"。孔子除了修辞表达外，他是不言抽象玄远的性命及天道的[①]，故皇侃《论语义疏》注"五十而知天命"云："天本无言而云有所命者，假之言也。"章学诚《文史通义·原道上》亦曰："故道者，非圣人智力之所能为，皆其事势自然渐形渐著不得已而出之，故曰天也。"梁启超1920年《孔子》一文亦深以皇说为然，他说：

　　命是个什么呢？孔子说命，常与天连举，像是认命为天所造。其实不然。庄子引孔子的话，很有几处解释命字意义……据此可知孔子

[①] 第一章第二节、第四节已征引金景芳《孔子的天道观与人性论》等以分别说明孔子的天道论是自然天道及孔子人性论是自然人性论。

所谓命，是指那自然界一定法则，不能拿人力转变者而言。他有时带说个天字，不过用来当作自然现象的代名词，并非像古代所说有意识的天。"五十而知天命"句，皇侃疏云："天本无言而云有所命，假之言也。"这话最通。若作基督教的上帝默示解，便非孔子之意了。①

金景芳在《哲学研究》1979年第11期所发表的《关于孔子研究的方法论问题》一文说：

今人批孔，把孔子所使用的"天命"这一个概念作唯心的理解，亦即把孔子的自然观作唯心的理解，我们认为这种理解是不妥当的，不符合事实的。试想如果说孔子讲的"天命"是"带着人格神的天的命令的色彩"，则孔子说的"五十而知天命"，"不知命无以为君子也"，又当怎样理解呢？岂有一个人自述为学前进的阶段时，竟说只有等到五十岁的时候，才知道"人格神的天的命令"这样一回事吗？孟子说："莫之为而为者天也，莫之致而至者命也。"我看这才是对天命二字定义的正确理解。孔子在这里所说的天，不是别的，就是自然。所说的天命这一概念，也不是别的，就是自然规律。②

梁启超在1927年《儒家哲学》中则说：

孔子少有说天。子贡说："夫子之言性与天道，不可得而闻也。"但是孔子曾经讲过这个话："天何言哉？四时行焉，百物生焉，天何言哉？"这是把天认为自然界一种运动流行，并不是超人以外，另有主宰。不惟如此，《易经》彖辞、象辞也有，乾卦《彖》说："大哉乾元，万物资始，乃统天……"《象》曰："天行健，君子以自强不息。"乾元，是行健自强的体，这个东西可以统天，天在其下……能自强不息，便可以统天，可见得孔子时代对于天的观念，已不认为超越万物的人。按照《易经》的解释，不过是自然界的运动流行，人可以主宰自然界。③

---

① 梁启超：《梁启超全集》第六册，北京出版社1999年版，第3135页。
② 金景芳：《金景芳学术文化随笔》，中国青年出版社2000年版，第288页。
③ 梁启超：《梁启超全集》第九册，北京出版社1999年版，第4998—4999页。

"孔子是一个实证主义者"①，不似老庄等。撇开《易传》等，孔子似乎真的有些罕言或不言"天道"及"性命"，而且《易传》的"天道"及"性命"也非唐宋以来学者所喜阐释的伦理与宇宙合一的终极本体之"天道"及"性命"。孟子则似乎不同了，他比较多地一以贯通地言"心—性—命—天"，并且将"心—性—命—天"放在"善"、"道"、"德"的层面去论说，言"尽心知性"、"知性知天"、"存心养性"、"事天立命"，又言"性善"、"性无有不善"等。而且孟子有一种强烈的思想学说之担当意识或后人所谓的"道统"担当意识：

（1）圣王不作，诸侯放恣，处士横议，杨朱、墨翟之言盈天下，天下之言不归杨则归墨。杨氏为我是无君也，墨氏兼爱是无父也，无父无君是禽兽也……杨墨之道不息，孔子之道不著，是邪说诬民，充塞仁义也。仁义充塞，则率兽食人，人将相食。吾为此惧，闲先圣之道，距杨墨，放淫辞，邪说者不得作……我亦欲正人心，息邪说，距诐行，放淫辞，以承三圣者；岂好辩哉？予不得已也。能言距杨墨者，圣人之徒也。（《孟子·滕文公下》）

（2）孟子曰：由尧舜至于汤，五百有余岁；若禹、皋陶，则见而知之；若汤，则闻而知之。由汤至于文王，五百有余岁，若伊尹、莱朱，则见而知之；若文王，则闻而知之。由文王至于孔子，五百有余岁，若太公望、散宜生，则见而知之；若孔子，则闻而知之。由孔子而来至于今，百有余岁，去圣人之世若此其未远也，近圣人之居若此其甚也，然而无有乎尔，则亦无有乎尔。（《孟子·尽心下》）

孔子之后儒分为八，孟子居其一，韩非子有云："自孔子之死也，有子张之儒，有子思之儒，有颜氏之儒，有孟氏之儒，有漆雕氏之儒，有仲良氏之儒，有孙氏之儒，有乐正氏之儒……故孔墨之后，儒分为八，墨离为三，取舍相反不同而皆自谓真孔墨。……"（《韩非子·显学》）唐韩愈《昌黎先生文集》第十一、二十卷分别载其《原道》、《送王秀才序》云：

（1）斯吾所谓道也，非向所谓老与佛之道也。尧以是传之舜，

---

① 《林语堂名著全集》第十卷，东北师范大学出版社1994年版，第88页。

舜以是传之禹，禹以是传之汤，汤以是传之文武周公，文武周公传之孔子，孔子传之孟轲；轲之死，不得其传焉。荀与扬也，择焉而不精，语焉而不详。由周公而上，上而为君，故其事行；由周公而下，下而为臣，故其说长。

（2）孟轲师子思，子思之学，盖出曾子。自孔子没，群弟子莫不有书，独孟轲氏之传得其宗。

程颐《明道先生墓表》把其兄程颢尊为道统传人，他说：

周公没，圣人之道不行；孟轲死，圣人之学不传。道不行，百世无善治；学不传，千载无真儒。……先生出，揭圣学以示人，辨异端，辟邪说，开历古之沉迷，圣人之道，得先生而复明，为功大矣。

朱熹《中庸章句集注序》及《朱子语类》第九十三卷如此评价子思、孟子、程颢、程颐、韩愈：

（1）《中庸》何为而作也？子思子忧道学之失其传而作也。盖自上古圣神继天立极，而道统之传有自来矣。其见于经，则"允执厥中"者，尧之所以授舜也；"人心惟危，道心惟微，惟精惟一，允执厥中"者，舜之所以授禹也。尧之一言，至矣，尽矣。

（2）此道更前后圣贤，其说始备。自尧舜以下，若不生个孔子，后人却何处讨分晓？孔子后若无个孟子，也未有分晓。孟子后数千载，乃始得程先生兄弟发明此理。今看来汉唐以下诸儒说道理见在史策者，便直是说梦！只有个韩文公依稀说得略似耳。

《史记》曰："孟轲，驺人也，受业子思之门人……孟轲乃述唐虞三代之德，是以所如者不合。退而与万章之徒序诗书，述仲尼之意，作《孟子》七篇。"①《孟子》于先秦儒学思想史是重要的，于整个儒学思想

---

① 《孟子》此书并非孟子手笔，而是弟子类的追述，从该书称君谥号及门人亦称子可知，见张九如《伴暨南诸生读孟子记》（《国故学讨论集》第三集，群学社1927年版，第518—519页）。韩愈亦曰："孟轲之书非轲自著，轲既殁，其徒万章、公孙丑相与记轲所言焉耳。"见韩愈《昌黎先生文集》卷十四《答张籍书》。韩愈之说比司马迁之说更贴切，《孟子》纯系孟子弟子类所录写，非孟子手笔，亦非孟子与弟子联合手著。《孟子》成书类《论语》，而《荀子》则主要是荀子亲著。

史（先秦至明清）也是重要的。本章里，笔者将以思想史、学术史探求的立场，来探讨孟子天人思想或孟子论"性与天道"的内在理路及学术得失。本章主要揭示孟子（或思孟学派）一种独特的学术努力或思想进路：将良好伦理或正面人德抽结到心理性的人性上，同时又将人性贯通到高远的天道，从而实现天人的伦理沟通或天人一体伦理信念的架构，并"性善"伦理信念下主张心理意识上尽心知性、知性知天、存心养性、事天立命等。

第一节 思孟"五行"考原

为了更好地分析孟子将人性贯通到天道的思想进路，本节先考思孟"五行"说，而考思孟"五行"说的前提是先考清"五行"说的来龙去脉。唯原"五行"说清，则《荀子·非十二子》所谓——"略法先王而不知其统，然而犹材剧志大，闻见杂博，**案往旧造说，谓之五行，甚僻违而无类，幽隐而无说，闭约而无解**。案饰其辞而祗敬之，曰此真先君子之言也，子思唱之，孟轲和之，世俗之沟犹瞀儒嚾嚾然不知其所非也，遂受而传之，以为仲尼子弓为兹厚于后世，是则子思孟轲之罪也。"——的"五行"批判才能豁然，孟子的天道观念或天道理论是何理路才在比较中而更加凸显或清晰。

一 "五行"概念、观念源流考辨

观念史、思想史、学说史是历史学研究的重要对象。在东亚本土观念及思想学说中，阴阳五行说可谓势力最甚，迄今仍在东亚民间生活中广泛存在且根深蒂固，故梁启超说它是"二千年来迷信之大本营"，范文澜说它是"天字第一号"、"天字第二号"学说，顾颉刚更说"五行，是中国人的思想律，是中国人对于宇宙系统的信仰；二千年余年来，它有极强固的势力"[1]，齐思和《五行说之起源》说"吾国学术思想，受五行说之支配最深……为中国传统学术思想之中心"[2]。1935 年朴社版《古史辨》第五册率先开启了阴阳五行说的专题性现代学术研究，迄今为止中文学术界已有几十种该专题的史研性

---

[1] 顾颉刚：《古史辨》第五册，上海古籍出版社 1982 年版，第 343、643、404 页。
[2] 齐思和：《五行说之起源》，《师大月刊》1935 年第 22 期，见齐思和《中国史探研》，中华书局 1981 年版，第 193—200 页。

专著问世①。但是，阴阳五行说的来源真相问题似仍未得令人信服之解决，该问题仍是中国学说史、思想史、观念史研究的一大疑难点。

　　阴阳五行说中尤以五行说玄乎难解，今人一提"五行"就自然联想到水、火、木、金、土之类。《说文》曰"五，五行也"，《白虎通》曰"五行者何谓也？谓金木水火土也"。然最初"五行"≠水、火、木、金、土，不指实质的水、火、木、金、土五种具体材质，更不指水、火、木、金、土五种抽象的概念物，英语译为 five elements 实未明其本义；"五行"本是天体运行、天时交替的历数概念，后来水、火、木、金、土五材附会到历数五行上乃成新五行说，新说兴则"五行"原本含义渐湮，今唯阐"十月制太阳历"的天文历法史专家陈久金、刘尧汉、卢央等解及"五行"本义②。

---

① 重要的如顾颉刚《汉代学术史略》（1935，后称《秦汉的方士与儒生》）；杨向奎《西汉经学与政治》（1945）；徐复观《阴阳五行观念之演变，及若干有关文献的成立时代与解释的问题》（《民主评论》1961 年第 19、20、21 号，后见《中国人性论史：先秦篇》）；王梦鸥《邹衍遗说考》（1966）；李汉三《先秦两汉之阴阳五行学说》（1967）；郭为《阴阳五行家思想之述评》（1979）；罗桂成《唐宋阴阳五行论集》（1982、1988）；庞朴《帛书五行篇研究》（1980、1988）；谢松龄《天人象：阴阳五行学说史导论》（1989）；庞朴《竹帛〈五行〉篇校注及研究》（2000）；吉野裕子《阴阳五行与日本民俗》中译本（1989）；邝芷人《阴阳五行及其体系》（1992）；孙广德《先秦两汉阴阳五行说的政治思想》（1993）；顾文炳《阴阳新论》（1993）；殷南根《五行新论》（1993）；谢松龄《阴阳五行与中医学》（1993）；陈立中《阴阳五行与汉语词汇学》（1996）；井上聪《先秦阴阳五行》（1997）；萧汉明《阴阳大化与人生》（1998）；艾兰等主编《中国古代思维模式与阴阳五行说探源》（1998）；孙开泰《邹衍与阴阳五行》（2004）；彭华《阴阳五行研究（先秦篇）》（2011）；飯島忠夫《陰陽五行説》（1934）；小林信明《中國上代陰陽五行思想の研究》（1951）；飯島忠夫《天文暦法と陰陽五行説》（1979）；島邦男《五行思想と禮記月令の研究》（1971）；根本幸夫等《陰陽五行説：その発生と展開》（1991）；吉野裕子《陰陽五行と日本の文化：宇宙の法則で秘められた謎を解く》（2003）；武田時昌主編《陰陽五行のサイエンス：思想編》（2011）等近 30 种。

② 陈久金、卢央、刘尧汉：《彝族天文学史》，云南人民出版社 1984 年版，第 199—238 页；刘尧汉：《中国文明源头新探》，云南人民出版社 1985 年版，第 55—96、143—157 页；刘尧汉、卢央：《文明中国的彝族十月太阳历》，云南人民出版社 1986 年版，第 39—68 页；陈久金、卢莲蓉：《中国节庆及其起源》，上海科技教育出版社 1989 年版，第 193—194、198—200 页；杜升云、陈久金：《中国文化精华文库·天文历数》，山东科学技术出版社 1992 年版，第 89—120 页；陈久金：《陈久金集》，黑龙江教育出版社 1993 年版，第 3—106 页（内有 1982—1990 年出版的《论〈夏小正〉是十月太阳历》、《阴阳五行八卦起源新说》、《天干十日考》、《腊日节溯源》、《含山出土五千年前原始洛书》诸文）；云南彝学学会等编：《中国彝族十月太阳历学术讨论会论文集》，云南民族出版社 1995 年版；陈久金主编：《中国少数民族科学技术史丛书：天文历法卷》，广西科学技术出版社 1996 年版，第 25—40 页；陈久金、杨怡：《中国古代的天文与历法》，商务印书馆 1998 年版，第 80—87 页；陈久金、杜升云、徐用武：《贵州少数民族天文学史研究》，贵州科技出版社 1999 年版；陈久金：《中国少数民族天文学史》，中国科学技术出版社 2008 年版；陈久金、张明昌：《中国天文大发现》，山东画报出版社 2008 年版，第 3—28 页。

(一) 五行本为历数概念非材质概念

历数即天行、天时序列,历数、历法之"历"字又写作曆、厤、歴、歷、曆等。《左传正义》孔疏曰"日月五星行道有度,历而数之,故曰历数也";《尚书》"天之历数"孔安国曰"历数谓天道"(《文选》卷五十二李善注引作"历数谓天道也"),孔颖达曰"历数谓天历运之数";《论语》"天之历数"何晏曰"历数谓列次也"(明陈士元《论语类考》谓马融语),朱熹"犹岁时节气之先后也";《玉篇》曰"历,象星辰分节序四时之逆从也,数也,本作厤,古文作厤";孔安国注《尚书·洪范》曰"历数,节气之度";宋代蔡沈《书经集传》卷四曰"历数者,占步之法,所以纪岁月日星辰也"。

"五行"实本指天运天时的历数五,而非指自然材质种类五。以《史记》为例,"五行"字样凡14处,除引《尚书》4处及褚氏所补《日者列传》3处外(此7处后文述及),余7处皆必定是历数概念而非材质概念,如:《律书》"律历,天所以通五行八正之气,天所以成熟万物也";《历书》"盖黄帝考定星历,建立五行,起消息,正闰余";《天官书》"分阴阳,建四时,均五行,移节度"及"天则有日月,地则有阴阳,天有五星,地有五行"(日月五星与阴阳五行对说);《自序》"《易》著天地阴阳四时五行,故长于变……易以道化,春秋以道义";《孝文本纪》"奏武德、文始、五行之舞"类《汉书》"奏昭德、文始、四时、五行之舞"及《汉纪》"奏盛德、文始、四时、五行之舞"等(五行与四时并称)。

"五行"之"五"是历数五,"行"是指天行、时行之行。汉代学者虽不明言"五行"本指天行历数,但仍知"五行"有天行义,如《汉书·艺文志》列五行家书目后曰"五行者,五常之形气也",《白虎通·五行》曰"言行者,欲言为天行气之义也";《潜夫论·卜列》曰"古有阴阳然后有五行,五帝各据行气以生";《礼记·乐记》"合生气之和,道五常之行"郑注曰"生气,阴阳气也;五常,五行也"。唐颜师古注《汉书·五行志》曰"谓之行者,言顺天行气";宋赵祯《洪范政鉴》引郑玄曰"行者言顺天行气",清孙星衍引作"行者顺天行气";唐孔颖达疏《洪范》曰"谓之行者,若在天五气流行在地世所行用也";宋胡瑗《洪范口义》曰"谓之行者,以其斡旋天地之气而运行也故谓之行";《管子·五行》曰"作立五行以正天时,五官以正人位";《释名·释天》曰"五行者五气也,于其方各施行也";《春秋繁露·五行相生》曰"天地之气,合而为一,分为阴阳,判为四时,列为五行"。

华夏先哲仰观天体运行或天象变化，发现随着天宇的斗转星移而大气的寒暑燥湿亦相应地发生时令性、节气性变化，此即"顺天行气"义，"顺天行气"方为近"五行"要义。"五行"本与时令、节气相关，时令、节气则与天体运行的轨道历度或时间历数有关，故《内经·天元纪大论》曰："天有五行御五位以生寒暑燥湿风……论言五运相袭而皆治之，终朞之日，周而复始。"先秦文献里常云"天有五行"，又常云"地有五行"，两说实为一者侧重言天道岁时，一者侧重言地表节气，其本一也，其义一也，非"五行"各有所指或自相矛盾。如《左传》、《史记》、《逸周书》等"地有五行"非指地有水、火、木、金、土五材，而是如同"天有五行"一样指行气、节气之类。如《史记·天官书》曰："太史公曰：自初生民以来，世主曷尝不历日月星辰？及至五家三代，绍而明之，内冠带外夷狄，分中国为十有二州，仰则观象于天，俯则法类于地。**天则有日月，地则有阴阳。天有五星，地有五行。**天则有列宿，地则有州域。三光者，阴阳之精，气本在地，而圣人统理之。"此"地则有阴阳"指阴阳之气，而"地有五行"则是指五时行气，故后面说"阴阳之精，气本在地"云云。

葛洪《西京杂记》曾引汉公孙乘《月赋》曰"躔度运行，阴阳以正"句，此即讲天体周天运行中阴阳"与时消息"或"与时偕行"。《淮南子·精神训》曰："天有四时、五行、九解、三百六十六日，人有四支、五藏、九窍、三百六十六节。"（同见《文子》，徐锴《说文系传》引；有版本《文子》作"三百六十五日"，误也）《史记·自序》曰："夫阴阳、四时、八位、十二度、二十四节，各有教令，顺之者昌，逆之者不死则亡……夫春生夏长，秋收冬藏，此天道之大经也，弗顺则无以为天下纲纪。"审其句中的修辞及文义，四时、五行、九解、三百六十六日甚至四时、八位、十二度、二十四节皆当是表时间的概念，就如四支、五藏、九窍、三百六十六节同为器官概念、体物概念一样。于"九解"概念，高诱三注似不确，高说"九解谓九十为一解也，一说九解六一之所解合也，一说八方中央故曰九解也"；俞樾之解庶几近之，俞氏《诸子平议》曰"解者分也，谓分周天三百六十五度四分度之一而为九也"。366去6后九分为40，二九十八分为20，疑20日称为一解、十八解为一年（玛雅人太阳历即一年分为18节），如"五行"指一年整数360日十分成节而运行不辍一样。《易传·系辞上》曰"凡三百六十，当期之日"，《易纬·乾凿度》曰"易以三百六十析当朞之日"，此即以整数360为一朞（一岁之周期）。

"五行"又常称五节、五辰、五时、五气、五常、五部、五运等。《灵枢经·五乱》曰:"五行有序,四时有分,相顺则治,相逆则乱。"《左传·昭公元年》"分为四时,序为五节";《白虎通·五行》"行有五,时有四,何也?四时为时,五行为节";《毛诗传》"辰,时也",《尚书》"抚于五辰、庶绩其凝"句孔安国注曰"抚顺五行之时";高诱注《吕氏春秋·任地》"五时见生而树生"曰"五时,五行生杀之时也";《释名·释天》曰"五行者五气也";《孔子家语·五帝德》王肃注"五气"为"五行之气";《史记·五帝本纪》"(轩辕)治五气、艺五种"集解亦引王肃释"五气"为"五行之气";《史记·五帝本纪》"(帝颛顼)治气以教化"司马贞索隐曰"谓理四时五行之气以教化万人也";《汉书·艺文志》曰"五行者,五常之形气也";王聘珍注《大戴礼记·五帝德》曰"五气,谓五行之气",又引魏孟康注《汉书·律历志》"黄帝起五部"曰"五部,谓五行也";王冰注《素问》曰"五运谓五行,应天之五运各周三百六十五日而为纪也";《庄子·天运》"天有六极五常"司马彪注曰"六极谓上下四方,五常谓五行";《庄子·天运》"天有六极五常"唐成玄英注曰"六极谓六合……五常谓五行";元吴澄《易纂言外翼》曰"五常即五行也",明焦竑《庄子翼》曰"五常,五行也",宋林希逸《庄子口义》曰"五常,五行也,六气五行皆自然之理也",明朱得之《庄子通义》曰"五常只是十干";宋王应麟《玉海》卷五说:"五常之形气出于律历之数";《春秋繁露·五行之义》曰"五行之随各如其序,五行之官各致其能……使人必以其序,官人必以其能,天之数也"。

《尚书·尧典》曰"朞(期)三百有六旬有六日",《文子》、《淮南子》、《白虎通》曰"(岁有)三百六十六日",《史记·五帝本纪》曰"岁三百六十六日",晋杜预《左传正义》曰"朞之日三百六十有六日,日月之行又有迟速"。远古人"仰观天文、俯察地理"甚至"结绳而治"地记数记时(《易传》),长期观察昼夜变化及年岁往复,知一回归年366日(实365.25日),366去6可再均分为10份。因10、5是常数,10又是5的倍数,5最为常数[1]。故

---

[1] 范文澜1931年《与顾颉刚论五行说的起源》、郭沫若1931年《甲骨文字研究·释十五》、齐思和1935年《五行说之起源》等说5、10之常数观念法于手指数,甚是。刘师培认为早期文字里只有一二三四五,无六以上表数之文字,见章炳麟《太炎文录初编》卷二《与刘光汉书》:"尊意以一二三四五皆有古文,而六字以上即无古文,以此为上世原人只知五数之证。仆向者曾思此义,只以五行五音五位作证。今君复能实证古文,则真豁然确斯持之有故矣。陈义奥博,不复能赞一词也。"

天行一周年的整数分五而每节72日，再分二而每节36日，36日分二而每节18日，36日分三而每节12日，于是得5行、10月、20节气、30节气之数，这就是陈久金、卢央、刘尧汉等说的《夏小正》、《诗经》十月历及《管子》、《淮南子》一行主72日、全年主30节气的历数记述（36、72在中国思想学说中的常见或神奇正源于古老的天行历数）。据此，则《周易》复卦象曰"反复其道，七日来复，天行也"指年末六日后第七日周天复始（《春秋繁露》曰"天之道终而复始"），《淮南子·天文训》曰"岁迁六日，终而复始"亦指每360日后再迁6日即周年复始（参王念孙《读书杂志·淮南内篇》、钱塘《淮南天文训补注》），《系辞上》曰"乾之策二百一十有六，坤之策百四十有四，凡三百六十，当期之日"。"当期之日"即"当碁之日"，"当碁（期）之日"观念亦说周年往复为360日整，《素问·天元纪大论》谓"天有五行，御五位以生寒暑燥湿风……论言五运相袭而皆治之，终碁之日，周而复始"，《素问·六节藏象论》又谓"五运相袭，而皆治之，终碁之日，周而复始，时立气布，如环无端，候亦同法"。"反复其道，七日来复，天行也"指天道周天往复运行，不指其他，而此正与复卦象辞又曰"复，其见天地之心乎"高度吻合（天体周天往复运行则必有天道中心点，譬如北赤极、北黄极）。

《竹书纪年》曰："帝禹夏后氏元年壬子帝即位居冀，颁夏时于邦国。"《史记·夏本纪》曰："孔子正夏时，学者多传夏小正云。"孔子主张"行夏之时"以治邦国，谓"行夏之时，乘殷之辂，服周之冕，乐则韶舞"（《论语·卫灵公》）。于"行夏之时"，《孔丛子·辩物》载子思曰"夏数得天，尧舜之所同也……三统之义，夏得其正，是以夫子云"。《礼记·礼运》又载孔子曰："吾欲观夏道，是故之杞，而不足征也，吾得夏时焉。我欲观殷道，是故之宋，而不足征也，吾得乾坤焉。乾坤之义，夏时之等，吾以是观之。"（亦见《孔子家语·问礼》）郑玄注《礼记》孔子"吾得夏时焉……吾得坤乾焉"句曰："得夏四时之书也，其书存者有小正……得殷阴阳之书也，其书存者有归藏。"清陈逢衡《竹书纪年集证》卷七曰："《夏本纪》'孔子正夏时，学者多传夏小正云'，黄叔琳曰《竹书纪年》'夏后氏帝禹元年正月颁小正'即是书。顾问曰案《竹书纪年》'作颁夏时于邦国'，小正或夏时一端也。"清徐文靖《竹书统笺》卷三曰："按《礼运》曰'孔子曰吾欲观夏道，是故之杞，而不足征也，吾得夏时焉'，太史公曰'孔子正夏时，学者多传夏小正云'，《夏小正序》曰'孔子得夏时于杞'，而郑注《月令》文辞大抵严约，不类秦汉以来，信其为有夏氏之遗书。"

按陈久金等的研究结论，夏代历法当继承自黄帝时代：周天一岁成数360，余数6或5（按：余数作置闰日，可一次性闰五六日；也可一周年内分大小年各闰2—4日，如同一周年内分春、秋两节）；成数360分10或5节，每节36或72日；36日再分三节，则每节12日，全年30节。可见确定岁首，则此历法简便明了且切近太阳躔度主导的地球上大地节气变化，故何晏注"行夏之时"曰："据见万物之生以为四时之始，取其易知。"孔颖达疏曰："夏之时谓以建寅之月为正也，据见万物之生以为四时之始，取其易知，故使行之。"皇侃则疏曰："行夏之时谓用夏家时节以行事也。三王所尚正朔服色也虽异，而田猎祭祀播种并用夏时，夏时得天之正故也。"宋鲍云龙《天原发微》曰："孔子尝曰吾得夏时而悦者，以为谓夏小正之属盖取其时之正与其令之善也……孔子之论为邦乃以夏时为正，盖取诸阴阳始终之著明也。"何、孔、皇、鲍等说"行夏之时"颇中，原始夏历当是太阳历，《史记·历书》"盖黄帝考定星历，建立五行，起消息，正闰馀"也并非妄言。

不少学者论及10天干来自"十月制"远古历（如孙新周、何新、田合禄、陈久金、王先胜等），且古人早指出10天干与五行历数相关，故笔者深以为然。康有为《万木草堂口说》曰："数以十为止，外国亦然。""十"是个常数，《左传·昭公五年》曰："明夷，日也。日之数十，故有十时，亦当十位。"《左传·昭公七年》又曰："天有十日，人有十等，下所以事上，上所以共神也。"《逸周书·周月解》曰："数起于一而成于十，次一为首。"何新又曾举汉代《太平经》之"十者数之终也，故物至十月而反初。天正以八月为十月，故物毕成；地正以九月为十月，故物地老；人正以亥为十月，故物毕死。三正竟也，物当复生……"（明正统道藏本卷四十八）以佐证陈久金所发现的"五行"观念与"十月制"古历法的关联①，笔者亦以为然。至于12地支，笔者认为来自每月3节气及每节气12日的可能性最大。《史记·律书》曰"十母十二子"，甲骨文中纪日等的10天干、12地支名当源自同一历法数术（陈久金《陈久金集》、《中国古代的天文与历法》等书认为来自阳阴二历之融合），天度分十分

---

① 何新：《宇宙的起源：〈楚帛书〉与〈夏小正〉新考》，中国民主法制出版社2008年版，第62、122页。

五，地时分十二分六，天干地支，干支以配，共主历数。宋《天原发微》曰"五即十干，六即十二支"、"十干者，五行有阴阳也"，隋《五行大义》曰"支干者因五行而立之，昔轩辕之时大桡之所制也"，故古称"天数五、地数六"正与10天干、12地支相关，而称"天数五、地数五"则是数1~10分5奇数5偶数而已。隋萧吉《五行大义》曾引汉蔡邕《月令章句》提出干支出于"大桡采五行之情，占斗纲所建也"（以斗柄指向观月季节气），然又云日干月支，则恐正有颠倒或受了后世历法的影响。

《大戴礼记·曾子天圆》曰："圣人慎守日月之数，以察星辰之行，以序四时之顺逆，谓之历。"刘向《洪范五行传》曰："历者，圣人所以揆天行而纪万国也。"孔颖达《尚书正义》引《世本》曰："容成作历，大桡作甲子。"据古文献，"五行"及"干支"正起源于黄帝时代的十月制历数，"五行"本旨是说十月制的天行时令或天行节气，而这恰与"行"字的本义吻合。《说文》曰"行，人之步趋也"；《毛诗传》曰"行，往也"；《素问》曰"行者，移也"；《周易正义》"天行健"句孔颖达疏曰"行者，运动之称"（唐史征《周易口诀义》卷一、唐释宗密《圆觉经略疏之钞》卷一同）[①]。王贵民（寒峰）《甲骨文所见的商代军制数则》考甲骨文曰"行"字有人名、行走、军队行列三义，卜辞里表行军、行师、行伍尤多[②]。"行"字甲骨文、金文作"𣎴 𣎴 𣎴；𣎴 𣎴 𣎴"等（如下图），实为数人成列而行进状，表行动及表行列、行伍义从此出，而行动、行列两义皆古读同韵（如读杭）。"五行"即"五运"，都表运行、移动义，古来训"运"字为移也、徙也、动也、行也、转也、回也、流也、旋、周也等[③]，作动词义正与"行"字同。王冰注《素问》曰"五运谓五行之气应天之运而主化者也"，又注曰"五运谓五行，应天之五运各周三百六十五日而为纪也"，李善注《文选·运命论》曰"运，谓五德更运，帝王所禀以生也"。

[①]《内经》的阴阳五行说之"五行"有的已非原始五行概念，而是五材附会到五行后的概念。后世中医家不明"五材—五行"的历史渊源，云"五行"之"行"作"用"解，云五行即五材之用。如贾得道《系统中医理论》第28页、《中医研究论文集》第19页，山西科学技术出版社2002年版；再如袁复初《五行新解》曰"五行者，物体之基本能力也"（榛按：体字原误作了林字），见王慎轩编《中医新论汇编》，苏州国医书社1932年版，第33页。

[②]《甲骨文字诂林》第三册，于省吾主编，中华书局1996年版，第2228—2229页；胡厚宣等：《甲骨探史录》，生活·读书·新知三联书店1982年版，第400—410页。

[③]《故训汇纂》，宗福邦等主编，商务印书馆2003年版，第2303—2304页。

(《甲骨文编》"行"字，部分)

(《金文编》"行"字)

英语世界约定俗成地译"五行"为 five elements，five elements 属 material（材料、物质）之范畴，但 five elements 之译实未得"五行"一词之本义，李约瑟《中国科学技术史》第二卷《科学思想史》曾指出："……因此人们常常指出，**element 一词从来不能充分表达'行'字，正如我们刚才在第 222 页表 11 第 14 条中所看到的那样，它的真正词源从一开始就有运动的含义。**"① 而陈立夫主译本则译作："用'要素'或'元素'这种名称来解说'行'字，我们总会觉得它于义不足。'行'字的来源……其字形上最初所表示的，就有'运动'的含义。"② 李约瑟对汉字表达、汉字语义等是敏感的，其于"五行"字义及用法上的存疑是完全正确的，five elements 内涵确实与"行"字不合，刘起釪 1994 年所作《五行原始意义及其分歧蜕变大要》也言及这一点③。

然考诸"行"字的本义及读法，就可准确证实"五行"本是历数概念，是指天行，李约瑟的疑问将豁然开朗，前述《史记》的 7 个历数"五行"概念亦得字义证实。而冯友兰以 five activities、five agents 译"五行"④ 及陈荣捷以 five actions、five operations、five agents 译"五行"并认为"five agents"为佳⑤，这虽未明了"五行"本义，但实考虑到了"五行"的"行"字跟运动之义直接相关⑥。

（二）水、火、木、金、土五材附会历数五行

《五行大义》曰"支干者因五行而立之，昔轩辕之时大挠之所制也"，《汉书·律历志》曰"言历者以夏时，故周十二月，夏十月也"。"五行"

---

① 李约瑟：《中国科学技术史》第二卷，科学出版社 1990 年版，第 267 页。
② 李约瑟：《中国古代科学思想史》，江西人民出版社 1990 年版，第 326 页。
③ 刘起釪：《五行原始意义及其分歧蜕变大要》，收入艾兰等主编《中国古代思维模式与阴阳五行说探源》，江苏古籍出版社 1998 年版，第 133—160 页；又收入刘起釪《尚书研究要论》，齐鲁书社 2007 年版，第 356—357 页。
④ 冯友兰：《中国哲学简史》，涂又光译，北京大学出版社 1996 年版，第 115 页。
⑤ 陈荣捷：《中国哲学文献选编》，杨儒宾等译，江苏教育出版社 2006 年版，第 226 页。
⑥ 在当今中医学界，征引《说文》"行，人之步趋也"之文字解释并在理论要义上把握到《内经》"五行"论当本指跟"阴阳"论结合在一起的天道行气或天道时序概念以及金木水火土五材与原始五行在《内经》诸篇创作时代里发生过借用及混淆者，首推北京中医药大学教授郝万山，但他也并没有明白原始"五行"概念的天道历数来源或大地行气、节气所关联的远古天道历数论问题。——郝说见：《郝万山说健康——顺应自然和生命规律的养生智慧》（军事医学科学出版社 2013 年版）、《关于五行的讨论》（《北京中医药大学学报》2009 年第 1 期）、《五行学说略论》（《中国自然医学杂志》2000 年第 2 期）、《妙音通经焕新生——五音治疗原理》（《中国气功科学》2000 年第 12 期）、《五行选乐原理及应用》（《中医杂志》1992 年第 5 期）等。

本为历数之义，源自相传创于黄帝时代的十月制历法（炎黄时代当为太阳崇拜时代并用太阳历，炎黄或本同指而后分为二）；"五行"是指天时或天运天行，最初与水、火、木、金、土无任何意义、意象关联，五行与水、火、木、金、土（five elements）完全是独立无关的学说。而"五行＝水火木金土"（five elements）则是后起的观念或赋义，此中经历了"五材→五德→五行→天道"的援引比附过程，后又经"天道→五行→五德→五材"的天论体系释放出思想内涵或再添载思想内涵，并高远玄秘地统摄其他事物，不断加以泛化或演绎。

水、火、木、金、土最初称"五材"（又称"五才"、"五财"等），注疏家释《左传》、《周礼》等"五材"为水、火、木、金、土（此方是 five elements，此方是 material），与《尚书·洪范》"水火木金土"、《国语·郑语》"土金木水火"、帛书《易传》"水火金土木"概念一致，是材料观的普通五材说。李约瑟《中国科学技术史》又说《尚书·洪范》的"五行理论乃是对具体事物的基本性质做出初步分类的一种努力"[①]，事物性质分类其实是 element 而非"行"。汉代《尚书大传》"水火者百姓之所饮食也，金木者百姓之所兴作也，土者万物之所资生也，是为人用"即释作普通五材义而非抽象哲学义。马王堆帛书《易传》里提到的"水火金土木"也是普通五材含义，而提到的"理顺五行"、"必顺五行"、"五行……不可学者也"三个"五行"字样则实是指天行历数类而已，与材料观的"五材"说无关。前述《史记》7 个"五行"无五材义，《史记》10 个"五德"则或与已玄化的水、火、木、金、土相关，如云"终始五德/五德之数/五德之传/五德之运/五德转移"等。

然而为何以"五德"称水、火、木、金、土？或者水、火、木、金、土为何被称作"五德"呢？五材、五德为何黏附在了历数"五行"之上或上达至"天"的层面或抽象观念的层面呢？这其实是华夏先哲"以材比德"的观念在作祟：近取诸身，远取诸物，天或天道天行比德于某材。正如古人常以玉、水等实物来比人德一样，以水、火、木、金、土等实物来比天德亦是自然而然的。以材比人德的说法见《礼记·玉藻》"君子于玉比德焉"、《礼记·聘义》"君子比德于玉焉"、《荀子·法行》"夫玉者君子比德焉"、《说苑·杂言》"夫水者君子比德焉"、《大戴礼记·劝学》

[①] 李约瑟：《中国科学技术史》第二卷，科学出版社 1990 年版，第 266—267 页。

"夫水者君子比德焉"、《孔子家语·问玉》"昔者君子比德于玉"、《焦氏易林·鼎之》"垂枝布叶，君子比德"等，《礼记·中庸》郑注及《礼记·礼运》孔疏有以金木水火土等比人德或人伦之说，《礼记·月令》曰春夏秋冬四立之日是"盛德在木/火/金/水"，《孔子家语·五帝》曰太皞等五帝各配木火土金水而称木德火德土德金德水德，此皆是"以材比德"或"比德于物"。比德于物或玄远者取譬于实近之物是一种古老的汉语思维模式，通过比附、比喻或援申可延伸出指代性的概念，又可敷衍出其他思想或语义，论述或表达更加贴近生活，更加直观。这种比物丑类、取象比类的思维就是非逻辑性、非实证性的"类比思维"，是比喻与指代用法①，逻辑上实际是无效的，是非必然性的，但说理却颇似很生动，能说服一些常人。

将太阳五大行星称作金、木、水、火、土其实正是源自以五材金、木、水、火、土的比附与指代。五星最初并不称金、木、水、火、土，刘向曾提到古人以"金木水火土"占五星，此说明五星冠名金、木、水、火、土五字实来自比附金、木、水、火、土的星占术。也即语言史、思想史上是先有地上金、木、水、火、土五物概念，后才有天上金、木、水、火、土五星概念，而不是倒过来、反过来金、木、水、火、土概念源初于五星名称。五星最初不称金、木、水、火、土，刘向《说苑·辨物》曰："夫占变之道，二而已矣，二者阴阳之数也，故《易》曰一阴一阳之谓道。道也者，物之动莫不由道也，是故发于一，成于二，备于三，周于四，行于五。是故玄象著明莫大于日月，察变之动莫著于五星。天之五星运气于五行，其初犹发于阴阳，而化极万一千五百二十。……所谓五星者，一曰岁星，二曰荧惑，三曰镇星，四曰太白，五曰辰星。櫕枪彗孛，旬始枉矢，蚩尤之旗，皆五星盈缩之所生也。五星之所犯，各以金木水火土为占。"以金、木、水、火、土占星，这反映了古人以金、木、水、火、土五物五名比附天及天物天时的思想现象，而一些古文献则仍存有直接将天道五行与地道五材对应匹配起来的说法，如隋萧吉《五行大义》"天有五度以垂象，地有五材以资用"、唐张濯《宝应灵庆池神庙记》"天

---

① 傅斯年1918年《中国学术思想界之基本误谬》称之为"比喻代推理"；侯外庐等《中国思想通史》第一卷第十一章第七节以荀子"无类"概念称之为"思孟学派的'无类'逻辑"，并对思孟学派尤其孟子的"比附逻辑"作了系统而深刻的剖析。——见2003年版《傅斯年全集》第一卷第25页及1957年版《中国思想通史》第一卷第399—413页。

有五星辰居其一,地有五材水为之首"、明郑麟趾《高丽史·五行志》"天有五运,地有五材"、明薛应旂《冶亭说》"天有五行,地有五材"等。

《荀子·天论》曰:"列星随旋、日月递炤、四时代御、阴阳大化、风雨博施,万物各得其和以生,各得其养以成。"《荀子·礼论》又曰:"天地以合,日月以明,四时以序,星辰以行,江河以流,万物以昌。"又曰:"天地合而万物生,阴阳接而变化起,性伪合而天下治。"因黄赤交角的存在,北极坐标下的东亚大陆其大气伴随日地天体的周天运行而周期往复地呈现寒暑燥湿的时令变化,依赖大气热量及海陆空水分而代谢的万物则随节气而时令性地兴衰生息。在天球的运动中,日行一周年的昼夜数或日行一周天的躔度数若被常数10或5分割,则得"五行终始"的天文历法数术观。**万物生息依赖阴阳,阴阳则随四时五行升降起伏并终而复始,于是一些人由此将具一定生尅性能的水火木金土"五材"比附于天道"五行",即将地道五材的生尅性能比附于天道五行的交替终始**①。这种援引比附因表述形象而生动,"五行"本义遂逐渐被水火木金土五材概念所取代,原本"五行"所承载的十分一周年或一周天的历数真相反而金蝉脱壳似地褪去并渐渐湮没无闻,今几乎无人识得"五行"本义。

"五材"比附到历数"五行"并取代"五行"本义而鸠占鹊巢地牢牢占据"五行"身架或甲壳,此当首先归功于邹衍之流对"阴阳五行"的阐释更化。邹衍是"齐三驺子"之一,言行散见司马迁《孟子荀卿列传》、《历书》、《封禅书》等(下引不逐一标注篇名)。战国时的邹衍"以阴阳主运显于诸侯"(集解引如淳曰"今其书有主运五行相次转用事随方面为服",疑"面"由"而"讹),是阐发阴阳说的功臣,更是敷衍五行说的祸首,他的学说不是纯粹的自然科学或自然哲学,而是依附阴阳天道及五行历数而糅合进天道神秘及伦理告诫。邹衍在"善,人道也;德,天道也"(帛书《五行》)的天主德、天道主德之当世思潮中,以材比德地援引水、火、木、金、土进入五行历数,将五材之德比附到天运之德上,建立了阴阳消息、阴阳主运、五德终始的泛阴阳五行之天人论,充

---

① 五材之间有一定的生尅性能也是事实,古人以五方配说五材(跟产地有关),并以五材的生尅性能关系来说各方间的星象吉凶等,如《左传·昭公三十一年》曰:"入郢必以庚辰,日月在辰尾。庚午之日,日始有谪。火胜金,故弗克。"《左传·哀公九年》又曰:"盈,水名也。子,水位也。名位敌,不可干也。炎帝为火师,姜姓其后也。水胜火,伐姜则可。"

满了"怪迂之变"及"机祥度制",且旨在说服王公大人信从其"主运"及"行德"说,富有神秘解说及伦理意图。历数"五行"被"五材—五德"浸染改造后,新五行说就进入了中国天论的庞大解释体系及数术配置体系,新阴阳五行说成为阐发天道构成、运变以及人间物质、命运的系统之学——《吕氏春秋》、《淮南子》、《内经》等尤显,《内经》等主泛五行论的古书必定皆非在邹衍之前所写成。

"谈天衍"的阴阳家邹衍之说影响极大,当时王公大人虽"不能行之"但闻则"惧然顾化"。邹衍之后其说未终止传播,齐邹子还有"雕龙奭"邹奭等(邹又作驺),至于乱学邹衍的燕齐等"怪迂阿谀苟合之徒"则是"不可胜数也",《汉书·艺文志》录《邹子》、《邹子终始》、《邹奭子》、《公梼生终始》(注曰"传邹奭始终书")等书。再如汉文帝时官至丞相的秦前御史张苍与鲁人公孙臣都喜言"五德终始",主张天道水、火、木、金、土五德终始的张苍曾主制汉初律历,《史记·张丞相列传》曰"故汉家言律历者,本之张苍",《史记·十二诸侯年表》曰"汉相张苍历谱五德,上大夫董仲舒推春秋义"。西汉接战国方仙之风,黄老之说颇兴,阴阳五德及灾异说又盛,董仲舒及刘向、刘歆父子皆以说阴阳、五行名世[1];东汉时则神秘谶纬思潮更甚,加之十月制太阳历久亡,故"五行"本义日益不为学者所明。南朝皇侃《论语义疏》"(何)注历数谓列次也,列次者谓五行金木水火土更王之次也"即邹衍式"五德"义而已。再如《孔子家语·五帝》记孔子答季康子问"请问何谓五帝"曰:"昔丘也闻诸老聃曰:天有五行,木火金水土,分时化育,以成万物,其神谓之五帝。古之王者,易代而改号,取法五行,五行更王,终始相生,亦象其义。"此将"五行"视作"木火金水土"且在天上,并又"分时化育,以成万物"以及人间王者取法五行而易代改号等,更是典型的战国以来糅合地材、天行、人事的邹衍式五行说。

大约至隋唐时,"五行"二字的历数本义或清晰来源几乎不为人所知,这从隋萧吉《五行大义》及唐孔颖达《五经正义》可窥见。《五经正

---

[1] 董仲舒的五行说已是邹衍式五材名号之五行说,《春秋繁露·五行之义》"天有五行,一曰木,二曰火,三曰土,四曰金,五曰水;木五行之始也,水五行之终也,土五行之中也,此其天次之序也"是五材本质论,《春秋繁露·五行对》"天有五行,木火土金水是也;木生火,火生土,土生金,金生水;水为冬,金为秋,土为季夏,木为春;春主生,夏主长,季夏主养,秋主收,冬主藏"也是五材本质论以配五时。

义》将经学原典中的历数义"五行"释作了水、火、木、金、土,《礼记·月令》孔氏正义曰"夫四时五行同是天地所生,而四时是气,五行是物;气是轻虚,所以丽天;物体质碍,所以属地",可谓谬极。《四库提要》卷十一曰:"……《五行传》之附会,久论定矣。班固牵《洪范》于《洛书》,诸儒并及《河图》,支离轇轕,淆经义矣……伏生《大传》以下逮京房、刘向诸人,遽以阴阳灾异附合其文,刘知几排之详矣。宋儒又流为象数之学,惟图书同异之是辨,经义愈不能明。"元陈澔《礼记集说序》曰:"郑氏祖谶纬,孔疏惟郑之从。"傅斯年《中国学术思想界之基本误谬》曰:"郑玄为汉朝学术之代表,朱熹为宋朝学术之代表,郑氏深受纬书之化,朱氏坚信邵雍之言。"[1] 这道出了汉唐经学的一脉相承性,不可谓不精审。"五材"化的泛阴阳五行说在历史长河中不断敷衍泛滥,遂欲无所不搽、无所不赅了。宋代的阴阳五行说继承的仍是汉唐之说,如朱熹曰:"阳变阴合而生水火木金土……天地之间何事而非五行?五行阴阳七者滚合便是生物的材料。"(《朱子语类》卷九十四)然阴阳不生五材,五行也本非五材,万事万物非水、火、木、金、土所能概指及生成,阴阳与五材间无任何派生性的事实关联及逻辑关系,朱熹式的敷衍无任何事实根据及科学内涵,故傅斯年上文直斥此类自作聪明、自认高明的"阴阳学术"为"一文不值,全同梦呓"。

(三)《尚书·洪范》"五行"概念问题

论"五行"的起源,学者多溯《尚书·洪范》三个"五行"字眼,认为其"水火木金土"句反映了箕子时代即商周际的五行观念。然《洪范》的记述是可疑的:(1)该句无邹衍式五行意,反映的只是朴素的五材观念,倒与《左传》"天生五材,民并用之"及帛书《易传》谈地道五材等正相吻合,与《尚书大传》的五材解释相吻合;(2)水、火、木、金、土附会到历数五行上是春秋之后的事,此附会在箕子时代并未发生,无法坐实箕子说"五行"有邹衍式言天之意,孔疏"五行即五材也"后又云"若在天则五气流行,在地世所行用也"颇如画蛇添足;(3)"水火木金土"句前的"鲧堙洪水,汩陈其五行"之"五行"或指水、火、木、金、土,或指洪水乱奔行,或指历数五行,含义十分可疑,若此词与后文"五行"同义则必指五材而已,然据其上下文四字句式与四字语气、指示

---

[1] 傅斯年:《傅斯年全集》第一卷,湖南教育出版社2003年版,第26页。

代词"其"字、洪水不"五行"以及孔安国、应劭之解，则必当是指洪水之行且"五"字实为衍文而已（"其"指代前文的"洪水"，"其五行"即洪水之行）；（4）为《墨子》一书所引的《尚书·甘誓》"有扈氏威侮五行，怠弃三正，天用剿绝其命"句（王引之《经义述闻》卷三、三十二曰"威侮"当为"烕侮"，"烕"由"蔑"假借，烕侮五行即轻慢五行之义，甚是）①，或其"五行"与《洪范》篇"五行"是不同概念（《甘誓》全篇是否系伪书姑不论），《甘誓》"五行"正应是纯粹的历数概念②，正好与"三正"配言。**"三正"非后儒所谓三代各建寅丑子为正或一般的天地人三正等，乃汉《太平经》"天正以八月为十月故物毕成，地正以九月为十月故物毕老，人正以亥为十月故物毕死，三正竟也物当复生"之义，即天地人之"时正"各在斗建不同位置或不同历数月份，亦即黄道躔度与大气、生态三者循环正点存时间差的问题。"五行—三正"并称且同属十月制历数义，如此而已。**郑注《甘誓》曰"五行，四时盛德所行之政也"，未知郑注此"五行"何义，水火木金土五材？一二三四五五节？若后者则未远《尚书》本旨。孔安国注《甘誓》"三正"为天地人之正道及《史记·周本纪》"自绝于天，毁坏其三正"集解引马融语亦释为天地人之道，此亦是不确切之解。

某文曰遥远的某时某人有某说某事不等于历史中实有该说该事，先秦时代口耳传述及托古言意是常态。冯友兰《中国哲学简史》第 14 章说先秦思想家喜欢搬说古人如何来做权威，来支撑自己的主张，言日益遥远的大禹尧舜及黄帝者尤然③，顾颉刚亦有此意④，丁山也言及此⑤。刘节1927 年《洪范疏证》推定《洪范》"实非周初箕子所传"，而是战国儒生手笔，是春秋之后的作品，论证翔实可靠，足破水火木金土"五行"为商代箕子所有的学术成见及立论依据。傅斯年《战国诸子叙论》也认为

---

① "威侮"即轻慢，"怠弃"即怠慢，"威侮—怠弃"相类，所轻慢、怠慢的"五行—三正"又相类，即轻慢、怠慢天道的意思。《左传》、《孔子家语》记载孔子引《夏书》曰"惟彼陶唐，帅彼天常，有此冀方，今失其行，乱其纪纲，乃灭而亡"或"维彼陶唐，率彼天常，在此冀方，今失其行，乱其纪纲，乃灭而亡"，失其行、乱其纪亦是所谓"天常"之类的失乱。

② 顾颉刚、刘起釪 2005 年《尚书校释译论》与刘起釪 1991 年《古史续辨》、2007 年《尚书研究要论》等有数文证该"五行"为五星或五星运行，虽非，然已触天象历数问题；梁启超疑该"五行"非水、火、木、金、土五行而另有他义，所疑亦是。

③ 冯友兰：《中国哲学简史》，北京大学出版社 1996 年版，第 137 页。

④ 顾颉刚：《古史辨》第一册，上海古籍出版社 1982 年版，第 60 页。

⑤ 丁山：《中国古代宗教与神话考》，上海书店 2011 年版，第 591 页。

《洪范》"显系战国末人书"并"疑《洪范》出自齐",冯友兰《中国哲学史新编》第1册也认为《洪范》是战国作品,其论水火木金土谓"五行"实是普通五材之义①,同此意见者还有庞朴、罗光、何新等人。郭沫若《金文丛考》也称《洪范》"五行"是普通材质义:"《洪范》一文其为构成意识之产物……亦绝非周初所宜有","五行之观念亦为金文所无,金木水火土等文字虽散见,然义均质实,绝无神秘之臭味。因之五行生胜、帝德转移及五方、五祀之说,均无丝毫之痕迹可以徵考"②。杨向奎亦说:"其实《洪范》的五行说仅说明五种物质的效能,是质朴的,毫无哲学或数术的意味在内。"③竺可桢也说:"后世愚儒,乃将凡百事物,均纳入五行中,与原来《洪范》区物质为五类,已失本意。"④《尚书大传》即以普通"五材"解《洪范》"五行":"水火者百姓之所饮食也,金木者百姓之所兴作也,土者万物之所资生也,是为人用。"《尚书正义》曰:"五行即五材也,襄二十七年《左传》云'天生五材民并用之',言五者各有材干也。"《左传正义》解"用其五行"曰:"五物世所行用故谓之五行,五者各有材能,《传》又谓之五材。"(《左传正义》实混淆了五行与五材,此五行非五材)

笔者疑作《洪范》者借用了当时流行的"五行"概念故称"五材"为"五行",更疑《洪范》"五行"实本作"五材",是后来传抄中昧于当时所流行的"五行"概念而改作了"五行"(正如荀子"性恶"或是汉代刘向昧于当时所流行的"善—恶"对立概念而将原"性不善"字样改作了"性恶"一样)⑤。但无论其"五行"是五材义及"五行"字样是否有讹传或其他,《洪范》似乎并非是西周作品,定为春秋晚期至战国前期为宜,与《左传》、《易传》成书年代相当或略早一些(注家将《左传·昭公》三个"五行"概念解为水火木金土是错误的,实皆天行历数概念而非五材概念;《国语·鲁语》"天之三辰、地之五行"其"五行"也是天行历数概念;帛书《易传》的三则"五行"更是天行历数概念)。

---

① 冯友兰:《中国哲学史新编》上卷,人民出版社1998年版,第82页。
② 郭沫若:《郭沫若全集》考古编第五卷,科学出版社2002年版,第117—118页。
③ 杨向奎:《西汉经学与政治》,独立出版社1945年版,第9页。
④ 原出不详,转引自竺可桢学生刘操南引述,见刘操南《〈诗经〉是阴阳五行之诗吗?》,《浙江学刊》1990年第2期。
⑤ 笔者校《荀子》"性恶"的见解首次被征引见解丽霞《"第十六届国际中国哲学大会"述要》,《哲学动态》2009第11期。

刘节、傅斯年定之为战国末作品实是按邹衍式"五行—五德"概念来理解《洪范》,可谓过矣,此正如梁启超等将阴阳五行说认作邹衍的创始发明一样,皆是未明邹衍五行说的历数渊源及五材附会或五材指代而已。

齐思和1935年《五行说之起源》说:"原始的五行说,不过人生必需之五种实物,并无玄妙哲理……原始之五行说,自经星象家之采取,始渐成一玄妙之哲学系统……原始五行说,自经天文家之利用,遂由具体之物,变为抽象的观念……五行说由五种实物,渐成为抽象的象征,由地上之物,而侵入天文系统。愈演变而范围愈大,应用愈广。及至邹衍出,又恢宏而扩大之,于是宇宙万事,无不包括于五行系统之中矣。"① 其实齐思和的结论是错误的,他并未明原始五行说的真相;若正本清源,则将齐思和上述句子中的"五行"改作"五材"方近本相。也就是说,并非是星象家援引了原始五行说,而是星象家类援引了原始五材说,而原始五行说本来就是天文家用来指称天行、天时的历数概念,本来就是天文历数理论。

竺可桢曾说:

> 五行二字最初见于经典者在《尚书·甘誓》:"有扈氏威侮五行,怠弃三正。"《洪范》:"有闻在昔,鲧陻洪水,汩陈其五行(榛按:《尚书》此五行实与后文水火木金土无关)。一曰水,二曰火,三曰木,四曰金,五曰土。水曰润下,火曰炎上,木曰曲直,金曰从革,土爰稼穑。润下作咸,炎上作苦,曲直作酸,从革作辛,稼穑作甘。"后世愚儒,乃将凡百事物,均纳入五行中,与原来《洪范》区物质为五类,已失本意。《老子》、《论语》、《孟子》,均不见五行。惟《墨子·经下》有五行……五行说有组织而极诞者,首见之《吕氏春秋·十二览》。其后《小戴礼记》采为《月令篇》,《淮南子》又采之。如是将一年四季分配于五行!春木、夏火、秋金、冬水,所余之土无所归,则于夏秋交界,特拓一位置。于是五方之东南西北中,五色之青赤黄白黑,五声之宫商角徵羽,五味之辛酸咸苦甘,五虫之羽介鳞毛倮,五祀之井灶行户中雷,五谷之黍稷稻麦菽,五畜之马牛羊

---

① 齐思和:《五行说之起源》,《师大月刊》1935年第22期,又见齐思和《中国史探研》,中华书局1981年版,第195—198页。

犬豕，五脏之心肝肺脾肾，皆一一如法分配。……造此阴阳家之邪说，以惑世诬民者为燕齐方士，而其建设之传播，则有负责者三人，即邹衍、董仲舒与刘向也。……呜呼！机祥灾祲之迷信，深中于士大夫者，智日以昏，而志以偷，谁之咎也。①

上段话为竺可桢学生刘操南所记，此可证明竺可桢同样发现了《尚书·洪范》的水、火、木、金、土是物质构成论的"区物质为五类"而已，但他没有解决《尚书·甘誓》的"五行"问题。同时，他指出水、火、木、金、土五行说"有组织而极诞"，居功者是"邹衍、董仲舒与刘向也"，认为此是"机祥灾祲之迷信"。竺可桢将水、火、木、金、土五行说界定为"阴阳家之邪说"及"惑世诬民"而予以批判或否定，但其实此五行说已非原有的五行说，而是五材化的新五行说了。

另要补说一下"三纲五常"的概念问题。"三纲五常"亦源于天道历数概念，如同三纲五纪、三纲四支、三统五行、三统五端、天纲、斗纲等初义。五常本于五行，三纲即是三辰，辰是有时间坐标意义之星。《太玄经》"三纲得于中极"，《内经》"黄帝坐明堂，始正天纲，临观八极，考建五常"，《文子》"神农、黄帝核领天下，纪纲四时，和调阴阳"，《越绝书》"不失阴阳、日月、星辰之纲纪……阴阳万物，各有纪纲"，《春秋繁露》"循三纲五纪，通八端之理"，《汉书》"斗，天之三辰，纲纪星也"、"玉衡杓建，天之纲也；日月初缠，星之纪也"，《内经》"夫五运阴阳者……万物之纲纪"等，皆言星运及气行等。

"三纲五常"最初也应是天道领域的历数概念，后引入人道领域并赋予伦理或德性内涵则指人间德数或伦次了，此正如思孟派引仁义礼智圣（诚）五德说入天道五行说以建构天人伦理贯通、德性贯通的"新五行"说（此新五行说是天道化、伦理化的五德义），又如后孟子的邹衍流以五材生剋之德入天道五行说以阐天道主运、更息而张"五德终始"说（此实当称新五德说，是天道化、神秘化的金木水火土五德义，并与阴阳说相配，成流传至今的"阴阳五行"观念），此皆是鸠占鹊巢而"五行"含义日益被附增且其本义渐湮的思想学说史之典型。

---

① 转引自竺可桢学生刘操南《〈诗经〉是阴阳五行之诗吗?》，《浙江学刊》1990年第2期。

二 荀子的思孟"五行"批判问题

《荀子·非十二子》有段话曰:"略法先王而不知其统,然而犹材剧志大,闻见杂博,案往旧造说谓之五行,甚僻违而无类,幽隐而无说,闭约而无解……子思唱之,孟轲和之,世俗之沟犹瞀儒嚾嚾然不知其所非也,遂受而传之,以为仲尼、子弓为兹厚于后世,是则子思孟轲之罪也。"此话甚难解,西汉扬雄《法言·君子》曰:"或曰:孙卿非数家之书,侻也;至于子思、孟轲,诡哉!曰:吾于孙卿,与见同门而异户也,惟圣人为不异。"侻即对、好之义,诡即怪异、不实之义,"或曰"者认为荀子非其他诸子很对,至于非思孟就有些诡辟了,"或曰"者立场明显是反对荀子刺思孟"五行"的[①]。

(一)思孟"五行"多解

于荀子非难思孟"五行",宋王应麟《困学纪闻》卷十云《韩诗外传》只记十子而无思孟,故认为刺思孟处是荀子弟子韩非、李斯之流所添以诋毁圣人。不过清吴汝纶《读荀子一》认为王说为非,且云荀子刺思孟"其言不足为卿病也"。《古史辨》里刘节、顾颉刚等认为思孟不言"五行",《荀子》里所谓"案往旧造说谓之五行"指的是邹衍而非思孟,荀子或《荀子》有误。然郭沫若1932年《金文丛考·八卦五行》认为荀子批判的思孟五行"其为金木水火土之五行无疑,是儒家五行说本为子思所唱道"[②],章太炎《子思孟轲五行说》则云《中庸》郑注及《孝经》注以金木水火土与仁义礼智信相匹"是子思之遗说也"[③]。范文澜1931年《与顾颉刚论五行说的起源》说"孟子是神化五行说的创造者,邹衍是发扬光大五行说的老师父,《荀子·非十二子》篇所记是可信的"[④],李学勤则云"子思的五行说则将作为元素的五行与道德范畴的五行结合为一,荀子指责之为'无类'、'无说'、'无解',是有道理的"[⑤]。李学勤弟子邢文、陶磊则分别认为:五行分"水火木金土"和"天地民神时"两系

[①] 《汉书·艺文志》录儒家作品《虞丘说》一篇并注"难孙卿也",王先谦《汉书补注》以为"虞丘"即《艺文志》所录《吾丘寿王》六篇之"吾丘",陈澧《东塾读书记》卷三则谓"今不得见其所难者何如"。

[②] 郭沫若:《郭沫若全集》考古编第五卷,科学出版社2002年版,第119页。

[③] 章炳麟:《章氏丛书》,世界书局1982年版(台北),第648页。

[④] 顾颉刚:《古史辨》第五册,上海古籍出版社1982年版,第648页。

[⑤] 李学勤:《帛书〈五行〉与〈尚书·洪范〉》,《学术月刊》1986年第11期。

而"仁义礼智圣"归属于"水火木金土"一系①；子思五行是《中庸》说的"天下之达道五"之五伦或"唯天下至圣"之五德或《吕氏春秋》说的"仁礼义信强"，而孟子五行是"仁义礼智圣"或"仁义礼智信"且**"也不存在一个'思孟五行'"及"'思孟五行'作为一个学术术语，应该放弃"**②。至于报刊论文对荀子所谓的思孟"五行"的新解或别解则更多了，但见解并不可靠，兹不赘述或繁引之。

唐杨倞解思孟五行为仁、义、礼、智、信五德，章太炎、梁启超等解为五伦，郭沫若《十批判书》又解为仁、义、礼、智、诚五德，庞朴《帛书五行篇研究》则以今本《孟子》与马王堆帛书《五行》对勘推定孟子"五行"当指仁、义、礼、智、圣五德，而后来出土的郭店楚简亦有《五行》篇，此足证仁、义、礼、智、圣被战国儒家称为"五行"。对《荀子·非十二子》中的思孟"五行"问题尽管尚有其他解读，但以水、火、木、金、土五种要素解思孟五行实是不知五行本义及要义（子思时恐未以金、木、水、火、土五材直接比附及言说人间五德或五伦），而以五种德行解思孟五行则颇似入理，因为人的德性或行为名曰"行"于汉语常见，帛书与竹简《五行》即大讲五种德行，即使《荀子》仅有的另一则"五行"字眼也是德性或行为的意思（见《乐论》篇），同于《礼记·乡饮酒义》中的"五行"概念。然仅以世俗的"五德"去理解荀子的批判是不到位的，如此则荀子的"略法先王而不知其统，然而犹材剧志大、闻见杂博，案往旧造说……甚僻违而无类，幽隐而无说，闭约而无解"反而不知所云而解者自己幽隐无解了。

(二) 思孟"五行"正解

还是得先回归"五行"概念本义才入脉，否则思孟"案往旧造说谓之五行"这个问题不得正解。其实荀子这么说，完全是因为思孟将人间的性命德行附会到天道天德上，天数为五则德数亦凑五，把天德崇高化、神秘化并将明明没有生成关系的上天与人德对接在一起（贾谊《新书·六术》亦以12月制历数6来构造六术天人论，郭店楚简《六德》篇其"六"亦颇有讲究），故荀子出此严厉批判。荀子在批判思孟儒时所说的"法先王"、"谓五行"当依钱大昕、吴汝纶所解才触及真正本相，钱大昕

---

① 邢文：《帛书〈周易〉研究》第九章，人民出版社1997年版，第184—223页。
② 陶磊：《思孟之间儒学与早期易学史新探》第五章，天津古籍出版社2009年版，第76—103页。

《十驾斋养新录》卷十八曰："方是时，老庄之言盛行，皆妄托于三皇，故特称后王以针砭荒唐谬悠之谈，非谓三代不足法也。"吴汝纶《读荀子一》曰："当孙卿之世，吾意子思、孟子之儒必有索性、道之解不得遂流为微妙不测之论者，故以'僻违闭约'非之。又其时邹衍之徒皆自托儒家，故《史记》以附孟子。卿与共处稷下，所谓'闻见博杂，案往旧造说五行'者谓是类也。卿又言法后王……则亦病邹衍之徒远推上古窈冥怪迂而为是说耳。所谓后王即三代之圣王也，岂尝缪于圣人哉！"（《桐城吴先生文集》卷一）俞樾《经课续编》卷三《率性之谓道解》认为孟子性善论来自子思"天命之谓性"，谓孟子论性实似道家，这亦涉及已明思孟有黄老化、神秘化的倾向，钱穆《先秦诸子考辨·孟子不列稷下考》有意论证孟子与齐稷下道家者无关，此为曲意辩护，孟子在齐及与是时齐稷下学的关系是否认不了的，《史记》、《孟子》等记载甚明确。

《古史辨》第五册里范文澜等亦得其要，范文澜亦如吴汝纶，说邹衍与孟子有关，说孟子之术与邹衍之术近类，曰"邹衍是孟子一派的儒者"，又引赵岐"逮至亡秦，焚灭经术，坑戮儒生，孟子徒党尽矣"以及汉初立博士的多为荀学而尤信方士之儒的汉文帝却特立《孟子》为博士等论证孟子与"五行先生"的关系；范文澜虽未明原始"五行"概念的天道历数义，但却发现了《孟子》七篇"很看到些气运终始的痕迹"并进行了论证①，可谓睿识。《孟子》"天时不如地利"句汉赵岐注将"天时"释作"时日干支五行旺相孤虚之属"，朱熹解作"孤虚以方位言，如俗言向某利，某方不利之类，旺相指时日"。于此，杨向奎引之以证明思孟"五行"实则信礼祥之类②。思孟是喜谈神秘天道并努力将神秘天道与伦理观念结合起来加以敷衍贯通的，思孟遗著《中庸》、《孟子》的确能看到相关痕迹。《中庸》曰"国家将兴必有祯祥，国家将亡必有妖孽"；"舜其大孝也与，德为圣人，尊为天子……故大德者必受命"。《孟子》曰"有天爵者，有人爵者，仁义忠信，乐善不倦，此天爵也"；"尧舜性者也，汤武反之也……君子行法以俟命而已矣"；"尽其心者知其性也，知其性则知天矣，存其心养其性，所以事天也"；"五百年必有王者兴，其

---

① 顾颉刚：《古史辨》第五册，上海古籍出版社1982年版，第646页。
② 杨向奎：《西汉经学与政治》，独立出版社1945年版，第3页。

间必有名世者"（此涉五百余年五星一聚会的星占观念）①。且孟子亦的确喜欢言遥远"先王"，今《孟子》七篇显见，《史记·孟子荀卿列传》亦称"孟轲乃述唐虞三代之德"，《史记·十二诸侯年表》称"及如荀卿、孟子、公孙固、韩非之徒各往往捃摭春秋之文以著书"。

　　班固《汉书·艺文志》所录阴阳十六家二百四十九篇中列有"《孟子》一篇"，清沈钦韩《汉书疏证》、《后汉书疏证》皆疑该孟子即五行家"《猛子闲昭》二十五卷"之"猛子"尚无据，该《孟子》一篇无法坐实非真孟子之说（或孟子弟子之说）。至于已佚的《孟子》外篇更难免有孟子学派之说了。东汉赵岐注《孟子》不注外篇或因外四篇着重谈了神秘性天道或遥远先王，故认作委托而删去不注。明顾炎武《日知录》、清冯云鹓《圣门十六子书》所汇《孟子》佚文或多数本在外篇，并且喜谈天道与先王仍显蛛丝马迹（章太炎就曾疑孟子言五行在《外书》四篇）。而赵岐与以"天命谓天所命生人者也，是谓性命，木神则仁，金神则义，火神则礼，水神则信，土神则知"注《中庸》"天命之谓性，率性之谓道，修道之谓教"句的郑玄正属同代，皆汉献帝建安年间殁（公元200年前后，晚殁于班固约108年）。《艺文志》录《孟子》十一篇、《子思》二十三篇，赵岐、郑玄都当亲见《孟子》全本甚至《子思子》（今本《孟子外书》是伪书，清倪灿《宋史艺文志补》、周广业《孟子四考》等已断其为伪），赵删《孟子》外篇及郑注子思《中庸》恰恰反映了思孟学说有糅合伦理与玄秘天道的丰富内容；郑玄解说《中庸》"天命"多少已反映了思孟学派将德性与天命经五行天道结合起来的真实之学说倾向，就如郑玄注"五行"曰"行者言顺天行气"是据于该概念的本有思想内涵一样。

　　徐文珊《儒家和五行的关系》一文记钱穆在燕京大学讲课时说"《孟子》'及时'的观念即为与五行通气的证据"②，钱虽未明"五行"本指历数类，但此见亦睿。若《中庸》与子思的发生关系及子思与孟子的师承关系如旧说，以郑注《中庸》等观之，则思孟学派正是创立人伦五德或五常以配天道五行说的开山鼻祖；而邹衍之流不过是荀子指责的是"世俗之沟犹瞀儒嚾嚾然不知其所非也遂受而传之"而已，邹衍变思孟天道化的五德五行说为五材化的天道五德说不过是有过之而无不及的"始也滥耳"

---

　　① 班大为：《中国上古史实揭秘——天文考古学研究》，徐凤先译，上海古籍出版社2008年版，第211—235页。
　　② 顾颉刚：《古史辨》第五册，上海古籍出版社1982年版，第694页。

的以仁义、六亲为目标的伦理旨归而已。故康有为《万木草堂口说》曰："邹衍最宏伟精微，终仁义其正。"司马迁《孟子荀卿列传》则评邹衍学说曰："……**其术皆此类也。然要其归，必止乎仁义节俭君臣上下六亲之施，始也滥耳。**王公大人初见其术，惧然顾化，其后不能行之。"而汉董仲舒、刘向言阴阳、五行之"天道"论亦同然，其伦理之旨一也。

南怀瑾曾说：

> 在全文（《孟子荀卿列传》）里，他（司马迁）说驺衍用阴阳玄妙的学术谈天说地，讲宇宙人生与物理世界因果交错的事，玄之又玄，妙之又妙，听的人各个为他倾倒。其实驺衍这套学术，就是中国上古理论物理科学的内涵，也是上古科学的哲学内涵，如未深入研究，也不要随便轻视。
>
> 不过，以司马先生的观点看来，驺衍他的本意，也和孟子一样，深深感慨人类文化的危机，尤其当时国际间政治道德的衰落，社会风气的奢侈糜烂，他为了要有所贡献，希望改变时代，只好先推一套容易受人欢迎、接受的学术出来，玩弄一下。其实，他的本意，还是归乎人伦道义，所谓"仁义节俭，君臣上下六亲之施"。他那谈阴阳、说玄妙的学术，只是建立声望的方法而已，所谓"始也滥耳"。
>
> 当时那些王公大人们，一开始接触到驺先生的学术思想，惊奇得不得了，都愿意来接受他的教化。等到驺衍真正要他们以人伦道德来做基础的时候，他们便又做不到了。①

其实邹衍（驺衍）的"五德终始"理论（此五德已非思孟人伦五德而是五材类的天道五德了）不是天文天道理论，而恰恰是宗教与伦理性质的天道理论，是伦理化改造的五行天道论，是五材神秘化的天道变迁理论，里头有南怀瑾说的"上古理论物理科学"或"上古科学"的渊源，但它自身并非是什么理论物理学或科学。南怀瑾不明"五行"本义与天文学尤其上古天文学，故他对邹衍的评价未必是正确的。不过他对孟子、邹衍共同的伦理旨趣的理解恰是正确的，如果在这种伦理旨趣把握的基础上进一步与孟子、邹衍伦理化天道论建设之努力相结合起来思考，则对"孟子一

---

① 南怀瑾：《孟子旁通》，复旦大学出版社1996年版，第11—12页。

邹衍"思想学说把握或会更加真切，尤其是更能明了"孟子—邹衍"的五行论或五德论的天人论体系或天人论架构。

（三）"五行"说的几种形态

总之，根据现有的历史文献证据，"五行"说或五行观念的源流大体如下：

（1）原始五行说：十月制历数（天行历数，天道也）⎫
（2）原始五材说：水火木金土（五种材质，地道也）⎬并列存在
（3）五德配天道五行（以人德配天道）：思孟等（新五行说一）
（4）五材配天道五行（以物德配天道）：邹衍等（新五行说二）
（5）人德配天道五德（即水火木金土）：董仲舒（新五行说三）

至少在孔子时代，作为天道叙述话语的天行历数之原始五行说早已存在，而作为地道材质叙述（"立地之道曰柔与刚"）的水、火、木、金、土之原始五材说也早已存在，但二者并没有合流，在最古老文献上可分判得很清晰。将人德以五配说天道五行的，当是思孟之流，这是新五行说第一种形态；将物德（水、火、木、金、土之德）以五配说天道五行的，当是后孟子的邹衍之流，这是新五行说的第二种形态（邹衍等本是伦理型的阴阳家，见司马迁等所评）；而将五德（不管仁、义、礼、智、信还是仁、义、礼、智、圣等）配说到邹衍式新五行说的，当是汉初董仲舒之流，这是新五行说的第三种形态。将人德配天道五行并许以直观的水、火、木、金、土五材之德的，当非子思、孟子所创，而是后孟子者所创，故庞朴说：

> 文献表明，配五常仁义礼智信于水火木金土五行的把戏，不仅在《管子》的《四时》与《五行》篇（作为战国时代作品看）中不曾见，在《吕览·十二纪》与《礼记·月令》中不曾见，刘安的《淮南子·时则》中也不曾见。就是说，在这之前，还不曾有这种思想。直到《春秋繁露》里，我们才看到董仲舒在前人的已经足够庞大的五行大系之上，更增加了这个新的项目，拿仁智信义礼配木火土金水，这是董仲舒的发明。可是董仲舒的这个配方，并未被大家公认……大概直到白虎观会议，才最后定下仁木、义金、礼火、水智、土信的公式，如后来沿用的样子。[①]

---

① 庞朴：《帛书五行篇研究》，齐鲁书社1988年版，第135页。

第二节 沟通天人的性道论

在上一节里,笔者已经将"五行"概念、观念、学说问题做了一番详细考原,目的是揭示孟子论"性—天道"的哲学进路,也揭示荀子批判思孟"案往旧造说,谓之五行,甚僻违而无类,幽隐而无说,闭约而无解"的"略法先王而不知其统,然而犹材剧志大,闻见杂博"及"案饰其辞而祇敬之,曰此真先君子之言也,子思唱之,孟轲和之"的真相究竟为何。下面,再以思孟学派文献来详说孟子论"性—天道"的问题。

一 独以仁义礼知圣为"性"

"天道"这词在《孟子》这书里仅出现一次,但它无任何天文学的天行、天道含义在,而是某种伦理色彩的高远天道,且此伦理色彩之天道只可个别性地体证而不可天文天象式地观测以及作天象历数式地描述或分析。比如有"天道"这词的《孟子·尽心下》云:

> 孟子曰:口之于味也,目之于色也,耳之于声也,鼻之于臭也,四肢之于安佚也,性也,有命焉,君子不谓性也。仁之于父子也,义之于君臣也,礼之于宾主也,知之于贤者也,圣人之于天道也,命也,有性焉,君子不谓命也。

论"性—天道",上章内涵丰富,且尤其能折射孟子的思想精意,故首先作为切入点以探讨之。此处孟子认为:口味、目色、耳声、鼻臭、四肢安佚五种知觉或欲求是"性",但得之与否"有命",所以君子不称之为"性";而父子仁、君臣义、宾主礼、贤能知、天道圣(**当是"圣之于天道也",详见后述**)五德是达之有命,但君子达不达都是"有性",所以君子不称之为"命"。就《孟子·尽心下》上章,汉赵岐注曰:

> 口之甘美味,目之好美色,耳之乐音声,鼻之喜芬香。臭,香也,《易》曰其臭如兰。四体谓之四枝,四枝解倦,则思安佚不劳苦。此皆人性之所欲也,得居此乐者有命禄,人不能皆如其愿也。凡人则触情从欲而求可乐,君子之道则以仁义为先礼节为制,不以性欲

而苟求之也，故君子不谓性也。

仁者得以恩爱施于父子，义者得以义理施于君臣，好礼敬施于宾主，知者得以明知知贤达善，圣人得以天道王于天下，此皆命禄遭遇乃得居而行之，不遇者不得施行，然亦才性有之，故可用也。凡人则归之命禄，任天而已，不复治性，以君子之道则修仁行义，修礼学知，庶几圣人亹亹不倦，不但坐而听命，故曰君子不谓命也。章指：言尊德乐道不追佚性，治性勤礼不专委命，君子所能，小人所病，究言其事以劝戒也。

宋孙奭注曰：

"孟子曰"至"君子不谓性也"者，孟子言人口之于美味，目之于好色，耳之于五声，鼻之于芬芳，四肢之于安佚无事以劳之，凡此五者皆人性所欲也，然而得居于此乐者以其有命存焉，君子以为有命在所不求而不可以幸得也，是所以不谓之性也。

"仁之于父子也"至"君子不谓命也"者，孟子又言仁以恩爱施之于父子，义以义理施之于君臣，礼以礼敬施之于宾主，知以明智施之于贤者，而具四端圣人兼统四体而与于天道以王天下者也，凡此五者皆归之于命也。然而有是五者皆禀乎天性也，以其有性存焉。君子以为有性在所可求而不可不勉也，是所以不谓之命也。孟子言之所以分别凡人、君子以劝戒时人。

对于口、目、耳、鼻、四肢而言，倾向美味、美色、美声、芬芳、安佚是"性"，这很好理解，但君子怎么就以得之与否"有命"而否定它是"性"呢？同样，仁、义、礼、知、圣的状态或境界得之与否当然也有"命"的成分，但君子怎么就以内心"有性"而否定它是"命"呢？**在孟子看来，于"君子"而言是"性"的不是"性"了，是"命"的又是"性"了，也就是他以仁、义、礼、知、圣五者为"性"，而人的肉体需求或物质生存不是"性"**。同时《孟子·告子上》、《孟子·尽心下》又有章句分别云：

（1）口之于味也，有同耆（嗜）焉；耳之于声也，有同听焉；

目之于色也，有同美焉，至于心，独无所同然乎？心之所同然者何也？谓理也义也。圣人先得我心之所同然耳。故理义之悦我心，犹刍豢之悦我口。

（2）孟子曰：尽其心者，知其性也。知其性，则知天矣。存其心，养其性，所以事天也。殀寿不贰，修身以俟之，所以立命也。

将"尽心知性"章与"口之于味也，目之于色也"、"口之于味也，有同嗜焉"两章对看，我们会发现孟子非常推崇仁、义、礼、知、圣等"理—义"，并将之比拟为"犹刍豢之悦我口"，也即"君子不谓命也"章以之为"性"的意思。"尽心知性"章又提出"尽心→知性→知天"、"存心→养性→事天"、"殀寿→修身→立命"也即"心性→天命"的主旨。宗白华说："**孟子以为人生的最高法则是尽性（扩充人的本性中的善端），只有尽性的工夫做到了，才算知天命。**"[①] 然而，何为"天"？何为"命"？《孟子·万章上》又定义之曰："莫之为而为者，天也；莫之致而至者，命也。"以这些定义或叙述衡之，则孟子无疑认为仁、义、礼、知、圣等理义是君子本有的（即他说的"有性"），君子不过是存该心养该性而知天立命而已。

《孟子·告子上》、《孟子·公孙丑上》又分别曰：

（1）仁义礼智，非由外铄我也，我固有之也，弗思耳矣。故曰：求则得之，舍则失之。或相倍蓰而无算者，不能尽其才者也……

（2）恻隐之心，仁之端也；羞恶之心，义之端也；辞让之心，礼之端也；是非之心，智之端也。人之有是四端也，犹其有四体也。有是四端而自谓不能者，自贼者也；谓其君不能者，贼其君者也。凡有四端于我者，知皆扩而充之矣，若火之始然，泉之始达。苟能充之，足以保四海；苟不充之，不足以事父母。

上两章没有像《孟子·尽心下》"君子不谓性也……君子不谓命也"章那样地讲"仁义礼知圣"五者，而是只讲了"仁义礼知"四者。有趣的是，1970年代湖南出土的马王堆帛书《五行》篇及1990年代湖北出土

[①] 宗白华：《宗白华全集》第二卷，安徽教育出版社1994年版，第769页。

的郭店楚简《五行》篇的内容大体相同①，而简帛《五行》的出土则有力证实了思孟学派推崇"五德"并上升到天道的高度而谓之"五行"，证实了思孟学派推崇"圣—天道"并且"仁义礼智圣"当是其配天道五行的五项德性内容，更证实了《孟子·尽心下》"圣人之于天道也"句当本是"圣之于天道也"以与前述"仁义礼智"四德并列。

二 由"性—德"到"天道"

郭店楚简《五行》第1—2章云（编辑符号为引者所加，下同）：

仁形于内谓之德之行，不形于内谓之行。义形于内谓之德之行，不行于内谓之行。礼形于内谓之德之行，不形于内谓之行。智形于内谓之德之行，不形于内谓之行。圣形于内谓之德之行，不行于内谓之行。

德之行五和谓之德，四行和谓之善。善，人道也。德，天道也。君子无中心之悦则无中心之智，无中心之智则无中心之悦，无中心之悦则不安，不安则不乐，不乐则无德。

郭店楚简《五行》第9—10章又分别云：

君子之为善也，有与始，有与终也。君子之为德也，有与始，无与终。金声而玉振之，有德者也。

金声，善也。玉音②，圣也。**善，人道也。德，天道也。**唯有德者，然后能金声而玉振之。不聪不明，不明不圣，不圣不智，不智不仁，不仁不安，不安不乐，不乐无德。

---

① 以下引简书《五行》释文据李零《郭店楚简校读记》，中国人民大学出版社2007年版；引帛书《五行》、《四行》释文据魏启鹏《简帛文献〈五行〉笺证》，中华书局2005年版。

② 魏启鹏1991年释作"玉言"，当作"玉音"为确；或疑此"玉音"由"玉辰"抄误，辰通振也。"音←言←舌←口"的渊源如—符所示，"言"口内添一笔为"音"，《说文》曰："音，声也，生于心而有节于外谓之音……从言，含一。"张舜徽《说文约注》曰："盖出于口谓之言，出于口而声有节奏或延绵不绝者则谓之音。故其字从言含一，含一者谓其声留于口低昂吟咏而未已也。""音"字本为歌唱、歌曲义，孔疏《乐记》曰"音则今之歌曲也"。——详见笔者《"音"字形、字义综考》，中国音乐学网2009年12月18日发布。

（一）"德，天道也"

长沙马王堆帛书《五行》亦反复提到"善，人道也；德，天道也"这个句子，又称"道者，天道也"、"道也者，天道也"、"德犹天也，天乃德已"、"圣始天，知始人"；马王堆帛书《四行》则称"四行成，善心起；四行形，圣气作；五行形，德心起"①，可见他们非常重视天道并且将"道—天道"、"德—心"、"德—天道"贯通起来。帛书、楚简《五行》已被学者确凿地定为思孟学派之作品②，也确凿地将《孟子·尽心下》"圣人之于天道也"校正为了"圣之于天道也"，并清醒地提示了荀子所批判的思孟"五行"正当与帛简《五行》所谓的"仁义礼知圣"五种"德之行"相关。

楚简《五行》篇的要义是认为"仁义礼知圣"五者"形于内"则是"德之行"，五德和通、兼具则为"天道"或得了"天道"③；同时又认为"不形于内"的"仁义礼知"四者为"行"，此四项和通兼存则为"人道"或得了"人道"。那么，从这些文献我们可以看出：思孟学派认为五德为"性"（形于内）则是"德"，而此"德"即是"天道"；如此以"仁义礼知圣"为性（形于内），就实现了天人的伦理沟通或伦理共生而天人一体，由心性直达高远天道，故《孟子·尽心上》"知性知天"、"事天立命"、"尽心存心"云云。

先不说楚简《五行》将仁、义、礼、知、圣五德称作"行"本身很蹊跷（"行"本是动词，今读 xíng；作名词是行列之行，今读 háng），也

---

① 魏启鹏：《简帛文献〈五行〉笺证》，中华书局 2005 年版，第 123 页。
② 相关著作有：庞朴：《帛书五行篇研究》，齐鲁书社 1980、1988 年版；魏启鹏：《马王堆汉墓帛书〈德行〉校释》，巴蜀书社 1991 年版；《道家文化研究》第十七辑"郭店楚简专号"，生活·读书·新知三联书店 1999 年版；《中国哲学》第二十辑"郭店楚简研究"，辽宁教育出版社 2000 年版；《中国哲学》第二十一辑"郭店简与儒学研究"，辽宁教育出版社 2000 年版；《郭店楚简国际学术研讨会论文》，湖北人民出版社 2000 年版；丁四新：《郭店楚墓竹简思想研究》，东方出版社 2000 年版；郭沂：《郭家店竹简与先秦学术思想》，上海教育出版社 2001 年版；魏启鹏：《简帛文献〈五行〉笺证》，中华书局 2005 年版；《儒家文化研究》第一辑"新出楚简研究专号"，生活·读书·新知三联书店 2007 年版；梁涛：《郭店竹简与思孟学派》，中国人民大学出版社 2008 年版；《思想·文献·历史——思孟学派新探》，北京大学出版社 2008 年版；《儒家思孟学派论集》，齐鲁书社 2008 年版。另有中国台湾 2002 年版《郭店楚简与早期儒学》，笔者迄今未获读。
③ 何谓"和"？《说文解字》"和，相譍也，从口禾声"，《尔雅·释诂》"谐、辑、协和也，关关、嘤嘤音声和也，翩、燮和也"，《尔雅·释训》"廱廱优优，和也"，《小尔雅·广言》"谐、呼，和也"。

不说将仁、义、礼、知、圣凑称作"五行"有什么概念意图或语言命意，但就《五行》将"德"与"道"或将"人德"（仁义礼知圣）与"天道"如此沟通起来，这就让人觉得意味深长或大有深意。"人德—天道"是同质的还是异质的？如何贯通？沟通"德—道"说法倒是有，朱熹注周敦颐《通书》"诚几德"曰"道之得于心者谓之德"，又《论语集注》注"据于德"曰"德者，得也，得其道于心而不失之谓也"，注"为政以德"曰"德之为言得也，得于心而不失也"，注"知德者鲜矣"曰"德，谓义理之得于己者"。同样是宋代人的真德秀《读书记》卷五又引朱熹语曰"道之得于身者谓之德"。如此，若"道"包括天道，则"道—德"实现了天人沟通，"心性—义理"则可为一。

德又作惪，实本作"悳/惪"，从直从心。桂馥《札朴》卷二曰："德本作悳，《说文》'悳，外得于人内得于己也'。"王筠《说文句读》曰："行道而有得也，经典皆以德为悳，钟鼎亦然，但作德，从直省耳，秦碑同。"章太炎《新出三体石经考》曰："德皆作悳。《说文》德训升，道德字本作悳，此从古文直也。今《说文》古文悳作悳，则笔势变异矣。"① 《说文》曰："外得于人内得于己也，从直从心。"《说文系传》曰："悳者得也，内得于己，外得于人。内得于己，天之性也。外得于人，人之佐也，取于人之言也。"朱骏声《说文通训定声》曰："《礼记·乐记》'德者得也'；《乡饮酒义》'德也者得于身也'；《太元·元攡》'因循无革，天下之理得之谓德'（即《太玄·攡》）；《释名·释言语》'德得也，得事宜也'；《庄子·天地》'物得以生谓之德'；《淮南·齐俗》'得其天性谓之德'；又《鹖冠子·环流》所谓'德者，能得人者也'；《贾子·道术》'施行得理谓之德'。"**可见"得×××于心谓德"是"德（悳）"字的一种基本义项**，《说文系传》以"内得于己，天之性也"释"悳（德）"则更是将"德—性—天"三者联系在一起了。

（二）"形色，天性也"

说到"性"，《孟子·尽心下》里曰"有性焉"，《五行》里曰"形于内"。"性"何？"形"何？《孟子·尽心上》里孟子又曰："形色天性也，惟圣人然后可以践形。"于此，赵注云：

---

① 章炳麟：《章氏丛书》，世界书局1982年版（台北），第1080页。

> 形谓君子体貌尊严也,《尚书·洪范》一曰"貌色",谓如人妖丽之容,《诗》云"颜如舜华",此皆天假施于人也。践,履居之也。《易》曰"黄中通理",圣人内外文明,然能以正道履居。此美形不言居而言践,尊阳抑阴之义也。章指:言体德正容大人所履,有表无里谓之柚桦,是以圣人乃堪践形也。

结合赵注观之,"形色天性也"之"形色"讲的是君子之"体德正容"。若再结合前述《孟子·尽心下》认为口、目、耳、鼻、四肢五种性能"君子不谓性也"的说法,则似乎非君子之形色亦不谓"形色",在《孟子》一书里如"望之不似人君,就之而不见所畏焉"的梁襄王(《梁惠王上》),如"骄其妻妾"而实乞食于东郭墦间的齐国某良人(《离娄下》);而其"形色"不谓"形色",实是因为其非"体德正容"也。于"形色天性也,惟圣人然后可以践形"句,邢疏又曰:

> 此章言体德正容大人所履者也。孟子言人之形与色皆天所赋、性所有也,惟独圣人能尽其大性,然后可以践形而履之不为形之所累矣。盖形有道之象,色为道之容,人之生也性出于天命,道又出于率性,是以形之与色皆为天性也。惟圣人能因形以求其性,体性以践其形,故体性以践目之形而得于性之明,践耳之形而得于性之聪,以至践肝之形以为仁,践肺之形以为义,践心之形以通于神明,凡于百骸九窍五藏之形各有所践也,故能以七尺之躯方寸之微六通四辟,其运无乎不在兹,其所以为圣人与?然而形与色皆天性,何独践形而不践色,何耶?盖形则一定而不易者也,色则有喜怒哀乐之变,以其无常者也不可以践之矣,亦以圣人吉凶与人同,何践之以为异哉?是又孟子之深意然也。

邢疏解《孟子》"形"尤其"形"与"色"的差别,尤其有助于我们理解《五行》篇云仁、义、礼、知、圣五者"形于内谓之德之行"的"形"字。《五行》篇首章该五个"形"字,或亦同于《孟子·尽心上》"形色天性也,惟圣人然后可以践形"章,大有深意存焉,此或非《孟子·梁惠王上》"不为者与不能者之形何以异"、《孟子·告子下》"有诸内必形诸外"两"形"字之用意所能比拟——《孟子》全书仅四个

"形"字,"形色"章则有二。

《孟子·尽心下》"君子不谓性也"章、《孟子·尽心上》"形色天性也"章或可与《孟子·尽心上》另一章对看(见下),此或更能说明孟子思想之深意:

> 孟子曰:广土众民,君子欲之,**所乐不存焉**。中天下而立,定四海之民,君子乐之,**所性不存焉**。**君子所性**,虽大行不加焉,虽穷居不损焉,分定故也。**君子所性**,仁义礼智根于心,其生色也睟然见于面,盎于背,施于四体,四体不言而喻。

《孟子·尽心上》、《孟子·尽心下》又分别曰:

> (1)孟子曰:尧舜,性之也。汤武,身之也。五霸,假之也。久假而不归,恶知其非有也?
>
> (2)孟子曰:尧舜,性者也。汤武,反之也。动容周旋中礼者,盛德之至也。哭死而哀,非为生者也。经德不回,非以干禄也。言语必信,非以正行也。君子行法,以俟命而已矣。

再将以上三章与帛书《五行》对看:

> 未尝闻君子之道谓之不聪,同此闻也**独不色然于君子道**,故谓之不聪;未尝见贤人谓之不明,同此见也**独不色贤人**,故谓之不明。闻君子道而不知其君子道也,谓人谓之不圣;**闻君子道而不色然**而不知其天之道也,谓之不圣。见贤人而不知其有德也,谓之不知(智);**见贤人而不色然**不知其所以为之,故谓之不知(智)。闻而知之,圣也。闻之而色然知其天之道也,圣也。见而知之,知(智)也……

帛书《五行》上章讲的"色然"就是恭敬变色之意,类似《论语·学而》"贤贤易色"、《为政》"色难"、《乡党》"色勃如也"、《泰伯》"动容貌斯远暴慢矣,正颜色斯近信矣,出辞气斯远鄙倍矣"等。《论语》"子夏问孝,子曰色难"的"色难"二字从《论语集解》到《论语注疏》、《论语义疏》、《论语正义》等,无一注家注对。其实该"难"不过是"慗（戁）"义，如同经典里许多"反"字不过是"返"义而已。"难"本作"難"，"色難"即"色戁"，戁今读 nǎn，今与"赧"同音同义。《说文》曰"戁，敬也，从心，難声"，《玉篇》亦曰"戁，敬也"，《尔雅》、《广韵》、《集韵》曰"戁，惧也"，《广韵》又曰"戁，悚惧也"，《小尔雅》曰"面惭曰戁"，郝懿行疏《尔雅》曰"戁，通作赧"，王念孙疏《尔雅》"戁，与赧通"。"色难"不是什么"言和颜说色为难也"（刘宝楠引郑注），而是说气色、面色、态度恭敬，《论语》"贤贤易色"、"色勃如也"皆在说恭敬之色，后世注家多误。

那么《孟子·尽心下》的"君子所性，仁义礼智根于心，其生色也睟然见于面，盎于背，施于四体，四体不言而喻"是不是与《论语》的"色戁"、《五行》的"色然"类似呢，赵岐注与孙奭疏分别注《孟子》"君子所性"章曰：

（1）四者根生于心，色见于面。睟然，润泽之貌也。盎，视其背而可知其背盎盎然，盛流于四体，四体有匡国之纲，虽口不言，人自晓喻而知之也。

（2）是则君子所禀天之性，虽大而行道于天下且不能加益其性，虽穷居在下且不能损灭其性，以其所生之初受之于天有其分定故也。故君子所性是仁义礼智四者根生于心，显而形诸德容，其生于色则睟然润泽，见于面又有辉光乎。其前盎盎然，见于背又有充实乎其后，而旁溢流通乎左右上下四体，则一动静一行止固虽不言，而人以晓喻而知其所存，是其不言仁而喻其能仁，不言义而喻其能义，以至礼也智也亦若是矣，此所以故云四体不言而喻。

《大学》相传为曾子所作，其云："富润屋，德润身，心广体胖，故君子必诚其意。"荀子这方面也类思孟学派，杨倞注《荀子·大略》"德至者色泽洽"句曰"色泽洽，谓德润身"，又注《荀子·不苟》"君子养心莫善于诚……君子至德，默然而喻"句曰"君子有至德，所以默然不言而人自喻其意也"，又注《荀子·劝学》"君子之学也，入乎耳，著乎心，布乎四体，形乎动静"句曰"布乎四体谓有威仪润身也，形乎动静谓知所措履也"。所谓"睟然见于面盎于背施于四体"或"德润身"或

"德至者色泽洽"，其实是说有德性涵养的人的纯然威仪或气象问题[1]，《孟子》所谓"有诸内必形诸外"是也。《宋元学案》卷十四所记张横浦之言可证《五行》"色然"及《孟子》"睟然"或"盎然"之说：

> 孟子曰：仁义礼智根于心，其生色也睟然见于面盎于背施于四体，四体不言而喻。予有一事可实其说。游定夫访龟山，龟山曰：公适从何来？定夫曰：某在春风和气中坐三月而来。龟山问其所之，乃自明道处来也。试涵泳春风和气之言，则仁义礼智之人其发达于声容色理者如在吾目中矣。

（三）"不安不乐，不乐无德"

孟子所说的这种"仁义礼智根于心"的境界自然非俗子凡夫所有，且这"仁义礼智"还与"天性—圣人"联结在一起，实际上也就是与天及天道联结在一起，自然庄严宏深、威仪浩浩。当然，孟子所喜闻乐道的这种沟通人天、直达天道的"君子所性"一向是为孟子所"诚"而"乐"的，即孟子对人德充满了无限乐观的态度：他不仅强调"仁义礼智"等人德是"君子所性"、"我固有之"，而且强调君子是以这些人德为自足，为自乐，为永恒，是一种至高的快乐，孟子这样说：

> （1）孟子曰：万物皆备于我矣。反身而诚，乐莫大焉。强恕而行，求仁莫近焉。（《尽心上》）
>
> （2）孟子曰：仁之实，事亲是也；义之实，从兄是也；智之实，知斯二者弗去是也；礼之实，节文斯二者是也；乐之实，乐斯二者。乐则生矣，生则恶可已也，恶可已则不知足之蹈之手之舞之。（《离娄上》）
>
> （3）孟子曰：有天爵者，有人爵者。仁义忠信，乐善不倦，此天爵也。公卿大夫，此人爵也。古之人修其天爵而人爵从之，今之人修其天爵以要人爵，既得人爵而弃其天爵，则惑之甚者也，终亦必亡而已矣。（《告子上》）
>
> （4）天下有达尊三：爵一，齿一，德一。朝廷莫如爵，乡党莫

---

[1] 《正字通》卷七曰："睟，目清明也，又清和润泽貌。"

如齿,辅世长民莫如德……其尊德乐道,不如是不足与有为也……汤之于伊尹,桓公之于管仲,则不敢召,管仲且犹不可召,而况不为管仲者乎?(《公孙丑下》)

(5) 尊德乐义,则可以嚣嚣矣。故士穷不失义,达不离道。穷不失义,故士得己焉;达不离道,故民不失望焉。古之人得志,泽加于民;不得志,修身见于世。穷则独善其身,达则兼善天下。(《尽心上》)

(6) 曾子曰:晋楚之富,不可及也;彼以其富,我以吾仁;彼以其爵,我以吾义,吾何慊乎哉?夫岂不义而曾子言之?是或一道也。(《公孙丑下》)

(7) 孟子曰:君子有三乐,而王天下不与存焉。父母俱存,兄弟无故,一乐也。仰不愧于天,俯不怍于人,二乐也。得天下英才而教育之,三乐也。君子有三乐,而王天下不与存焉。(《尽心上》)

孟子以人德及内在德性为快乐的思想类似于古希腊亚里士多德,亚里士多德曾这样说:

> 幸福就是合乎德性的现实活动……快乐是灵魂的快乐,一个人总是对自己所喜欢的事物感到快乐……合乎德性的行为,使爱德性的人快乐……不崇尚美好行为的人,不能称为善良,不喜欢公正行为的人,不能称为公正,不进行自由活动的人,不能称为自由,其他方面亦复如是。这样说来,合乎德性的行为,就是自身的快乐。并且它也是善良和美好的……幸福就是一种合乎德性的灵魂的现实活动,其他一切或者是它的必然附属品,或者是为它的本性所有的手段和运用……
>
> ……幸福显然应该算做以其自身而被选择的东西,而不是为他物而被选择。因为幸福就是自足,无所短缺。这样的活动是以其自身而被选择的,除了活动之外,对其他别无所求。这样的活动就是合于德性的行为。它们是美好的行为,高尚的行为,由自身而被选择的行为……如若幸福就是合乎德性的现实活动,那么,就很有理由说它是合乎最高善的,也就是人们最高贵部分的德性。不管这东西是理智还是别的什么,它自然地是主宰者和领导者,怀抱着高尚和神圣,或它自身就是神圣的,或是我们各部分中最神圣的。可以说合于本己德性

的现实活动就是完满的幸福了。①

亚里士多德伦理学著作中的"德性"概念都是正面之德、良好之德的意思②。希腊语"德性"写作 arete，arete 是指出众的品质或特长，是"美德"（virtue）、"优秀"（excellence）的意思；英文"美德"概念写作 virtue，来自拉丁文 virtus，vir 是男子，virtus 是力量或男子汉气概、男子汉品质之义。康德在《道德形而上学》中也认为"德性"就是力量，就是坚强，"缺德"和软弱是同义语③。当然，被亚里士多德赞为"自足无缺"、"高贵德性"、"完满幸福"的现实活动是"思辨活动"④，而不是孟子精神自觉性的"仁义礼智圣"这种伦理型的"德之行"。但亚里士多德的"思辨"也关乎伦理，而孟子的"仁义礼智圣"也关乎思辨，他们未必没有共同点或共鸣。以精神活动、精神高贵为快乐的思想，孟子、亚里士多德是一致的。而《五行》反复说"不乐无德"的思想与孟子以人德为乐、天爵在德的思想亦完全一致，楚简《五行》第2、3、11章以连珠、顶针式修辞曰：

（1）……君子无中心之悦则无中心之智，无中心之智则无中心之悦，无中心之悦则不安，不安则不乐，不乐则无德。

（2）……思不精不察，思不长不得，思不轻不形。不形不安，不安不乐，不乐无德。

（3）……不聪不明，不明不圣，不圣不智，不智不仁，不仁不安，不安不乐，不乐无德。

帛书《五行》又云：

（1）仁而能安，天道也。不安不乐。安也者，言与其体偕安也者也。安而后能乐。不乐无德，乐也者流体机然忘寒，忘寒德之至也。乐而后有德。

---

① 《亚里士多德全集》第八卷，中国人民大学出版社1994年版，第16—19、225—226页。
② 尼古拉斯·布宁等：《西方哲学英汉对照辞典》，人民出版社2001年版，第1059页。
③ 康德：《道德形而上学原理》，苗力田代序，上海人民出版社2005年版，第2—3页。
④ 《亚里士多德全集》第八卷，中国人民大学出版社1994年版，第224—237页。

(2) 闻道而乐，有德者也。道也者，天道也。言好仁者之闻君子道而以之其仁也，故能悦。

（四）"诚者天之道，诚之者人之道"

所以，思孟学派无疑是一种致力于弘扬伦理自足与伦理乐观主义的儒家思想学派，在这种角度上，思孟学派可以说更接近颜回①。"不改其乐"的颜回（字子渊）或不言"性—天道"（其言"性—天道"无证），但思孟学派是言"性—天道"的并且喜欢言"性—天道"是完全有证据可证实的。《五行》、《孟子》言仁、义、礼、知、圣与"性—天道"的关系也可在子思所作《中庸》言天道、性命处得到映照或印证②：

(1) 天命之谓性，率性之谓道，修道之谓教。道也者不可须臾离也，可离非道也。是故君子戒慎乎其所不睹，恐惧乎其所不闻。莫见乎隐，莫显乎微。故君子慎其独也。喜怒哀乐之未发谓之中，发而皆中节谓之和，中也者天下之大本也，和也者天下之达道也。致中和，天地位焉，万物育焉。

(2) 自诚明谓之性，自明诚谓之教。诚则明矣，明则诚矣。唯天下至诚，为能尽其性；能尽其性，则能尽人之性；能尽人之性，则能尽物之性；能尽物之性，则可以赞天地之化育；可以赞天地之化育，则可以与天地参矣。

于"天命之谓性"、"自诚明谓之性"两章，郑注、孔疏分别云：

(1) 天命，谓天所命生人者也，是谓性命。木神则仁，金神则

---

① 《论衡·案书》曰："颜渊曰：舜何人也？予何人也？五帝三王，颜渊独慕舜者，知己步骎有同也。"另，康有为《万木草堂口说·孔子改制》曰："孟子受业于子思之门人，有《史记》可考。子思受业曾子，无可据。子思作《中庸》，精深博大，非曾子可比，惟孟子确得子思之学。"《万木草堂口说·礼运》曰："著《礼运》者，子游。子思出于子游，非出于曾子。颜子之外，子游第一。"然《万木草堂口说·中庸》又曰："子思为曾子弟子，《家语》未足为据，以无佐证也。"至于韩愈曰"孟轲师子思，子思之学，盖出曾子"亦误，孟轲是师于子思门人，而子思非曾子弟子，《史记》曰"孟轲，驺人也，受业子思之门人"是也。

② 《史记·孔子世家》曰："伯鱼生伋，字子思，年六十二。尝困于宋。子思作《中庸》。"《汉书·艺文志》曰："《子思》二十三篇"，又曰"《中庸说》二篇"，未知《中庸说》系谁所作。

义，火神则礼，水神则信，土神则知。《孝经说》曰"性者生之质，命人所禀受度也"。率，循也，循性行之是谓道。修，治也，治而广之人放效之是曰教。

（2）自诚明谓之性者，此说天性。自诚者，自由也，言由天性至诚而身有明德，此乃自然天性如此，故谓之性。自明诚谓之教者，此说学而至诚，由身聪明勉力学习而致，至诚非由天性，教习使然，故云谓之教。然则自诚明谓之性，圣人之德也。自明诚谓之教，贤人之德也。

宋绍熙刻本范晔《后汉书》卷四十三"故率性而行谓之道，得其天性谓之德"句，唐李贤有注曰：

率，循也。子思曰"天命之谓性，率性之谓道，修道之谓教"也，天之所命之谓性，不失天性是为德。

故在子思的思想观念里，"德—性—命—天—德"是相互沟通的，这种沟通依赖"诚"这种"德"。"诚"在《孟子》一书凡22处，多作副词表"真的"、"实如"，其中14处是"诚如是也、诚有百姓者、是诚何心哉、是诚不能也、子诚齐人也、中心悦而诚服也、士诚小人也、是诚在我、则诚贤君也、掩之诚是也、诚大丈夫哉、诚廉士哉、诚然乎哉、诚信而喜之"；另有8处在《尽心上》、《离娄上》，其"诚"的语义与前列14次殊异。现来比较下面所录（2）与（3），又比较（2）（3）与（4），尤其比较其中划线的句子，那么《五行》、《孟子》、《中庸》鼓吹"诚"与"德"的努力及思路就清晰可见，而且它们是否属于同一学派也非常了然——他们都将内在化的"诚"或"德"称为"天道"或"天之道"，又将思"诚"与行"善"称为"人道"或"人之道"：

（1）孟子曰：万物皆备于我矣。反身而诚，乐莫大焉。强恕而行，求仁莫近焉。（《尽心上》）

（2）孟子曰：……获于上有道……信于友有道……悦亲有道，反身不诚，不悦于亲矣。诚身有道，不明乎善，不诚其身矣。是

故 诚 者，天之道也。思 诚 者，人之道也。至 诚 而不动者，未之有也。不 诚 ，未有能动者也。（《离娄上》）

（3）……获乎上有道……信乎朋友有道……顺乎亲有道，反诸身不 诚 ，不顺乎亲矣。 诚 身有道，不明乎善，不 诚 乎身矣。 诚 者，天之道也。 诚 之者，人之道也。 诚 者不勉而中，不思而得，从容中道，圣人也。 诚 之者，择善而固执之者也。（《中庸》）

（4）……德之行五和谓之德，四行和谓之善。善，人道也。德，天道也……君子之为善也，有与始，有与终也。君子之为德也，有与始，无与终。金声而玉振之，有德者也。金声，善也。玉音，圣也。善，人道也。德，天道也。……（《五行》）

《荀子·儒效》曰："先王之道，人之隆也……道者，非天之道，非地之道，人之所以道也，君子之所道也。"荀子论道有集中于人道的思想倾向，即主要以社会问题为对象言道，故言"师法之道、礼义之道"等；思孟则是有浓厚的喜言天道的思想倾向，故孟子云"圣之于天道也"、"诚者天之道也"，子思云"天命之谓性，率性之谓道，修道之谓教……是故君子戒慎乎其所不睹，恐惧乎其所不闻"、"君子之道，造端乎夫妇，及其至也，察乎天地"、"诚者，天之道也"、"从容中道，圣人也"。帛书《五行》2次言"德，天道也"，2次言"道也者，天道也"，又言"圣人知天道"、"道者，天道也"、"德犹天也，天乃德也已"、"仁能安，天道也"、"闻之而遂知其天道也，圣也"、"闻之而遂知其天道也，是圣矣"、"圣人知天之道"等[1]。如此可见，思孟学派有强烈的言天道的思想特征，但这种天道显然并非是天文学的天体运行之道，而是伦理加宗教精神之形而上学的天道。

（五）配天道五行以立德性之五行说

汉代郑玄曾以木仁、金义、火礼、水信、土知（智）注子思"天命之谓性"句，这是将天道化的木、金、火、水、土新五行说概念去配说仁、义、礼、信、智五德。子思以人间之五德等配说天或天命是可能的，但子思以木、金、火、水、土等说五德及天命则非，因为这并不是春秋时

---

[1] 引文皆据魏启鹏《简帛文献〈五行〉笺证》附录之释文，中华书局2005年版。

代的观念所有。子思以人间五德配说天道，这其实是说人间五德是由天道或天命所赋予的，得其德即得天道或天命，得天道或天命即得其德。

春秋时代以天道历数概念"五行"称天道或天数，子思不懂孔子易学或天文历法学，为了寻找德性论的高度及天人一体，于是就将人德概括为五者而配于当时流行的天道历数五之说（即原始五行说），如此以构成了天人合一的伦理化之新五行说，人间之五德遂立即获得了天道论高度是即所谓天人合一的伦理"五行"是也，故荀子曰"甚僻违而无类，幽隐而无说，闭约而无解"，又曰"案饰其辞，而祗敬之，曰此真先君子之言也，子思唱之，孟轲和之，世俗之沟犹瞀儒嚾嚾然不知其所非也，遂受而传之"。

解释荀子批判思孟"五行论"的问题大体有三种思路：一种思路是该"五行"乃水、火、木、金、土，一种思路是该"五行"只是仁、义、礼、智等五常，一种思路是荀子批判思孟搞"五行论"是批判错了对象或者这种批判文字本身有伪。第一种思路下有郑玄、章太炎、范文澜等，其中章太炎的见解实来自董仲舒《春秋繁露·五行之义》以父子比水、火、木、金、土之生剋；第二种思路下有杨倞、梁启超、郭沫若等，认为思孟"五行"是伦理、德性；第三种思路下有顾颉刚、刘节等，且这种思路完全是对第一种"五行即水火木金土"思路的否定，认为孟子根本不谈水、火、木、金、土而谈之者乃后孟子的邹衍之流，所以是荀子道听途说、指鹿为马地搞错"五行"学说的主人了。而先秦佚书《五行》篇的出土，佐证了思孟"五行论"不是不存在，也不是水、火、木、金、土，而是仁、义、礼、智、圣五德，故庞朴云：

> 现在有了马王堆帛书，我们可以而且应该理直气壮地宣布："圣人之于天道也"一句中的"人"字，是衍文，应予削去；原句本为"圣之于天道也"。孟轲在这里所谈的，正是"仁义礼智圣"这"五行"。……马王堆帛书《老子》甲本卷后古佚书之一，是"孟氏之儒"或"乐正氏之儒"的作品，也许竟是赵岐删掉了的《孟子外书》四篇中的某一篇。这篇佚书的发现，解开了思孟五行说的古谜，是学术史上的一件大事，值得认真庆贺。①

---

① 庞朴：《帛书五行篇研究》，齐鲁书社1988年版，第20、23页。

如果确定思孟"五行"是仁、义、礼、智、圣伦理五德或伦理五常,那么荀子在《非十二子》对思孟"五行"的批判之辞似依然难解。庞朴认为荀子批评思孟五行是因为思孟将仁、义、礼、智、圣这些范畴从往旧的道德、政治以至认识论的诸范畴中摘取出来,"不顾'类'之不同,并列而谓之'五行',赋予它们以'幽隐'的内容,构筑它们成'闭约'的体系"①;李耀仙反对庞朴之说,提出帛书《五行》属于孟子后学的作品,不能说属孟子思想②;赵光贤认为帛书《五行》是汉儒之说,不是孟子的发明③;魏启鹏认为思孟五行来自"五声昭德"而荀子是要批判思孟五行的创说败坏了"先王立乐之术"④;廖名春认为荀子有该批判是因为孟子将仁、义、礼、智、圣归于人性,荀子批判孟子性善论故批判其五行论⑤;李景林认为荀子批评思孟是因为在"性与天道"上他与思孟有尖锐的对立,因为思孟"**从本体论意义上言天人合一,赋天道以价值本原的意义**"⑥;黄俊杰认为孟子的"道"倾向内在化,其"心"又将天道与心性视为一体,"心"为自我立法等,故荀子批评此五行论⑦;梁涛认为荀子有该批判是因为思孟学派强调"形于内"之仁而荀子强调具制度效应的礼⑧;还有学者对"形而上学"概念莫名其妙而曰荀子持形而上学二元论而思孟五行持天人合一、身心合一的前形而上学论⑨。

上述观点中,李景林的见解最切近荀子思想命脉,而且与庞朴早年提出的创见契合,庞朴说:"使道德观服从宇宙观,或用宇宙观来范围道德观,本是任何一元论哲学的理论要求……(《五行》)全书的主旋律,是咏叹'德'和它的'形'及'行',这个'德',是'天道'在人心中的

---

① 庞朴:《思孟五行新考》,《文史》1979 年第 7 辑。
② 李耀仙:《子思孟子五行说考辨》,《抖擞》1981 年第 45 期。
③ 赵光贤:《子思孟子五行书考辨》,《文史》1982 年第 14 辑。
④ 魏启鹏:《思孟五行说的再思考》,《四川大学学报》1988 年第 4 期。
⑤ 廖名春:《思孟五行说新解》,《哲学研究》1994 年第 11 期,《中国哲学史》1995 年第 1 期;廖名春:《荀子新探》,文津出版社 1994 年版,第 305—324 页。
⑥ 李景林:《中西文化研究系列之三——思孟五行说与思孟学派》,《吉林大学社会科学学报》1997 年第 1 期。
⑦ 黄俊杰:《中国孟学诠释史论》(即台北 1997 年版《孟学思想史论》第二卷),社会科学文献出版社 2004 年版,第 90—110 页。
⑧ 梁涛:《荀子对思孟"五行"说的批判》,《中国文化研究》2001 年第 2 期;梁涛:《郭店竹简与思孟学派》,中国人民大学出版社 2008 年版,第 218—231 页。
⑨ 蔡树才:《荀子对思孟"五行"说批判的再认识》,《周易研究》2010 年第 5 期。

显现。"① 但是，孟荀思想体系的分歧也即在"性与天道"这一根本问题上的分歧为什么是"五行"？为什么是"案往旧造说"？为什么是"甚僻违而无类"？为什么是"幽隐而无说"？为什么是"闭约而无解"？为什么是"此真先君子之言也"？这种问题的解决，还是得回到"五行"本是天道历数以及思孟为了创立天人一体的伦理学说而将五德附会配置到原始五行观这一问题上。——原始"五行"不解，思孟"案往旧造说谓之五行，甚僻违而无类，幽隐而无说，闭约而无解"之病也不可解，思孟新"五行"说的意义或意图也不可解。故有学者说：

> 关于荀子为何批评思孟"五行"说，学者多有论述，但由于其出发的角度各异，所得出的结论不尽相同，对此我们在文中已有简述。梁涛先生认为这些看法有一个共同点，"即他们都不是从五行自身寻找答案，而是把荀子与思孟的思想差异看做其批驳五行的直接原因"。梁涛先生的说法我们认为有一定的道理，但他本人在解决这个问题时也没有走出这个怪圈。②

针对《荀子·非十二子》批判思孟五行的这段话③，李学勤这样评述④：

> 这段话相当尖锐，当时读者一定都清楚荀子针对着什么。到后世，历史背景逐渐模糊，《非十二子》的话便不易理解了。不过，从字面上还可以得出几点推论：
> 其一，子思是五行说的始倡者，所谓"先君子"是指孔子，看来子思曾将此说上托于孔子之言。

---

① 庞朴：《马王堆帛书解开了思孟五行说之谜》，《文物》1977 年第 10 期。该文还以《马王堆帛书解开了思孟五行说古谜》载《帛书五行篇研究》（齐鲁书社 1980 年版/1988 年版）、《竹帛〈五行〉篇校注及研究》（万卷楼图书有限公司 2000 年版）。
② 孙希国：《论荀子对思孟"五行"说的批评》，《辽宁大学学报》2011 年第 6 期。
③ 目前无人能证伪之而云非出自荀子。王应麟《困学纪闻》卷十云："荀卿非十二子，《韩诗外传》引之止云十子而无子思、孟子。愚谓荀卿非子思、孟轲盖其门人如韩非、李斯之流托其师以毁圣贤，当以《韩诗》为正。……《非十二子》史鰌与子思、孟轲皆在焉，岂有法仲尼而非三子者乎？"王先谦引卢文弨曰："《韩诗外传》止十子无子思、孟子，此乃并非之，疑出韩非、李斯所附益。"但《韩诗外传》不记思孟不能证实《荀子》不记，反而或可证明《韩诗外传》作者删而不记或另被人删减，《韩诗外传》乃是汉代书，大大晚于《荀子》无疑。
④ 李学勤：《帛书〈五行〉与〈尚书·洪范〉》，《学术月刊》1986 年第 11 期。

其二，五行说的创立，利用了某种思想资料，即"案往旧造说"。

其三，荀子指斥此说倡导者"材剧志大，闻见杂博"，可见五行是一种包容广大的理论。

其四，五行说在荀子眼中是"僻违"、"幽隐"、"闭约"，联系荀子的一贯主张，此说当有费解的神秘性。

其五，《非十二子》对各派学者的批评，均能深中要害，并无枝节的指摘，因此五行说必是思、孟学术的一项中心内容。

衡之以李学勤根据《非十二子》非议思孟之原话而作出的五条郑重提醒，寻思思孟五行论究竟为何或更有些"边界"，而不是单一根据的某种想象或所谓新解云云。笔者以为，本书前节已经复原了原始五行论为何，那么思孟以人间五德配说天道五行而新立天人合一之伦理新五行的奥妙就豁然可见了，李学勤的五条提示也无一不契，荀子《非十二子》对思孟"案往旧造说谓之五行"的叙事及"甚僻违而无类，幽隐而无说，闭约而无解"的评价也若合符节。杨向奎曾引朱熹注《中庸》"素隐行怪"曰"邹衍推五德，后汉讲谶纬，便是隐辟"（《朱子语类》卷六十三大意）之句，谓之此反映了《中庸》五行思想[①]。思孟新五行说虽然在荀子看来是"僻违"、"幽隐"、"闭约"而"无类、无说、无解"，但在思孟看来却正是其高明或高贵处。这种高明或高贵，以其新五行说的其中一"行"而言之就是"圣"。这种伦理上天人合一的"优入圣域"（韩愈《进学解》），于极厌恶"巫祝、机祥"而在天文学天道观下主张"天人相分"、"不求知天"的荀子看来当然是非他所愿认同了。

三 "聖（圣）"与"聪"、"闻"

思孟认为前述五种人伦之德是人本性所禀，人的"尽心知性"不过是返回及扩展天命所赋之自然天性而已。仁、义、礼、知、圣与"性"同时具有（共生），性与"天"通而成一体（通统），自诚而明而至于极致，则尽天性、尽人性、尽物性，所谓"可以赞天地之化育"与"可以与天地参"，也就是直接上达天道而达于"圣"之境界了。

"圣"是什么？"圣"字本写作"聖"。《说文》曰："聖（圣），通也，从耳，呈声。"又曰："娲，古之神圣女，化万物者也。"《周髀算经》

[①] 杨向奎：《西汉经学与政治》，独立出版社1945年版，第6页。

卷上曰:"是故知地者智,知天者圣。"(汉赵爽注曰:"言天之高大地之广远,自非圣智其孰能与于此乎。")《白虎通德论·圣人》曰:"圣人者何?圣者,通也,道也,声也。"《国语·楚语下》言古人天地通、神民通曰:"其智能上下比义,其圣能光远宣朗,共明能光照之,其聪能听彻之,如是则明神降之,在男曰觋,在女曰巫。"

看来"圣(聖)"本即通天达地之状,故《孟子》说"圣之于天道也",而《中庸》说"至圣为能聪明睿知"。《孟子·尽心下》提出"仁义礼知圣"并将"圣"置于五德之末,而《中庸》则将"圣"置于五德之首并开篇即云"天命之谓性"①,此或可证《中庸》思想早于孟子②。《中庸》如此言"圣":

> 诚者,天之道也;诚之者,人之道也。诚者不勉而中,不思而得,从容中道(按:前两"中"字做动词用),圣人也……大哉!圣人之道洋洋乎!发育万物,峻极于天……唯天下至圣为能聪明睿知,足以有临也……溥博渊泉,而时出之。溥博如天,渊泉如渊。见而民莫不敬,言而民莫不信,行而民莫不说。是以声名洋溢乎中国,施及蛮貊。唯天下至诚,为能经纶天下之大经,立天下之大本,知天地之化育。夫焉有所倚?肫肫其仁!渊渊其渊!浩浩其天!苟不固聪明圣知达天德者,其孰能知之?

《孟子·尽心下》又如此言"圣",言"圣"在"大"与"神"之间:

> 可欲之谓善,有诸己之谓信,充实之谓美,充实而有光辉之谓大,大而化之之谓圣,圣而不可知之之谓神。

朱熹等又曰:

---

① 《中庸》曰:"唯天下至圣为能聪明睿知,足以有临也;宽裕温柔,足以有容也;发强刚毅,足以有执也;齐庄中正,足以有敬也;文理密察,足以有别也。"庞朴云"聪明睿知"即圣,"宽裕温柔"即仁,"发强刚毅"即义,"齐庄中正"即礼,"文理密察"即智,见《帛书五行篇研究》1988年版,第141页。又见李存山《"郭店竹简与思孟学派"复议》一文言及,载2007年版《儒家文化研究》第1辑("新出楚简研究专号")及2008年版《中国思想史前沿——经典诠释方法》两书。

② 写定《中庸》者未必是子思,《孟子》也未必是孟子手著,多为弟子等回忆之笔录或转述。

（1）性焉安焉之谓圣，是就圣人性分上说，发微不可见、充周不可穷之谓神，是他人见其不可测耳。（《朱子语类》卷九十四）

（2）德爱曰仁，宜曰义，理曰礼，通曰智，守曰信，性焉安焉之谓圣，复焉执焉之谓贤，发微不可见、充周不可穷之谓神。（周敦颐《通书》）

（3）性者独得于天安者，本全于己。圣者大而化之之称，此不待学问勉强而诚，无不立几，无不明德，无不备者也。（宋叶采《近思录集解》引朱熹语）

四部丛刊影宋本《扬子·法言》曰："作此者其有惧乎，信死生齐、贫富同、贵贱等，则吾以圣人为嚣嚣，通天地人曰儒，通天地而不通人曰伎。"并"儒"、"伎"字后各注"道术深奥"、"伎艺偏〔徧〕能"四字。"圣"繁体作"聖"，小篆作"🗝"，《金文编》作"🗝、🗝、🗝、🗝、🗝、🗝"等。"🗝"的下部当是人形，"尺"加一横指事，指身体①；"🗝"上部则是"耵"，"耵"金文作"🗝、🗝"，此即"听（聽）"字②。圣、耵显然为人耳听口声或口声耳听之义，所指与听觉官能相关（**此是圣字之要义**），故画出耳朵形。而"声"繁体作"聲"，小篆作"🗝"，甲骨文作"🗝"（又省作"🗝"），从殸从耵；"殸"即今"磬"字上符，"殸"甲骨文中皆表手拿枹这种槌状物（🗝）打击悬石貌（🗝、🗝、🗝、🗝），故从"殸"加"石"则为"磬"。——经这一训诂，可知"圣"与耳听有关，而听又常与音乐有关，而"圣"的玄秘观念果真跟听以及音乐有重大关系③，详可见《孟子》及《五行》尤其是《五行》：

---

① 如同"仁"的本字"忈"篆体作"🗝"，其"尺"部腰间加一横指事，指身体。
② "听"本写作聽或聼，系由耵、惪而构，表以耳感得声音而知于心之义。"惪"即"德"本字，金文德作🗝、🗝，上从目下从心，本指心有天神、心敬天神，后泛指于心有得，如德性、德行、道德等；甲骨文"得"作"🗝"（得字右部），表以手取贝状，获得财物之义。《乐记》"德者得也"即指人心有得之义，精神上积得而成德，戴震曰"德性始乎蒙昧终乎圣智"。
③ 此倒与基督教重视圣乐（或音乐）与神启的关系、功用相近或相类似。关于基督教圣乐与神启，可参华东神学院林孔华《乐以载道、道以化乐——圣乐和圣言的关系》一文，见《天风》2007年第11期。卡西尔《人论》亦强调音乐于仪式的重要性及仪式于宗教的重要性。周谷城1962年《礼乐新解》一文同之。

（1）孟子曰：伯夷，圣之清者也；伊尹，圣之任者也；柳下惠，圣之和者也；孔子，圣之时者也。孔子之谓集大成。集大成也者，金声而玉振之也。金声也者，始条理也；玉振之也者，终条理也。始条理者，智之事也；终条理者，圣之事也。（《孟子·万章下》）

（2）圣之思也轻，轻则形，形则不忘，不忘则聪，聪则闻君子道，闻君子道则玉音，玉音则形，形则圣。……君子之为善也，有与始，有与终也。君子之德也，有与始，有与终也。金声而玉振之，有德者也。金声，善也。玉音，圣人。善，人道也。德，天道也。唯有德者，然后能金声而玉振之。不聪不明，不明不圣，不圣不智，不智不仁，不仁不安，不安不乐，不乐无德。……见而知之，智也。闻而知之，圣也。明明，智也。赫赫，圣也。"明明在下，赫赫在上"，此之谓也。闻君子道，聪也。闻而知之，圣也，圣人知天道也。知而行之，义也。行之而时，德也。见贤人，明也。见而知之，智也。知而安之，仁也。安而敬之，礼也。圣，知礼乐之所由生也，五行之所和也。和则乐，乐则有德，有德则邦家兴。文王之示也如此……（楚简《五行》）

"圣"通乎天道，帛书《五行》、《四行》篇也重视"圣"及达圣、通圣的"闻"与"聪"①，《五行》认为"圣之藏于耳者"是"聪"，而知"圣—天"则在"闻"，如：

（1）不聪不明。聪也者，圣之臧（藏）于耳者也。明也者，知（智）之臧（藏）于目者也。聪，圣之始也。明，知（智）之始也。故曰不聪明则不圣知（智），圣知（智）必由聪明。圣始天，知（智）始人。圣为崇，知（智）为广。

（2）未尝闻君子道，谓之不聪；未尝见贤人，谓之不明……见而知之，知也；闻而知之，圣也。……闻君子道，聪也。闻而知之，圣也。圣人知天道。知而行之，圣也……见而知之，知（智）也。

（3）未尝闻君子之道谓之不聪，同之闻也独不色然于君子道，故谓之不聪……闻而知之，圣也。闻之而遂知其天之道也，圣也。见而知之，知（智）也。

---

① 魏启鹏：《简帛文献〈五行〉笺证》，中华书局2005年版。

（4）闻君子道，聪也。同之闻也独色然辨于君子道，道者圣之臧（藏）于耳者也。闻而知之，圣也。闻之而遂知其天之道也，是圣矣。（以上帛书《五行》）

（5）四行成，善心起；四行形，圣气作……圣，天知也。知人道曰知（智），知天道曰圣，圣者，声也。圣者知（智），圣之知（智）知天，其事化翟。（《四行》）

《论语》里"圣"字仅出现8次，分布在6章里，使用很谨慎，使用频率很吝啬，也多是以"圣"来称呼一种理想的人格或境界，其中唯"天纵之将圣"、"侮圣人之言"句的"圣"字比较有神秘意味。但通行本《周易》经传就出现"圣"40次，其中称"圣人"38次，这跟《周易》反映的巫觋时代的神灵观念、卜筮方法有关系，故不断称赞"圣人"。孟子称赞孔子是"圣之时者也"，是"金声而玉振之也"的"集大成也者"；太宰问子贡"夫子圣者与，何其多能也"，子贡说"固天纵之将圣，又多能也"，子贡似乎也将孔子"圣"或"圣人"化了。但是，孔子在世时不是像孟子、子贡那样来看待及评价自己的，《论语》记孔子云：

（1）若圣与仁，则吾岂敢。抑为之不厌，诲人不倦，则可谓云尔已矣。（《述而》）

（2）圣人，吾不得而见之矣。得见君子者，斯可矣。（《述而》）

如果不深入思孟学派的思想深处，思孟"案往旧造说"的"五行"究竟是"仁义礼智"四者外加什么而成"五"？这似乎都并不重要。然而事实恰恰相反，思孟"案往旧造说"的"五行"其"仁义礼智"外的第五"行"是最重要的且该"行"应该是"圣"而不是其他，这不仅有文献可佐证，而且也有义理可推定。在思孟他们看来，"圣"是最高的德，也唯有"圣"最能直接地沟通天或天道；"圣"和音乐的问题，在郭店楚简里体现得尤其明显，这都是思孟学派思想体系或思想特征的集中反映[1]。宋洪迈

---

[1] 郭齐勇《郭店楚简身心观发微》一文对此有探讨，见《郭店楚简国际学术研讨会论文集》，湖北人民出版社2000年版。晏昌贵《郭店儒家简中的"圣"与"圣人"的观念》一文统计研究了郭简62个"圣"字，见《江汉考古》2000年第3期。另有：李景林：《听：中国哲学证显本体之方式》，《本体诠释学》第2辑，北京大学出版社2002年版；张丰乾：《"听"的哲学——以"圣""智"为线索》，《思想文化的传承与开拓》第1辑，巴蜀书社2002年版；陈仁仁：《"圣"义及其观念溯源》，《伦理学研究》2011年第6期。

《容斋随笔》第十六云：

> 孔子称帝尧"焕乎有文章"，子贡曰"夫子之文章可得而闻"……伏羲画八卦文王重之，非孔子以文章翼之何以传？孔子至言要道托《孝经》、《论语》之文而传，曾子、子思、孟子传圣人心学，使无《中庸》及七篇之书，后人何所窥门户？

以洪迈观之，《中庸》、《孝经》、《大学》、《孟子》（七篇）等曾、思、孟之作是后人得窥孔子之学的"门户"，此见实与宋代道学家完全一致。朱熹《四书集注》亦有"使无《中庸》及七篇之书，后人何所窥门户"之语。《论语·里仁》云："子曰：参乎，吾道一以贯之。曾子曰：唯。子出，门人问曰：何谓也？曾子曰：夫子之道，忠恕而已矣！"孔子"一以贯之"的"道"在曾子看来不过是"忠恕而已矣"，而且是"而已矣"，此亦可见孔子门户之人如曾子者的自我门户气象或见识几何矣。相传《孝经》、《大学》出自曾子，《大学》提出"修身、正心、诚意"之要门。朱熹《四书集注》云：

> （1）《大学》之书，古之大学所以教人之法也。盖自天降生民，则既莫不与之以仁、义、礼、智之性矣。然其气质之禀或不能齐，是以不能皆有以知其性之所有而全之也。一有聪明睿智能尽其性者出于其间，则天必命之以为亿兆之君师，使之治而教之，以复其性。此伏羲、神农、黄帝、尧、舜，所以继天立极，而司徒之职、典乐之官所由设也。（《大学章句序》）
>
> （2）《中庸》何为而作也？子思子忧道学之失其传而作也。盖自上古圣神继天立极，而道统之传有自来矣，其见于经则"允执厥中"者，尧之所以授舜也；"人心惟危，道心惟微，惟精惟一，允执厥中"者，舜之所以授禹也。尧之一言至矣尽矣，而舜复益之以三言者，则所以明夫尧之一言必如是而后可庶几也。（《中庸章句序》）

朱熹认为"天降生民"皆有仁、义、礼、智之性，又说"一有聪明睿智能尽其性"，又大谈"人心惟危，道心惟微，惟精惟一，允执厥中"，其实这正是孟子的思路。宋代理学家或道学家固然言天，但就性

而言其实是言"心法"而已。王恩洋(1897—1964)论及"理学之旨趣与精神"时说:

> 今如就理学而求其宗旨方法之所在,则可依据伊川先生"涵养须用敬,进学则在致知"两言为代表而下一定义曰:"理学之宗旨,在涵养身心性命,与以条理修治,使其发荣滋长,合理的光大起来,以求过一种理性的生活而已。"……然则涵养心性之道当如何?曰敬。敬也者,不放肆,不纵逸,戒慎警惕自强而不懈也。①

理学旨趣与精神倒正与曾子同,曾子曰:"吾日三省吾身。"(《论语·学而》)又曰:"君子所贵乎道者三:动容貌,斯远暴慢矣;正颜色,斯近信矣;出辞气,斯远鄙倍矣。"(《论语·泰伯》)"启予足,启予手,《诗》云'战战兢兢,如临深渊,如履薄冰',而今而后,吾知免夫,小子!"(《论语·泰伯》)胡适、梅贻琦谈到宋代理学家时则说:

> (1)"敬"是中古宗教遗留下来的一点宗教态度。凡静坐、省察、无欲等等都属于"主敬"的一条路……有些天资高明的人便不喜欢那日积月累的工作,便都走上了那简易直截的捷径,都喜欢从内心的涵养得到最高的境界。(《几个反理学的思想家》)②
> (2)朱子的学说,笼罩了这七百多年的学术界,中间只有王阳明与戴东原两个人,可算是做了两番很有力的反朱大革命。朱子承二位程子的嫡传。他的学说有两个方面,就是程子说的"涵养须用敬,进学则在致知"。主敬的方面是沿袭着道家养神及佛家明心的路子下来的,是完全向内的工夫。(《戴东原在中国哲学史上的位置》)③
> (3)宋元以后之理学,举要言之,一自身修善之哲学耳;其派别之分化虽多,门户之纷岐虽甚,所争者要为修养之方法,而于修养之必要,则靡不同也。我侪以今日之眼光相绳,颇病理学教育之过于重视个人之修养,而于社会国家之需要,反而不能多所措意;末流之弊,修身养性几不复为入德育才之门,而成遁世避实之路。(《大学

---

① 《王恩洋先生论著集》第八卷,四川人民出版社2001年版,第274—275页。
② 胡适:《胡适文存》(三),黄山书社1996年版,第56页。
③ 许啸天:《国故学讨论集》第四集,群学社1927年版,第271页。

一解》)①

　　王恩洋、胡适这话是说宋代道学家,而且说得是"敬"而非"圣",但所说宗教式态度及思维方法与宋人推崇的先秦思孟学派还多少有点相似或可资映照,譬如理学家的"敬"也恰可与思孟学派的"诚"接近,理学家言"天"则可与思孟学派言"圣"、"天"接近,它们总是关于心性与超越之天的。故康有为云"孟天分极高"、"孟天分太高"、"孟子高流"、"读孟子入手最好,所谓由狂狷起脚"(《万木草堂口说》)。王、胡、康之说未必全是,然大体倒有映趣。严复所译《支那教案论》中"究之中国之道德礼义,则绝不缘神道设教而生"一语后有按语说:"《书》言皇降,《诗》言秉彝,董子曰道之大原出于天,则中国言道德礼义本称天而行,但非由教而起耳。今之所谓教者,国异家殊,乃鬼神郊祀之事。"② 所谓"**中国言道德礼义本称天而行**"反映的也是伦理与天道相结合的思想。近代神甫徐宗泽博士(1886—1947)在《明清间耶稣会士译著提要》第三卷有这样一段话,颇能揭示宗教型思想家尤其是宗教型伦理思想家对天命与人的思考,与思孟派思想完全契合,兹抄录于下:

　　　　有人类即有宗教,宗教者言受造之人与造物之主在伦理上之关系;因而信从神默启之道理,遵守其诚命而奉事之。……顾天地惟有一主宰,斯真教亦惟有一。③

　　有学者说孟子性善论"没有深究人性本善的形而上学根据……自由而自律的理性正是道德的形而上学根据"④,该作者的"形而上学"概念颇费解(根本不知西方哲学中的形而上学是什么),而且该类作者也正是根本未明孟子"性与天道"论的思想线索及思想实质(尤其是以天道来论性及性善),故这种议论纯粹是一派胡言。庞朴曾认为《易传》派的宇宙论是为了在天道层面说明"仁",而思孟学派的性善论则是为了在心性层面说明"仁",他说:"人们知道,在中国思想史上,孔子提出了仁的

---

① 梅贻琦:《梅贻琦教育论著选》,人民教育出版社1993年版,第102页。
② 严复:《严复集》第四册,王栻主编,中华书局1986年版,第849页。
③ 徐宗泽:《明清间耶稣会士译著提要》,中华书局1949年版,第105页。
④ 杨江涛、王伟:《论性善之根据——兼评孟子的性善说》,《广西社会科学》2008年第4期。

学说……但是，在为什么人能够仁的问题上，孔子没能作出回答。孔子以后，他的弟子们大体上从两个方面寻求答案：一些人从外部入手，试图从天道的角度作出回答，形成了《易传》那样的宇宙论学派。另一些人则从内部入手，相信人心人性天生具有善端。这就是子思、孟轲的心性论学派。"① 对此，笔者以为《易传》哲学并不是为了什么在宇宙论上说明"仁"，而是阐发天道规律下的易道（变道）；而仅看到思孟在心性上说善等而未看到思孟的"高"处正在天道层面说善、说性以及已将"心性—天道"贯通起来，这也是很不准确和清晰的②。故而，庞朴此言未必成立。郭齐勇的如下见解要比庞朴上述见解深刻到位，抓住了孟子或思孟"性与天道"的观念建构及理论叙述的理路及深意：

> 从郭店竹书到马王堆帛书，儒家道德形而上学的圣智观处于旁落、下移的过程中，汉代世传文献中"仁义礼智信"取代了"仁义理智圣"，特别是"信"之神秘性的"诚"意的逐步弱化，则表明这种天人圣智观或圣智五行观进一步处于消解的过程中。思孟五行正是因其哲学形上学的或终极信仰的诉求，被荀子及荀子前后的儒家视为不切实用、太过玄虚，终免不了湮灭的命运……总而言之，思孟五行是具有终极信仰的、以天道为背景的"天人圣智五行观"，蕴含着深刻的道德形上学的思想，其枢纽是"圣智"。与"聪明"相连的"圣智"是一种"神明"、"天德"，是对"天道"的体悟或神契，是体验、接近超越层的"天德之知"。切不可从知识论的视域，特别是主客体对待的认识论的角度去理解思孟五行。③

---

① 马宝珠：《郭店楚简：终于揭开一个谜——访庞朴》，《光明日报》1998年10月29日第2版。
② 借孟子原话是"此天之所与我者"，孟子认为"德性—天道"或"人性—天命"相贯通，且德性完全是上天所赋予的，君子以德性为性，不以口、目、耳、鼻、四肢自然之性为性。"孟子曰：口之于味也，目之于色也，耳之于声也，鼻之于臭也，四肢之于安佚也，性也；有命焉，君子不谓性也。仁之于父子也，义之于君臣也，礼之于宾主也，知之于贤者也，圣（人）之于天道也，命也；有性焉，君子不谓命也。"（《孟子·尽心下》）"公都子问曰：钧是人也，或为大人，或为小人，何也？孟子曰：从其大体为大人，从其小体为小人。曰：钧是人也，或从其大体，或从其小体，何也？曰：耳目之官不思，而蔽于物。物交物，则引之而已矣。心之官则思，思则得之，不思则不得也。此天之所与我者。先立乎其大者，则其小者不能夺也。此为大人而已矣。"（《孟子·告子上》）
③ 郭齐勇：《再论"五行"与"圣智"》，见《楚地出土简帛文献思想研究》（一），丁四新主编，湖北教育出版社2002年版，第34页。

按照"德性之知"及"闻见之知"（或物性之知）有别的概念，思孟的"知"是"德性之知"，是关于"德性"的知识，但"德性始乎蒙昧终乎圣智"（戴震《孟子字义疏证》卷上），诸人的德性是有差异的，反观于己的德性之知也是有差异的。故"德性之知"未必具有绝对普遍性或完全一致性，此非天文、地理、物理、生物、化学之知或知识所能比拟。但思孟强调德性之知，而且将德性贯通到天道上，认为不知天就未必知性，不知性则未必知心；反之亦然（即心→性→天）。故朱熹曰："知天是起头处，能知天则知人事，亲修身皆得其理矣。闻见之知与德性之知皆知也，只是要知得到信，得及如君之仁、子之孝之类，人所共知而多不能尽者，非真知故也。"（《朱子语类》卷六十四）

四 段玉裁勘"圣人之于天道也"

"聖（圣）"问题对于理解孟子或者思孟学派的思想学说有很重要的价值，它是思孟学说的一关键点，所以庞朴说"故这篇佚书（《五行》）的发现，解开了思孟五行说的古谜，是学术史上的一件大事"[1]。于《孟子》"圣人之于天道也"当校勘为"圣之于天道也"的问题，虽然是庞朴最早用出土文献来论说证实之，但他也提到朱熹时代有吴必大、朱熹曾怀疑过《孟子》"圣人之于天道也"句有"倒置"或"衍字"（但吴、朱也仅是曾怀疑而已，并未从学术上解决此问题）[2]，但庞朴并没有发现或注意到清文字学、训诂学家段玉裁[3]（1735—1815）早在100多年前就以经学义理比勘推理法确凿而十分肯定的口气将"圣人之于天道也"订正为了"圣之于天道也"。段玉裁的这一校勘订正工作并没有为相关学者所注意，为不湮没段氏之功，兹将段氏嘉庆十九年刻本《经韵楼集》卷四《孟子圣之于天道也说》一文全录于下：

> 《孟子》各本作"圣人之于天道也"，赵注亦云"圣人得以天道王于天下"，朱子《集注》乃云"仁义礼智天道，在人则赋于命者，所禀有厚薄清浊"，不以圣为仁义礼智之类。天道为父子、君臣、宾

---

[1] 庞朴：《帛书五行篇研究》，齐鲁书社1988年版，第23页。
[2] 同上书，第20—21页。
[3] 黄侃曰："清世治小学，如段茂堂、王怀祖皆能推求本字。阮云台则本于王，郝兰皋又本于阮。而王学则出于东原戴氏，故今之小学乃戴学也。"（《文字声韵训诂笔记》，黄侃述，黄焯编，上海古籍出版社1983年版，第56—57页。）

主、贤者之类,令《孟子》一例之句忽生颠倒,每以为疑。且如赵注云"仁者得以恩爱施于父子,义者得以义理施于君臣好,礼者得以礼敬施于宾主,智者得以明知知贤达善,圣人得以天道王于天下,皆命禄遭遇乃得居而行之,不遇者不得施行",是谓贫贱坎轲之人无以自尽于父子、君臣、宾主、贤师友也。引上四句入本句之说,而不论朱子之说,似经文当作"天道之于圣人也"。而云"所禀有厚薄清浊然而性善可学而尽",于此句绝不能兼摄,与上四句绝不伦,皆由未知经文之"圣人"字当作"圣之于天道也"而冰释理顺矣。

"圣"非"圣人"之谓,《尚书大传》子曰"心之神明谓之圣",《洪范》曰"恭作肃,从作乂,明作哲,聪作谋,睿作圣",《小雅》亦云"或圣或否,或哲或谋,或肃或乂",《周礼》教民六德"智仁圣义忠和","智仁义忠和"皆所性而有,则圣亦所性而有也。《说文》曰"圣者通也",凡心所能通曰圣。"天道"者凡阴阳五行日星历数吉凶祸福以至于天人性命之理,人有通其浅者,有通其深者,有通其一隅者,有通其大全者,有绝不能通者,其间等级如奕者之高下。然犹仁于父子,义于君臣,礼于宾主,智于贤否,各人之所知所能固不可以道里计矣,是皆限于天所赋者,故曰"命也"。但其所行虽未能诣极,而其性善无不可以扩充诣极者,故曰"有性焉,君子不谓命也"。于分别贤否则曰智,于明乎天道则曰圣,各就其事言之,常人所通不缪者亦曰圣。如曲艺中皆有圣是也,如农夫有能占晴雨者,极而至于李淳风、刘文成之术数。如小儒皆言性理以至孔孟之言性与天道,皆得云"圣之于天道"。由是言之,则五句一例而无所不伦矣。

五 "聖(圣)":《尚书》与殷商传统

《孟子》说"圣之于天道也"、"诚者天之道也",《中庸》说"诚者天之道也"、"从容中道圣人也"、"聪明圣知达天德者"。属思孟学派的《五行》、《四行》也强调"圣"、"天道"、"德"及"聪":"闻而知之圣也,圣人知天道也"、"知天道曰圣,圣者,声也"、"德,天道也"、"闻道而乐,有德者也,道也者天道也"、"聪,圣之始也;明,智之始也……圣始天,智始人;圣为崇,智为广"等等。

思孟派这样就将"圣"、"诚"等上升为天道、天德,那么获得或把握天道、天德的途径就是"圣"、"诚"等了，而"圣"、"诚"等则是"心性"的内容，故孟子明确说不以耳、目、口、鼻四肢之欲为性，而以仁、义、礼、智、圣为性。那么这种崇尚"圣"、"聪"以及以这种圣、聪关联或达到超越而崇高之"天"、"天道"、"天德"的学说主张来自哪里呢？是思孟学派独造吗？一个学派的思想一般都有来源，而且这个学派可能将其渊源的前人之某些见解或内容放大了，所推崇和放大的部分遂成为某个学派的学说内容或学说主核。那么孟子或思孟学派的"圣—天道"论是来自孔子吗？现在先以《论语》为例来考察孔子等谈"圣—天道"。《论语》里"圣"字凡8处，其中"圣人"4处：

①"何事于仁，必也圣乎"（《雍也》）；②"圣人，吾不得而见之矣"（《述而》）；③"若圣与仁，则吾岂敢"（《述而》）；④"夫子圣者与，何其多能也"（《子罕》）；⑤"固天纵之将圣，又多能也"（《子罕》）；⑥"畏圣人之言"（《季氏》）；⑦"侮圣人之言"（《季氏》）；⑧"有始有卒者，其惟圣人乎"（《子张》）。

上列8句中，④⑤是大宰与子贡的对答，内容是评孔子是否为"圣"，孔子的回应是："大宰知我乎！吾少也贱，故多能鄙事。君子多乎哉？不多也。"⑧则是子夏答子游之讥，否认注重洒扫应对之修为是本末倒置。至于其他5句，则都是出自孔子之口。①是孔子答子贡问"如有博施于民而能济众，何如？可谓仁乎"；②是孔子说圣人不得见，能退而求其次依次见君子、善人、有恒者就不错了；③是有人称赞孔子圣与仁，孔子说"若圣与仁则吾岂敢，抑为之不厌、诲人不倦则可谓云尔已矣"；⑥⑦是孔子说君子三畏而小人三不畏（天命、大人、圣人之言）。这8处"圣"除了"三畏三不畏"中的"圣人之言"之"圣人"含义比较神秘含糊外，其他都谈不上离奇，而且即使有神圣而离奇含义也为孔子所不赞赏。清毛奇龄《四书改错》卷十九注"何事于仁，必也圣乎"亦说孔子的"圣"是济众之仁：

……故圣进于仁，要之《大学》新民只在絜矩，《中庸》成物只在诚身，圣仁无两学，立达博济无两事，一贯忠恕总以一心及物而已矣。何理何地何横何直何高远卑迩？于此认不清，则圣道圣学到处两橛矣!

至于"聪",《论语》中只有 1 处:

> 孔子曰:君子有九思:视思明,听思聪,色思温,貌思恭,言思忠,事思敬,疑思问,忿思难,见得思义。(《季氏》)

《论语》里"明"字 11 处,但除"左丘明"、"澹台灭明"、"公明贾"、"明衣"、"明日"等专有名词外,就唯有 2 处涉及谈德性之"明",其中 1 处在谈"聪"句:

> 孔子曰:君子有九思:视思明,听思聪,色思温,貌思恭,言思忠,事思敬,疑思问,忿思难,见得思义。(《季氏》)
>
> 子张问明。子曰:浸润之谮,肤受之愬,不行焉,可谓明也已矣。浸润之谮肤受之愬不行焉,可谓远也已矣。(《颜渊》)

比较相关的句子,我们在《论语》里根本找不到思孟学派"圣—天道"、"德—天道"、"诚—天道"及"聪,圣之始也;明,智之始也……圣始天,智始人;圣为崇,智为广"的思想学说。所以,如果说思孟学派"圣—天道"、"五行—天道"的理论来自孔子,就很是可疑,这在《论语》里难找关联证据,在其他最接近孔子个人话语真迹的文献记录里也难找到证据。但是在多为训辞、祭词以及多讲天命与人德的通行本《尚书》里,却多见言"圣"(22 处)、"聪"(14 处)、"天道"(5 处)、"天"(279 处),并超过《诗经》"圣"(9 处)、"聪"(3 处)、"天道"、"天"(170 处)的用词频率,更远超过《论语》"圣"(8 处)、"聪"(1 处)、"天道"(1 处)、"天"(49 处)的用词频率。譬如通行本《尚书》言"圣"、"聪"的句子:

(1) 帝德广运,乃圣乃神,乃武乃文。(《大禹谟》)
(2) 予有众,圣有谟训,明征定保,先王克谨天戒。(《胤征》)
(3) 惟我商王,布昭圣武。代虐以宽,兆民允怀。(《伊训》)
(4) 敢有侮圣言,逆忠直,远耆德,比顽童,时谓乱风。(《伊训》)

（5）惟天聪明，惟圣时宪，惟臣钦若，惟民从乂。(《说命中》)

（6）恭作肃，从作乂，明作哲，聪作谋，睿作圣。(《洪范》)

（7）乃祖成汤克齐圣广渊，皇天眷佑，诞受厥命。(《微子之命》)

（8）聿求元圣，与之戮力，以与尔有众请命。(《汤诰》)

（9）惟圣罔念作狂，惟狂克念作圣。(《多方》)

（10）凡人未见圣，若不克见；既见圣，亦不克由圣，尔其戒哉！(《君陈》)

（11）昔在文武聪明齐圣，小大之臣，咸怀忠良。(《冏命》)

（12）人之彦圣，其心好之，不啻若自其口出。(《秦誓》)

（以上"圣"字；以下"聪明"词）

（1）昔在帝尧，聪明文思，光宅天下。(《尧典》)

（2）虞舜侧微，尧闻之聪明，将使嗣位。(《舜典》)

（3）舜格于文祖，询于四岳，辟四门，明四目，达四聪。(《舜典》)

（4）天聪明，自我民聪明，天明畏自我民明威。达于上下，敬哉有土。(《皋陶谟》)

（5）惟天生聪明时乂，有夏昏德，民坠涂炭，天乃锡王勇智……(《仲虺之诰》)

（6）视远惟明；听德惟聪。朕承王之休无斁。(《太甲中》)

（7）惟天聪明，惟圣时宪，惟臣钦若，惟民从乂。(《说命中》)

（8）亶聪明，作元后，元后作民父母。今商王受，弗敬上天，降灾下民。(《泰誓上》)

（9）视曰明，听曰聪，思曰睿。恭作肃，从作乂，明作哲，聪作谋，睿作圣。(《洪范》)

（10）聪听祖考之遗训，越小大德，小子惟一。(《酒诰》)

（11）率自中，无作聪明乱旧章。详乃视听，罔以侧言改厥度。(《蔡仲之命》)

（12）昔在文武聪明齐圣，小大之臣，咸怀忠良。(《冏命》)

在通乎"圣"或"天"的意义上使用"聪"字，儒家五经中出现次数最高的正是《尚书》。东汉时的《白虎通德论·圣人》曰："**圣人者何？圣者，通也，道也，声也**。道无所不通，明无所不照，闻声知情，与天地合德，日月合明，四时合序，鬼神合吉凶。《礼别名记》曰：'五人曰茂，十人曰选，百人曰俊，千人曰英，倍英曰贤，万人曰杰，万杰曰圣。'"将此句的"**圣者，通也，道也，声也**"与帛书《四行》"**圣，天知也，知人道曰知，知天道曰圣，圣者，声也**"对看，可知它们说"**圣者，声也**"之义正完全相同。《白虎通德论·圣人》又曰："圣人所以能独见前睹与神通精者，盖皆天所生也。"针对《中庸》"苟不固，聪明圣知达天德者其孰能知之"，郑注则曰："言唯圣人乃能知圣人也，《春秋传》曰未不亦乐乎，尧舜之知君子，明凡人不知。"

《尚书》的重要思想特征是将"天道"与"人德"合说，以德贯通天人，其"天"或"天道"还是具有宗教神灵的天命意味，故《尚书》出现"敬"字 66 次，出现"畏"字 29 次，出现"天"字 279 次，出现"命"字 270 次，频率甚高①。譬如言及"敬"和"畏"的句子有"敢不敬应，帝不时敷"、"弗敬上天，降灾下民"、"狎侮五常，荒怠弗敬"、"惟不敬厥德，乃早坠厥命"、"公不敢不敬天之休"、"公其以予万亿年敬天之休"、"以敬事上帝，立民长伯尔克敬典在德"、"其能而乱四方以敬忌天威"、"敢敬告天子，皇天改大邦殷之命"、"尔尚敬逆天命"以及"天明畏自我民明威"、"予畏上帝"、"罔或无畏"、"四方之民罔不祗畏"、"严恭寅畏，天命自度"等。

《尚书》"天道"一词凡 5 处，约有 4 处非天文式天道，其中"惟德动天，无远弗届，满招损，谦受益，时乃天道"（《大禹谟》）的"天道"比较有天文天道的内涵，但也得注意它与"惟德动天"四字并说，也是将"德—天"贯通起来，此是与思孟学派一样的思维及观念，或者说思孟学派与《尚书》所具有的思维及观念是一样的。《尚书》另 4 处言"天道"是：

（1）慎厥终，惟其始。殖有礼，覆昏暴。钦崇 天道，永保天命。（《仲虺之诰》）

（2）天道 福善祸淫，降灾于夏，以彰厥罪。肆台小子，将天命

---

① 《诗经》"敬" 22 处，"畏" 26 处，"天" 170 处，"命" 87 处；《论语》"敬" 22 处，"畏" 10 处，"天" 49 处，"命" 24 处。《论语》无《尚书》、《诗经》显著的神灵天之气息，限于篇幅，兹不详述。

明威，不敢赦。(《汤诰》)

(3) 呜呼！明王奉若 天道 ，建邦设都，树后王君公，承以大夫师长，不惟逸豫，惟以乱民。惟天聪明，惟圣时宪，惟臣钦若，惟民从乂。(《说命中》)

(4) 以荡陵德，实悖 天道 。敝化奢丽，万世同流。兹殷庶士，席宠惟旧，怙侈灭义，服美于人。骄淫矜侉，将由恶终。虽收放心，闲之惟艰。(《毕命》)

东汉赵岐《孟子题辞》说："孟子生有淑质，夙丧其父，幼被慈母三迁之教，长师孔子之孙子思，治儒述之道，通五经，尤长于《诗》《书》。"从今《孟子》一书的文字来看，孟子"尤长于《诗》《书》"应该是确凿无疑的；于《易》、《礼》、《乐》等，孟子不擅长（《周易》亦有"圣"字40处，"聪" 4处，但注意此涉及谈神秘占卜之道，故多言"圣"、"神"等字），而《尚书》的"圣—聪"观念在孟子这里也多有其体现，这多少也说明孟子汲取了《尚书》的"圣—天"的思想。而《尚书》多述商周时代的历史，故它多少直接或间接反映了商周时代的精神世界。

杨泽波谈儒家道德"形而上学"时，曾提出孔孟有差异或分歧，提出儒家道德形而上学"有一个由'无'到'有'的过程，'无'是一个阶段，'有'是另一个阶段，而分别代表这两个极端的，不是别人，正是孔孟二子……孔孟不是密不可分的一块'铁板'，而是紧密相连的两个历史环节"[①]。杨泽波认为孔子不曾建构"道德形上学"，指出："孔子并没有道德本体论的思想，而孟子实际上已经建立了本心本体论，提出相当完整的道德本体思想。孔子第一次发现道德的根源在人，有了人性的自觉。孟子为了解决性善的根源问题不得不'借天为说'，重新回到天，回到殷商天论的源头。"[②] 杨泽波虽然没有比较孟子所长的《诗》《书》与孟子的思想关系及文本证据，但杨泽波从天道论着眼去探讨孟子的性善论的深层缘由或内涵，这是孟子说的"读书诵诗、知人论世"之高见。然孟子是先有性善论而再去找伦理本体化及有宗教色彩的天道？还是先有他那种

---

① 杨泽波：《孟子性善论研究》，中国社会科学出版社1995年版，第188页。
② 杨泽波：《孟子性善论研究》，复旦大学哲学系博士学位论文，1992年，第169页。(1995年版文字略异)

伦理天道论（"立乎大"）而生成他那种心性本体化（天道与人性贯通，天人贯通）的性善论？笔者浅见以为是后者而非杨泽波说的前者。但杨泽波如下的见解深得儒学历史及精神精髓：

（1）中国自古就有把人间事物推到天的传统，这个传统到西周"以德配天"达到高潮；西周末年这个传统开始衰落，出现了"天道远，人道迩"的新思潮，孔子是这个新思潮的直接继承者；孔子思想的主流是知生事人，但也保留了先前"以德配天"思维方式的痕迹；虽说这些痕迹成为后来儒家道德形上学发展的源头，但孔子自己并没有自觉以天作为道德的终极根据，有意识地创立一套道德形上学。①（榛按：杨泽波似未明孔子、荀子自有孔荀的天道论，在那种天道论下，推到天或天命的所谓道德形上学完全是不必或多余的。）

（2）很多学者均认同这样一个观点：儒学不是典型的宗教，却有着宗教的作用。儒学之所以有如此奇特的现象，奥秘在于儒学有一个独特的天论传统。自西周初期统治者为寻求政治合法性而"以德论天"以来，春秋战国之际的天仍然具有伦理宗教的余韵，当儒家沿着思维的惯性"以天论德"即将道德的终极根源推给上天之后，其道德便不可避免地染上了宗教的色彩。更为重要的是，这种宗教性是通过儒家心性之学中仁性一层实现的，将仁性的根源归给上天，仁性因为天的超越性而赋予了类似宗教的作用和力量，具有了强大的动能，进而保证理性自身就是实践的。②

杨泽波的见解实与郭沫若契合，郭沫若在《青铜时代》早已指出：

……要之，子思的天道观是采取了老子的思想，而在说教的方便上则以天立极，维系了殷周以来的传统。儒家到子思的确是一个宏大的扩张，他的思想是应该把《中庸》、《洪范》、《尧典》、《皋陶谟》、《禹贡》等篇来一并研究的。孟子是直承着子思的传统的，他的关于天的思想和子思的没有两样，他也肯定着上帝……但上帝只是一种永

---

① 杨泽波：《孟子性善论研究》，中国社会科学出版社1995年版，第172—173页。
② 杨泽波：《从以天论德看儒家道德的宗教作用》，《中国社会科学》2006年第3期。

恒不变的自然界的理法。①

第三节　孟子"性善"论的勉强

冯友兰 1939 年《新理学》说:"性善性恶,是中国哲学史中一大问题。"②后来在《中国哲学简史》又说:"**人性是善的,还是恶的,——确切地说,就是,人性的本质是什么？——向来是中国哲学中争论最激烈的问题之一**。"③李约瑟《中国科学技术史》第二卷《科学思想史》一书说:"……对于科学思想史来说,孟子最令人感兴趣的方面乃是他的人性说。"④孟子为人有"为天地立心,为生民立命,为往圣继绝学,为万世开太平"(张载语)的思想气象,其"性善"的人性说在战国时代不仅"标新立异",而且在中国思想史、东方思想史上影响深远。如宋以来尤推崇孟子,南宋出现的《三字经》开句谓"人之初,性本善"即来自孟子,曾游学于朱熹的进士彭度正则以"性善堂"、"性善堂稿"名其斋与书,此可见孟子性善说于民间及学者群体的思想效应。

一　绝对的性善论

近来有学者对孟子性善论发表了不少新解,譬如:孟子说"乃若其情则可以为善矣",故孟子是主张"情善"⑤;孟子分清了人的自然性与社会性之人性,故孟子主张"人性善"而非主张"性善"⑥;孟子性善论不是性本善或性已善或性善已完成,而是"性向善"或"心有善端可以为善"⑦;孟子"性善"不是叙述人性的经验事实,而是作为"一种引导性

---

① 郭沫若:《青铜时代》,科学出版社 1957 年版,第 55—56 页。
② 冯友兰:《三松堂全集》第四卷,河南人民出版社 2001 年版,第 85 页。
③ 冯友兰:《中国哲学简史》,北京大学出版社 1996 年版,第 67—68 页。
④ 李约瑟:《中国科学技术史》第二卷,科学出版社 1990 年版,第 16 页。
⑤ 马寄:《情范畴是正确理解孟子性善论的关键》,《太原师范学院学报》2009 年第 3 期。
⑥ 田正利:《孟子并非主张"性善"》,《光明日报》2006 年 11 月 13 日学术版。与田文直接商榷的是李任同《孟子就是主张"性善"》,《光明日报》2006 年 12 月 4 日学术版。
⑦ 杨泽波:《孟子性善论研究》,复旦大学博士学位论文,1992 年版,第 52—53 页;杨泽波:《孟子性善论研究》,中国社会科学出版社 1995 年版,第 44 页;杨泽波:《孟子与中国文化》,贵州人民出版社 2000 年版,第 192 页;杨泽波:《孟子性善论研究》(修订版),中国人民大学出版社 2010 年版,第 43 页。

的概念"①。想否定孟子是"性善"论者,这是绝无可能的,任何不满意于孟子性善论而特意、曲意为之造"新解"、"别解"以为之开脱者,不仅根由在于根本不明孟子哲学的基本内核(伦理天道论)而远离孟子思想之内核,而且更在于对《孟子》一书原始文献的置若罔闻、熟视无睹:

(1)滕文公为世子……孟子道性善,言必称尧舜。(《滕文公上》)

(2)……人性之无分于善不善也,犹水之无分于东西也……人性之善也,犹水之就下也。人无有不善,水无有不下……(《告子上》)

(3)……今曰性善,然则彼皆非欤?……恻隐之心,人皆有之……仁义礼智,非由外铄我也,我固有之也,弗思耳矣。(《告子上》)

(4)孟子曰:人皆有不忍人之心……人之有是四端也,犹其有四体也。(《公孙丑上》)

孟子毫无疑问是性善论者,而且是中国历史上伦理性之性善论的第一发明者,第一标举者,曰"性善"不过孟子"夫子自道也"而已。战国《荀子》"孟子曰今人之性善"、东汉《论衡》"孟子作'性善'之篇,以为人性皆善"及"余固以孟轲言人性善者"、东汉荀悦《申鉴》"孟子称性善"、唐韩愈《原性》"孟子之言性曰人之性善"、唐杜牧《三子言性辩》"孟子言人性善"、唐皇甫湜《孟子荀子言性论》"孟子曰人之性善"……此等并非是杜撰的概括总结,更非他人对孟子的栽赃或污蔑。今人谢无量则说"自来论性者,孟子始言绝对之性善"②,梁启超说"孟子绝对的主张性善说"③,又说"从全部看来,绝对主张性善"④。徐复观说:"……这是性善说的第一次出现。但孟子之所谓性善,是说一般人的本性都是善的……孟子并不是认为人性应当是善的;而是认为人性实在是善

---

① 陈赟:《性善:一种引导性的概念——孟子性善论的哲学意蕴与方法内涵》,《现代哲学》2003年第1期。
② 谢无量:《中国哲学史》第一编(上),中华书局1940年版,第102页。
③ 梁启超:《梁启超全集》第六册,北京出版社1999年版,第3320页。
④ 梁启超:《梁启超全集》第九册,北京出版社1999年版,第4992页。

的。"① 近来张鹏伟等亦撰文说："孟子的性善论不是向善论，而是性本善论。"②

王充《论衡·本性》颇能概括孟子性善论的思想主旨："孟子作'性善'之篇，以为人性皆善；及其不善，物乱之也。谓人生于天地，皆禀善性，长大与物交接者，放纵悖乱，不善日以生矣。"孟子说"性善"是主张绝对"性善"，所以他固守"性善"立场而言与人性相关的其他现实问题并力图作一自我圆满的解释。譬如他关于个体教化修养及社会治理的见解，其思路也鲜明地体现了他性善论这一理论基础，而有什么样的人性论就会有什么样的修养论和社会治理论。以"性善"作为思维前提或逻辑前提，①孟子解释了人为善及成为善人或圣人皆是可能，谓之顺性成善；②孟子解释了人性善又为什么有些人变坏，谓之因为放其良心；③孟子认为成为善人好人的路线是找回本心并推恩，谓之求其放心并扩充之。

于第①点，《孟子》说"何以异于人哉？尧舜与人同耳"、"尧舜，性之也"（《尽心上》）、"尧舜，性者也"（《尽心下》）。"心之所同然者何也？谓理也，义也。圣人先得我心之所同然耳。故理义之悦我心，犹刍豢之悦我口。"（《告子上》）"今恩足以及禽兽而功不至于百姓者……故王之不王，不为也，非不能也。"（《梁惠王上》）"曹交问曰：人皆可以为尧舜，有诸？孟子曰：然。"（《告子下》）与告子辩论"性—杞柳；义—桮棬"时说："子能顺杞柳之性而以为桮棬乎？将戕贼杞柳而后以为桮棬也？如将戕贼杞柳而以为桮棬，则亦将戕贼人以为仁义与？"（《告子上》）意为顺乎人性（本善之性状）而为仁义，一如顺乎杞柳之性而为桮棬也。

于第②点，《孟子》以"牛山之木尝美矣"遭"斧斤伐之"后而落于"濯濯"之况为例，说明性先善、本善，但由于伐而不养、伐而除去，遂失。《孟子》曰："人见其濯濯也，以为未尝有材焉，此岂山之性也哉？虽存乎人者，岂无仁义之心哉？其所以放其良心者，亦犹斧斤之于木也，旦旦而伐之，可以为美乎……故苟得其养，无物不长；苟失其养，无物不消。"（《告子上》）"……是故所欲有甚于生者，所恶有甚于死者，非独贤才有是心也，人皆有之，贤者能勿丧耳……乡为身死而不受，今为所识穷乏者得我而为之，是亦不可以已乎？此之谓失其本心。"（《告子上》）

---

① 徐复观：《中国人性论史（先秦篇）》，上海三联书店2001年版，第142页；又见（台北）商务印书馆1979年版，第164页。
② 张鹏伟、郭齐勇：《孟子性善论新探》，《齐鲁学刊》2006年第4期。

于第③点，《孟子》曰："人有鸡犬放则知求之，有放心而不知求。学问之道无他，求其放心而已矣。"（《告子上》）"今有无名之指屈而不信……指不若人，则知恶之；心不若人，则不知恶，此之谓不知类也。"（《告子上》）"人皆有不忍人之心，先王有不忍人之心……凡有四端于我者，知皆扩而充之矣，若火之始然，泉之始达。苟能充之，足以保四海；苟不充之，不足以事父母。"（《公孙丑上》）"老吾老以及人之老，幼吾幼以及人之幼，天下可运于掌……故推恩足以保四海，不推恩无以保妻子。古之人所以大过人者，无他焉，善推其所为而已矣。"（《梁惠王上》）"尧舜之道，不以仁政，不能平治天下。今有仁心仁闻而民不被其泽，不可法于后世者，不行先王之道也。"（《离娄上》）

二 摇摆的性善论

"性善"或"善性"是善心、善德、善人、善行的本源，孟子坚信这种本源的客观存在。孟子坚信"性善"之人性观，并在"性善"的逻辑前提下将——①为善何以可能、②为不善或恶何以可能、③如何为善或成善——作了解释，以让其"性善论"自洽。但"性善论"于①③相通，于②则不通，因为既然人性是善的，那么人何以可能为恶或恶从何而来呢？按孟子善恶本源在人性的思维或逻辑，既然人可以为恶以及有恶人（这是事实，孟子不否认，也否认不了），则本源上的人性就非善；承认有恶人及人能变恶，则事实就已与"性善论"这种本源论、伦理本体论相矛盾矣。

这非常类似学者攻击或反思荀子的"性恶"论[①]：既然人性是恶的，那么为什么有善人以及人能为善？既然有好人以及人能为善（这是事实，荀子不否认，也否认不了，而且荀子还主张修为教化以成善），则人性就非恶；承认有善人以及人能变善，则事实就已与"性恶"相矛盾矣。故徐积曰："乌有性恶而能为孝弟哉？"黄百家曰："如果性恶，安有欲为善之心乎？"（《宋元学案》卷一）套徐、黄的诘问逻辑，乌有性善而能为不孝不弟哉？如果性善，安有欲为恶之心乎？所以，性善论的任何精心辩护、曲折解说并不能解决或回答这一事实与逻辑的简单诘问。如果立性恶说，其道理如同性善论，亦无法面对事实与逻辑的简单诘问[②]。

[①] 荀子并非是性恶论者，《性恶》篇"恶"字当作"不善"，详见下章论述。
[②] 有学者偏要替孟子辩护其"性善论"的正确与高明，并用个性化信仰或体验来代替普遍人性之客观事实的研究，如刘学智《善心、本心、善性的本体同一与直觉体悟——兼谈宋明诸儒解读孟子"性善论"的方法论启示》（《哲学研究》2011年第5期）等。

（一）孟子的四个辩论点

孟子在世的时候，其"性善"论就已遭遇了他人以事实与以逻辑相诘，《孟子·告子上》记述了孟子与告子、公都子的若干辩难。虽然《孟子》一书对辩难过程未必记述完整，但观点依然清晰确凿：

（1）告子曰："性，犹杞柳也，义，犹桮棬也；以人性为仁义，犹以杞柳为桮棬。"孟子曰："子能顺杞柳之性而以为桮棬乎？将戕贼杞柳而后以为桮棬也？如将戕贼杞柳而以为桮棬，则亦将戕贼人以为仁义与？率天下之人而祸仁义者，必子之言夫。"

（2）告子曰："性犹湍水也，决诸东方则东流，决诸西方则西流。人性之无分于善不善也，犹水之无分于东西也。"孟子曰："水信无分于东西，无分于上下乎？人性之善也，犹水之就下也。人无有不善，水无有不下。今夫水，搏而跃之，可使过颡；激而行之，可使在山。是岂水之性哉？其势则然也。人之可使为不善，其性亦犹是也。"

（3）告子曰："生之谓性。"孟子曰："生之谓性也，犹白之谓白与［欤］？"曰："然。""白羽之白也，犹白雪之白，白雪之白犹白玉之白与［欤］？"曰："然。""然则犬之性犹牛之性，牛之性犹人之性与［欤］？"

（4）公都子曰："告子曰'性无善无不善也'，或曰'性可以为善，可以为不善。是故文武兴，则民好善；幽厉兴，则民好暴'，或曰'有性善，有性不善。是故以尧为君而有象；以瞽瞍为父而有舜；以纣为兄之子，且以为君，而不微子启、王子比干'。今曰'性善'，然则彼皆非欤？"孟子曰："乃若其情，则可以为善矣，乃所谓善也。若夫为不善，非才之罪也。恻隐之心，人皆有之；羞恶之心，人皆有之；恭敬之心，人皆有之；是非之心，人皆有之。恻隐之心，仁也；羞恶之心，义也；恭敬之心，礼也；是非之心，智也。仁义礼智，非由外铄我也，我固有之也，弗思耳矣。故曰：'求则得之，舍则失之。'或相倍蓰而无算者，不能尽其才者也。……"

1. 为桮棬顺杞柳性？戕杞柳性？

前列第（1）则对话里，告子的意思是仁义不是人性本身所有而是人为而得的，正如桮棬（bēi quān）不是杞柳本身而是人制作出而得的，此正是在驳难孟子"以人性为仁义"的性善观,意即"以人性为仁义"难道类似于"以杞柳为桮棬"即杞柳里本已有桮棬?孟子则反驳说制作桮棬是顺着杞柳之性还是戕贼杞柳之性呢?如果是戕贼杞柳性而制作桮棬,则亦是戕贼人性以为仁义;如果是顺着杞柳性以制作桮棬,则亦是顺着人性(本善)而为仁义。制作桮棬既可以说是顺着杞柳之性也可以说是戕贼制杞之性,这是材料与工艺的问题。"杞柳—桮棬"是异形式而同材质的,材质同,只是形式不同而已,同材质故可谓之是天生,异形式则来自人为加工而已。那么"人性—仁义"是不是同质的呢?形式相同吗?孟子当然认为质料和形式都相同,所以是"以人性为仁义";不过告子则至少认为形式有不同,故以"以人性为仁义,犹以杞柳为桮棬"批评孟子混同了人性与仁义两者,将材质、形式本异的两个事物混为一谈。

杞柳与桮棬,人性与仁义,它们各自二者之间有相关但又有异。杞柳成桮棬靠工艺,但桮棬非杞柳所生;人性成仁义靠人为,但仁义非人性所生。原材与器材、本性与习性之间非直接派生、生成关系。故心理学专家、芝加哥大学博士(1926)、中国科学院前院士潘菽(1897—1988)说:

> ……(孟子)这一反问其实已接受了告子的基本论点,即以人性为"仁义"犹象以杞柳为杯棬要经过制作,只是争论着以杞柳为杯棬是顺着杞柳的性还是残害着杞柳。孟轲认为这是残害杞柳的。这个理由却站不住脚。用杞柳作成杯棬当然不会不使杞柳产生一定的改变,但也不会不顾到杞柳的特性,否则就不需要用杞柳。所以那种改变并不能说就是对杞柳的残害,而也可以说是使杞柳得其所用或者说得到一种发展。孟轲却咬定要把这种改变说成残害并给告子硬加上一个罪名说:"率天下之人而祸仁义者必子之言夫。"这算是什么辩论呢?①

于"杞柳—桮棬"与"人性—仁义"的问题,荀子倒有很好的解说或论证:

> 夫陶人埏埴而生瓦,然则瓦埴岂陶人之性也哉?工人斲木而生器,然则器木岂工人之性也哉?夫圣人之于礼义也,辟则陶埏而生之

---

① 潘菽:《心理学简札》下册,人民教育出版社1984年版,第132页。

也。然则礼义积伪者，岂人之本性也哉！凡人之性者，尧舜之与桀跖，其性一也；君子之与小人，其性一也。今将以礼义积伪为人之性邪？然则有曷贵尧禹，曷贵君子矣哉！凡贵尧禹君子者，能化性，能起伪，伪起而生礼义。然则圣人之于礼义积伪也，亦犹陶埏而为之也。<u>用此观之，然则礼义积伪者，岂人之性也哉</u>！（《荀子·性恶》）

2. 人性之善也，犹水之就下也?

前列第（2）则对话里，"人性之善也，犹水之就下也"之论证是无效的，一则水性与人性没有逻辑因果及历史生成关系，而且孟子最擅长的"比喻代推理"显然是一种论证无效的论证方式①；二则"水之就下"根本就不是水性，水就下的原因和本质不在水，而在其他，能"就下"的并非只有水，高低落差中能"就下"的东西多得很。孟子将"就下"当作水性本身就是糊涂至极，以此水性来比喻论证人性向善更是逻辑荒诞。孟子的比喻论证比告子"人性之无分于善不善也，犹水之无分于东西也"的比喻叙述相差很远，也根本无法驳倒告子的立论（《孟子》未记载告子的进一步回应，孟子回完告子后，其记述就戛然而止）。孟子最后还以水违背"就下"本性而就上是"其势则然"来说明人违背"性善"本性而不善也是"其势则然"，意即非人本性之故，本性还是善的，这种论证或辩护在逻辑与事实上当然都是无效的。潘菽说："**孟轲这种辩论也有逻辑问题……照孟轲那样的说明，倒同时也可以说明性也会是恶的。**"② 若照孟子的"水辨"逻辑，"水下—性恶"也成立，甚至论证更生动：

××曰："水信无分于东西，无分于上下乎？人性之 恶 也，犹水之就下也。人无有不 恶 ，水无有不下。今夫水，搏而跃之，可使过颡；激而行之，可使在山。是岂水之性哉？其势则然也。人之可使为 善 ，其性亦犹是也。"

---

① 傅斯年：《傅斯年全集》第一卷，湖南教育出版社2003年版，第25页。
② 潘菽：《心理学简札》下册，人民教育出版社1984年版，第133页。

3. 犬、牛、人之性犹"白"之同？

前列第（3）则对话里，孟子是在转换同字或同音字的辩难技巧里偷换概念、跳跃逻辑，因为白羽、白雪、白玉是具体之色，该色是单一之色，其色同故其白同；而犬性、牛性、人性是复杂之性，其性有相同处也有不同处，不能如白色一样归一。孟子想以辩论末尾的犬性、牛性、人性有不一样之结论（常识）来推倒辩论起点的"生之谓性"，但他"性←白←性←生"或"生→性→白→性"的慷慨陈词除了有些辩论文采外，却无任何逻辑色彩与逻辑力量。所以潘菽评道：

>……（孟子）他所说的"性"是一种抽象的概括概念，可以包括很不相同的内容，和告子所同意的话完全没有逻辑的联系。稍有知识的人都会知道，狗的"性"和牛的"性"不一样，狗和牛的"性"更和人的"性"有很大的不同。提出狗性、牛性和人性是否同样这种问话，不是把对方当作白痴，就是自己的说话态度太不严肃，完全不象认真讨论问题。告子如果真的报之以一笑，应该是应付得很得体的。孟轲承认自己是"好辩"的。但他的辩论往往是搬弄概念，强辞夺理。孟轲所说的"性"其实也是"生之谓性"的性。但他也要辩论一下，就显得没有理由。大概也是为了好辩吧！……告子所说的性是具体可指的。这种性本身是说不上善恶的，要看他们实现为怎样的意向和行动，并从社会的角度去看，才能给他们加上善或恶的称谓。①

4. 乃若其情，则可为善；若为不善，非才之罪

前列第（4）则对话里，孟子的"性善"论遇了最周密的诘问，当孟子以"乃若其情，则可以为善矣，乃所谓善也"来回应公都子的事实与逻辑之周密诘问时，实际上孟子就已逃到以"可以为善"来代替"性善"的迂回辩护，而这种辩护正同时证明孟子"性善"命题已瓦解或破灭。此正如南京大学前哲学系主任孙叔平（1905—1983）说："孟轲和告子的辩论是牵强的……孟轲的意见，恰好把'可以'弄成了'就是'，显然是荒谬的。"② 潘菽也说孟子论辩逻辑肤浅荒谬，"他的辩论往往是搬弄概

---

① 潘菽：《心理学简札》下册，人民教育出版社1984年版，第134页。
② 孙叔平：《中国哲学史稿》上册，上海人民出版社1980年版，第125页。

念，强辞夺理"，"最后反问的话实在有些瞎扯"，"这种辩论也有逻辑问题"，"这算是什么辩论呢"①。傅斯年《性命古训辨证》更早就指出了孟子对自己性善论的动摇及他的辩护迂回而无力：

> 孟子曰："乃若其情，则可以为善矣，若夫为不善，非才之罪也。"……夫曰"可以"，则等于说"非定"，谓"定"则事实无证，谓"非定"则性善之论自摇矣。此等语气，皆孟子之逻辑工夫远不如荀子处。孟子之词，放而无律，今若为卢前王后之班，则孟子之词，宜在淳于髡之上、荀卿之下也。②

孟子"乃若其情，则可以为善矣"的"情"字是情况、情实、情状的意思③。孟子以实际情况"可以为善"之假设来论证"性善"④，这实是以可能代替实然，以将然代替已然，以或然代替必然，属于辩难下风的无理论证。古注多云"情，实也"、"情者，实也"、"情，犹实也"、"情，情实也"、"情，谓情实"、"情，谓实情"、"情，诚也"、"情者，诚也"、"情，犹诚"、"情之言诚也"、"情，诚也，实也"⑤。俞正燮《癸巳存稿》卷二"孟子言性情才义"条曰："情者，事之实也，《大学》'无情者'郑注云'情，犹实也'是也。才者，事之初也，《说文》'才为草木之初'是也。今赵注'若，顺也'，情性表里，情顺性为善，'若夫为不善，非天才之罪'朱注'若，（发语）词也，情者性之动，才犹材质'，均非孟子道'性善'本旨。"戴震《孟子字义疏证》也认为朱熹以"情者，性之动也"、"恻隐、羞恶、辞让、是非，情也；仁义礼智，性也，心统性情者也，因其情之发而性之本然可得而见"等解孟子"乃若

---

① 潘菽：《心理学简札》下册，人民教育出版社1984年版，第132—134页。
② 傅斯年：《傅斯年全集》第二卷，湖南教育出版社2003年版，第637页。
③ 参丁四新等见解，见《"郭店竹简与思孟学派"座谈会》，《中国思想史研究通讯》第8辑，2005年版；又见《中国思想史前沿——经典诠释方法》，陕西师范大学出版社2008年版。
④ 杨泽波据"乃若其情，则可以为善矣"句曰："笔者认为，孟子这里是讲，性可以为善，并非本然为善……性善论并不是'性本善论'，而是'心有善端可以为善论'。"（《孟子性善论研究》1995年版，第42、44页）——说孟子该句之意是"性可以为善，并非本然为善"是对的，但想据此将整个孟子的人性论新诠为"性善论并不是'性本善论'，而是'心有善端可以为善论'"则不然。孟子当然持绝对的"性善"理念或信念，孟子转称"可以为善"来论证"性善"则是他激辩中的支吾辩护词而已。
⑤ 《故训汇纂》释"情"字第31—41条，宗福邦等主编，商务印书馆2003年版，第800页。

其情，则可以为善矣，乃所谓善也，夫为不善，非才之罪也"句是错误的，认为此"情"非意识之情乃情实之情，且论及人性问题上"本善—可以为善"的区别及"才—性"两者之关系。戴震《孟子字义疏证》卷下曰：

> 问：孟子答公都子曰："乃若其情，则可以为善矣，乃所谓善也，若夫为不善，非才之罪也。"朱子云："情者，性之动也。"又云："恻隐、羞恶、辞让、是非，情也；仁、义、礼、智，性也。心统性情者也，因其情之发而性之本然可得而见。"夫公都子问"性"列三说之与孟子言"性善"异者，乃舍性而论情，偏举善之端为证……荀子证"性恶"所举者亦情也，安见孟子之得而荀子之失欤？
>
> 曰：……孟子举恻隐、羞恶、辞让、是非之心，谓之心不谓之情。首云"乃若其情"，非性情之情也。孟子不又云乎："人见其禽兽也，而以为未尝有才焉，是岂人之情也哉！"情，犹素也，实也。孟子于性本以为善，而此云"则可以为善矣"，"可"之为言因性有等差，而断其善则未见不可也。下云"乃所谓善也"对上"今曰性善"之文，继之云"若夫为不善，非才之罪也"，为犹成也，卒之成为不善者，陷溺其心，放其良心，至于梏亡之尽，违禽兽不远者也。言才则性见，言性则才见，才于性无所增损故也。人之性善，故才亦美，其往往不美，未有非陷溺其心使然，故曰"非天之降才尔殊"。才可以始美而终于不美，由才失其才也，不可谓性始善而终于不善。性以本始言才，以体质言也。体质戕坏，究非体质之罪，又安可咎其本始哉！倘如宋儒言"性即理"，言人生以后此理已堕在形气之中，不全是性之本体矣。以孟子言性于陷溺梏亡之后，人见其不善，犹曰"非才之罪"者，宋儒于"天之降才"即罪才也。

《孟子》里"情"字凡4处，《论语》里"情"字凡2处，《易传》里"情"字凡14处，皆是情况、情实的意思，与属心理范畴的情绪情感完全无涉，所以以"情感"解《孟子》、《论语》、《周易》"情"字皆是无稽之谈。今人黄彰健《经学理学文存》一书里《释〈孟子〉公都子问性章的"才"字"情"字》一文不赞成戴震《孟子字义疏证》"乃若其情，非性情之情也……情，犹素也，实也"，认为此情是"情感"之情，谬矣。元陈天祥《四书辨疑》卷十二"二才字与情字上下相连,意如贯珠,情乃才字之误也,才犹材质,性之本体也"及今人裴学海《孟子正义补正》"知情为性之假字"更是无稽之猜想①。

《易传》言"情"曰"天地万物之情"、"天地之情"、"鬼神之情状"、"圣人之情"、"情伪相感"、"吉凶以情迁"、"以类万物之情"、"设卦以尽情伪"等,《孟子》言"情"曰"夫物之不齐,物之情也"(《滕文公上》)、"故声闻过情,君子耻之"(《离娄下》)、"乃若其情,则可以为善矣"(《告子上》)、"是岂人之情也哉"(《告子上》),《论语》言"情"曰"上好信则民莫敢不用情"、"如得其情则哀矜而勿喜"。何晏《论语集解》引孔安国注"上好信则民莫敢不用情"曰:"情,情实也,言民化其上各以情实应也。"皇侃《论语义疏》疏"如得其情则哀矜而勿喜"曰"若得其情谓责徵得其罪状也,言汝为狱官,职之所司不得不辨徵,虽然若得其罪状,则当哀矜愍念之"。此"情"皆指一般情状、情实,非心理感情、心理意识、心理情绪之"情"。

"可以为善"与"本善"是两回事,可以为善绝不等于本善。《孟子》说"道性善,言必称尧舜"(《滕文公上》),又说"尧舜与人同耳"(《离娄下》)、"尧舜,性之也"(《尽心上》)、"尧舜,性者也"(《尽心下》),其实这是说"性善";同时又认为"人皆可以为尧舜"(《告子下》)、"乃若其情则可以为善矣"(《告子上》),这其实就是摇摆于人人都是尧舜和人人都可以为尧舜之间了。而"人皆可以为尧舜"不是因为性善,也更证明不了人人最后都能成尧舜。或然与必然是两回事,此正如荀子驳孟时说的"涂之人可以为禹则然,涂之人能为禹则未必然也":

> ……可以而不可使也。故小人可以为君子,而不肯为君子;君子可以为小人,而不肯为小人。小人君子者,未尝不可以相为也,然而不相为者,可以而不可使也。故涂之人可以为禹,则然;涂之人能为禹,则未必然也。虽不能为禹,无害可以为禹。足可以遍行天下,然而未尝有遍行天下者也。夫工匠农贾,未尝不可以相为事也,然而未尝能相为事也。用此观之,然则可以为,未必能也;虽不能,无害可

---

① 转引自黄彰健《经学理学文存》,台湾商务印书馆1976年版,第234页。裴学海两种《孟子正义补正》笔者暂未获见:《孟子正义补正》,《国学论丛》1930年第2卷第2期;《孟子正义补正》,学海出版社1978年版。

以为。然则能不能之与可不可，其不同远矣，其不可以相为明矣。（《荀子·性恶》）

孟子说完"乃若其情，则可以为善矣，乃所谓善也"后，又辩护说"若夫为不善，非才之罪也……或相倍蓰而无算者，不能尽其才者也"，这实是由"性善"转换到"才善"问题上了。性当然是基于材（才），性是材（才）的性，材（才）是性的基础或担负者，"材/才—性"关系如发动机性能与发动机材质结构之关系一样。朱熹注《孟子》"非才之罪也"时说"性既善则才亦善"，此完全越俎代庖颠倒了孟子的论证逻辑——**孟子是以才证性，而非以性证才**。由"性善"转至"才善"上，"性善"辩论当然更加深入了。孟子挡不住公都子于"性善"之诘，就说"乃若其情，则可以为善矣"而"若夫为不善，非才之罪也"，意即才肯定都是善的，才善但终不能为善不是才的过错，但才善故而性善。但问题是：①何以证明才善，难道又是如"性善"一样的信念预设？②善才和为善不是同质的，才善和为善有等号关系或生成关系吗？③为不善不是才之罪，为善又岂是才之功？道德行为、道德品质的善恶与实体质料、材料的"才"有何直接生成关系？故傅斯年《性命古训辨证》曰：

> 孟子曰："乃若其情，则可以为善矣，若夫为不善，非才之罪也。"如反其词以质孟子曰："乃若其情，则可以为恶矣，若夫不为恶，才之功也。"孟子将何以答之乎？①

为不善非才之罪，为善亦非材之功；为恶非才之罪，为不恶亦非才之功。善恶与"才"无任何直接关系，它们之间完全是异质的，若有关系只得靠荀子说的"伪"（人为）才能产生。宋陈淳《北溪字义》曰："才是才质、才能，才质犹言才料。"黄彰健曰："（北溪）此才能之能，相当于本能之能，非指后天习得的。"② 宋程颐说"性无不善，才有善不善"（《二程遗书》卷十九），才有善不善怎么性就无不善？没有这个道理！譬如有白痴脑袋有非白痴脑袋，怎么能说"脑性"都是"善"或"聪明"

---

① 傅斯年：《傅斯年全集》第二卷，湖南教育出版社2003年版，第637页。
② 黄彰健：《经学理学文存》，（台北）商务印书馆1976年版，第240页。

的呢？而且，"才"不存在什么伦理善与不善，只存在材质好不好，不要如亚里士多德所批判的柏拉图一样的"本源（本原）"思维地幻想在"才"里有伦理或道德的"善"、"不善"，"才"不是善、恶的直接"本源（本原）"，善恶不是从"才"直接长出来的——借用中文本亚里士多德《形而上学》卷三的"本原"概念①。

《说文》曰"才，艸木之初也"，《集韵》曰"才，始也"，《说文》段注曰"才，引申为凡始之称"。《集韵》曰"才，能也"，《玉篇》曰"才，才能也"，《广韵》曰"才，质也"、"才，用也"、"才，力也"、"才，文才也"，《说文》朱训曰"凡才能字当作材，材质字当作才，才者引申为本始之义，又引申为仅暂之义"。《说文》王读曰"凡始义，《说文》作才，亦借材、财、裁，今人借纔"，《说文解字系传》徐锴曰"才，古亦用此为纔始字"。"纔"即今作副词用的"才"（刚才）字。"材"《说文》释作"木梃也"，木梃即木棒、木料，故古注多作"材具"、"材物"、"材木"、"木材"、"材用"、"材能"、"材干"，《说文》段注曰"材，引申之义凡可用之具皆曰材"。才、材、财、裁、纔通假，使用情况比较复杂。

龚自珍曰"以经说字、以字说经"，孟子的"才"字何意，看《孟子》如何用"才"字最有效。《孟子》里"才"字凡12处，分别是"识其不才"、"才也养不才"、"才也弃不才"、"若夫为不善非才之罪也"、"不能尽其才者也"、"非天之降才尔殊也"、"而以为未尝有才焉者"、"尊贤育才"、"得天下英才而教育之"、"其为人也小有才"；而"材"凡3处，分别是"材木不可胜用也"、"材木不可胜用"、"以为未尝有材焉"。《论语》里"才"字凡7处，分别是"如有周公之才"、"才难不其然乎"、"既竭吾才"、"才不才"、"举贤才"、"焉知贤才"；"材"凡1处，即"无所取材"。《孟子》的"才"都指人之才，而"材"则指实物木材。《论语》的"才"也指人之才能，而唯一的"材"按《论语集解》引郑玄注则是"无所取材者，言无所取桴材也"，即与同章的前句"道不行，乘桴浮于海，从我者其由与"联结，义指木材②。

---

① 《亚里士多德全集》第七卷，中国人民大学出版社1994年版，第64—83页。
② 《论语·公冶长》："子曰：道不行，乘桴浮于海。从我者，其由与？子路闻之喜。子曰：由也好勇过我，无所取材。""子在陈曰：归与！归与！吾党之小子狂简，斐然成章，不知所以裁之。"

看来孔孟的"才"、"材"完全有别,"材"是实物木材概念,才是才能,指人之才,这在《孟子·告子上》"牛山之木尝美"章"才一材"二字的分别之用体现得最为清晰。《孟子·告子上》曾提出一个"牛山木美"的比喻,以牛山本来有树木且美设喻人性本来仁义或性善,认为牛山发展至濯濯(光秃)非"山之性",而人发展至禽兽(恶人)亦非本来无"才"或无"良心",非其"情"也。此类似于前面说的"乃若其情,则可以为善矣,若夫为不善,非才之罪也"句,故"牛山之木尝美"章末尾云"人见其禽兽也,而以为未尝有才焉者,是岂人之情也哉"。

以牛山本来木美比喻人性本来才善,然牛山木美是"山之性"吗?是本来如此吗?就如水之就下是"水之性"吗?孟子这种比喻立论或论证实在荒诞①,善不是他《孟子·告子上》说的"播种麰麦"或"山木萌蘖"一样从种子、地上直接长出来的,善不是如此,恶亦非如此。麦与麦种、木与木种是同质的,有自然的"本源(本原)"关系;伦理的善则与生物人不同质,没本源(本原)性的派生关系。人可以有意无意为善为恶及成善人恶人,但不是如生物一样生物体内直接长出来善或恶,生物人自身长不出伦理善恶的善或恶来,它们之间不是同质同体及直线生长关系。董仲舒以"和—米"关系比喻"性—善"关系谓"善出性中"也有孟子思想痕迹,但其"如其生之自然之资谓之性","性者天质之朴也"又是荀子学说的痕迹,此是董子摇摆于孟子性善论与荀子性朴论之明证。

而且孟子用"美"称"牛山之木"是正确的,古人评材或才之辞是说"美恶"与否而不说"善恶"与否,材、才与道德善恶根本无直接相关。如《周礼·考工记》曰"材美工巧"(《考工记》不称才,无才字,皆材字),如《论语》孔子说"如有周公之才之美"(即周公才美)。孟子说"若夫为不善,非才之罪也",虽未直接明言以"善"概念赋予"才",但则似已归"善"在"才"或以"才"统"善"矣,与"牛山之木尝美矣"的"美"论有差异。孟子"牛山木美"之比喻曰:

> 牛山之木尝美矣,以其郊于大国也,斧斤伐之……牛羊又从而牧之,是以若彼濯濯也。人见其濯濯也,以为未尝有材焉,此岂山之性也哉?虽存乎人者,岂无仁义之心哉?其所以放其良心者,亦犹斧斤

---

① 傅斯年:《傅斯年全集》第一卷,湖南教育出版社2003年版,第25页。

之于木也……人见其禽兽也,而以为未尝有才焉者,是岂人之情也哉?故苟得其养,无物不长;苟失其养,无物不消。孔子曰:操则存,舍则亡;出入无时,莫知其乡。惟心之谓与[欤]?(《孟子·告子上》)

汉赵岐《孟子题辞》曰:"孟子长于譬喻,辞不迫切而意以独至,其言曰'说诗者,不以文害辞,不以辞害志,以意逆志为得之矣。'斯言殆欲使后人深求其意以解其文,不但施于说诗也,今诸解者往往撦取而说之其说又多乖异不同。"宋孙奭疏曰:"此叙孟子作七篇之书长于譬喻,其文辞不至胜切。而赵岐遂引孟子说诗之旨,亦欲使后人知之,但深求其意义,其旨不特止于说诗也。然今之解者撦取而说之,其说又多乖异而不同矣。"孟子"长于譬喻"是事实,其论证或论辩多是傅斯年说的"比喻代推理"①,多是侯外庐说的"主观主义的比附方法"、"为一种'无故'、'乱类'的恣意推论"②;"意以独至"也是事实,其欲表达性善及反性(返性)的思想也非常明显;孟子"不以文害辞,不以辞害志"也是事实,但"辞不迫切"却"意志"甚迫切,所以结果难免"以志害辞,以辞害文"即辩论或叙述语言牵强。

(二)"恻隐之心"从何而来?(同情心:怵惕→恻隐)

孟子除了"杞柳之性"、"水之就下"、"牛山木美"等比喻论证外,他还有著名的"四端之心"、"良知良能"说以论证"性善":

(1)孟子曰:人皆有不忍人之心……所以谓人皆有不忍人之心者,今人乍见孺子将入于井,皆有怵惕恻隐之心,非所以内交于孺子之父母也,非所以要誉于乡党朋友也,非恶其声而然也。由是观之,无恻隐之心,非人也;无羞恶之心,非人也;无辞让之心;非人也;无是非之心,非人也。恻隐之心,仁之端也;羞恶之心,义之端也;辞让之心,礼之端也;是非之心,智之端也。人之有是四端也,犹其有四体也。有是四端而自谓不能者,自贼者也;谓其君不能者,贼其君者也。(《公孙丑上》)

---

① 傅斯年:《傅斯年全集》第一卷,湖南教育出版社2003年版,第25页。
② 侯外庐等:《中国思想通史》第一卷,人民出版社1957年版,第399—413页。

（2）孟子曰：……恻隐之心，人皆有之；羞恶之心，人皆有之；恭敬之心，人皆有之；是非之心，人皆有之。恻隐之心，仁也；羞恶之心，义也；恭敬之心，礼也；是非之心，智也。仁义礼智，非由外铄我也，我固有之也，弗思耳矣。故曰："求则得之，舍则失之。"或相倍蓰而无算者，不能尽其才者也。《诗》曰："天生蒸民，有物有则。民之秉彝，好是懿德。"（《告子上》）

（3）孟子曰：人之所不学而能者，其良能也；所不虑而知者，其良知也。孩提之童，无不知爱其亲者；及其长也，无不知敬其兄也。亲亲，仁也；敬长，义也。无他，达之天下也。（《尽心上》）

孟子由"今人乍见孺子将入于井，皆有怵惕恻隐之心"而"由是观之"得出"四端之心"的重要以及四端之心"我固有之"，并且称是"不学而能，不虑而知"的"良能良知"。孟子所谓"良能良知"的举例论证，也是可以被相反的举例论证所轻而易举地推翻的，如汉王充、唐杜牧分别云：

（1）一岁婴儿，无推让之心，见食，号欲食之；睹好，啼欲玩之。长大之后，禁情割欲，勉厉为善矣。（《论衡·本性》）

（2）（喜哀惧恶欲爱怒）夫七者情也，情出于性也。夫七情中爱怒二者生而自，是二者性之根、恶之端也。乳儿见乳必掣求，不得即啼，是爱与怒与儿俱生也，夫岂知其五者焉。既壮而五者随而生焉，或有或亡，或厚或薄，至于爱怒曾不须史与乳儿相离而至于壮也……故曰爱怒者性之本、恶之端，与乳儿俱生，相随而至于壮也。……荀言人之性恶，比于二子（孟子、杨子），荀得多矣。（《三子言性辨》，见《樊川集》卷六、《文苑英华》卷三百六十七、《唐文粹》卷四十六、《全唐文》卷七百五十四）

王充、杜牧以婴儿号啼求食、爱怒俱生等来说明人之初或人性不是善的，这比孟子说的"孩提之童无不知爱其亲者"更加真实。简单而普遍的事实是：没有健康婴儿不曾因吃乳而咬过母亲，更没有因不能满足吃乳需要而不号啼或恼怒的，稍大的孩子在兄弟姐妹间哭闹抢夺、霸占食物情况亦常见。孟子分不清仁慈利他之爱与自私利己之爱的差别，将"孩提之童"的"爱其亲"简单等同、划归于仁爱之爱，而不知这实多是自利之爱而非利人之爱而已。"孩提之童"的"爱其亲"多是杜牧说的"爱怒俱生"之爱，这是"孩提之童"的生存需求，而不是"孩提之童"的仁爱自觉。故李宗吾《心理与力学》曰：

> 孟子谓："孩提之童，无不知爱其亲也，及其长也，无不知敬其兄也。"这个说法，是有破绽的。我们任喊一个当母亲的，把她亲生孩子抱出来，当众试验。母亲抱着他吃饭，他就伸手来拖母亲之碗，若不提防，就会落地打烂。请问这种现相，是否爱亲？又母亲手中拿一糕饼，他见了，就伸手来拖，如不给他，放在自己口中，他立刻会伸手从母亲口中取出，放在他的口中。又请问这种现相，是否是爱亲？小孩在母亲怀中食乳吃糕饼，哥哥走近前，他就用手推他打他。请问这种现相，是否敬兄？五洲万国的小孩，无一不如此。事实上，既有了这种现相，孟子的性善说，岂非显有破绽？所以基于性善说发出的议论，订出的法令制度，就不少流弊。①

还有一个关键问题，孟子说的"所以谓人皆有不忍人之心者，今人乍见孺子将入于井，皆有怵惕恻隐之心"讲的是"怵惕恻隐"，而到了后面就直接跳跃到"恻隐之心"上了；又由"恻隐之心"再跳跃到"四端"及"四德"或《五行》所谓的"四行"上了，并又比附性地称四端四德如人之"四体"俱在。其实，"今人乍见孺子将入于井，皆有怵惕恻隐之心，非所以内交于孺子之父母也，非所以要誉于乡党朋友也，非恶其声而然也"的根本原因不是性善，而是"怵惕→恻隐"即从"怵惕"到"恻隐"的一种心理机制。

何谓"怵惕"？《说文》曰"怵，恐也，从心术声"，又曰"惕，敬也，从心易声"。《辞源》以"恐惧"、"悲伤"释"怵"，又以"戒惧"、"惊惧"释"怵惕"并征引《尚书》"怵惕惟厉，中夜以兴"、《孟子》"皆有怵惕恻隐之心"等句为之证。《吴越春秋·越王勾践五年》曰"若孤之闻死，其于心胸中曾无怵惕"，《潜夫论·断讼》曰"小民守门号哭啼呼，曾无怵惕惭怍哀矜之意"，《庄子·盗跖》曰"怵惕之恐，欣欢之

---

① 李宗吾：《心理与力学》，山城学社1947年版，第15—16页。

喜，不监于心"，《汉书·艺文志》曰"同死生之域，而无怵惕于胸中"，《灵枢经·本神》曰"是故怵惕思虑者则伤神，神伤则恐惧流淫而不止"，此"怵惕"一词皆是恐惧、惊悚、惊恐、惊骇之意。明张介宾《类经》卷三对《灵枢经》"是故怵惕思虑者则伤神，神伤则恐惧流淫而不止"句注曰："此下言情志所伤之为害也。**怵，恐也。惕，惊也。**流淫，谓流泄淫溢，如下文所云'恐惧而不解则伤精，精时自下'者是也。思虑而兼怵惕则神伤而心怯，心怯则恐惧，恐惧则伤肾，肾伤则精不固，盖以心肾不交，故不能收摄如此。"

其实恻隐之心的人性来源或人性根据是怵惕之心，而怵惕之心则是一种怀生畏死、趋利避害的人性本能，它和"血气"是本然一体的。仁义之心绝非本有，恻隐之心亦非可脱离怵惕之心而存在。"见孺子将入于井"的恻隐感受不是因为"仁义为性"的"性善"，不是"我固有之"的"性善"，而是生存感知的怵惕能力。戴震《孟子字义疏证》卷中曰：

> 孟子言"今人乍见孺子将入井皆有怵惕恻隐之心"，然则所谓"恻隐"所谓"仁"者，非心知之外别如有物焉藏于心也。已知怀生而畏死，故怵惕于孺子之危、恻隐于孺子之死，使无怀生畏死之心，又焉有怵惕恻隐之心？推之羞恶、辞让、是非亦然。使饮食男女与夫感于物而动者脱然无之以归于静归于一，又焉有羞恶、有辞让、有是非？此可以明仁义礼智非他，不过怀生畏死、饮食男女与夫感于物而动者之皆不可脱然无之以归于静归于一，而恃人之心知异于禽兽，能不惑乎？所行即为懿德耳。古贤圣所谓仁义礼智不求于所谓欲之外，不离乎血气心知。而后儒以为别如有物凑泊附着，以为性由杂乎老庄释氏之言，终昧于六经孔孟之言故也。

李宗吾20世纪30年代就已出版的《心理与力学》一书对这一问题也有精深的研究，兹抄于下：

> ……孟子的性善说，在我国很占势力，我们可把他的学说再加研究。他说："今人乍见孺子将入于井，皆有怵惕恻隐之心。"这个说法，也是性善说的重要根据。但我们要请问：这章书，上文明明是"怵惕恻隐"四字，何以下文只说"无恻隐之心，非人也"，"恻隐之

心,仁之端也",凭空把怵惕二字摘来丢了,是何道理?性善说之有破绽,就在这个地方。

怵惕是惊惧之意,譬如我们共坐谈心的时候,忽见前面有一人,提一把白亮亮的刀追杀一人,我们一齐吃惊,各人心中都要跳几下,这即是怵惕,因为人人都有畏死之天性,看见刀,仿佛是杀我一般。所以心中会跳,所以会怵惕。我略一审视,晓得不是杀我,是杀别人,登时就把畏死之念放大,化我身为被追之人,对他起一种同情心,想救护他,这就是恻隐。由此知:恻隐是怵惕之放大形,孺子是我身之放大形,莫得怵惕,即不会有恻隐。可以说:恻隐二字,仍是发源于我。

……我们须知:怵惕者自己畏死也,恻隐者怜悯他人之死也,故恻隐可谓之仁,怵惕不能谓之仁,所以孟子把怵惕二字摘来丢了。但有一个问题:假令我与孺子同时将入井,请问此心作何状态?不消说:这刹那间,只有怵惕而无恻隐,只有顾及我之死,不能顾及孺子,非不爱孺子也,变生仓促,顾不及也。必我身出了危险,神志略定,恻隐心才能发出。惜乎孟子当日,未把这一层提出来研究,留下破绽,遂生出宋儒理学一派,创出许多迂谬的议论。[1]

恻隐心又称同情心,同情心实即仁爱心。1944年3月21日李文湘在重庆《中央日报》发表的评论冯友兰《新世训》的文章说:"笔者以为感情并不是一种冲动或一股气,而是同情心,亦即儒家所谓仁,西方圣哲所谓爱。"冯友兰在《论感情》一文中回应之,说他在《新世训·尊理性》中批评"感情用事"是批评坏感情。其实,仁/爱/同情心都属于感情,但感情却不等于同情心,将"感情"等同"同情心"是错误的概念用法与概念理解,李文湘用"感情"概念侧重于感情的好的方面,冯友兰用"感情"概念侧重于感情的坏的方面,都是非学术文章行文时顺应语境的方面法门。所以冯友兰说"这个问题,不过表示李先生与我用字不同",说"李先生叫仁爱为感情,我叫仁爱为道德……普通所谓'感情用事',我想李先生也是不赞成底。仁爱也是我所非常重视底,这里并没有问

---

[1] 李宗吾:《心理与力学》,山城学社1947年版,第23—24页。

题"①。

但同情心"亦即儒家所谓仁，西方圣哲所谓爱"的问题曾经为西方近代道德哲学家所重点研究，大卫·休谟和亚当·斯密都重视同情心在道德中的基础地位。先著《道德情操论》后著《国民财富的性质和原因的研究》（《国富论》）的英国人亚当·斯密（1723—1790）就是注重从同情心来考察道德的近代杰出学者，斯密《道德情操论》将同情心研究列于篇首，他说：

> 无论人们会认为某人怎样自私，这个人的天赋中总是明显地存在着这样一些本性，这些本性使他关心别人的命运，把别人的幸福看成是自己的事情……这种本性就是怜悯或同情，就是当我们看到或逼真地想象到他人的不幸遭遇时所产生的感情……这种情感同人性中所有其它的原始感情一样，决不只是品行高尚的人才具备，虽然他们在这方面的感受可能最敏锐。最大的恶棍，极其严重地违犯社会法律的人，也不会全然丧失同情心。②

若以孟子见解来论同情心的本源，孟子说此是"性善"、"非由外铄我也，我固有之也，弗思耳矣"、"良知良能"等，但这种貌似高明或高深的解释相比较于亚当·斯密的解释就显得在学术理论及学术思维上非常的粗陋。斯密认为，对于非我们亲身遭受但又为我们所了解的别人的不幸或痛苦，我们于之之所以能产生同情心，那是因为我们有"设身处地的想象"，他说：

> 通过想象，我们设身处地地想到自己忍受着所有同样的痛苦，我们似乎进入了他的躯体，在一定程度上同他像是一个人，因而形成关于他的感觉的某些想法，甚至体会到一些虽然程度较轻，但不是完全不同的感受……于是在想到他的感受时就会战栗和发抖。由于任何痛苦或烦恼都会使一个人极度悲伤，所以当我们设想或想象自己处在这种情况之中时，也会在一定程度上产生同我们的想象力大小成比例的

---

① 冯友兰：《三松堂全集》第五卷，河南人民出版社2001年版，第429页。
② 亚当·斯密：《道德情操论》，商务印书馆1997年版，第5页。

<u>类似情绪</u>。①

休谟（1711—1776）也认为道德有自然的基础或原始原因②，那就是人快乐和痛苦的感知能力③；而怜悯作为"对他人苦难的一种关切"是"次生的感情"，需要他人苦难的感知性刺激才能由"想象"而产生，而且怜悯的程度取决于他与原始苦难者的亲疏远近程度④。斯密说正向的道德品质或道德能力来自"自爱"或"理智"或"情感"，由此就产生了不同的理论体系，而"从同情来说明我们的道德情感起源"也是一种体系的方向⑤。斯密与休谟同时代，斯宾诺莎（1632—1677）则比斯密早近百年，斯宾诺莎《伦理学》第三部分"论情感的起源与性质"时说："当一个人想象着他所爱的对象感到快乐或痛苦时，他也将随之感到快乐或愁苦；爱者所感快乐或痛苦之大小和被爱的对象所感到的快乐或痛苦的大小是一样的。"⑥ 斯宾诺莎说的也是快乐与痛苦的自我感知能力以及对其他人快乐与痛苦的"想象"能力与想象下的同情之感受问题。古希腊哲学家虽然没有直接探讨道德的自然基础或揭示同情心的起源，但也同样表达了亚当·斯密等人一样的见解：人是自爱的，是趋乐避苦的⑦。斯密的"自爱"概念异于"自私"概念，"自爱"是中性的，然同情心正与"自爱"相伴随，故同情心是"自爱"的一种必然延伸，古人所谓"狐死兔

---

① 亚当·斯密：《道德情操论》，商务印书馆1997年版，第5—6页。
② "休谟认为道德建立在同情感觉上面。"（加勒特·汤姆森：《康德》，中华书局2002年版，第80页）"休谟试图用几条自然原则来解释我们的心灵生活，**他发现，同情心是人性的一个基本原则，也是我们进行道德判断的基础**。想到某些行为或性格，我们就感到快乐；想到另外一些行为或性格，我们却感到痛苦，这是为什么？休谟的回答是，我们会自然而然地产生同情别人的感觉。同情心把别人的情感观念转化为我们自己的一种印象的能力。**我们根据别人的行为，来推断他们的感觉；当我们设身处地地想象别人的处境时，我们关于他们的情感观念，就会变得更加强烈，更为生动**。我驱车路过一个可怕的车祸现场，一想到扭曲的汽车残骸中的那些人体，我就感到害怕……每当想起十恶不赦的刽子手，如希特勒，我就会有一种沉痛感和愤恨之情，对此的解释是：我同情那些惨遭刽子手虐杀的受害者，我知道，他们经受了极大的痛苦。……但是，我们不会对所有的人都表示一样的同情，因为休谟此前详细阐述过的心灵的联想原则，也会影响同情心。**由于接近、相似或因果关系，我更同情那些与我有关的人**……"（伊丽莎白·S.拉德克利夫：《休谟》，中华书局2002年版，第98页）
③ 休谟：《人性论》，商务印书馆1980年版，第330—331页。
④ 同上书，第406—407页。
⑤ 亚当·斯密：《道德情操论》，商务印书馆1997年版，第416—433页。
⑥ 斯宾诺莎：《伦理学》，贺麟译，商务印书馆1983年版，第116页。
⑦ 《亚里士多德全集》第八卷，中国人民大学出版社1994年版，第213—215页。

悲，恶伤其类"①或"兔死狐悲，物伤其类"正是此理。

其实孟子学说也已触及了伦理性之道德的基础问题，尤其触及了同情心的起源问题，又曾以"亲亲而仁民，仁民而爱物"（《孟子·尽心上》）触及同情心或爱心由近及远、由我及人的扩衍规律，这是他比孔子有理论进步之处。但是他囿于他的伦理天道论以及与伦理天道论一体的"性善"论，信念预设多于客观探讨，所以他就没有如李宗吾《心理与力学》一样准确揭示出"恻隐"的前提或基础是"怵惕"，更没有去探讨"怵惕"的心理发生机制，反而渲染于"仁义礼智，非由外铄我也，我固有之也，弗思耳矣"这种根本不符合人性事实的信念。孔子虽然重"仁"及"爱"，但没有阐释同情心的起源问题②。先秦儒家中真正正面阐释同情心起源问题的是《荀子》：

> 凡生乎天地之间者，有血气之属必有知，有知之属莫不爱其类。今夫大鸟兽则失亡其群匹越月踰时，则必反铅［沿］；过故乡，则必徘徊焉，鸣号焉，踯躅焉，踟蹰焉，然后能去之也。小者是燕爵［雀］，犹有啁噍之顷焉，然后能去之。故有血气之属莫知于人，故人之于其亲也，至死无穷。（《荀子·礼论》，亦见《礼记·三年问》）

"有血气之属必有知，有知之属莫不爱其类"正是说明动物的同情心及同情心的自然基础（即血气心知下的感知能力），也说明了同情心由近及远的扩衍问题。故"爱类"与"血气心知"相关，脱离个体"血气心知"则"爱类"之心理及行为亦是无根无本，此"爱"根本无法赖以存在及施发。本书第一章第四节已论及血气与人性、血气与心知的问题，无血气何来心知？无脑何来知？无知何来同情之施发？而荀子于人及动物之同情心等实皆明白至极！

三 "天下之言性也，则故而已矣"辨正

《孟子·离娄下》有云：

---

① 《鷃子赋》，见《敦煌变文集》上集，人民文学出版社1957年版，第251页。
② "宰我问曰：仁者，虽告之曰井有仁［人］焉，其从之也？子曰：何为其然也？君子可逝也，不可陷也；可欺也，不可罔也。"（《论语·雍也》）"丘闻之也：刳胎杀夭，则麒麟不至郊；竭泽涸渔，则蛟龙不合阴阳；覆巢毁卵，则凤皇不翔。何则？君子讳伤其类也。夫鸟兽之于不义也尚知辟之，而况乎丘哉！乃还息乎陬乡，作为陬操以哀之。"（《史记·孔子世家》）

> 孟子曰：天下之言性也，则故而已矣，故者以利为本。所恶于智者，为其凿也。如智者若禹之行水也，则无恶于智矣。禹之行水也，行其所无事也。如智者亦行其所无事，则智亦大矣。天之高也，星辰之远也，苟求其故，千岁之日至，可坐而致也。

本书讨论《孟子》言性问题，至此就仅上章极重要而未涉及了，梁涛2004年讨论该章时云：

> 据台湾"中央研究院"黄彰健院士告知，傅斯年先生当年写《性命古训辨证》时，就因为读不懂此章的内容，而没有将其收入。黄先生后写有《释孟子"天下之言性也则故而已矣"章》［收入《经学理学文存》，（台北）商务印书馆1976年版］，释"故"为"有所事，有所穿凿"，认为此章是孟子批评杨朱"全性葆真"的自利思想，受到傅先生的赞赏。①

（一）《孟子》说"性"的最后疑难点

傅斯年著《性命古训辨证》时回避该章不谈是因为"读不懂"？果真如是，则这既反映了著书人的治学严谨，也折射了《孟子》该章难解得令人退避三舍。本书写作初稿时，已专谈《孟子》该章的论文笔者见②：

> （1）黄彰健：《释孟子"天下之言性也则故而已矣"章》，《大

---

① 梁涛：《竹简〈性自命出〉与〈孟子〉"天下之言性"章》，《中国哲学史》2004年第4期。
② 校按：讨论《孟子》"天下之言性也，则故而已矣，故者以利为本"章的论文还有：李世平：《"天下之言性也"章再释——兼与梁涛博士商榷》，《学术界》2013年第1期；任新民：《〈孟子·离娄下〉"天下之言性也"章新探》，《广东第二师范学院学报》2012年第2期；陈迎年：《"故者以利为本"——论〈孟子〉中的形上演绎》，《孔子研究》2009年第2期；田智忠、胡东东：《论"故者以利为本"——以孟子心性论为参照》，《福建师范大学学报》2007年第5期。——这4篇论文与本书前文所录7篇论文一样，其观点都是不正确的，皆不知"则—故—利"等字的本义而误判章旨，或毫无根据地臆想其字义、章义而瞎解。另，本小节内容最新版以《〈孟子〉"天下之言性也"章辨正》为题发表于《国学学刊》2014年第3期、《孔子研究》2014年第4期。本书校对时新发表的相关论文有：丁为祥：《话语背景与思考坐标：孟子"天下之言性"章辨正》，《国学学刊》2014年第3期；陶春晓：《从"天下之言性也"章看孟子的人性论》，《辽宁广播电视大学学报》2014年第4期。

陆杂志》1955年第10卷第7期。

（2）林忆芝：《孟子"天下之言性章"试释》，《国立"中央大学"人文学报》1998年第17期。

（3）裘锡圭：《由郭店简〈性自命出〉的"室性者故也"说到〈孟子〉的"天下之言性也"章》，《中国出土古文献十讲》，复旦大学出版社2004年版。

（4）梁涛：《竹简〈性自命出〉与〈孟子〉"天下之言性"章》，《中国哲学史》2004年第4期。

（5）徐圣心：《〈孟子〉"天下之言性"章异疏会诠及其人性论原则》，《成大中文学报》2005年第13期。

（6）李锐：《郭店简与〈孟子〉"天下之言性"章的"故"字》，《北京师范大学学报》2009年第3期。

（7）徐克谦：《〈孟子〉"天下之言性也"章探微》，《南京师范大学学报》2011年第2期。

于《孟子》"天下之言性"章，今人理解分歧很大。上列七篇论文中，没有两篇是意见一致的。**黄彰健**文认为该章系孟子针对杨墨性论而言的，他反对汉赵岐注，反对宋朱熹注而赞成宋陆九渊解，认为《孟子》此"故"就是《庄子》"去智与故"句之"故"，而"故者以利为本"之"利"非"顺"义而实即利益之利。他根据《吕氏春秋·本生》"天子之动也，以全天为故也"、"利于性则取之，害于性则舍之，此全性之道也"、"故圣人之制万物也，以全其天也"、《吕氏春秋·贵生》"口虽欲滋味，害于生则止，在四官者不欲，利于生者则弗为"、《吕氏春秋·重己》"不达乎性命之情，慎之何益"等，认为"故而已矣"就是"全天为故"，"以利为本"就是"全性之道"。他甚至认为《孟子》该章"所批评者应不止杨朱一派，告子当亦在内"[①]。

林忆芝文否认《孟子》该章是孟子以"顺性"来表达性善之旨，反对以"顺"训"利"，认为此训"顺"不符合《孟子》全书的惯例，且认为以顺性言性善"亦违反孟子所强调的'扩充'修养的工夫论"。**裘锡圭**文也反对赵、朱之注，认为"把这两句当作孟子正面叙述关于性的意

[①] 黄彰健：《经学理学文存》，（台北）商务印书馆1976年版，第214—226页。

见的话，显然是错误的"①。他根据楚简《性自命出》"节性者故也……有为也者之谓故"等"故"字定义及用法，认为："将这里所说的'故'理解为人为的规范、准则，孟子的原意就很清楚了……（他）反对人们把仁义礼智当作人为的规范、准则，勉强大家去遵循、履行……'天下之言性也，则故而已矣'的意思应该是说，一般讲性的人，把人性所固有的仁义礼智，仅仅看成外在的人为的规范、准则了。"而"故者以利为本"的"利"是利益之利，他认同宋孙奭、陆九渊之解，认为此章是孟子批评时人以有为为性、以利效为故。

裘锡圭上文提到梁涛的见解②，梁涛也提到裘文的见解③，他们之间互有批评。如裘反对梁将"故"解为"修习"，也反对梁沿袭朱熹之说以解《孟子》"故者以利为本"。**梁涛**文则认为裘锡圭没有注意或注重的"故"字"积习"、"习惯"的语义或用法，从而无法正确理解《孟子》"天下之言性也则故而已矣，故者以利为本"章"顺乎其习"之要义。梁文根据楚简《性自命出》"节性者，故也"、"有为也者之谓故"等认为：

> 竹简中有"节性者，故也"一句，与孟子"天下之言性也，则故而已矣"显然有某种联系……"故"由"有为也"又可引申出成例、规范、制度等含义……"故"成例、规范的含义，与积习、习惯的含义其实是联系在一起的……此章前后两个"故"字，虽然都是"有为也"，但前一个"故"是指积习、习惯；后一个"故"则是指星辰固有的运行规律，二者在文意上存在着细微差别。今试将此章翻译如下：人们所谈论的性，往往不过是指积习而已。积习的培养要以顺从人的本性为根本……孟子将性看作一动态、发展的过程，而不是固定的抽象本质，其人性论与修习论便具有一种内在的联系，二者构成一个有机整体……从"天下之言性"章的内容来看，孟子对后天积习也是很重视的，他所说的"故"，就是一种积习、习惯，这种积习是和"学"等认知活动密切相关的……所以孟子并非一般地

---

① 裘锡圭：《中国出土古文献十讲》，复旦大学出版社2004年版，第260—276页。
② 梁涛：《〈性情论〉与〈孟子〉"天下之言性"章》，新出土楚简与儒学思想国际学术研讨会论文集，清华大学、辅仁大学，2002年。
③ 裘锡圭：《由郭店简〈性自命出〉的"室性者故也"说到〈孟子〉的"天下之言性也"章》，第四届国际中国古文字学研讨会论文集，香港中文大学，2003年。

反对"学"和经验认知,而是强调不能将"学"和经验认知看作简单的经验积累,不能以其自身为目的,而是要"适所以成其天性之善",要服务于心、性的发展和需要,故说"学问之道无他,求其放心而已矣"。

徐圣心文认为孟子该章是批评别人,他说:"一般讨论人性这一议题的人,(并未着眼于人之自发性的行为)都只是就着与生俱来的种种表现而论。……'故者,以利为本'一句……亦即专指当时学者专就人所表现之诸事实论性,则仅能感到人以欲望、本能为本的自利面向而已。……'利'可有多义,孟子主要批评'出于本能的自利倾向所作现实考量'……反之,'行其所无事'、'水之道也'之用智,才真是切合于课题或对象的本身。"**李锐**文赞成裘锡圭对梁涛的批评意见,说:"后来梁涛先生据裘说'节'字,认为'故'是指习惯、积习而言。但是梁先生的解释仍无法摆脱裘先生的批评:释'故'为'习',与《性自命出》上下文'养性者习也'重复;对'故者以利为本'的解释,基本上沿袭朱熹之说,有问题。"他根据楚简《性自命出》"节性者故也……有为也者之谓故"等,认为《孟子》该章的"故"是故意之故,"利"是利害之利,他说:

> 鄙意"故而已矣"、"故者,以利为本"的"故",可以依从对《性自命出》"有为也者之谓故"的最宽泛的涵义,即是任何有目的的考虑、行为,都可以称为"故"。于《孟子》中不妨解释为有为、有目的、有原因、有缘故(的言论)。当然,《性自命出》中的"故"字并不含贬义;而《孟子》此处则寓有批评之意。"则故而已矣"的"则"字作"惟"解。后文"苟求其故"的"故",可以解释为原因、原故,有为的缘故、有目的而为的原因,引申为规律。这句话是说天下人谈论性,都不过是有为之说。"故者,以利为本",则是说有为之说,都考虑着某种"利"。这两句话都是陈述,一般认为暗含着批评,当是联系孟子重义轻利的思想和下文而得出的观点。……孟子确实并没有反对他的前辈,他只是进一步将仁义礼智规定为本有的人性,是人和禽兽的差别所在,需要而且可以充实这个"性",这才是孟子所认可的人性,也是他思想的独特之处。

徐克谦文则认为《孟子》该章"是孟子批评当时人们普遍的对于人性问题的理解",批评墨子、荀子、韩非等从人的好"利"这一"故"说人性。他结合孟子"性善"论认为孟子是在说应注重道德性的"本心",不可无所用心放任自流,也不可用智过度拔苗助长。徐文说:

> 孟子的意思是说,现在天下人谈论"性",所据仅是"故"而已,也即把所谓人性简单理解为现实中人类的已然的、实然的故态……仅以"故"来说人性,孟子是不认可的……需要做尽心知性、存心养性的功夫。存养心性也就是要呵护本心本性,防止本心本性偏离其自然的内在的趋势而流于机巧之心、习染之性,也就是走向"以利为本"和"凿"智。"以利为本"就是用心于是否对己有利,以此作为人性之"本"。这正是以"故"论"性"的必然结果,此即所谓"故以利为本"。因为从现实的人的已然之"故",只能看到一个"利"字,世人皆好利恶害,墨子、荀子、韩非子等人都是从这个意义上来看人性的……但是孟子所说的作为"本心"的"四端",却无一是从自利出发的。换句话说,世人之"故"虽"以利为本",而孟子则认为人之"本心"不当如是……墨、荀、韩等看不到此一"本心",只从"故"来推论人性,因而认为人性只是个好利恶害。这正是孟子为什么不赞成以"故"论"性"的缘故。

《孟子》"天下之言性也,则故而已矣"章究竟是什么意思?说"千岁之日至"之"苟求其故"又是什么意思呢?是孟子批评别人的人性论还是陈述自己的人性论呢?这还得全面而详细地考察"故"字的本义及衍变义,仅仅依靠楚简《性自命出》说"故"说"习"等的启发就以为孟子该"故"也是"有为"之"故",进而在这个断定的基础上解"天下之言性"章,这就很缺乏"内证"方法及力量,流于外部论证,说服力明显不够,恐多落于假想或猜想而已。

(二)"故"字的"古"义与"攵"义

解"天下之言性"章的"故"字,我们先来看内证,内证才是最有效的。经笔者统计,《孟子》全书"故"字凡118处,杨伯峻《孟子译注》所附《孟子词典》则统计为凡116处(其中配字成词的"大故"1

处,"是故"15处)①。杨伯峻《孟子词典》将所有该"故"字归纳为五种用法:①名词:事故;②名词:故旧;③形容词:老,旧;④名词:道理,原因;⑤连词:所以。①~⑤中,②③实同义,指过去;④⑤实同义,指因果。但是,事故类、过去类、因果类三义如何为"故"字所具有呢?此三类义如何得来的呢?这就必须考察"故"字初义了,因为只有知初知本才知其他。

《说文》曰:"故,使为之也,从攴,古声。"徐锴《说文系传》曰:"故,使之也。"段玉裁《说文解字注》曰:"今俗云原故是也,凡为之必有使之者,使之而为之则成故事矣,引伸之为故旧,故曰古故也。《墨子·经上》曰'故,所得而后成也'……从攴,取使之之意。"徐灏《说文解字注笺》曰:"使为之也者,犹曰故为之也,今人言故意即其义,因之谓诈为故。《吕氏春秋·论人篇》'释智谋、去巧故'高注'巧故,诈为也',《淮南·主术训》'上多故,则下多诈',《管子·心术篇》'恬愉无为,去智与故是也',故必有事,因之训为事,又因故事之称而训为旧,又为语词。《释诂》曰'治、肆、古,故也;肆、故,今也',故者承上启下之词,故训为古,又为今矣。"桂馥《说文解字义证》曰:"使为之也者,本书夐,举目使人也,设从殳,殳使人也。《史记·冯唐传》索隐云'故行不行谓故,命人行而身不自行'。"

《尔雅》"治、肆、古,故也",《广雅》"蛊、縡、职、干、故、士,事也",故训事、治,就是为字的意思。事近史,史即作为或做作,如《论语》"文胜质则史"之史即指做作(何晏《集解》引包曰"史者文多而质少"),帛书《易传》又"史—巫"并称(帛书《要》记孔子曰"吾与史巫同途而殊归者也")。"史"甲骨文作 ![] 等②,金文作 ![] 等③;"事"甲骨文作 ![] 等,金文作 ![] 等;"巫"(亚)字明闵齐伋《六书通》录古体 ![] 等④。"事、史、巫"三字的字形皆跟手执某物有关,此物可能是占卜之法器

---

① 杨伯峻:《孟子译注》,中华书局1960年版,第404页。
② 《甲骨文编》,中国科学院考古研究所编辑,中华书局1965年版。
③ 《金文编》,容庚编著,中华书局1985年版。
④ 《订正六书通》(影印本),上海书店1981年版,第46、414页。

（"巫"字初形当是神巫之物，具体何物待考）①。"故"从攵，攵即攴（⿱丨又），跟作为、行为有关系是确凿的，此正如攻、政、敎、救、敕、教、敷、敲、鼓、敦等字。"故"从攴，所以故意、故而、因为等义不难理解它的来源。但是，从攴的"故"与故旧、老久等义有何关系呢？徐灏说"因故事之称而训为旧……故者承上启下之词，故训为古"，其实徐说是完全错误的，他颠倒了"古→故"的历史演变之次第。"故事"如果初是并列构词，那就是"事故"义；如果初是偏正构词，则是"旧事"义。检《辞源》，其判为后者情况，释为"旧事、旧业"，词例则举《商君书·垦令》"知农不离其故事，则革必垦矣"及《史记》"余所谓述故事，整齐其世传，非所谓作也"等②。所以"故事"之义是从"故的事"而来，而此"故"的过去义从何而来呢？"事"本身恐衍不出"旧事"义即"故事"义，"事"本是动词义，"故"也是动词。《说文》曰："事，职也，从史之，省声"、"职（職），记徵也，从耳，戠声"，徐灏说"故必有事，因之训为事，又因故事之称而训为旧"、"故者承上启下之词，故训为古"实在牵强而不通达。检《说文解字诂林》、《古文字诂林》等释"故"本身，皆未得"故"字故旧、老久义的通达之解。

释"故"字，除了考察它的攴符外，还得注意"古"符，而"古"就是故旧、老久义。古故向来互训，《尔雅》"治、肆、古，故也"即以"古"有"故"义。《说文》曰："古，故也，从十口，识前言者也，凡古之属皆从古。""古"字甲骨文字形有"⿱屮口、⿱屮口、⿱屮口、⿱屮口、⿱屮口、⿱屮口、⿱屮口"等，金文字形有"⿱屮口、⿱屮口、⿱屮口、古、古、古"等。柯昌济认为"古"从中、口，"中，史所持也，象册形，册典所载而口述之"；高田忠周认为古从"十口"，十人之口"即十世所传古说也"；闻宥认为古从"午"（表音），"凡事物之故旧者，无从目验，必凭口以述之，故从口"；陈独秀认为古之"十"像绳结而"口"像绳团，结绳记事距文字时代遥远，故以此代表古久义；马叙伦认为"十口为古，义不剀切"，闻宥

---

① 周武彦认为"巫"字与"工"字同源，认为"工"古字"⿱工"本像弦乐器，见周武彦《中国古代音乐考释》第一章《工·巫·琴·瑟》篇，吉林人民出版社2005年版，第58—64页。
② 《辞源》，商务印书馆1983年版，第1340页。

认为"从十于义无取……注家曲说,亦均未安"①。《甲骨文字诂林·古》的编辑按语认为:"唐兰释古甲骨文、金文古字均不从十……其初义不可晓……古通作故。盖初本作古,至于'故'、'诂'等皆为后起孳乳字。"②

"古"的口部应是口腔的口,与"音"、"言"、"舌"的口符同(音是"口"加"一",表声气在口内吟咏,音即歌也)③,而甲骨文、金文"古"的"丨"笔当是指事而非上所引其他学者之解,"丨"上加横点甚至衍为"十"更是指事④,皆表示从口而出即叙往叙旧之义,"古"字故旧、老久当从此而来,死亡、亡故义又是其延伸义。陈独秀谓来自结绳记事于字形无证,马叙伦辗转复杂的音训亦于义无证。"古"即所说之过往或旧古,"诂(詁)"从"言"即说古、言古也,《毛诗传》孔疏曰"诂者古也,古今异言,通之使人知也";而"故"是"作为"义,但它还有"古"部首(表音)的字义,故即古,古故互训,这是孳乳新字后旧字字义仍在以及因为通假或借用而旧字统摄新字字义的情况(如生与性)。倘若释"故"只盯着"攴"符的"使为之也"义而看不到"古"义,这就如看到"性"字只想到心灵意识的性(从忄)而看不到血气之生的性一样,这就是本末倒置了——孟子论性就本末倒置地轻"生"而重道德本质主义、理想主义的"忄",宋儒发挥孟子二性说后就更本末倒置了。

孔鲋《孔丛子》(俗称《小尔雅》)曰"素,故也";**颜师古**注《汉书》曰"素,故也";**张湛**注《列子》"吾生于陵而安于陵,故也"曰"故,犹素也"⑤;**朱又曾**注《逸周书》"乃兴师修故"曰"故,初也";《论语》"丘未达,不敢尝"句何晏集解引**孔安国**曰"未知其故",**刘宝楠**又注曰"故,犹言性也";**杨倞**注《荀子》"非故生于人之性也"曰"故,犹本也";**俞樾**《群经平议》卷三十三复引《荀子》杨注"故,犹

---

① 以上见《古文字诂林》第二册,上海教育出版社2000年版,第683—688页。
② 于省吾主编:《甲骨文字诂林》第四册,中华书局1996年版,第2946—2947页。
③ 关于"音"见笔者《"音"字形、字义综考》,中国音乐网2009年12月18日发布。
④ 如金文 土生䏡甫年(土生直本身)的上横点或下横点,如 表出口之舌, 表口舌出声为言。
⑤ 此句亦见《庄子·达生》,梁涛说"这里的'故'就是指在具体环境下形成的能力、积习等,曹础基释为'习惯'是正确的";裘锡圭正确指出"这里跟'性'、'命'并提的'故',也不会带有人为之意",并引《列子》张湛注为证,但他又说"这个'故'似乎就可理解为常规,也可理解为固有的情况"。解为"固有"则准确,解为"常规"就失之交臂矣。

本也"；**刘淇**《助字辨略》卷五引《汉书》"丰故梁徙也"而注曰"此故字，犹云本也"；**段玉裁**《说文》注曰"故者凡事之所以然，而所以然皆备于古，故曰古故也"；**王引之**《经传释词》卷五曰"故，本然之词也，襄九年《左传》曰'然故不可诬也'，或作固，又作顾，《礼记·哀公》问曰'固民是尽'，郑注曰'固，犹故也'。《吕氏春秋·必己篇》曰'孟贲过于河，先其五，船人怒，而以楫虓其头，顾不知其孟贲也"，此"故"、"固"、"顾"就是"本来"、"本始"之义……可见，"故"有过久、古久义，也有本初、原来义，二义同源，实皆来自"古"义而已；"故"字古书多训为"旧也"，其实正是"故"的"古"义，而非"故"的"攵"义。

"故"字义项只来自两初义，一从"攵"一从"古"（后文说的两基本义也正在此），其他义项皆是派生物，今人找不到不是由该二义派生出的义项或用法。《现代汉语词典》将"故"字义项归为两类，一是事故、缘故、故意、所以等，二是原来、朋友、死亡等①，这是非常高明到位的。《辞源》释"故"的第③⑤⑥条义项实是《现代汉语词典》所列第二类义项，其余则是其第一类义项②。《论语》"故"字15处，除"温故而知新"、"故旧不遗"、"故旧无大故"的"故"属《现代汉语词典》所归第二类义项外，其余都是作副词、连词表"因此"、"所以"等，属第一类义项。《孟子》118处"故"字绝大多数为副词、连词之用法，属《现代汉语词典》所归第一类义项。而"**天下之言性也，则故而已矣，故者以利为本**"之"故"非在"故"的"攵"义而是在"故"的"古"义，即前所列"素"、"初"、"性"、"本"、"所以然"等训义，属《现代汉语词典》所归第二类义项，故清俞樾《群经平议》卷三十三注"天下之言性也则故而已矣"引《荀子》杨注曰"故，犹本也"。《孟子》此章的"故"系"原本"义，"则"系"效法"义，"则故"系动宾结构（并非"连词+名词"结构），全章大义是：

> 言天下万物之性者（或：天下言万物之性者），当法乎性之本

---

① 《现代汉语词典》，商务印书馆1996年版，第454页。
② 商务印书馆《辞源》1983年版第1340页列"故"字八种义项：①原故，原因；②事，变故；③故事，成例；④故意；⑤旧，久；⑥死亡；⑦副词；⑧连词。——其中③⑤⑥同源，其余则皆出自"有为"之"故"。

初，求本初就当以因循有利本初为本。智慧的令人讨厌之处，就是往往穿凿勉强；如果智者象大禹治水一样，智慧就没那么令人讨厌了。大禹之治水，就是行于水之不勉强处（顺乎水性而治水）。如果智者也行乎不勉强处，那么智慧就很大了。天很高，星辰很遥远，如果求其本初的话，千年之日至也是坐而可致的。

（三）作本初、原本义的故、本故、性故

"故"字作本初、原本义，除了该章的三"故"字外，在《孟子·滕文公上》还有一则："**孟子曰……天之生物也使之一本，而夷子二本故也。**"这个"本故"是两近义字或同义字构成的一词，其义就是"本"，其义就是"故"，"本—故"一也①。《孟子》里"本"字凡15处，如"反其本矣"、"事亲，事之本也……守身，守之本也"、"有本者如是……苟为无本"、"此之谓失其本心"、"不揣其本而齐其末"等，其义皆来自"本"字初义："木下曰本，从木，一在其下。臣锴曰：一记其处也，与末同义，指事也。"（《说文解字系传》）汉赵注曰："天之生物也使之一本而夷子二本故也，天生万物各由一本而出今夷子以他人之亲与己亲等，是为二本，故欲同其爱也。"赵注不拆解"本故"一词，实是没有必要，因为词义本来就很清晰。其实孟子"天下之言性"章的旨意与他在其他地方论杞柳之性、水性、山性的旨意如出一辙，完全是"吾道一以贯之"。他"天之高也，星辰之远也，苟求其故，千岁之日至，可坐而致也"的比喻论证也是继续体现了他"一以贯之"的思维方式及论证之进路——日行、天道之本故是物理现象，人性之本故是生理现象，二者实无任何同质及可比之内容，天道与人性也无丝毫逻辑瓜葛，然孟子却不以为然也。

《孟子》的"故"有本初义，还可证之以今《荀子·性恶》曰："孟子曰：今人之性善，将皆失丧其性故也。曰：若是则过矣。今人之性，生而离其朴，离其资，必失而丧之。"《荀子》此"性故"完全类《孟子》"本故"，如同前引刘宝楠注孔安国"未知其故"曰"故，犹言性也"。杨倞注"孟子曰：今人之性善，将皆失丧其性故也"曰："孟子言失丧本

---

① 杨伯峻：《孟子译注·孟子词典》将"夷子二本故也"之"故"释作"名词，道理，原因，所以然"是完全不正确的。

性，故恶也。"此注易生歧义，以为杨倞将此"故"解作"故而"义，但衡之以同篇另几个"故"的用法及杨倞注，就知"失丧其性故也"即"失丧其本故"义，故杨注说"失丧本性"顺理成章。"失丧其性故"之"故"正同《孟子》"夷子二本故也"之"故"（故与性并列，故与本并列，皆表原本）。《性恶》"应之曰凡礼义者是生于圣人之伪，非故生于人之性也"，杨倞注曰："**故，犹本也**。言礼义生于圣人矫伪抑制，非本生于人性也。"《性恶》"然则器生于工人之伪，非故生于人之性也"，杨倞注："言陶器自是生于工人学而为之，非本生于人性自能为之也，或曰工人当为陶人。**故，犹本也**。""非故生于人之性也"句在《荀子·性恶》凡4处，其"故"皆系"本"义，绝非故意、故而之义或裘锡圭、梁涛、李锐提到的楚简《性自命出》"有为也者之谓故"之义。孟荀此"故"字的用法又正与帛书《五行》中"谓之不聪—故谓之不聪"、"谓之不明—故谓不明"、"谓之不知—故谓之不知"对说的"故"字同，即本初义之用法也。荀子"非故生于人之性"即"非本生于人之性"之义。

另外，《庄子·达生》、《列子·黄帝》皆述一善水的"吕梁丈夫"对孔子说①："吾始乎故，长乎性，成乎命，与齌俱入，与汩偕出……吾生于陵而安于陵故也，长于水而安于水性也，知吾所以然而然命也。"此亦是"故—性"相提并论，与《荀子》的"性故"及《孟子》的"本故"同，不过《荀子》、《孟子》是合称，《庄子》、《列子》两者是分称而已，但皆是以"故"为性或以"性"为故，如刘宝楠曰"故，犹言性也"。这个"性—故"是再符合道家思想不过的了，故而张湛注曰："故，犹素也，任其真素则所遇而安也。""愿性之理，则物莫之逆也。""自然之理，不可以智知，知其不可知谓之命也。"（《四部丛刊·列子》）。除《孟子》的"本故"及《荀子》的"性故"外，还有"故性"一说，如汉魏时徐幹《中论·考伪》曰"丧其故性而不自知其迷也"，此"故性"即"本故"、"性故"、"本性"义。而《孟子》"天下之言性也则故而已矣，故者以利为本"之"故"正同上述他书之例。

汉赵岐、宋朱熹注《孟子》"天下之言性"章曰：

---

① 林语堂说《庄子》之书多有"为证明他主张的正确或为打击当时的大人物而创作的寓言"（《林语堂名著全集》第十卷，东北师范大学出版社1994年版，第141页），司马迁也以为《庄子》多杜撰而不可信，故《史记·老韩列传》曰："然其要本归于老子之言，故其著书十余万言大抵率寓言也。"

（1）言天下万物之情性，当顺其故，则利之也。改戾其性，则失其利矣。若以杞柳为桮棬，非杞柳之性也。恶人欲用智而妄穿凿不顺物。禹之用智决江疏河，因水之性、因地之宜引之就下，行其空虚无事之处。如用智者不妄改作，作事循理若禹行水于无事之，处则为大智也。天虽高，星辰虽远，诚能推求其故常之行，千岁日至之日可坐知也，星辰日月之会致至也，知其日至在何日也。章指：言能修性守故，天道可知，妄智改常，必与道乖，性命之旨也。

（2）……故者，其已然之迹，若所谓天下之故者也。利，犹顺也，语其自然之势也……故天下之言性者，但言其故而理自明，犹所谓善言天者必有验于人也。然其所谓故者，又必本其自然之势；如人之善、水之下，非有所矫揉造作而然者也……天下之理，本皆顺利，小智之人，务为穿凿，所以失之。禹之行水，则因其自然之势而导之，未尝以私智穿凿而有所事，是以水得其润下之性而不为害也。天虽高，星辰虽远，然求其已然之迹，则其运有常。虽千岁之久，其日至之度，可坐而得。况于事物之近，若因其故而求之，岂有不得其理者，而何以穿凿为哉？……程子曰："此章专为智而发。"愚谓事物之理，莫非自然。顺而循之，则为大智。若用小智而凿以自私，则害于性而反为不智。程子之言可谓深得此章之旨矣。

孟子"以利为本"的"利"究竟释作"顺之"还是"利之"为好，其实都无大碍，本义实通，顺之即利之，利之即顺之，"顺—利"一也，故今曰"顺利"是也。至于朱熹释"故"为"已然"即"过去"、"故旧"义，则逊于训"本"训"初"，此其不彻底了解"故"字字义所致，但赵说、朱说大体为是，符合孟子本旨。另宋孙奭之疏以为此是孟子批评他人言，说此章前两故是"事故之故"，后一故是"故常之故"，谬矣，此孙奭不解该章修辞性论证或类比性论证所致。后焦循者，清俞樾《群经平议》卷三十三注"天下之言性也则故而已矣"可谓言简意赅、最得孟旨：

《荀子·性恶》篇曰"凡礼义者是生于圣人之伪，非故生于人之性也"，杨注曰"故，犹本也，言礼义生于圣人矫伪抑制，非本生于人性也"。孟子言性善则人性本有礼义，故曰"天下之言性也则故而已矣"，犹曰但言其本然者足矣，与荀子之语正相反。荀子又引舜之言曰"妻子具而孝衰于亲，嗜欲得而信衰于友，爵禄盈而忠衰于君"，盖以证人性之恶。乃自孟子言之，则孝也、信也、忠也是其故也。妻子具而孝衰，嗜欲得而信衰，爵禄盈而忠衰，非其故也，无失其故斯可矣。故又曰"故者以利为本"，言顺其故而求之，则自得其本也，孟子论性大旨其见于此。

《荀子》里还多有"作为"义的"故"字用法（《荀子》"故"凡692处），如《荀子·性恶》"圣人积思虑，习伪故"、《正名》"说故喜怒哀乐爱恶欲以心异"、《正名》"夫民易一以道而不可与共故"等。王先谦注"说故喜怒哀乐爱恶欲以心异"句曰"说者，心诚悦之故者作而致其情也，与《性恶》篇'习伪故'之故同义，二字对文"，杨倞注"夫民易一以道而不可与共故"句曰"故，事也，言圣人谨守名器，以道一民，不与之共事，共则民以它事乱之"。此"故"皆是作为之故，如同"伪"字（《礼论》"诈伪"之伪也起于作为之伪），与今"故意"、"事故"等词义上实有同源，跟楚简《性自命出》"节性者故也……有为也者之谓故"完全一致。另，《管子·心术》"恬愉无为，去智与故"、《庄子·刻意》"去知与故，循天之理"①，其"故"正是《性自命出》"有为也者之谓故"，即梁涛说的"有意识、有目的的行为"②。此可见"作为"义之"故"使用非常常见，在现今汉语言文字中更是如此。

为裘锡圭、梁涛、李锐等所津津乐道的楚简《性自命出》"故"字之"节性者故也……有为也者之谓故"并不是什么很奇特的"故"字用法，它只是"故"字两个基本义项的其中一个而已。不仅《孟子》"故"字用法存在该两基本义项，《荀子》的"故"用法也存在该两基本义项，该用法在其他同一种先秦文献亦多见。而且《性自命出》"节性者故也……有为也者之谓故"句与同篇"是故其心不远"句的"故"实本于同一字义来源。梁涛将《性自命出》"有为也者之谓故"引渡到《孟子》"天下之言性也则故而已矣"的"故"字上，并据之认为"孟子对后天积习也

---

① 《韩非子·扬权》曰"圣人之道，去智与巧"，《尸子·分》曰"执一之道，去智与巧"。
② 梁涛：《竹简〈性自命出〉与〈孟子〉"天下之言性"章》，《中国哲学史》2004年第4期。

是很重视的,他所说的'故',就是一种积习、习惯",这就有削足适履曲解孟子该章章旨及孟子整个思想体系的嫌疑,而且可能他先入为主地将《性自命出》看作是思孟的作品了。但《性自命出》与《五行》、《四行》等大有不同,《性自命出》并非是地道的思孟派作品,以作者等不明之《性自命出》证《孟子》,恐非佳途或有效。

(四)性、故、则、利、凿、致及其章义

要准确理解《孟子·离娄下》第26章"天下之言性也,则故而已矣,故者以利为本"这段话,就须精于古文字之学而厘清"性"、"故"、"则"、"利"、"凿"、"致"这些核心字眼(尤其是该章中3次出现的"故"字),同时又须仔细揣摩判定这段话的论证理路或修辞,如此该段话何义才能真相大白,才能理解或解释扎实可靠而非流于"所恶于智者,为其凿也"的各种亦似为有据的猜想或纯粹望文生义之胡诌。下面再来整体性地梳理下"性—故—则—利—凿—致"六个字眼的基本义:

(1)"故"——此字前文已作了详细的溯源性考析,其字形"龂"从"攵/攴"()而出"事故"、"故意"、"故而"、"因为"诸义。"故"从"古"()而出今"过去、老旧、本初、原本"诸义,从""而出"人为、事故、故意、因为"诸义,"人为"、"过去"是"故"字两基本义之所在。而楚简《性自命出》"节性者故也……有为也者之谓故"只是"故"字从"攵/攴"()的"人为"义而已。《荀子·性恶》的"性故—伪故"之"故"正表现了"故"字两基本义,而此"性故"即同《孟子》"本故"、《中论》"故性"及《荀子·性恶》"然则礼义积伪者岂人之本性也哉"之"本性","故"字两基本义在楚简《性自命出》"有为也者之谓故"的定义及楚帛《五行》"谓之……故(本)谓之不……"句式里也得到了分别的体现。

(2)"性"——此字很好懂,经学家如郑玄、皇侃、孔颖达、颜师古多训"性,生也"、"性者,生也"、"性之言生也"并"性—生"二字通用或通假[①],故《孟子·告子上》曰"生之谓性也",《申鉴·杂言》也曰"生之谓性也",《论衡·本性》曰"性,生而然者也",《荀子》曰"生之所以然者谓之性……不事而自然谓之性",又曰"凡性者天之就也,不可学,不可事",又曰"不可学、不可事而在人者谓之性"。孔颖达疏

---

① 宗福邦等主编:《故训汇纂》,商务印书馆2003年版,第781—782页。

《礼记》曰"性，谓天性"、"自然谓之性"，疏《左传》曰"性，谓本性"，疏《周易》曰"所禀生者谓之性"，又疏《礼记》郑注曰"性，谓禀性自然"，杨倞注《荀子》"今人之性，生而好利焉"曰"天生，性也"，又注"性者，天之就也"曰"性者，成于天之自然"。

（3）"则"——此字亦不玄，《说文》曰："则，等画物也。从刀从贝；贝，古之物货也。"此即"则"字系划分、等分货财之义，有"均"、"等"之义，均、等则有标准之义，故又引申为"法"、"准"、"常"诸义（如法则、准则、常则），又引申为"效法"、"比准"之动词义，又衍为连接词，一如"因"、"就"本是实词、动词义而衍为虚词用作连接词等。在《孟子》里，400次左右出现的"则"要么作实词，要么作虚词，绝大多数是用作虚词起连接作用，作实词即是名词性"法则"义及动词性"效法"义，如《告子上》"有物有则"的"法则"义，如《滕文公上》"惟尧则之"的"效法"义。

（4）"利"——此字更不玄，从"禾"从"刀"，《说文》曰"利，铦也"，"铦"作形容词有"锋利"义，作名词是农具（如臿、锸）或表利器义，还可作动词表挑取、刮割等义。《说文》及《玉篇》等又训"利"为"锯也"、"刹也"，"锯"、"刹"皆有削割义，"刹"还有锋利义。"利"甲骨文作"❀、❀、❀、❀、❀"等，实乃刀具割禾收实之象（《说文》曰"利"字"从刀，和然后利，从和省"则是错解），"锋利/锐利"、"收益/利益"两基本义从之出，引申有"有益于"、"有利于"等义。

（5）"凿"——此字繁体作"鑿"，从"斀"从"金"。"凿"初字当作"斀"（斀），从"丵"从"殳"。《说文》曰"鑿，穿木也，从金，繫省声"，"繫"义即舂米之"舂"（舂）。"凿"字其义如形（斀/斀），是人为地鏨凿、攻凿、穿凿义，因是以力役使凿具作用于木材或其他对象上并凿出某物形态，故又有勉强、牵强、造作、做作诸形容词性含义，本为动词的"穿凿"之所以有勉强、牵强义正从此而出。

（6）"致"——此字《甲骨文编》录作❀，《六书通》录作❀、❀、❀、❀等。"致"从至从夂，其夂如"故"之夂，其至则系"到"义。"至"甲骨文写作❀❀❀❀❀❀等，象形字，摹写箭支射达状，故"至"字为"到达"义。《说文》曰："致，送诣也，从夂从至。""致"字其义如形，初为执物而送至、送到之义，故古人多以"送诣也、送至也、诣也、送也、至也、到也"等词训解之①。

"天下之言性也,则故而已矣"明显是个完整的判断句,字眼或句子要害是"则故"二字。如前已述,"则"有虚实两用法,"故"亦有古、攴两基本义,而此"则故"的"则"据上下文明显可知非实词"法则"义,或是虚词表连接或判断,或是实词"效法"义;此"则故"的"故"也并非副词、连词等虚词用法。那么,将"则—故"二字其他所剩语义进行组合搭配,则可得甲、乙、丙、丁四种"则故"义,如下图所示。

下图"则—故"字义组合中,甲、丙种当首先剔除,"天下之言性也"并非取"人为"或"效法人为"意以论性,"性"的本义、常义非"人为",常人非如此论性,孟子也非如此论性,即使荀子喜讲"人为"也是说"伪"而非说"性",而且此与"苟求其故,千岁之日至,可坐而致也"的"故"字用法、用意完全不协调(焦循正义早已明言"则故"之故"即苟求其故之故",甚是)。乙、丁种在"天下之言性也,则故而已矣,故者以利为本"上皆通,在"苟求其故,千岁之日至,可坐而致也"上亦同,与中间"禹之行水"的比喻性批评"所恶于智者,为其凿也"亦通。但仔细琢磨其语气及比较其语义,尤其明晓该章论证次第,则当是丁种胜出乙种,即"天下之言性也,法于性之原本而已矣"表述显胜于"天下之言性也,是原本而已矣",前后的"言性—苟求其故"正说明"则故而已"是"效法'故'而已"义。此"则故"是动宾结构的"效法本故/原本/本初"义,与后面说不事"禹之行水也,行其所无事也"的"所恶于智者,为其凿也"正属于正反连说而一气连贯,也与最后的"苟求其故,千岁之日至,可坐而致也"类比再证一意贯通。

则 { ①虚词:连词 故 { ③人为
     ②实词:效法   ④原本

甲:①—③则是人为;乙:①—④则是原本
丙:②—③效法人为;丁:②—④效法原本

("则—故"组合义项)

"天下之言性也,则故而已矣,故者以利为本"的后面说"行水一日

---

① 宗福邦等主编:《故训汇纂》,商务印书馆2003年版,第1883—1884页。

至"求故、求本都是在论证"言性"当"则故"（法故、效本）；而说要行其无事，要去穿凿之智，则都是说"故者以利为本"，就是"以顺为本"。同时，另要注意该章末句说"千岁之日至，可坐而致也"并非是杨伯峻《孟子译注》解释的千年的日至"都可以坐着推算出来"，非赵岐所注"诚能推求其故常之行，千岁日至之日可坐知也；星辰日月之会致至也，知其日至在何日也"，因为此"坐而致"之"致"是"至"、"送至"之义，且是"自至"而非"算至"。《孟子》里"致"字凡9处："致敬"3处，"致为臣"2处（将为臣身份送回，即辞官），"专心致志"2处（将志意送至对象），"坐而致"1处，"莫之致"1处（"莫致之"倒装），9处皆是送达义。故"千岁之日至，可坐而致也"是说"千岁之日至（冬至、夏至）自送而至"，曰"坐而致"更是表"坐而可待、自送自来"意。所以，此"坐而致"不是推算而致，而是自致，故前面说"求其故"、"则故而已"、"以利为本"。孟子虽未言"日至"之"故"具体何在（实在日地天体运行规律），但他了解天运往复不止就是"故"，故人间冬至、夏至诸时节坐而可至、不请自来。

如此，《孟子》"天下之言性也"章的论证或言说理路就非常清晰了：头尾说"则故—求故"，中间批评"不则故—不求故"的穿凿之智——不事大禹行水，不顺水而导，不行其所无事，舍本而勉强为之。即头尾正面叙述，中间反面论证，该章语词分为"头—中—尾"的结构可示意为："①天下之言性也，则故而已矣，故者以利为本。//②所恶于智者，为其凿也，如智者若禹之行水也，则无恶于智矣。禹之行水也，行其所无事也，如智者亦行其所无事，则智亦大矣。//③天之高也，星辰之远也，苟求其故，千岁之日至，可坐而致也。"①处是头，②处是中，③处是尾，①②③分别是"正—反—正"，语势、语气极畅。故《孟子》"天下之言性也"章的章旨必是：以治水当因循水之本性而不可背逆水性，来类比论证于人性人德问题也当因循人性之本（性善）而不可背逆此本性，否则非议、反对"性善"的善性人为说、善性后天说即是逆性、害性之论。而《孟子·告子上》孟子谓戕贼杞柳之性以为桮棬之器一样地戕贼人性以为仁义之德，也是以德性本性说来驳斥德性人为积靡说而已。

总之，如果明白"性—故—则—利—凿—致"六字尤其"则故"之"故"的造字及其全部古今义项的来龙去脉，明乎《孟子》"天下之言性也，则故而已矣"章的修辞论证理路——以治水当循水之本性、不可逆水性来类比论证于人性问题当循人性之本（性善）而不可逆本性，否则无"本"之人为说、后天说即是逆性、害性之论，孟子谓之戕贼杞柳之性一样戕贼人性以为仁义是也（此即以德性本性说贬斥德性人为积靡说）——那么前引黄彰健、裘锡圭、梁涛等论文的精心立论及苦心"解套"或许正是孟子说的"所恶于智者，为其凿也"。

"天下之言性也，则故而已矣，故者以利为本"所能说明的只是孟子于性善论的反复宣说及坚信不疑，并不能说明其他。孟子的性善论是一以贯之的（尽管在荀子、董子看来是全部或局部错误的），找出"天下之言性也，则故而已矣"章某些关键字词的本义或起源，或许才是孟子说的"行其所无事也"、"可坐而致也"，或许才是梁涛说的"使其含义大白于天下，也使我们对孟子性善论有一全新认识"①。

其实其含义大白之后，不是对孟子性善论有"全新认识"，而是对孟子一以贯之的性善论有更深、更确凿的认识，如此而已。

第四节　北宋江望的孟子批判

前面已论及孟子一方面把耳、目、口、鼻等生理需求、生理功能之常性"不谓性"，一方面又把仁、义、礼、智、圣等非本性之性视为"有性焉"。这为宋儒"义理之性—气质之性"或"理之性—气之性"或"理—欲"之性二元论以及以"理—性"为本的性论开创了儒家渊源，孟子显然是宋代道学"性二元论"的先声或滥觞。

一　北宋道学的孟子改造

宋代道学或宋儒之所以推崇孟子并推之为"道统"砥柱，此非平地起波或空穴来风。宋儒在孟子所言根于"天"本于"性"的"性善"之外添一"气质"，即得其二性之说，明代吕坤云：

> 虞廷不专言性善……六经不专言性善……孔子不专言性善……子思不专言性善……孟子不专言性善……周茂叔不专言性善……程伯淳不专言性善……大抵言性善者，主义理而不言气质，盖自孟子之折诸

---

① 梁涛：《竹简〈性自命出〉与〈孟子〉"天下之言性"章》，《中国哲学史》2004 年第 4 期。

家始……宋儒有功于孟子，只是补出个气质之性来，省了多少口吻！（《呻吟语》卷一）

孟子实不敢否定血气情欲之性，但又认为仁义等德性是性、是本，这就是"性二元"论之义①；再由宋儒注入道家理论化的"理—气"后所发展，构成"性即理也"的实体论、本体论之性理论。孟子曰："尽其心者，知其性也。知其性，则知天矣。存其心，养其性，所以事天也。夭寿不贰，修身以俟之，所以立命也。"朱熹《孟子集注》则引程子曰："心也，性也，天也，一理也。自理而言谓之天；自禀受而言谓之性；自存诸人而言谓之心。"这就将"心—性—理—天"四者打通了，连贯起来了。朱熹《朱子语类》卷四又说：

（1）性只是理，气质之性亦只是这里出。若不从这里出，有甚归著？……论天地之性则专指理言，论气质之性则以理与气杂而言之。

（2）孟子言性，只说得本然底，论才亦然。荀子只见得不好底，扬子又见得半上半下底，韩子所言却是说得稍近。盖荀扬说既不是，韩子看来端的见有如此不同，故有三品之说。然惜其言之不尽，少得一个气字耳。程子曰："论性不论气不备，论气不论性不明。"盖谓此也。

（3）孟子未尝说气质之性，程子论性所以有功于名教者，以其发明气质之性也。以气质论，则凡言性不同者皆冰释矣。退之言性亦好，亦不知气质之性耳。

（4）亚夫问气质之说起于何人？曰：此起于张程，某以为极有功于圣门，有补于后学。读之使人深有感于张程前此未曾有人说到此，如韩退之《原性》中说"三品"，说得也是，但不曾分明说是气质之性耳。性那里有三品来？孟子说"性善"，但说得本原处；下面却不曾说得气质之性，所以亦费分疏。诸子说"性恶"与"善恶混"，使张程之说早出，则这许多说话自不用纷争。故张程之说立，则诸子之说泯矣。

---

① 佛雏校辑：《王国维哲学美学论文辑佚》，华东师范大学出版社1993年版，第82、89页。

程朱说"性"就是"理","理"则是"天地",又说血气生命之类的耳、目、口、鼻生理需求等是"气质之性",并说"气质之性"从"性"出,从"理"出。如此,"性"归于一;如此,"性"又分为二。道学家"理—气"本体论、宇宙论下的"理之性—气之性"一性分二的性理论此后大倡,戴震《孟子字义疏证》谓之有"二本",王恩洋《荀卿学案》说:

> 孟子之学,较荀子为深为广,故主张食色性也,而主张仁义礼智我固有之,非由外烁而道性善,即将性分为二种:一食色之性,一仁义礼智之性。……后时宋明儒者分义理之性与气质之性,其与孟子之主张略有合处而别具玄学色彩,此可勿论。①

康有为《长兴学记》则说宋儒是附会于孟子性论以张二性说而强为之言:

> 孟子性善之说,有为而言;荀子性恶之说,有激而发。告子"生之谓性",自是确论,与孔子说合……程子、张子、朱子分性为二,有气质、有义理,研辨较精。仍分为二者,盖附会孟子。实则性全是气质,所谓义理自气质出,不得强分也。

挟孟子"道性善"而来的宋代新儒学(理学)之兴起并非没有遭遇反对者,理学或道学兴起的过程也甚为曲折,既有政治对抗的因素也有学术见解的臧否。但宋理学的真正"得势"却是因为政治,因为后来不断进入官方"意识形态"并强化②,直至僵化。匹应于宋代孟子地位的日益被推崇,宋代孟子的学说也遭受到诸多批判,李觏、司马光、苏轼、郑厚、叶适等都批判孟子③。然而宋代对理学或道学批判最锐利的,当数徽宗即位时(1101)由太常博士迁左司谏的进士江望所著《性说》。《性说》正是通过批判宋儒所推崇的孟子,通过瓦解孟子的性善说,来理论

---

① 王恩洋:《王恩洋先生论著集》第八卷,四川人民出版社2001年版,第726页。
② "理学"正史称"道学",见《宋史·道学传》。"道学"一词非自宋代起,六朝及隋唐都有正史提"道学",指玄学、玄儒一类;宋徽宗时崇道教"置道学",宋神宗时始以《孟子》取士,宋理宗时首黜王安石从祀孔庙而升濂洛九儒,朱熹《四书》因获表彰而列官学;若从元仁宗以朱注《四书》取士起算至清亡而官方废官化经学,道学或理学化的儒学曾"统治"中国思想学术界长达整整600多年。
③ 周淑萍:《两宋孟学研究》第四章"两宋非孟思潮",人民出版社2007年版。

上实现对当时新儒家"理气"、"性命"理论的批判。

二 北宋江望的孟子批判

江望字民表,《宋史》卷三百四十六及明代夏树芳《名公法喜志》卷四有传。江望所作《性说》与《心说》合为《心性说》一卷,南宋宁宗初年被列为背逆孔孟的"异端",史载"七先生《奥论发枢百炼真隐》、李元纲《文字》、刘子百《十论》、潘浩然《子性理书》、江民表《心性说》,合行毁劈……本监行下诸州及提举司,将上件内书板当官劈毁"①。《性说》遭朝廷明令禁毁后几于绝世,阅之者甚少。所幸《性说》因辑存在宋版《诸儒鸣道》第五十四卷且《诸儒鸣道》有一宋刻孤本传世至今,故才未彻底湮灭而致今日得以一见——宋刻孤本《诸儒鸣道》现藏上海图书馆,今"中华再造善本"工程有仿真重印②。

《性说》一文很短,仅约3000字,它专门驳斥了孟子等"指习性而为性"、"指性以善"的人性论,驳孟要点有三:①驳斥孟子关于孩提之童无不知爱亲敬长的良能良知说,以"今有赤子卧之空室,饥则乳之,不见一人,不交一语"的"囚孺"情况来反论"良能良知"并非是不学而能、不虑而知的能或知。②驳斥孟子关于"尧舜性之矣"的高论,反诘:"苟不通乎故习,均是人也,天胡为独以神灵、岐嶷畀黄帝、后稷?以仁之性付尧舜?羊舌鲋初生,母知其必以贿死,不通乎故习,均是人也,天胡独以不义贿死与羊舌鲋?"③揭穿孟子回答告子"性犹湍水也……人性之无分于善不善"时以"水无有不下"来类比论证"性无有不善"的强词夺理,指出水就下并非由于水性——江望以圆体器物遇低也必就下为例说明水就下非水性,这实触及地球引力问题了。

江望批评孟子不知"性",说"指性以善不可也"。他对性恶说及性分善恶之说也是不赞成的,故他驳斥了性恶说及性三品说等,指出这些认知的谬误通通在于"指习性为性"。他对当时抬举孟子并大造两性说的新儒家十分反对,完全否定他们与孔子学说的学理衔接:①"自孔子没,诸子之言性甚众,未曾有一言及正性。"②"自孔子没,诸子之言性非正

---

① 《宋会要辑稿》第166册,台湾新文丰出版公司1976年版,第6545页。
② 《诸儒鸣道》另有一清初影宋抄本,藏于中国国家图书馆,此古书传世仅上图、国图两本。学界研及《诸儒鸣道》思想内容的,迄本书写作时仅见两文重要,分别是陈来《略论〈诸儒鸣道集〉》(《北京大学学报》1986年第1期)和符云辉《〈诸儒鸣道集〉述评》(博士学位论文,复旦大学历史系,2007年)。

性也，指习性而为性也。"③ "老师宿儒咸以孟子性善为近，亦如见水之湿指以为真性，而不知真性无性，仁义礼智信亦无不性，亦在习焉然后见，学之不可已也。如此，此孔子所谓'性相近也习相远也'。"

"在世界之中，一般地，甚至在世界之外，除了善良意志，不可能设想一个无条件善的东西。"① 心理意志非超越生命存在的绝对存在，善亦绝非柏拉图"理念"似的永恒实体——作为绝对存在或本体存在，这是一种臆想，亚里士多德也表示反对。而江望对"指习性而为性"、"指性以善"的去蔽与批判，则实似《荀子·性恶》驳孟时说的"是不及知人之性而不察乎人之性伪之分也"，批评他们偷换或混淆概念甚至言过其实、本末倒置。虽江望《性说》说"性"是"敦兮若无名之朴、湛然如九渊之止"，但他与荀子的"性朴论"并不等同。荀子认为生性取决于材性，材性最初是"朴"，因为材朴而性朴，但随着材的功用以及生的积习，乃成习性、德性，斯荀子所谓"性伪合"或"化性起伪"、"化性成积"是也。

江望不知荀子式的"材—性"、"材朴—性朴"关系论，他是居士，受佛学影响而持"正性无性"观，他说："无性非无性也，谓空无自性也"；"出于习也，非正性也"。"无性"如佛学中的非善、非不善之"无记性"②，两宋际胡五峰所谓"**以性非善恶，乃是一空物**"近之（《朱子语类》卷一〇一）。此"空无自性"观当然与荀子的"材性"论差异明显，且荀子的"材性"论更加真实与客观，更加科学。江望的人性观虽立于佛学主空主无的抽象性论之上，但他对"指习性为性"而混淆"本性—德性"的学说还是具有去蔽的意义，对宋儒的性命学说也具有致命的瓦解力量，其被崇尚道学的宋廷禁毁并非偶然。

北宋苏轼说："性其不可以善恶命之，故孔子之言曰'性相近也习相远也'而已。"（《论语说》）与朱熹完全同时代的叶适在《习学记言》中则说："古人固不以善恶论性也，而所以至于圣人者则必有道矣"（卷四

---

① 康德：《道德形而上学原理》，上海人民出版社2005年版，第8页。
② "无记性，非善非恶为中容之法，亦为顺益，亦为违损，不可记别者。"（《丁福保佛学大词典》影印本上册，上海书店1991年版，第307页）精研佛学的王恩洋也曾用佛学理论中的"善、不善、无记"三性来评价荀子的人性观，见《王恩洋先生论著集》第八卷，四川人民出版社2001版，第724—730页。章太炎《俱分进化论》则曰："善恶何以并进？一者由熏习性，生物本性无善无恶而其作用可以为善为恶，是故阿赖邪识惟是无覆无记（无记者即无善无恶之谓）……"

十四);"盖以心为官,出孔子之后;以性为善,自孟子始;然后学者尽废古人入德之条目,而专以心性为宗主,致虚意多,实力少,测知广,凝聚狭,而尧舜以来内外交相成之道废矣"(卷十四)。又说:"余尝疑汤'若有恒性'、伊尹'习与性成'、孔子'性近习远'乃言性之正,非止'善'字所能弘通。"(卷十四)明代吕坤说"经传言性各各不同,惟孔子无病"(《呻吟语》卷一),比吕坤早生半个世纪的杨慎则说"孔子之言性异乎孟、荀、杨、韩四子"(《升庵经说》卷十四)。康有为《长兴学记》说:"告子'生之谓性',自是确论,与孔子说合。"《万木草堂口说》又说:"凡论性之说,皆告子是而孟子非……告子之说为孔门相传之说,天生人为性,性无善恶,善恶圣人所主也。"章太炎《后圣》则说:"同乎荀卿者与孔子同,异乎荀卿者与孔子异。"以《尚书》等言人性及孔子不说"性善"、荀子说"性朴"(详见第三章)观之,其不亦然乎!

　　傅斯年说程颐他们明知孟子与孔子论性有别,然"又以不敢信孔孟性说之异,遂昧于宋儒分辩气质、义理二性之故"①。清章学诚说:"儒术至宋而盛,儒学亦至宋而歧。"(《章氏遗书外编》卷三)叶适他们说"性善"不是"性"之正理,孔子所说"性"才是真正的"性",这是正确的,可惜宋明儒多数以孟子"性善"为正性,反来歪曲或肢解孔子。如明代魏校说宋儒所倡"性理"之"性"是"性之本义",而告子说的"生之谓性"及孔子说的"性相近"不是"性之所以得名",云:"若谓夫子'性相近'一言正是论性之所以得名处,则前数说(按:指告子、荀子、扬雄、韩愈等论性)皆不谬于圣人而孟子道性善反为一偏之论矣。"(正谊堂版《魏庄渠先生集》卷上)

　　金景芳说:"朱熹《论语集注》释'性相近'时,引程子曰……(朱熹)他说的'理',实际就是老子说的'道',不过挨一个名词罢了……应当指出,程子认为孔子是'言气质之性'是对的。其错误不在此,而在于他颠倒了本末,把孟子言性善认为是'言性之本',而诋孔子之说为'何相近之有哉'。"②然而不仅叶适他们认为孟子道性善属"一偏",且有学者已经发现宋儒之歧与孟子性善说之偏的内在关联,比如日本古学派的重要学者太宰春台(1680—1747)论宋儒之歧与孟子的关系就颇切

---

① 傅斯年:《傅斯年全集》第二卷,湖南教育出版社2003版,第632页。
② 金景芳:《金景芳学术文化随笔》,中国青年出版社2000年版,第83页。

津要：

> 夫仲尼之道，至子思而小差，至孟轲而大差。所以差者，与杨墨之徒争也。轲之道性善，其实亦苟且教导之言耳，轲急于教导不自觉其言之违道也。宋儒又不知轲之违道，以为轲实得孔氏之传，遂以其书配《论语》。迨其解性善之言也，不能不置气质而别说本然之性，所以谬也。夫仲尼教人不以心性理气，心性理气之谈胚胎于子思，萌芽于孟子，而后长大于宋儒，则与佛老同其归何足怪哉！今损轩虽能疑宋儒，而未能疑孟子，则其所疑宋儒者何以释哉？①

太宰春台说孟子执意于道"性善"是"苟且教导之言耳"、"急于教导不自觉其言之违道"，这实合明朝人所云"孟子先生之说亦有所不得已而姑为救弊之言"（《龙溪王先生全集》卷三），或谓"凡圣贤立言，皆为救世而发"（《龙溪王先生全集》卷八）。日本山鹿素行（1622—1685）则曰："性以善恶不可言，孟轲所谓性善者，不得已而字之，以尧舜为的也。后世不知其实，切认性之本善立功夫，尤学者之惑也。"② 以知识论去观察，孟子道性善的确是"教导之言"、"救弊之言"而已，不是知识判断，而是说教命题，故信念表达多于知识叙述，未必经得起推敲。傅斯年（1896—1950）对孟子思想及思想渊源的评价，则有似于日本太宰春台，他所著《性命古训辨证》（1938）一书认为孟子是"强词夺理"，认为**"在性论上，孟子全与孔子不同，此义宋儒明知之，而非宋儒所敢明言也"**，认为孟子高谈性善是与孔子、告子皆"迥不侔矣"③，他说：

> 孟子在墨子之后，乃不能上返之于孔子而下迁就于墨说，从而侈谈洪荒，不自知其与彼"尽信书则不如无书"之义相违也。故孟子者，在性格，在言谈，在逻辑，皆非孔子正传，且时与《论语》之义相背，彼虽以去圣为近，愿乐孔子，实则纯是战国风习中之人，墨学磅礴后激动以出之新儒学也。④

---

① 《日本思想大系》第34册《贝原益轩·室鸠巢》，岩波书店1970版，第405页。
② 井上哲次郎、蟹江义丸编：《日本伦理汇编》卷六，东京育成会1903年版，第233页。
③ 傅斯年：《傅斯年全集》第二卷，湖南教育出版社2003年版，第627—628页。
④ 同上书，第627页。

(附)宋本江望《性说》原文

性　说

按：本文录校自《诸儒鸣道》第54卷，宋端平年间黄壮猷修补本。全文自然段落的分段系校录时所加；不能识别的原版模糊字以"□"表示阙如；个别难点读的句子保留原样不作点读；全文今录作简体，个别字眼或维持原样，不遵国标简化，并采用旧式引号，以便繁体转换。

自孔子没，诸子之言性甚众，未曾有一言及正性。无性非无性也，谓空无自性也。若有自性，愚者常愚不可以为智，智者常智不可以为愚，狂者常狂不可以为圣，圣者常圣不可以为狂。为其空无自性也，故不可以不习，习者学之谓也，孔子曰「学而时习之」。

性如美田，种艺耘籽以时，益以灌溉，苗实丰美；若其不力，稂莠滋遂，及其成也，不若稊稗。种艺耘籽灌溉之效，犹习智而智，习愚而愚，习圣而圣，习狂而狂也。《书》曰「习与性成」，孔子曰「惟上智与下愚不移」，习至于成不可移矣。虽曰不可移，又何尝不移哉，若有自性则不移也。《书》曰「惟狂克念作圣，惟圣罔念作狂」，狂与圣天地辽邈，岂特上智与下愚哉，只□（在？）一念「克」与「罔」尔。「克」与「罔」，习之谓也，非性之有狂圣也，亦非狂圣之终不可移也。

性如空焉，无有相貌，无有声味，无有小大，无有广狭，以万宝众采饰之而空不受其饰，而亦无所措手而加饰也；以粪秽而污染之，而空亦不受其污染，而亦无所施其污染也。是犹以智圣饰其性而性不加增，以狂愚污染其性而性亦不加损。性如水火，水火之性徧一切处取之，以阳燧见于照用、烹饪之功而火之名属焉，取之以方，诸见于润泽、饮濯之用而水之名繫焉。水火之真性岂尝顯照用烹饪之功、润泽饮濯之用？然亦未尝离水火之性而有也。

方其语性，智愚孰名？狂智何有？敦兮若无名之朴，湛然如九渊之止。水无有波流不见文采，纵慾丧心，「狂」之名生；行日见德，日新由必在道，纵不蹦矩而「圣」之名立；分别淑慝、沉幾先物，是非了然不惑于心而「智」之名见；沉于嗜欲、汩于利害，梏其天真，茅塞其心，终身不灵而「愚」之名随之。岂其性哉，亦未尝离其性而有也。天得之而高，地得之而厚，日月星辰得之而明，雷风雨雹得之而震荡鼓舞、披拂润泽用而见于止而名山见于流行而名川芸芸、名物蠢蠢。名鸟兽虫鱼皆吾性也，不可谓之性也，性无名则非性也。

仁义礼智四端固出于性，指爱而议仁，仁当其名；指仁以为性，性不受也。无二名，仁非全名，礼、义、智亦然。扩而充之，溥而大之，所以为智为圣，不能则为愚为狂。出于习也，非正性也。孟子指「性善」以谓人之生也有「不学而能」、「不虑而知」，「孩提之童无不知爱其亲，及其长也，无不知敬其兄」。今有赤子卧之空室，饥则乳之，不见一人，不交一语，及其长也，试问之孰为汝亲，孰为汝兄，汝爱其亲否，汝悌其兄否，赤子终不能知其为兄亲，亦不知所以爱其兄亲。方其提孩，乳哺者教之，呼其父兄，教习既久，见之亦数，亲爱之心生焉，岂正性哉？指性以「善」不可也！《易》曰「利正者，性情也」，不曰「情性」者，「性」之「情」动而正也则近善矣，故曰「乃若其情则可以为善矣，乃所谓善也」。是亦通乎故习，然后能见可欲之情谓之善可也。新室囚孺十六年而不能名马牛，马牛非异畜，长大而不能名者，不习知也；兄亲出于天性，不能知爱与悌者，亦不习之过也。习之则孝悌之名生，不习则贼天灭性矣。荀子之言「性恶」、「其善者伪也」，以「人之性生而好利，顺是故争夺生；生而疾恶，顺是故残贼生；生而有耳目之欲，顺是故淫乱生：则人之性恶明矣」，不唯不知正性，而又不通故习。

以其自见而言之也，黄帝生而神灵，后稷生而岐嶷，尧舜之于仁性之也，苟不通乎故习，均是人也，天胡为独以神灵、岐嶷畀黄帝、后稷？以仁之性付尧舜？羊舌鲋初生，母知其必以贿死，不通乎故习，均是人也，天胡独以不义贿死与羊舌鲋？是不然也！性如珠在泥，如白受采，珠虽在泥，今古一如未尝变也，白之受采，随染而化，无有定色。性无古今，习通古今，唯通于古今，故羊舌鲋之以贿死，岂一日之积哉？其来有自矣！是以神灵、岐嶷不独私于黄帝、后稷，仁之性不专畀于尧舜也。

荀子以性为恶，见于习性者然也，不通乎故习，虽习性亦未能究之也。扬子以人之性也善恶混，修其善则为善人，修其恶则为恶人，是知其习而不知其性非可以名也。以善恶之相混言性，如折竹然，一以为筹，一以为矢，一以为缚，一以为编，虽不离竹，不可以编缚筹矢名竹也，亦不可离竹而名编缚筹矢也，合之而为竹则无编缚筹矢之名，离之而为编缚筹矢而竹之名绝矣。今以善恶相混言性，是以编缚筹矢而名竹也而竹亦不当其名，名体绝处，正性方出。韩子之言性有上中下三品，上者善，中者可而导上，下者也下焉者，恶而已矣。其所以为性者五：仁、义、礼、智、信。上焉者之于五，主于一行而四；中焉者不少有焉则少反焉，其于四也混；下焉者之于五也，反于一而悖于四。有见于上中下则有自性矣，有仁义礼智信则有当名者矣。

性如水中咸、胶中清、阴中影、水中日，决定是有而不可得，鹰之鸷不可以为慈化，而为鸠则鸷心尽矣。橘之甘不可以为苦，变而为枳而甘味忘矣。若有自性，鸷慈、甘苦不可移也。因习而名上中下可也，以正性有三品不可也，仁义礼智信固出于性不可以名性。且以水言之：学者之言水则曰「下」，孟子亦云「性无有不善、水无有不下」，今有圆物非具水性也，遇上则逆，遇平则止，遇下则顺而疾趋，以是物为「性下」可乎？《洪范》曰「水曰润下」，盖未尝指润下为水性也，「下」水之势也。润水之泽也，湿不可作咸，唯泽故能作咸，盖水之性湿而已。流而为江河，潴而为陂泽，散而为雨露，千变万态不离乎湿。以水之性为下可乎？以人之性为善可乎？

性若具湿，火性不复存矣，盖二者之性各相偏也。由是观之，湿且非水之真性，见于功用之性也，如见习而言性也。老师宿儒咸以孟子性善为近，亦如见水之湿指以为真性，而不知真性无性，仁义礼智信亦无不性，亦在习焉然后见，学之不可已也。如此，此孔子所谓「性相近也，习相远也」。性无间，言「相近」则疑若有间矣。有间非全性也，《中庸》曰「天命之谓性，率性之谓道」。天之命人性于生气之宇，如以小大之器纳虚空，以大小之相形，疑若有间，然所纳无非全空人之禀性。生而通故，以习言之，或生而智，或生而愚，亦疑若有间，其具全性则一，故曰「性相近也」；习之又习，率之又率，智者益智，愚者益愚，故曰「习相远也」。

所谓「不移」者，见于穷年没齿习之已成之为言也。若终不可移与书所谓「罔念作狂、克念作圣」得无戾哉？圣人之言各有所当，故曰：自孔子没，诸子之言性非正性也，指习性而为性也。或曰「诚」，或曰「气」，或曰「心」，或曰「神」，或曰「道」，或曰「天」，或曰「命」，与所谓性一耶？二耶？曰：非一，非二。如空与日光，方其日未昇则空光显，日既昇则空光灭，以谓全是日也，非无空光，以谓有空光而不可分。七者之于性，见于感天地、通神明、格万物、信豚鱼则谓之「诚」；见于至大至刚，举天地、生阴阳、行四时、育万物，其存于中若婴儿之息绵绵若存而未忘，发而见于外浩然不屈万乘、不畏三军，义之所在百死不怖，则名之曰「气」；潜天地、宰万物，能久能近，能元能黄，能变能化，迎之无首，蹑之无后，扩之弥满八极，扫之不见踪迹，名之曰「心」；鼓舞群动，莫知作上作下，如风无形，舍于心而无所感之则通，独妙万物，名之为「神」；无不由也，无不通也，立之以为极，得之以为德，流通为五行，不易为五常，父天母地，彻古该今，强名之曰「道」；无为也，非自然也，无作也，非任之也，仰之而苍苍，岂其色也哉，天得之为天，人得之而为人，马牛得之啮草饮泉，不得已而名之曰「天」；天使我有是之谓「命」，所以告喻风动四方之谓「命」，所以名万物之谓「命」，名虽不同，其体则一，所谓转名不转体尔。合而言之性则滥，析而言之性则殊，不合不殊正性之之理方见。

　　子贡孔门之高弟，而言「性与天道不可得而闻」。宜其诸子各持其说，不见折衷于圣人，第未之思「相近」、「相远」、「不移」之语尔。正性一毫不可以加损，习而至于圣人犹有习愚未除。起惟性起，无一事一物不起；灭惟性灭，无一事一物不灭。性非起灭也，若有一毫不尽，皆习性也。是以无功用者犹在半途，全性之习了忘功用，全习之性念念起灭，非大圣人孰能与此！

第三章　荀子天论、性论考

● 天行有常，不为尧存，不为桀亡……列星随旋，日月递炤，四时代御，阴阳大化，风雨博施，万物各得其和以生，各得其养以成……繁启蕃长于春夏，畜积收臧于秋冬……天不为人之恶寒也辍冬，地不为人之恶辽远也辍广。　　　　　——《荀子·天论》

● ……性者，本始材朴也；伪者，文理隆盛也。无性则伪之无所加，无伪则性不能自美，性伪合然后成圣人之名，一天下之功于是就也。故曰：天地合而万物生，阴阳接而变化起，性伪合而天下治。天能生物，不能辨物也，地能载人，不能治人也，宇中万物生人之属，待圣人然后分也。（此段实错简自《荀子·性恶》）

——《荀子·礼论》

● 为说者曰：孙卿不及孔子。是不然。孙卿迫于乱世，鰌于严刑，上无贤主，下遇暴秦，礼义不行，教化不成……然则孙卿怀将圣之心，蒙佯狂之色，视天下以愚……是其所以名声不白，徒与不众，光辉不博也。今之学者得孙卿之遗言余教，足以为天下法式表仪，所存者神，所过者化。观其善行，孔子弗过，世不详察，云非圣人，奈何！天下不治，孙卿不遇时也。德若尧禹，世少知之，为人所疑。其知至明，循道正行，足以为纲纪。呜呼，贤哉，宜为帝王！

——《荀子·尧问》

第一节　子弓易学与弓荀学派

《荀子》一书曾将"子弓"与孔子相提并论并予以高度评价，曰："天不能死，地不能埋，桀跖之世不能污，非大儒莫之能立，仲尼、子弓是也。"(《儒效》)"是圣人之不得势者也,仲尼、子弓是也。"(《非十二子》)能获得如此高评价的"子弓"是谁?这是一个很关键的人物,这个人物被荀子如此推崇既涉及荀子欲借"孔子—子弓—荀子"的儒学谱系来对抗及抨击"孔子—子思—孟子"的儒学谱系的问题,更涉及荀子与"孔子—子弓"的实质性的学说认同与学说继承问题。厘清这个人物的身份与学说,对于理解荀子以及荀子的思孟批判非常重要。

一 子弓非仲弓(冉雍)

仅查 2010 年前半年出版的中文报刊中,文史哲学术界就有数位严肃学者论及先秦儒学时屡将《荀子》一书中为荀子所推崇的"子弓"这人与《论语》一书中为孔子所赞赏的"仲弓"这人等同起来,认为子弓即仲弓,认为荀子高度推崇的子弓就是孔子亲炙弟子冉雍仲弓。

譬如杨朝明说:"《荀子》将孔子与他的弟子仲弓进行比较,说'仲尼长,子弓短'。"[1] 吴龙辉说:"冉雍字仲弓,《荀子》作子弓,如同《论语》中常将'季路'称作'子路'。"[2] 周远斌说:"孔子这里(《论语》'子谓仲弓'章)将子弓的情况作比于犁牛之子,以犁牛之子的不自卑和积极有为,来鼓励子弓不要自卑出身,而应积极有为。"[3] 李桂民说,"荀子在思想上遥追孔子、子弓,子弓即仲弓,属于'德行'一科的弟子"[4],又说"荀子在思想上推崇孔子与子弓……仲弓作为儒家第一代弟子的重要代表,其思想为荀子所遥契"[5]。

将子弓、仲弓等同的说法在 2010 年前的报刊上有数十处,如:高亨《荀子新笺》,《山东大学学报》1957 年第 1 期;杨国荣《孟荀:儒学衍化的二种路向》,《学术界》1990 年第 2 期;葛志毅《荀子学辨》,《历史研究》1996 年第 3 期;杨朝明《从孔子弟子到孟、荀异途——由上博竹书〈中弓〉思考孔门学术分别》,《齐鲁学刊》2005 年第 3 期;杨义《〈论语〉还原初探》,《文学遗产》2008 年第 6 期;颜炳罡《郭店楚简〈性自命出〉与荀子的情性哲学》,《中国哲学史》2009 年第 1 期;林志鹏《仲

---

[1] 杨朝明:《真实的孔子》,《光明日报》2010 年 1 月 28 日第 11 版。
[2] 吴龙辉:《〈论语〉是儒家集团的共同纲领》,《湖南大学学报》2010 年第 1 期。
[3] 周远斌:《〈论语·雍也〉"虽欲勿(物)用"本字考》,《临沂师范学院学报》2010 年第 1 期。
[4] 李桂民:《荀子法思想的内涵辨析与理论》,《孔子研究》2010 年第 2 期。
[5] 李桂民:《"以儒相诟病"与荀子的批儒扬儒》,《广西社会科学》2010 年第 2 期。

弓任季氏宰小考》，《孔子研究》2010年第4期。

一些重要学术专著如《先秦诸子系年》①、《荀学源流》②、《荀子集解》③、《荀子校释》④、《世界哲学家丛书：荀子》⑤ 等亦持此论，且此论为唐杨倞、宋陈师道、宋程大昌、元吴莱、清汪中、朱彝尊、俞樾、康有为、刘师培等重要学者所持，如宋台州本《荀子》载唐杨倞注《非相》篇"仲尼长、子弓短"句云"子弓盖仲弓也，言子者著其为师也"，杨倞此注最早还被明朱载堉《乐律全书》卷二十三《审度》篇征引过。荀子推崇的子弓究竟是谁？除上述"子弓＝仲弓"的见解外，史上还有其他见解，如王弼、韩愈等云"子弓≠仲弓"。梁皇侃《论语义疏》注"逸民"章人物朱张（朱或写作侏或硃）引王弼云"朱张字子弓，荀卿以比孔子"，唐陆德明《经典释文》引王弼语同，《论语注疏》宋邢昺曰"不论朱张之行者，王弼云'朱张字子弓，荀卿以比孔子'，言其行与孔子同，故不论也"。清徐鼒《读书杂释》卷十曰："荀子学于子弓之门人，故尊其师之所自出，是不以为朱张也，杨倞《荀子》注亦不以子弓为朱张，知弼注妄言也。"《韩集点勘》卷三曰："按《论语·微子篇》'朱张'陆氏音义引王弼注'朱张字子弓，荀卿以比孔子'，公指子弓为孔门馯臂，虽据《弟子传》，然王注似亦未可废。"韩愈认为该子弓即孔子再传弟子馯臂，《五百家注昌黎文集》卷二十曰《送王埙秀才序》："荀卿之书语圣人必曰孔子、子弓，子弓之事业不传，惟太史公书《弟子传》有姓名字曰馯臂子弓，子弓受易于商瞿。"

笔者以为将儒学文献中的子弓、仲弓二人等同起来是完全不正确的，考诸史料可知子弓是子弓，仲弓是仲弓，两名实指两人，非指同一人，不可混淆。"仲弓"即冉雍，姓冉，名雍，字仲弓，仲弓或写作中弓（如上博楚简《中弓》篇），此是音同形近而误书或一般通假所致。在孔子的教学圈里，冉雍与冉求（字子有）、冉耕（字伯牛）是同宗，故《孔子家语·七十二弟子解》说冉求是冉雍的"宗族"、冉雍是冉耕的"宗族"。字子有的冉求又称冉有，如同字子我的宰予称宰我、字子渊的颜回称颜

---

① 钱穆：《先秦诸子系年》，商务印书馆2001年版，第79页。
② 马积高：《荀学源流》，上海古籍出版社2000年版，第143页。
③ 王先谦：《荀子集解》卷三，光绪辛卯年（1891）思贤讲舍雕本。
④ 王天海：《荀子校释》，上海古籍出版社2005年版，第163页。
⑤ 赵士林：《世界哲学家丛书：荀子》，东大图书股份有限公司1999年版，第21页。

渊、字子思的原宪称原思一样；冉有在《论语》中还被尊称为"冉子"，或是其直系弟子等所记且冉有在学派中地位或颇高。

考《史记》、《家语》等，冉耕（伯牛）→冉雍（仲弓）→冉求（子有）三人的年龄递小。《史记·仲尼弟子列传》、《孔子家语·七十二弟子解》载冉求"少孔子二十九岁"，冉雍的年龄据廖名春的考证研究说当与子路相近且长于子路（史载子路小孔子9岁）①，再据冉求→冉雍→冉耕三人前者属后者"宗族"这种记述方式以及《论语》中冉耕患疾而孔子亲探的事迹，可推定冉雍少于冉耕。明吕元善《圣门志》卷一即曰孔子7岁时冉耕生，则冉耕少孔子7岁，钱穆《先秦诸子系年·孔子弟子通考》以为"伯牛之为孔门前辈弟子则自可信也"②。如此，则年龄上冉耕＞冉雍＞冉求，《史记》冉耕→冉雍→冉求三人紧连记述或亦本于三人长幼层次，《家语》虽不紧连记述但亦是冉耕→冉雍→冉求的次第。

有学者据孔子以"犁牛之子骍且角"喻赞仲弓以为伯牛、仲弓或为父子关系，此纯属无据之臆测，如康有为《万木草堂口说》曰"仲弓，伯牛之子，犁牛之子即指其名"，如王充《论衡·自纪》"母犁犊骍，无害牺牲，祖浊裔清，不妨奇人，鲧恶禹圣，叟顽舜神，伯牛寝疾，仲弓洁全"句似说伯牛、仲弓为父子，钱穆《先秦诸子系年》已辨王充之误。至于《史记索隐》引《孔子家语》云冉雍少孔子29岁，则实《索隐》由《家语》记冉求少孔子29岁所误，明郭子章《圣门人物志》卷三十、明陈士元《论语类考》卷六亦从《史记索隐》之误。少孔子29岁的孔子弟子有冉求子有、商瞿子木、梁鳣叔鱼三人，而孔子的冉姓弟子除前三人外，还有冉孺（子鱼）、冉季（子产），其中冉孺少孔子50岁，但两人受业事迹等已不可考。厘清孔子冉姓弟子的身份及身份关系，则冉雍的角色就可以明晰起来。

颜渊、闵子骞、冉伯牛、冉仲弓被《论语·先进》尊为孔子四大德行特优之弟子，然实际生活皆窘迫，故东汉徐幹《中论·爵禄》称此四人为"不得者也"。德行仁厚但出身尤卑下的仲弓，《论语》记其名与字11次，记其与孔子对话3次，分别是问政、问仁、问子桑伯子，问政则

---

① 廖名春：《楚简〈仲弓〉与〈论语·子路〉仲弓章读记》，《淮阴师范学院学报》2005年第1期。
② 钱穆：《先秦诸子系年》，商务印书馆2001年版，第80页。

近于500余字的上博楚简《中弓》一文①，另《孔子家语·刑政》还记600余字的仲弓向孔子问刑政。《孔子家语·七十二弟子解》曰："冉雍，字仲弓，伯牛之宗族，生于不肖之父，以德行著名。"《史记·仲尼弟子列传》曰："孔子以仲弓为有德行，曰雍也可使南面。仲弓父，贱人。孔子曰：犁牛之子骍且角，虽欲勿用，山川其舍诸？"《后汉书·肃宗孝章帝纪》曰："昔仲弓季氏之家臣，子游武城之小宰，孔子犹诲以贤才问以得人，明政无大小以得人为本。"这大体是我们目前可考知的仲弓的基本情况。

二 子弓为楚人馯臂子厷

子弓这人在儒家《十三经》里无记述，目前在先秦创作的著述里唯一能读到的就是《荀子》对他的记述，而且这种记述非同小可，因为荀子把子弓拔高到了与孔子相提并论的"圣人"位置并以"孔子—子弓"的学术体统来抨击"子思—孟子"之学说体统。在《荀子·非十二子》篇，荀子说："案饰其辞而衹敬之，曰此真先君子之言也，子思唱之，孟轲和之，世俗之沟犹瞀儒嚾嚾然不知其所非也，遂受而传之，以为仲尼、子弓为兹厚于后世，是则子思、孟轲之罪也。"② 又说："上则法舜、禹之制，下则法仲尼、子弓之义，以务息十二子之说。"《荀子·儒效》说："天不能死，地不能埋，桀跖之世不能污，非大儒莫之能立，仲尼、子弓是也。"《荀子·非十二子》又说："是圣人之不得势者也，仲尼、子弓是也。"荀子如此推崇子弓，可除《非相》篇"帝尧长，帝舜短；文王长，周公短；仲尼长，子弓短"一句提到子弓的个子不高或矮小外，对他的详细相貌及家庭出身、生活经历、思想学说等一概未明述，以至两千多年后的今人实在难以知晓大儒子弓是何许人也。

不幸而万幸的是，《史记》、《汉书》这两部正史记录下了子弓传播孔

---

① 马承源主编：《上海博物馆藏战国楚竹书》（三），上海古籍出版社2003年版，第261—283页。

② 此"子弓"有版本作"子游"，宋台州本、浙北本皆作"子游"，作"子游"实误矣。王先谦《荀子集解》引郭嵩焘曰："荀子屡言仲尼、子弓，不及子游。本篇后云'子游氏之贱儒'。与子张、子夏同讥，则此'子游'必'子弓'之误。"高亨1957年《荀子新笺》曰："郭说是也。但弓无由误为游，疑原本作泓，形似而误。子泓即子弓，古人姓名虽在同书中，往往异字，如本篇之陈仲不苟篇作田仲，庄子逍遥游篇之朱荣子天下篇作宋钘，是其例。"子弓实"子厷"而已，子弓写作子弘、子宏、子肱、子泓、子游等皆是形声近同而假借或是衍文、讹文。吴汝沦《桐城吴先生文集》卷一云："……卿之学要为深于礼，其《非十二子》又并称仲尼、子游，子游亦深于礼。吾意卿者其学于子游之徒欤？"吴实误于《荀子》之"子游"之讹，又见《吴汝纶全集》第一册，黄山书社2002年版，第5页。

子易学的重大历史信息,从而将子弓于中国思想史的贡献,于儒家学说的贡献永录于汉青之上。司马迁《仲尼弟子列传》云:"孔子传易于瞿,瞿传楚人馯臂子弘,弘传江东人矫子庸疵,疵传燕人周子家竖,竖传淳于人光子乘羽,羽传齐人田子庄何,何传东武人王子中同,同传菑川人杨何,何元朔中以治易为汉中大夫。"司马迁《儒林列传》又云:"自鲁商瞿受易孔子,孔子卒,商瞿传易六世至齐人田何字子庄而汉兴。田何传东武人王同子仲,子仲传菑川人杨何,何以易元光元年征官至中大夫。齐人即墨成以易至城阳相,广川人孟但以易为太子门大夫,鲁人周霸、莒人衡胡、临菑人主父偃皆以易至二千石,然要言易者本于杨何之家。"班固《儒林传》曰:"自鲁商瞿子木受易孔子,以授鲁桥庇子庸。子庸授江东馯臂子弓。子弓授燕周醜子家。子家授东武孙虞子乘。子乘授齐田何子装。及秦禁学,易为筮卜之书,独不禁,故传受者不绝也。汉兴,田何以齐田徙杜陵,号杜田生,授东武王同子中、雒阳周王孙、丁宽、齐服生,皆著易传数篇。同授淄川杨何,字叔元,元光中征为太中大夫。齐即墨成,至城阳相。广川孟但,为太子门大夫。鲁周霸、莒衡胡、临淄主父偃,皆以易至大官。要言易者本之田何。"荀悦《汉纪·孝成皇帝纪二》曰:"光禄大夫刘向校中秘书,谒者臣农使使求遗书于天下,故典籍益博矣。刘向典校经传,考集异同,云:易始自鲁商瞿子木,受于孔子,以授鲁楕庇子庸,子庸授江东馯臂子弓,子弓授燕人周醜子家,子家授东武孙虞子乘,子乘授齐国田何子装。及秦焚诗书,以易为卜筮之书,独不焚。汉兴,田何以易授民,故言易者本之田何焉。菑川人杨叔元传其学。……刘向校易说,皆祖之田何。"

司马迁所知的"孔子→子木→子弘→子庸→子家→子乘→子庄→子中→杨何"之孔易谱系与班固所知的"孔子→子木→子庸→子弓→子家→子乘→子装→子中→杨何"之孔易谱系大体相同,唯馯臂氏作子弘或子弓,且前书为第二传,后书为第三传,王先谦《荀子集解·考证下》所引清代胡元仪《郇卿别传·考异》即认为《汉书》传易序列有误。东汉末荀悦所著《汉纪》(《前汉纪》)所载传易谱系同《汉书》,显系抄自《汉书》。《史记·太史公自序》云迁父"学天官于唐都,受易于杨何,习道论于黄子",则司马迁与孔子易学有嫡传性继承关系,且司马迁早班固百余年,故《史记》所载谱系自然显胜《汉书》。至于傅斯年1928年《中国古代文学史讲义》以孔子卒年至杨何以易学官中大夫凡距345年而传八代为不可能等否定司马迁所载传易谱系①，则实不知此八代非血缘八代且易学多为老者传出，故傅斯年之疑未必然——孔子亦晚年方精于《易》，传孔子易学的商瞿子木就小孔子29岁。而一概否定孔子与《易传》的思想关系，宣称"《论语》上孔子之思想绝对和《易·系》不同"②，宣称"《易》和孔子没有关系，也和儒家没有关系"③，**更是由于否认上述易学谱系的真实性以及对子弓式易传思想体系缺乏基本性理解或了解所致**，导致经验主义的傅斯年竟再三贬低《易传》学说，误以为儒家所传易学皆是"不足观也"的民间方士、方术之学，此傅斯年之失，亦是其不及方东美之处——方东美肯定孔子易学传承谱系及《易传》思想价值，更肯定孔子至司马迁的"学统"④。

在《史记》、《汉书》的谱系里，子弓作子弘正如子庄作子装、矫疵作桥庇一样，也正如前述仲弓又写作中弓一样，明显系音同形近的传抄所致。唐司马贞《史记索隐》云："按《儒林传》、《荀卿子》及《汉书》皆云馯臂字子弓，今此独作弘，盖误耳。应劭云子弓是子夏门人。"唐张守节《史记正义》意又同《史记索隐》所注。**据《荀子》、《汉书》、《汉纪》等有关子弓的记载，可知馯臂子弘之弘系由弓字所讹**。颜师古注《汉书》曰"馯，姓也，音韩"（有版本作"音寒"），则馯臂子弓当是姓馯、名臂、字子弓，此正与荀子连称孔、馯二人的字为仲尼、子弓吻合，与古人名与字常常有某种语义相关吻合⑤。郭沫若《青铜时代》说《史记》"馯臂子弘"当写作"馯子肱臂"，一则字在名之前而与后述的几位传易人物"姓—字—名"体例一致，二则"弘"系由"肱"字误抄而"肱—臂"更相关且"肱—弓"同音假借⑥。**其实说子弓本作子肱并非郭沫若首创**，清代黄生《义府》卷下亦云："予谓宏[弘]当读为肱，盖宏[弘]旁有ㄑ，此古肱字，以其名臂，故知字当为肱也。肱与弓音相

---

① 傅斯年：《傅斯年全集》第二卷，湖南教育出版社2003年版，第113页。
② 同上书，第453页。
③ 同上书，第112页。
④ 方东美：《新儒家哲学十八讲》，中华书局2012年版，第41—43页。
⑤ 王引之《经义述闻》卷二十三曰："名字者，自昔相承之诂言也。《白虎通》曰：闻名即知其字，闻字即知其名。盖名之与字，义相比附，故叔重《说文》屡引古人名字发明古训，莫箸于此触类而引申之学者之事也。夫诂训之要在声音，不在文字声之相同相近者。义每不甚相远，故名字相沿不必皆其本字，其所假借今韵复多异音。画字体以为说，执今音以测义，斯于古训多所未达，不明其要故也。"
⑥ 郭沫若：《青铜时代》，科学出版社1957年版，第81页。

近，故或呼为子弓。颜监（颜师古）知子宏［弘］之误，不知子宏［弘］、子弓皆非其本字耳。"郭沫若《十批判书》又赞同《史记》所载传易谱系的人物次第，说"我看当从《史记》，但《史记》的'馯臂子弘'应作'馯（姓）子弘（字）臂（名）'才能划一"①。弘、宏可相通，肱、弓可假借，但子弓未必本作子弘、子宏、子肱，胡元仪《郇卿别传·考异》就说韩愈所见《史记》即作子弓，《史记正义》等说《史记》误作子弘并订正为子弓，可见《史记》本作子弓，正与《荀子》作子弓相印证。不过清代张文虎《校刊史记集索隐正义札记》卷五另有辨正："弘当为厷，厷即肱字。名臂，故字子厷。诸书作弓者，同音假借。"② 若依此，则馯臂本来字子厷，后衍写为子弓，又写作子弘、子宏等。**张氏的辨正是可靠的，古厷字即今"肱"义，史上先有厷字，再衍肱字等，故子厷＝子弓无疑**③。

至于馯臂子弓（子厷）的老师，则是四十岁后方得五子的孔子弟子商瞿子木，鲁国人，姓商，名瞿，字子木，少孔子29岁。《孔子家语·七十二弟子解》曰："商瞿，鲁人，字子木，少孔子二十九岁，特好《易》，孔子传之，志焉。……（梁鳣）年三十未有子，欲出其妻，商瞿谓曰：子未也，昔吾年三十八无子，吾母为吾更取室，夫子使吾之齐，母欲请留吾，夫子曰无忧也，瞿过四十当有五丈夫。今果然。吾恐子自晚生耳，未必妻之过。"《史记·仲尼弟子列传》曰："商瞿，鲁人，字子木，少孔子二十九岁。孔子传易于瞿，瞿传楚人馯臂子弘［厷］，弘［厷］传江东人矫子庸疵……商瞿年长无子，其母为取室，孔子使之齐，瞿母请之。孔子曰：无忧，瞿年四十后当有五丈夫子。已而果然。"④

关于馯臂子弓（子厷）的老师商瞿子木，史料记述还有：《论衡·别通》曰："孔子病，商瞿卜期日中。孔子曰：取书来，比至日中何事乎？

---

① 郭沫若：《十批判书》，人民出版社1954年版，第131页。
② 张文虎：《校刊史记集索隐正义札记》，中华书局1977年版，第506页。
③ 泷川资言《史记会注考证》亦似从张文虎之见，其注《史记·仲尼弟子列传》"馯臂子弘"曰："集解：徐广曰音寒。索隐：馯，徐广音韩，邹诞生音汗。按：《儒林传》、《荀卿子》及《汉书》皆云馯臂字子弓，今此独作弘，盖误耳。应劭云：子弓是子夏门人。正义：馯，音汗，颜师古云馯姓也。《汉书》及《荀卿子》皆云字子弓，此作弘，盖误也。应劭云：子弓，子夏门人。考证：张文虎曰：弘当作厷，厷即肱字。名臂，故字子厷。诸书作弓者，同音假借。"（泷川资言：《史记会注考证》影印本，新世界出版社2009年版，第3377页）
④ 《史记·儒林列传》曰："自鲁商瞿受易孔子，孔子卒，商瞿传易，六世至齐人田何，字子庄，而汉兴。田何传东武人王同子仲，子仲传菑川人杨何……然要言易者本于杨何之家。"

……卜卦占射凶吉，皆文、武之道。昔有商瞿能占爻卦，末有东方朔、翼少君能达占射覆。道虽小，亦圣人之术也，曾又不知。"**此可见商瞿子木善卜善占，此亦是商瞿子木善《易》之证。**《汉书·成帝纪》曰："光禄大夫刘向校中秘书，谒者陈农使使求遗书于天下。"《汉纪·孝成皇帝纪二》曰："光禄大夫刘向校中秘书，谒者臣农使使求遗书于天下，故典籍益博矣。刘向典校经传，考集异同，云《易》始自鲁商瞿子木，受于孔子。"《艺文类聚》卷五十五曰："后汉孔融《答虞仲翔书》曰：示所著《易传》，自商瞿以来，舛错多矣。去圣弥远，众说骋辞，曩闻延陵之理乐，今睹吾君之治易，知东南之美者，非但会稽之竹箭焉。又观象云物，察应寒温，本祸福，与神会契，可谓探赜穷道者已。方世清，圣上求贤者，梁丘以卦筮宁世，刘向以洪范昭名，想当来翔，追踪前烈，相见乃尽，不复多陈。"《太平御览》卷六〇九曰："《后汉书》曰：孔融《答虞仲翔书》曰[①]：示所著《易传》，自商瞿以来，舛错多矣。去圣弥远，众说骋辞。曩闻延陵之理乐，今睹吾君之治易，知东南之美者，非但会稽之竹箭焉。……"**此足见商瞿子木受孔子易学无疑，亦可见世所传《易传》跟商瞿子木有关系**——或商瞿所作，或商瞿所传而其弟子所录或所作，今本《易传》当成书在商瞿与荀子之间无疑，在馯臂子弓时最为可能。

《康熙字典·瞿》曰："……又人名。《竹书纪年》殷武乙，名瞿。又姓，汉有汉南太守瞿茂。又复姓。《前汉·儒林传》鲁商瞿子木受易孔子。注：商瞿，姓也。《辽史？礼志》西域净梵王子姓瞿昙氏。"《康熙字典·馯》又曰："……又姓。《前汉·儒林传》鲁商瞿子木受易孔子，以授鲁桥庇子庸，子庸授江东馯臂子弓。又《集韵》河干切，音寒。东夷别种名。"唐元稹《听妻弹别鹤操》曰："商瞿五十知无子，更付琴书与仲宣。"（《全唐诗》卷四百一十六）唐元稹《酬乐天余思不尽加为六韵之作》曰："商瞿未老犹希冀，莫把簪金便付人。"（《全唐诗》卷四百一十七）唐白居易《阿崔》曰："谢病卧东都，羸然一老夫。孤单同伯道，迟暮过商瞿。"（《全唐诗》卷四百五十一）

若《史记》的孔易谱系及《史记正义》所引东汉应劭"子弓，子

[①] 不见今本《后汉书》，《三国志·虞翻传》有部分句子，或误自孔融（153—208）遗著。《后汉书·郑孔荀列传》曰："魏文帝深好融文辞，每叹曰：杨班俦也。募天下有上融文章者，辄赏以金帛。所著诗、颂、碑文、论议、六言、策文、表、檄、教令、书记凡二十五篇。"另，**虞仲翔即虞翻（164—233）**。

夏门人"的描述的确无误，则子弓就是孔子易学的第二代传人，且子弓绝不可能是仲弓，因为仲弓的年龄与子路相近而小孔子约 10 岁。《史记》、《家语》记载卜商子夏小孔子 44 岁，商瞿子木小孔子 29 岁，故小孔子 10 来岁的仲弓从学子夏、子木的可能性几乎不存在。由此可见：子弓非仲弓，馯臂子弓非冉雍仲弓；馯臂子弓从学过商瞿子木，或还从游过卜商子夏。一般地推测，子弓的年龄比子木小，或与子夏相当或更小。若子弓年龄比他老师子木小 30 岁左右，则子弓晚孔子 60 来年，正与孔子嫡孙子思的年代较相近（子思晚孔子约 68 岁），而子思、子弓的学说正是战国大儒孟子、荀子各自思想的重要来源或思想学说承前后的重要桥梁。

又若按《汉书》中子弓为孔易第三代传人的学术谱系，则子弓为孔子弟子仲弓的说法更为荒诞，仲弓是荀子老师的说法亦为离谱。胡元仪《郇卿别传》谓荀子"从馯臂子弓受《易》并传其学"（见王氏《荀子集解·考证下》），清吴汝沦《读荀子一》云"荀子好言仲尼、子弓，子弓特其传《易》师"[①]，荀子接受的易学思想是子弓易学，但子弓直接教授孔门易学于荀子的可能性不存在（生卒时间不符），倘若解释为《孟子·离娄下》"予未得为孔子徒也，予私淑诸人也"之类或许尚说得通。

关于《荀子》所屡赞的子弓即《史记》、《汉书》所记孔子、商瞿之易学的承传者馯臂子弓（弘/宏/厷）而非孔子弟子冉雍仲弓，本人发表的论文有：《子弓非孔子弟子仲弓考》，《光明日报》2010 年 11 月 8 日"国学"版；《子弓非孔子弟子仲弓考——兼谈弓荀派与思孟派的思想分歧》，《孔子学刊》第 1 辑，上海古籍出版社 2010 年版；《大儒子弓身份与学说考——兼议儒家弓荀学派天道论之真相》，《齐鲁学刊》2011 年第 6 期。对我文进行公开批评并坚持认为荀子所赞子弓非馯臂子弓而是孔子弟子冉雍仲弓的有：宋立林：《仲弓之儒的思想特征及学术史地位》，《现代哲学》2012 年第 3 期；李福建：《〈荀子〉之"子弓"为"仲弓"而非"馯臂子弓"新证——兼谈儒学之弓荀学派与思孟学派的分歧》，《孔子研

---

① 吴汝纶：《吴汝纶全集》第一册，黄山书社 2002 年版，第 5 页。

究》2013年第3期①。

在先秦儒学史的人物身份辨认上，我认为"子弓＝馯臂子弓（字子弓）≠冉雍仲弓"，宋文认同"馯臂子弓（字子弓）≠冉雍仲弓（字仲弓）"却又认为"子弓＝冉雍仲弓（字仲弓）"并责"林氏此辨显然是无的放矢"、"馯臂子弓即子弓的观点就彻底动摇了"，李文则称"至于林桂榛从'天道论'的承传，论证荀子继承的是孔子的原始天道论，且不说他是捡到芝麻丢了西瓜……"、"（林桂榛）对于荀子和孔子的天道论的巨大差异似乎视而不见，反而去依据作者不确定的《易传》来张皇其说，可谓是缘木求鱼"。

分别为中国史学博士、中国哲学博士生的宋立林、李福建首先未考察仲弓、子弓各自的生卒年、姓氏名字等身份，也未提供可靠证据以有效否定我的"馯臂子弓（字子弓）＝子弓"说，更不明《易传》的思想精核、孔荀天道论的精髓以及《史记》、《汉书》等所记大体易学谱系之不可证伪，就断言"馯臂子弓"身份与思想不明，又猜想荀书将仲尼、子弓相提并论的必当是时近之人或师徒之类（照此则推"周孔"同代、"孔孟"共时），又因前人提过子弓即孔子弟子冉雍仲弓，以及仲弓谈过政治、荀子也谈政治且喜欢谈政治，就来自负地认定我的考辨是无稽之谈，并将他们完全属猜想式的"子弓＝仲弓"的看法视为更高真理或事实，以致"子弓＝仲弓"的字差都可设法抹去或绕过。

宋文将完全猜想性、完全无实证的"从史料中似乎很难断定二人便不能是同一个人"作为"子弓＝冉雍仲弓"的理由，并将郭沫若等驳过的俞樾言"仲弓称子弓，犹季路称子路耳"奉为"子弓＝冉雍仲弓"的根据；李文甚至说荀书在相提并论仲尼、仲弓时因怕重复"仲"字及为尊奉仲弓而故意改"仲弓"为"子弓"，这种论证实在令人拍案惊奇或哭笑不得。《史记》曰："仲由，字子路，卞人也，少孔子九岁……颜无繇，字路。路者，颜回父，父子尝各异时事孔子。"泷川资言《史记会注考证》曰："李笠曰：案：音由是也，《家语》正作由，**古人名字相应，由**

---

① 校按：征引我文观点并仍认为子弓即仲弓的还有宋立林《"儒家八派"的再"批判"——早期儒学多元嬗变的学术史考察》，曲阜师范大学2011年历史学博士学位论文（指导教师杨朝明）、任媛媛《仲弓及其思想研究》，曲阜师范大学2014年历史学硕士学位论文（指导教师周海生）；征引我文观点而不赞同康有为重点阐发的子弓即仲弓观点的有魏义霞《荀子在康有为视界中的身份定位和传承谱系》，《现代哲学》2015年第1期。

字路犹仲由字路也。张文虎曰：索隐本无'路者颜'三字。"《孔子家语》曰："仲由，弁人，字子路，一字季路，少孔子九岁……颜由，颜回父，字季路……少孔子六岁。"《家语》称"子路，一字季路"或从《论语》"颜渊、季路侍，子曰：盍各言尔志？子路曰……颜渊曰……子路曰……子曰……"章而来，然该章"季路"或本当从下文作"子路"，作"季路"或讹字——**《论语》"季路"仅4处，其中该处甚可疑。**

子弓（馯臂）、仲弓（冉雍）是完全不同时代的人，他们的身份与思想特色是清晰可考的，怎么可能是同一人？这里我要补充的是：荀子所赞子弓即馯臂子弓无疑，这是一个简单的姓氏名字全称、简称问题，也是关联儒家易学史及先秦儒家哲学精髓的一个重大问题。就姓氏名字而言，荀书四次提"仲尼—子弓"正是都取孔丘、馯臂之字以称之，《论语》等书里称仲弓亦是取冉雍之字而已；若诡称未必"馯臂子弓＝子弓"，则如诡辩未必"冉雍仲弓＝仲弓"一样，一个钻研先秦思想史的严肃学者是不能为了"子弓＝仲弓"这种先入之见而做出这种诡辩的，更不能对子弓、仲弓各自身份未作详凿精确之考辨就在前人之猜说以及孔子、仲弓、荀子都谈政治的大帽下翻越一字之别而来妄猜"子弓＝仲弓"，此正古《易传》所谓"失之毫厘、差以千里"或"差以毫厘、谬以千里"。

仅以古人姓名字号规则来看，"子弓＝馯臂子弓"的真实性要远远高于"子弓＝冉雍仲弓"的可能性，"子—仲"一字之差是没那么容易巧辩的，子弓（馯臂）、仲弓（冉雍）的生活时代也不是可随意抹杀的。至于就弓荀学派的思想特色而言，宋文、李文不谈天道及经验主义思想体系（天道观最终决定及反映经验主义思想体系与否），而去大谈政治尤其是结合孔子、仲弓谈刑政或德政谈政治，那才是"捡到芝麻丢了西瓜"，在哲学史的理解更是"无的放矢"、"缘木求鱼"。仅就政治而言，孟荀的差异不在谈了政治与否（他们都高谈大谈），而在谈如何来实现政治或治平；然对治道的具体主张又关联他们于人性与天道的认识，甚至其天道论决定了其人性论（如孟子），"思孟—弓荀"学派或伦理上"天人相通—天人相分"派、"求知天—不求知天"派的差异由此出。关于弓荀学派的思想，详见本书后文。

三 弓荀学派的天文学天道论

易学恰是儒家天道论之所在，而义理易学的核心即是阐释天道。考察《荀子》、《易传》尤帛书《易传》以及整个先秦秦汉的儒家天道论，可知子弓正是孔子易学的正宗嫡传,他横跨在孔子与荀子间,架起了"孔子—荀子"天道论的传承谱系,且这个谱系完全不同于由子思所架托的"孔子—孟子"思想谱系。孟子不言易学,吴汝纶《读荀子一》认为荀子擅礼①,康有为弟子所录的《康南海先生讲学记》、《万木草堂口说》等一再说孟子疏于礼学,致如宋儒一样"遁入墨子"②或禅宗六祖一样"直指本心即心是佛也"③,故于易、礼之学孟子实皆远不如荀子。

《易传》的学说是子弓学派在正确继承孔子晚年易学思想的基础加以的文字整理与理论阐发,它源于孔子,传自子木,归于子弓,兴于鲁,大于楚,孔易第二、三传皆为楚人④,长沙马王堆出土的帛书《易传》当是该系学说的珍贵遗存,故记载孔子谈易尤多且精。唐陆德明《经典释文》卷一曰:"**《子夏易传》三卷**……《七略》云汉兴韩婴传,《中经簿录》云丁宽所作,**张璠云或馯臂子弓所作、薛虞记**,虞不详何许人。"清卢文弨《经典释文考证》云:"《汉志》易传韩氏二篇,名婴,据陆引《七略》知《子夏易传》即韩婴所撰,称子夏者或婴之字,或后人误加。刘向父子当必不误,宜以《七略》所言为正。而《中经簿录》云丁宽所作,不知《汉志》本有丁氏八篇,名宽,与韩氏两列,安得并合为一?张璠云馯臂子弓所作,则《汉志》何以不载?《释文》及《隋志》俱托之卜子夏传,更不足据。今所有者乃唐张弧伪作,与正义所引迥不同。"

《中经簿录》即《中经新簿》,史多称《中经簿》,作者系"久在中书,专管机事,及在尚书,课试令史以下"(《晋书·荀勖传》)的西晋人荀勖。《经典释文》卷一又在"张璠《集解》十二卷"条下注云:"安定人,东晋秘书郎。……"可见,张璠晚于荀勖且张璠精于易学,亦可见"张璠云或馯臂子弓所作、薛虞记"系陆明德引张璠言,此言或即出自张璠《周易集解》。《七略》、《中经簿》云《子夏易传》系汉时韩婴、丁宽所作,然《汉书·艺文志》录"《易传》周氏二篇、服氏二篇、杨氏二篇、蔡公二篇、韩氏二篇、王氏二篇、丁氏八篇"并周、杨、蔡、韩、王、丁下各有古注曰"字王孙也"、"名何,字叔元,菑川人"、"卫人,事周王孙"、"名婴"、"名同"、"名宽,字子襄,梁人也"。可见《艺文

---

① 吴汝纶:《吴汝纶全集》第一册,黄山书社2002年版,第4—5页。
② 康有为:《康有为全集》第二册,上海古籍出版社1990年版,第381页。
③ 同上书,第373页。
④ 李学勤:《周易经传溯源》,长春出版社1992年版,第233页。

志》所录《韩氏》二篇、《丁氏》八篇即韩婴、丁宽所作,故《七略》、《中经簿》又言韩婴或丁宽作《子夏易传》未必是(若是则此子夏必定非孔子弟子卜商子夏)。准此,则作《周易集解》的张璠以"或"字推测《子夏易传》为"馯臂子弓所作、薛虞记"或是有根据或道理的,然在《易传》问题上"馯臂子弓"与"子夏"是何关系?

虽然《说苑》、《孔子家语》等记载卜商(字子夏,卫人,少孔子44岁)与孔子讨论过易学问题(本书第一章内"天文学的阴阳天道"部分已征引),但没有材料能证明卜商子夏精通易学及能作《易传》(包括今《周易》里的"十翼"传文以及今《四库全书》所收《子夏易传》),卜商子夏的易学水平当与同样曾与孔子讨论过易学问题(见帛书《易传》等,征引同前)的端木赐(字子贡,卫人,少孔子31岁)大体属同级水平,并非传孔子易学的商瞿子木及其弟子馯臂子弓所可比拟。**刘师培《经学教科书》曾说《子夏易传》非孔子弟子卜商子夏所作,而是商瞿子木所传并与商瞿子木弟子馯臂子弓有关**:"孔子弟子三千人,通六艺者七十二人,故曾子作《孝经》以记孔子论孝之言,子夏诸人复荟集孔子绪言纂为《论语》。而六经之学,亦各有专书。《易经》由孔子授商瞿,再传而为子弓,复三传而为田何。"并在"再传而为子弓"前有自注曰:"唐代以来有伪子夏《传》,后儒遂疑子夏传《易》,不知此实商瞿之误,因子夏名商,故误商瞿之商为子夏也。"①

若从张璠之推测、刘师培之解释,则《易传》或正与商瞿子木、馯臂子弓关系重大并可印证于《史记》、《汉书》所记易学传承谱系,且与《汉纪》刘向言《易》及商瞿、《艺文类聚》引孔融言《易》及商瞿等吻合。刘师培是将"商瞿—子弓—田何"作为孔子以后、汉初以前易学传承的三大关键人物,而其中子弓又是最承上启下的传承者。商瞿、田何的身份和易学贡献清楚无疑,商瞿传承了孔子及孔子之前的易学,田何开启了汉代儒家易学,商瞿与田何之间最重要的就是荀子所屡赞的子弓,子弓与今本《易传》写作时代密切、传承关系重大。东晋张璠说"或馯臂子弓所作、薛虞记",此"薛虞"或即《史记》、《汉书》所述传《易》谱系中的"淳于人光子乘羽"、"东武孙虞子乘"——"光子乘羽"即"光羽子乘","子乘"是字,"光羽"即"孙虞","孙(孫)—光"因故形

---

① 刘师培:《刘申叔遗书》,江苏古籍出版社1997年版,第2076页。

讹或误抄，"羽—虞"是声读之转。《史记》、《汉书》所记"子乘"各是淳于、东武人，淳于、东武即《汉书·地理志》所记北海郡淳于县、琅邪郡东武县，治所大概各在今山东潍坊市南部的坊子区、诸城市，辖境很接近，此籍贯差异或是汉代郡县变革所致。"子乘"之后的易学传人齐人田何、东武王同、淄川杨何其实都籍于今山东淄博、潍坊一带，"子乘"就是汉初儒家易学总源田何（字子庄）的老师，也是馯臂子弓的后学。

郭沫若也曾推测《易传》的作者"当是馯臂子弓"①、"子弓当是《易》理的创造者"②，这虽无法坐实，但今本《易传》很可能跟子弓有关，如出自子弓或出自子弓弟子甚至再传弟子，属子弓学派的作品。子弓一脉的易学思想为壮年的荀子所获，又为居楚地兰陵撰书的老年荀子所阐发，成为荀子整个学说体系的基础或内核。李学勤《周易经传溯源》曰**"从时代看，荀子不及见子弓，但子弓必是荀子的先师……荀子《易》学源于子弓"**③，曰"我们所见到的帛书《易传》，包括《系辞》，当为楚人所传"④，甚是；郭沫若亦认为仲弓非子弓而子弓传了易学并该学传至荀子⑤，亦是。至于郭沫若的《青铜时代》、《十批判书》等如傅斯年一样认为孔子与《易传》无任何关系则实不正确⑥，《易传》必出自孔子后学，史称商瞿子木传孔子易学未必为妄；《易传》是纯粹的儒家作品，陈鼓应等的著作认为《易传》出自道家或与道家直接有关，这实不是思想史的前后因果之真相⑦。

帛书《易传·要》曰："夫子老而好《易》，居则在席、行则在囊。"孔子晚年成熟的天道观在马王堆帛书《易传》里记述得非常清晰，观《易传》以及《论语·为政》孔言"北辰居其所而众星共［拱］之"、《论语·阳货》孔言"天何言哉，四时行焉，百物生焉，天何言哉"、《左传·哀公十二年》孔言"火伏而后蛰者毕，今火犹西流，司历过也"、

---

① 郭沫若：《青铜时代》，科学出版社1957年版，第80页。
② 同上书，第62页。
③ 李学勤：《周易经传溯源》，长春出版社1992年版，第101页。
④ 同上书，第233页。
⑤ 郭沫若：《青铜时代》，科学出版社1957年版，第80—94页。
⑥ 《十批判书》，人民出版社1954年版，第130—131页；《青铜时代》，科学出版社1957年版，第80—94页。
⑦ 不是道家学派创造了《易传》，反是道家学派或道家思维利用了儒家《易传》，见林桂榛《正统儒家本无什么本体论及形而上学》（2010年9月27日发布）等文（confucius2000.com）林桂榛文集），又见本书的相关附录部分。

《孔子家语·辩物》孔言"于夏十月,火既没矣,今火见,再失闰也"、上博楚简《中弓》孔言"山有崩,川有竭,日月星辰犹差"等,就知孔子言天或天人非宗教神学的,亦非世界认知的本体论式抽象溯源或德性感受上的宗教体验式形上追问,他以日地间火水之阴阳天道的大事实以及《周易》的数术叙述体系明悟天道往复循环的天行规律以及由此知万物与人生进退存亡得失吉凶的损益法则,此即 1771 年伊藤善韶《周易经翼通解序》所谓:"**其为书也,广大悉备,精微无遗焉,以天道阴阳消长之变,明人道进退存亡之机,以详吉凶悔吝矣。避盈满,居退损,审居伦处世之宜,黾勉拮据,遂得其全焉。**"① 1731 年伊藤长胤《周易经翼通解释例》云:"**后世谈理,率祖乎《易》,以为圣学之阃奥。然今玩《易》象卦爻所言,因阴阳消之消息以示人事之吉凶,不涉乎理气之辨。《十翼》演其义,纵横左右,深明天人之道……则知《易》之言天也,亦只止于阴阳生成上为说,而未尝向其上面讨所以然之故也。**"②

帛书易传《要》篇记孔子曰:"《易》,我后其祝卜矣,我观其德义耳也。"《论语·子路》曰:"不恒其德,或承之羞。子曰:不占而已矣。"《荀子·大略》曰:"善为易者不占。"③《周易》本为占卜之用,起源于卜筮天象之术。而春秋时代孔子改造卜筮易学而建立的不尚"占"之自然天道论及本乎自然天道论的天人损益变易之智慧,则在子弓学派的后学荀子及荀子后学的陆贾等著作里有生动而深刻的体现。郭沫若认为《荀子》天道论说的是天体运行的"自然秩序",说的是"历数"④。这么看荀子天道论,就类似孔颖达《周易正义》卷一说"天行健者,谓天体之行昼夜不息,周而复始,无时亏退"、《春秋左传正义》卷七说"晦朔弦望交会有期,日月五星行道有度,历而数之,故曰历数也"及《尚书正义》卷四孔安国传曰"历数谓天道",孔颖达疏曰"历数谓天历运之数……故言历数谓天道"。余嘉锡《四库提要辨证》卷十曾详考韩非、李斯、浮邱伯(鲍丘)等俱曾师荀子,汉初陆贾等与浮邱伯有交往⑤。李学

---

① 汉文大系·16(影印本),新文丰出版公司 1978 年版。
② 汉文大系·16(影印本),新文丰出版公司 1978 年版。
③ 《春秋左传》6 次出现的"天道"一词都是基于天文学的天道,包括子产著名的"天道远,人道迩"句。另,子服惠伯曾反对南蒯枚筮并曰:"吾尝学此矣,忠信之事则可,不然必败……且夫《易》不可以占经验。"(《昭公十二年》)
④ 郭沫若:《十批判书》,人民出版社 1954 年版,第 196—197 页。
⑤ 余嘉锡:《四库提要辨证》,云南人民出版社 2004 年版,第 444—456 页。

勤《周易经传溯源》亦曰:"以陆贾的年辈论,他及见荀子本人,亦属可能……陆贾不仅传荀子一系的《谷梁》学,而且也传其《易》学,这在《新语》书中多有体现。"①　王利器《新语校注》亦论证了陆贾和荀子之学有关,曰"陆贾之学,盖出于荀子"②。陆贾《新语·道基》曰:"张日月,列星辰,序四时,调阴阳,布气治性,次置五行,春生夏长,秋收冬藏,阳生雷电,阴成霜雪,养育群生,一茂一亡,润之以风雨,曝之以日光,温之以节气,降之以殒霜,位之以众星,制之以斗衡,苞之以六合,罗之以纪纲,改之以灾变,告之以祯祥,动之以生杀,悟之以文章。"此类《荀子·天论》曰:"**列星随旋,日月递照,四时代御,阴阳大化,风雨博施,万物各得其和以生,各得其养以成。**"郭沫若说《天论》该句是荀子"**天论的精髓**"③,李学勤谓荀子该句是"**全篇之精髓**"④,极是!故《荀子·礼论》又曰:"天地以合,日月以明,四时以序,星辰以行,江河以流,万物以昌。"又曰:"性者本始材朴也,伪者文理隆盛也……天地合而万物生,阴阳接而变化起,性伪合而天下治。"⑤

康有为《万木草堂口义》云"《荀子》不甚传《易》,通部不讲及《易》"⑥,殊不知《荀子》多次直接引《易》论《易》,殊不知《天论》等篇所讲恰是易道精义或儒家易学精髓,殊不知不繁提《周易》不等于不深谙易道,倒是郭沫若云"荀子本是善言《易》的人,特别在这宇宙观方面更显明地表现着由子弓而来的道统"庶几近之⑦,李学勤云"荀子精于《易》学"庶几近之⑧,刘向《孙卿书录》"孙卿善为《诗》《易》《春秋》"及应劭《风俗通义·穷通》"孙卿善为《诗》《礼》《易》《春秋》,至襄王时而孙卿最为老师"提到荀子精通易学亦足可为证。《扬子法言·寡见》云"说天者莫辩乎《易》",赵岐《孟子题辞》云孟子"尤长于《诗》《书》",康有为又云"孟子亦不言《易》,亦不言《礼》,孟

---

① 李学勤:《周易经传溯源》,长春出版社1992年版,第104页。
② 王利器:《新语校注·前言》,中华书局1998年版,第7—8页。
③ 郭沫若:《青铜时代》,科学出版社1957年版,第88页。
④ 李学勤:《周易经传溯源》,长春出版社1992年版,第102页。
⑤ 此句疑错简从论性篇羼入论礼篇且荀子持"性朴"论,"性恶"实"性不善"所讹。
⑥ 康有为:《康有为全集》第二册,上海古籍出版社1990年版,第377页。
⑦ 郭沫若:《十批判书》,人民出版社1954年版,第186页。
⑧ 李学勤:《周易经传溯源》,长春出版社1992年版,第99页。

第三章　荀子天论、性论考 ·233·

子全是《诗》《书》之学"①。孟子不言易学亦不擅易学，故其天道论显得牵强与糊涂，清吴汝纶《读荀子一》所谓"吾意子思、孟子之儒，必有索性道之解不得，遂流为微妙不测之论者"②。那么荀子的天道观是怎样的呢？《荀子·天论》等有详细叙述：

  天行有常，不为尧存，不为桀亡。应之以治则吉，应之以乱则凶。强本而节用，则天不能贫；养备而动时，则天不能病；修道而不贰，则天不能祸。故水旱不能使之饥，寒暑不能使之疾，祆怪不能使之凶。本荒而用侈，则天不能使之富；养略而动罕，则天不能使之全；倍道而妄行，则天不能使之吉。故水旱未至而饥，寒暑未薄而疾，祆怪未至而凶。受时与治世同，而殃祸与治世异，不可以怨天，其道然也。故明于天人之分，则可谓至人矣。不为而成，不求而得，夫是之谓天职。如是者，虽深、其人不加虑焉；虽大、不加能焉；虽精、不加察焉，夫是之谓不与天争职。天有其时，地有其财，人有其治，夫是之谓能参。舍其所以参，而愿其所参，则惑矣。……唯圣人为不求知天。

杨倞注曰："天自有常行之道也，吉凶由人非天爱尧而恶桀也。"惠栋《荀子微言》注曰："消息盈虚，谓之天行。"惠栋又注"夫是之谓天职"曰："即《系辞》'天下何思何虑'一节之义。"《系辞》记孔子曰："天下何思何虑？天下同归而殊途，一致而百虑。天下何思何虑？日往则月来，月往则日来，日月相推而明生焉。寒往则暑来，暑往则寒来，寒暑相推而岁成焉。"如此看来，荀子的天是自然天，而且是天文学的自然天。《荀子·天论》又云："雩而雨，何也？曰：无何也，犹不雩而雨也。日月食而救之，天旱而雩，卜筮然后决大事，非以为得求也，以文之也。故君子以为文，而百姓以为神。以为文则吉，以为神则凶也。"这说明荀子并不信仰鬼神，不过是"以为文"而已。但《中庸》曰："国家将兴必有祯祥，国家将亡必有妖孽。"《孟子·公孙丑下》曰："五百年必有王者兴，其间必有名世者。"这些都是典型的星占术等观念，在这方面思孟倒有些类似墨家的"明鬼"、"顺天"之学说。而荀子"明于天人之分"、

---

① 康有为：《康有为全集》第二册，上海古籍出版社1990年版，第383页。
② 吴汝纶：《吴汝纶全集》第一册，黄山书社2002年版，第5页。

"唯圣人为不求知天"则明显有反对思孟思想的意味,因为思孟学派正好与"明于天人之分"、"唯圣人为不求知天"相反,强调"天人之合"及"圣人知天"。——《荀子·天论》曰:

> 列星随旋,日月递炤,四时代御,阴阳大化,风雨博施,万物各得其和以生,各得其养以成,不见其事,而见其功,夫是之谓神。皆知其所以成,莫知其无形,夫是之谓天功。……故大巧在所不为,大智在所不虑。所志于天者,已其见象之可以期者矣;所志于地者,已其见宜之可以息者矣;所志于四时者,已其见数之可以事者矣;所志于阴阳者,已其见和之可以治者矣。官人守天,而自为守道也。治乱,天邪?曰:日月星辰瑞历,是禹桀之所同也,禹以治,桀以乱;治乱非天也。时邪?曰:繁启蕃长于春夏,畜积收藏于秋冬,是禹桀之所同也,禹以治,桀以乱;治乱非时也。

荀子"列星随旋,日月递炤,四时代御,阴阳大化,风雨博施,万物各得其和以生,各得其养以成"这句话,是代表先秦儒家天文学天道观的最精彩表述。这句话有三个递进层次:①"**列星随旋,日月递炤**"→②"**四时代御,阴阳大化**"→③"**风雨博施,万物各得其和以生,各得其养以成**"。"列星随旋,日月递炤"是地球绕日公转及自转的结果(含地球卫星月亮环地球而公转),其中"列星随旋"指群星以北黄极为枢机或枢纽运转(公转)以及以北赤极为枢机或枢纽运转(自转),这是地球北半球居民所能观察到的最宏大的天道运行规律或天道轨迹(其实这是地球自转与公转的结果)。譬如**上图**是科学家所摄的南半球群星围绕南赤极运行的星光照片,曝光时间为90分钟,图中人工建造物为射电望

远镜,在地球南半球某地①;而**下图**则是乌克兰摄影师 Anton Jankovoy 在尼泊尔喜马拉雅山长时间曝光所摄的群星视运动轨迹图②,星光构成一个个同心圆,圆心即北极点,同心圆即群星围绕北极枢机而"随旋"的轨迹,同心圆正下方的山峰为珠穆朗玛峰。

萧统《文选》卷十九载张茂先《励志一首》曰:"大仪斡运,天回地游,四气鳞次,寒暑环周,星火既夕,忽焉素秋,凉风振落,熠耀宵流。"唐李善对此注曰:"《春秋元命苞》曰'**天左旋,地右动**',《河图》曰'地有四游,冬至地上行北而西三万里,夏至地下行南而东三万里,春秋二分是其中矣。**地常动不止而人不知,譬如闭舟而行不觉舟之运也**。'"宋代祝穆《事文类聚》引《河图》作"地常动而不止,譬如人在舟中,闭牖而坐,舟行而人不知"。汉代作品《易纬乾凿度》曰:"**天道左旋,地道右迁**",《白虎通德论·天地》曰"**天道所以左旋,地道右周**",《白虎通德论·日月》又曰"**天左旋,日月五星右行**",王充《论衡·说日》曰"儒者论曰'**天左旋,日月之行不系于天,各自旋转**'……系于天,随天四时转行也。其喻若蚁行于磑上,日月行迟,天行疾,天持日月转,故日月实东行而反西旋也",又曰"儒者说曰:'日行一度,天一日一夜行三百六十五度,**天左行,日月右行,与天相迎**。'……《易》曰'日月星辰丽乎天,百果草木丽于土',丽者附也,附天所行若人附地而圆行,其取喻若蚁行于磑上焉。"其实"**天道左旋**"或"**天左旋**"纯粹是因为地球向东的自转与公转,故华夏先民以北极为所面向的中心观察到天宇左旋、群星右旋,这是地球右旋即向东转进的视运动规律。《荀子》

---

① 《宇宙》,科学出版社、时代公司1979年版,第41页。
② http://www.jankovoy.com(ANTON Jankovoy 个人主页)。

"列星随旋，日月递炤"亦是讲这个天道或天行规律，此皆是"日—地—月"等天体运行的结果。

杨倞注《荀子·天论》"天行有常"曰"天自有常行之道也"，惠栋《荀子微言》注《荀子·天论》"天行有常"曰"消息盈虚谓之天行"。杨倞注《荀子·天论》"列星随旋，日月递炤，四时代御，阴阳大化，风雨博施"句曰："列星，有列位者二十八宿也。随旋，相随回旋也。炤，与昭同。阴阳大化，谓寒暑变化万物也。博施，谓广博施行无不被也。"又注《荀子·不苟》"变化代兴谓之天德……天不言而人推高焉，地不言而人推厚焉，四时不言而百姓期焉"句曰："既能变化，则德同于天，驯致于善谓之化，改其旧质谓之变，言始于化终于变也。**犹天道阴阳运，行则为化，春生冬落则为变也。**"荀子说"变化代兴谓之天德"就是《易传》所说的"天地之大德曰生"与"生生之谓易"等，天之德生，效法生德即从天德，故《荀子·王制》曰："五疾上收而养之，材而事之，官施而衣食之，兼覆无遗，才行反时者死无赦，夫是之谓天德，是王者之政也。"（杨倞注："五疾，瘖、聋、跛、躄、断者。"）"天德"何以在生？变化代兴也。何以变化代兴？天行有常也。何以天行有常？列星随旋、日月递炤、四时代御、阴阳大化也。《管子·形势》曰："**天不变其常，地不易其则，春秋冬夏不更其节，古今一也。**"《管子·形势解》曰："天覆万物，制寒暑，行日月，次星辰，天之常也，治之以理，终而复始……**故天不失其常，则寒暑得其时，日月星辰得其序。**"又曰："天覆万物而制之，地载万物而养之，四时生长万物而收藏之，古以至今，不更其道，故曰古今一也。"

孔颖达疏《周易》曰："天行健者，谓天体之行昼夜不息，周而复始，无时亏退，故云天行健，此谓天之自然之象。"天道在天行或天体所行（轨迹、轨道），天道在天行或天体所行。"道"《说文》释为"所行、道也"，金文作"衞"（衞、衜），与"衍"[衍]同源，其形从"行"，其义亦从"行"，《尔雅》曰"行，道也"。王引之《经义述闻》卷二曰："《尔雅》'行、道也'，天行谓天道也。《晋语》'岁在大梁、将集天行'韦昭注曰'集、成也，行、道也，言公将成天道也'，是古人谓天道为天行也。"《系辞下》"日月之道"在帛书《易传》作"日月之行"，王先谦《后汉书集解》曰《律历志》"日月之术"也作"日月之行"，故衜、术、衍、行一义也，俞樾《诸子平议》卷十四即云"天行有常即天道有常"。

地球的万物生息赖日地星体交角运行，赖气温与水分由此呈季节性强弱往复，人体生命亦随外部日水而赖自身气血运行以营卫。孔荀皆甚晓天文或近地天体运行常规，若将《荀子》、帛书《易传》及孔子言天道天文等作对照，就可知孔子、子弓的天道思想一点都不含糊或晦涩，而且它在战国末年的荀子易学那里得到了真正的继承和发扬，并且为后学陆贾等继承，故李学勤曰"**陆贾得荀子一系《易》学**"、"**荀子《天论》的思想的确同《易传》有密切的关系**"①。郭沫若云荀子屡以仲尼、子弓并举"是荀子自述其师承"②，其实与其说是出于师承，莫若说是出于一种思想立场而已（一种经验主义的学说立场），因为荀子既不是子弓的亲炙弟子，更非孔子的亲炙弟子，有学说渊源关系但无现实的师承关系，故有学者说《荀子·非十二子》一组一组罗列的思想人物是属同一学派的，"……仲尼、子弓等，全属于同一学派的思想家"③。又有学者敏锐地指出："荀子以仲尼、子弓并称又倍加推崇，乃由其治学宗旨所决定，并非自标其师承传授之门。因为自荀子视之，仲尼、子弓堪为大儒，荀子不过取为同类。"④ 此说甚是！故梁启超说：

  孔子少有说天。子贡说："夫子之言性与天道，不可得而闻也。"但是孔子曾经讲过这个话："天何言哉？四时行焉，百物生焉，天何言哉？"这是把天认为自然界一种运动流行，并不是超人以外，另有主宰。不惟如此，《易经》彖辞、象辞也有，乾卦《彖》说："大哉乾元，万物资始，乃统天……"《象》曰："天行健，君子以自强不息。"乾元，是行健自强的体，这个东西可以统天，天在其下……能自强不息，便可以统天。可见得孔子时代对于天的观念，已不认为超越万物的人。按照《易经》的解释，不过是自然界的运动流行，人可以主宰自然界。

  这种观念，后来儒家发挥得最透彻的要算荀子。《荀子·天论篇》说："天行有常，不为尧存，不为桀亡。"天按照一定的自然法则运行，没有知觉感情，我们人对于天的态度应当拿作万物之一，设

---

① 李学勤：《周易经传溯源》，长春出版社1992年版，第106页。
② 郭沫若：《十批判书》，人民出版社1954年版，第114页。
③ 杨向奎：《墨子的思想与墨者集团》，《文史哲》1958年第3期。
④ 葛志毅：《荀子学辨》，《历史研究》1996年第3期；亦同题见《社会科学辑刊》1993年第6期、《中国哲学史》1994年第2期。

法制他，所以《天论篇》又说："大天而思之，孰与物蓄而制之？从天而颂之，孰与制天命而用之？"荀子认天不是另有主宰，不过一种自然现象①，而且人能左右他。这些话，从"乾元统天"、"先天而天弗违"推衍出来的，但是比较更说得透彻些。儒家对于天的正统思想，本来如此。中间有墨子一派，比儒家后起，而与儒家对抗，对于天道，另外是一种主张。②

《四库总目提要》卷九十一云："平心而论，卿之学源出孔门，在诸子之中最为近正。"傅斯年1926年认为荀子的思想"是鲁国儒家的正传"③，其名著《性命古训辨证》曰："荀子之论学，虽与孟子相违，然并非超脱于儒家之外，而实为孔子之正传，盖孟子别走新路，荀子又返其本源也。"④ 又曰："孟子在墨子之后，乃不能上返之于孔子，而下迁就于墨说，从而侈谈洪荒，不自知其与彼'尽信书则不如无书'之义相违也。故孟子者，在性格，在言谈，在逻辑，皆非孔子正传，且时与《论语》之义相背，彼虽以去圣为近，愿乐孔子，实则纯是战国风习中之人，墨学磅礴后激动以出之新儒学也。在性论上，孟子全与孔子不同，此义宋儒明知之，而非宋儒所敢明言也。孔子之人性说……其中绝无性善论之含义，且其劝学乃如荀子……**当孟子时，论人生所赋之质者不一其说，孟子之亟言性也，亦时代之所尚，特其质言性善者是其创作耳**……（孟子）与孔子迥不侔矣。"⑤ 又曰："孔子以为人之生也相近，因习染而相远……此其与孟子之性善论迥不侔矣。在人论上，遵孔子之道路以演进者，是荀卿而

---

① 引者按：荀子曰："星队木鸣，国人皆恐。曰：是何也？曰：无何也！是天地之变，阴阳之化，物之罕至者也。怪之，可也；而畏之，非也。夫日月之有蚀，风雨之不时，怪星之党见，是无世而不常有之。上明而政平，则是虽并世起，无伤也；上闇而政险，则是虽无一至者，无益也。夫星之队，木之鸣，是天地之变，阴阳之化，物之罕至者也；怪之，可也；而畏之，非也。"（《天论》）"雩而雨，何也？曰：无何也，犹不雩而雨也。日月食而救之，天旱而雩，卜筮然后决大事，非以为得求也，以文之也。故君子以为文，而百姓以为神。以为文则吉，以为神则凶也。"（《天论》）"圣人明知之，士君子安行之，官人以为守，百姓以成俗，其在君子以为人道，其在百姓以为鬼事。"（《礼论》）
② 梁启超：《梁启超全集》第九册，北京出版社1999年版，第4998—4999页。
③ 傅斯年：《傅斯年全集》第一卷，湖南教育出版社2003年版，第481页。
④ 傅斯年：《傅斯年全集》第二卷，湖南教育出版社2003年版，第640页。
⑤ 同上书，第627—628页。

非孟子。"① 其实何止人论上继承孔子思想的是荀子，天论上继承孔子的也是荀子而非孟子。《论语》曰"夫子之言性与天道不可得而闻也"、"性相近也，习相远也"、"子罕言利与命与仁"，孔子在修辞需要等之外不言抽象玄远的性命及天道，先秦正统儒学根本不存在后世及今人所谓的天道与性命本体论或形而上学论，这些理论都是战国以来儒学黄老化（道家化）及后来玄学化、佛学化中不断援引、添加、皴染所得②。"子弓—荀子"和"子思—孟子"构成的是先秦儒学"经验主义—理性主义"（理智—理性）两方向的分隔与对抗③，而子弓、子思在这两个路线的各自形成中起着至关重要的作用。《易传》和"子弓—荀子"一系的经验主义思想正是一个值得挖掘的重大理论宝藏，也正是揭开或复原孔子哲学尤孔子天道论的真正法门。

今《易传》"一阴一阳之谓道"、"阴阳不测之谓神"、"形而上者谓之道"是精湛的自然哲学之义理——并非什么本体论或形而上学而是以阴阳天象为核心的自然哲学或天道哲学，它与"天一，地二；天三，地四……"、"是故《易》有大极，是生两仪，两仪生四象，四象生八卦，八卦定吉凶"等精到的数术观——也非什么本体论或形而上哲学，在经过漫长的秦汉黄老思潮、谶纬思潮的浸润后，于魏晋时由王弼等又赋予道家式的本体论阐发与天人的心性化解释，也即赋予了一种"哲学"数术式的思辩性形而上学推释，至唐宋时道玄易学的繁荣则仲尼、子弓易学几近淹没，孔子原始易道思想可谓面目全非，"孔子—子弓"思想线路以下的荀学亦日益遭道学家排斥甚至诋毁，以致被陈荣捷赞为"清代最伟大

---

① 傅斯年：《傅斯年全集》第二卷，湖南教育出版社2003年版，第617—618页。
② 陈荣捷说："（孔子）'性相近，习相远'……**此种说法与后来正统儒家主张的人性本善复大异其趣**"；"论及孔孟间最大的不同，乃在于他们的学说……**在儒家的中心思想，也就是人性问题上面，孟子却向前跨了一大步**"；"荀子是自然主义的，而孟子则为理想主义的……他们**在人性观上有很大的差别，但其实两者都没有完全遵循孔子**，因为圣人认为所有人的本性都是相近的，只是因为经了习染而有所不同"（《中国哲学文献选编》，江苏教育出版社2006年版，第14、66、121页）。儒学的分化、改异在人性论问题上甚明显，其实荀子正同孔子，《荀子》"性不善"讹为"性恶"致荀子"性朴"说遭湮没久矣。
③ 除引他人言，**本书所用"理性"一词皆是梁漱溟"理智—理性"对用的"理性"**，梁漱溟说："（儒家教化）何以它非宗教，却有宗教之用呢？此须知，我们说它头脑开明乃指其理性昭澈，却非只意味着理智发达。在我书中所云'理性'相当于熊先生书中所云'德慧'。理智只**在人类生命中起工具作用，而理性则其主体。科学为理智所有事，而理性则人类道德所自出**，理智发达尽有破斥宗教之势，却不能代替它。"（《勉仁斋读书录》，人民日报出版社1988年版，第114—115页）

的思想家"的戴震亦无法复原和理解之。

明末清初的顾炎武《日知录》卷一斥唐宋间"希夷先生"陈抟及北宋五子之首"康节先生"邵雍的易图与易书为"道家之易也":"自二子之学兴,而空疎之人迂怪之士举窜迹于其中以为易。而其易为方术之书,于圣人寡过反身之学去之远矣!"① 清毛奇龄《西河集》卷一百二十二《辨圣学非道学文》则云:"道学者虽曰以道为学,实道家之学也……是道学本道家学,两汉始之,历代因之,至华山(陈抟)而大张之,而宋人则又死心塌地以依归之,其为非圣学断断如也!"清章学诚《章氏遗书外编》卷三亦云:"儒术至宋而盛,儒学亦至宋而歧,《道学》诸传人物实与《儒林》诸公迥然分别,自不得不如当日途辙分歧之实迹以载之。"② 此正傅斯年"异道可以同文"之谓也③。

"儒"是个大名目,自称或他称所包罗的对象极多,绝非单一而实为甚复杂。"儒"这一名目下的儒学、儒家有一个漫长而复杂的演变、分化过程,易学的演变、分化也同样是如此。"子弓—荀子"一脉是忠实继承孔学原始天道论的儒家实学派,而"子思—孟子"一脉则是未得孔学原始天道论却又自我地融合了黄老之学而另创道德心性之天道来源或天道高度的儒家玄学派(以道德思辨来获取世俗伦理的宗教高度)。后世宣称得了孟子之类"道统"的新儒学则又进一步融合了秦汉以来道家的理气性命等理论内核,它将心性伦理的信念与抽象玄想的所谓天道"本体"统合起来,遂由此产生了"道学"或"理学"等。

第二节 《荀子》"性恶"之校正

一 传世《荀子》人性论的矛盾

荀子为史上学者或儒生最诟病的是他曾说人本性恶,如程颐说"荀子极偏驳,只一句性恶,大本已失"(《河南程氏遗书》卷十九)。《四库全书总目提要》说:"况之著书……其中最为口实者,莫过于《非十二子》及《性恶》两篇。"王先谦《荀子集解》自序云:"昔唐韩愈氏以荀

---

① 顾炎武:《原抄本顾亭林日知录》,明伦出版社1971年版(台北),第24—25页。
② 章学诚:《章氏遗书》,汉声出版社1973年版(台北),第874—875页。
③ 傅斯年:《傅斯年全集》第二卷,湖南教育出版社2003年版,第95页。

子书为'大醇小疵',逮宋,攻者益众;推其由,以言'性恶'故。"

"性恶"这词在传世各版《荀子》中仅20处(不含篇名以计),且这20处全部出自《性恶》篇,其中10处则皆在"用此观之,(然则)人之性恶明矣,其善者伪也"这类句式中(2处略异,亦计)。若加开篇总述的"人之性恶,其善者伪也"这句,则20处"性恶"已有11处在"人之性恶、其善者伪"这一句式,另9处散在同篇其他句式之中。

荀子持性恶论于学界已是一种有案可稽的文史常识或学术定论,为人所耳熟能详并普遍征引,几为无须质疑甚至不容否认。然细审传世版《荀子》全书,会发现《荀子》这书的人性论或人性观其实是相互矛盾或相互否定的,不仅《性恶》与其他篇严重矛盾,而且《性恶》自身的论述也是严重矛盾的:

(一)荀子严申"性—伪"之分

《正名》开篇界定的第一个语言范畴就是"性",紧连的《正名》、《性恶》反复地界说人之"性"指天就天成、不事而能的生性、天性或本性,"性"是原本,"伪"是后成;《荀子》说的伪即人为之义,性则颇近心理学所谓"本能"义[①]。不过《荀子》除了20处(不含篇名)称人的生性为"恶"的"性恶"断语之外,它同时还有"性朴"这一明确见解:①"性者,本始材朴也;伪者,文理隆盛也。无性则伪之无所加,无伪则性不能自美……性伪合而天下治。"(《礼论》)②"今人之性,生而离其朴、离其资,必失而丧之……所谓性善者不离其朴而美之,不离其资而利之也。"(《性恶》)

荀子一边说人性原本"恶",一边又同篇及他篇说"性者"是原本"材朴"。杨倞说"材"是资材,"朴"是质朴。荀意质朴之资材系"伪"及伪中之"善"的基础,无朴则不能加伪或加美,逆朴而去则会背离材朴而偷薄愚恶,朴是原状,善是后成。何谓"朴"?《说文》、《苍颉篇》、《集韵》、《屋韵》、颜师古注《汉书》等皆曰"朴,木皮也"。朴字虽本为木皮义,但是朴、樸二字多假借通用。郝懿行说《荀子》"朴"当作"樸",《广韵·觉韵》曰"朴同樸",《说文通训定声》曰"朴,假借又为樸",《说文解字系传》曰"朴,古质朴字多作樸",《慧琳音义》卷十

[①] 吕思勉:《先秦学术概论》,世界书局1933年版,第83页;梁启雄:《荀子简释》,中华书局1983年版,第310页;韦政通:《荀子与古代哲学》,(台北)商务印书馆1992年版,第65—66页。

三曰"樸,俗用或作朴",《说文解字义证》曰"樸,通作朴",《老子》"其若樸"陆明德释文曰"樸,又作朴"。《说文》段注曰:"凡械樸樸属字作樸①,即樸之省也。凡朴素字作樸,皆见《说文》。"

何谓"樸"?《说文》、《玉篇》、《广韵》等曰"樸,木素也",《文选·东京赋》"尚素朴"句薛综曰"樸,质也",高诱注《淮南子》曰"樸,犹质也",颜师古注《汉书》曰"樸,犹大质也",王弼注《老子》曰"樸,真也",《玉篇》曰"樸,真也",高诱注《吕氏春秋》曰"樸,本也",《论衡·量知》曰"无刀斧之断者谓之樸",《论衡·书解》曰"人无文则为樸人",《慧琳音义》卷十三注"质樸"曰"凡物未彫刻樸拙也",《说文》段注曰"樸,以木为质,未彫饰,如瓦器之坯然",《说文》段注又曰"樸,又引申为不奢之称",高诱注《淮南子》曰"樸,若玉樸也,在石而未剖"。这些解释,可谓基本一致。

可见朴字是"树皮"义,樸字则是"木素"即未雕木原质状之义,引申为凡未雕饰、未加工的事物或事物材质;"朴"通"樸",则"朴"亦有原质原态未加雕饰义,故朱熹注《楚辞》"材朴委积"句曰"朴,未斲(斫)之质也"。很显然,"朴"[樸]、"恶"是内涵不同的两个概念,恶是价值评述,朴是不恶也无所谓善,朴是中性概念。荀子这般此"恶"彼"朴"地论说他曾严格界定过的人"性",之间就存在一种思维矛盾:原质究竟是"朴"还是"恶"呢?

(二)荀子严申"善—恶"之别

《性恶》篇第三章(据王先谦《荀子集解》)开章即说善恶是"正理平治"与否的具体社会现实问题,生性、天性、本性方面并不存在什么先在的善与恶,善恶不是人天性、本性之类的固有属性②,而是对事件或德行的实际伦理评价。"孟子曰:人之性善。曰:凡古今天下之所谓善者,正理平治也;所谓恶者,偏险悖乱也:是善恶之分也矣。今诚以人之性固正理平治邪,则有恶用圣王、恶用礼义哉?虽有圣王礼义,将曷加于正理平治也哉?"荀子此论实如王国维、苏轼所说:①"善恶之相对立,

---

① 此句不知如何点读为确,疑漏一"凡"字,或"械樸"加引号。《诗经·大雅》有《棫樸》篇曰:"芃芃棫樸,薪之槱之。济济辟王,左右趣之。"

② 《荀子·性恶》曰:"使夫资朴之于美,心意之于善,若夫可以见之明不离目,可以听之聪不离耳。""在世界之中,一般地,甚至在世界之外,除了善良意志,不可能设想一个无条件善的东西。"(康德:《道德形而上学原理》,上海人民出版社2005年版,第8页)

吾人经验上之事实也。"（王国维《静安文集·论性》）②"善恶者，性之所能之，而非性之所能有也，且夫言性者安以其善恶为哉？"（苏轼《扬雄论》）

第四章荀子又驳斥了"以礼义积伪为人之性"即指习性为本性的性善论："……夫圣人之于礼义也，辟［譬］则陶埏而生之也。然则礼义积伪者，岂人之本性也哉！凡人之性者，尧舜之与桀跖其性一也，君子之与小人其性一也。"人固有的本性不是也本无礼义积伪，不是也本无正理平治，荀子如此坚决反对先验化、抽象化地推定及起论"性善"或性本有礼义积伪或正理平治，那又何以会在《性恶》篇依葫芦画瓢照孟子"性善"说别立"性恶"说呢？这种理论演绎难道不是掩耳盗铃、自相矛盾吗？试问：若"性善"都不成立，则岂"性恶"又成立？此正郭沫若所谓"性善性恶，本来都是臆说"①！

（三）荀子严申"合—验"之则

《性恶》篇明确主张"性善"之成立必须符合经验事实，至少须是完全归纳上的可靠推断，这类似今人说的"不可证伪"原则。荀子说："凡论者贵其有辨合、有符验……今孟子曰'人之性善'，无辨合符验，坐而言之，起而不可设，张而不可施行，岂不过甚矣哉！"接着，他用反证法"故性善则去圣王、息礼义矣"驳斥孟子的性善论。赵兰坪说："此言孟子性善说徒尚空论，不切实际。"② 荀子第13代裔荀悦（《后汉书》卷六十二）也以"性善则无四凶，性恶则无三仁"作反驳（《申鉴·杂言下》），宋代司马光、苏辙等亦这般反证法驳斥孟子性善说。若荀子在反证法驳孟子性善说时又为己别造一"性恶"说，这岂不是十足的"五十步笑百步"耶？此于理实十分荒唐！

（四）荀子严申"可—必"之异

《性恶》篇第五章缜密辨析了"塗之人可以为禹则然"与"塗之人能为禹未必然"（塗即途）两个基本命题，指出可以成为禹这样的圣人与必能成为禹这样的圣人是两回事，前者是或然性的，后者是必然性，不能以或然性来代替或论证必然性，否则此种论证是混淆概念并论证无效。荀子说人可以成君子或小人，但这种可能性并不等于必能或实然，关键

---

① 郭沫若：《十批判书》之三，人民出版社1954年版，第120页。
② 赵兰坪：《中国哲学史》卷上，国立暨南学校出版部1925年版，第141页。

在于他是否"使"或"为"。既然人人是善君子仅是种可能性而非实然性,那么人人是恶小人同理也仅仅是种可能性,如此"性善"、"性恶"之全称判断必同是虚妄。"性恶"是虚妄,荀子又何以反复说"人之性恶明矣"呢?此于理亦十分荒诞!

《荀子》出现上述自我矛盾,这究竟是来自文本传写过程中的文字之讹?还是传世文本符合作者原作而作者见解自有矛盾?若是后者,那一定是惊世骇俗的:作为"最为老师"、"三为祭酒"、"弟子相秦"的战国大学问家,晚年"推儒、墨、道德之行事兴坏,序列著数万言"(《史记》卷74)的著作论人性既宣称本"朴"又宣称本"恶",既宣称无"善恶"又宣称是"恶",既宣称"性善"无符验又宣称"性恶"极明靠,既宣称君子、小人仅是"可以为"又宣称"性恶"确系本然,此皆甚为蹊跷!

二 "性恶"乃"性不善"之讹

因传世《荀子》书在人性论、人性观上的矛盾或冲突,故引起了当今学者对《性恶》文本真伪的献疑。比如周炽成2002年《荀子韩非子的社会历史哲学》一书及2007年《荀子:性朴论者,非性恶论者》一文都认为"《性恶》的作者不是荀子",疑是"西汉中后期的荀子后学或与荀学有关的人所作"[1],"该篇作者很可能受到董仲舒批评孟子性善论的影响,并对之从另一个角度采取比董更猛烈的批评"[2]。

周文发表后,南开大学张峰屹就此与周展开了反复辩难,张、周相关文章见2007年学术批评网,后收入周炽成新编的《荀韩人性论与社会历史哲学》一书(2009)。然于《性恶》是否为荀著的质疑,其实早在80余年前就被正式提出来了。1923年1月16—18日,北京《晨报副刊》连载了四川籍学者刘念亲(著存)《荀子人性的见解》一文[3],并附梁启超案语,梁云"此谳若信,则学界翻一大公案矣"、"惟觉此问题关系重大,亟介绍之以促治国闻者之研讨云"。刘推定《荀子》孤零零说"性恶"的《性恶》当属他人所作,他明确说:"我看汉成帝以后是广出伪书时代(如纬书、伪尚书皆作于此时代),所以我疑心《性恶》也是这时代的出产品。"另蔡元培日记记载河北高步瀛在1896年前著有《荀子大谊述》一书,谓高氏认为"性恶论非荀卿所著",且《荀子》里的"性者本始材

---

[1] 周炽成:《荀子:性朴论者,非性恶论者》,《光明日报》2007年3月20日"学术"版。
[2] 周炽成:《荀子韩非子的社会历史哲学》,中山大学出版社2002年版,第44页。
[3] 又见长沙版《大公报》1923年1月24、25、26、27、28日同题连载。

朴"与"性恶"大相矛盾"而性恶之诬不攻自破",谓高氏"订证事实,校勘讹夺,前人所未发者更不可偻指数,洵荀氏功臣矣"①。

凭"性恶"仅出现在《性恶》篇而《礼论》篇又同时涉言"材朴"等就推论《性恶》篇可能全系伪文,我认为这种论证"伪书"的方法或过程过于粗糙,求证不足而假设有余。笔者研究此问题数年,于此亦百思不得其解,然2008年5月13日笔者依《性恶》非议孟子"性善"、荀子另说"本始材朴"、"人之性恶明矣"前的论证文字并不能有效证明"性恶"、类比论证人需化治时屡称枸木之材本状"不直"或"性不直"这四点,突悟《性恶》篇"性恶"字眼当系"性不善"之讹;"不善"一还原,前述所有疑难皆可迎刃而解,《荀子》全书瞭无滞碍。

(一)"性善"相反命题是"性不善"

日本学者久保爱1820年版《荀子增注》注《性恶》篇云:"此篇盖为折孟子而作。"其实刘向《孙卿书录》早就说荀子是有意跟孟子性善论唱反调"以非孟子",又说"至汉兴,江都相董仲舒亦大儒,作书美孙卿"(见宋本《荀子》卷末所附,亦见清严可均所辑的《全汉文》卷三十七)。董氏传世书未见"美孙卿"之明文,但直接刺孟子性善说的文字倒尚存,见《春秋繁露》之《实性》、《深察名号》。赵兰坪说"其驳孟子之性善说与荀子相似"②,董仲舒《春秋繁露·实性》驳孟子性善说并云"性待渐于教训而后能为善,善教训之所然也,非质朴之所能至也,故不谓性……性者天质之朴也,善者王教之化也",董仲舒《贤良对策》又云"质朴之谓性,性非教化不成;人欲之谓情,情非度制不节……下务明教化民,以成性也"(《汉书·董仲舒传》)。

孟子本无后世所抬举的高高在上之"道统"地位,至少在宋代被非议尚多且很不客气,如冯休《删孟》、司马光《疑孟》、李觏《常语》、郑厚《艺圃折中》对孟子批评尤激烈③,朱熹时代的陈亮、叶适也严肃批评孟子,如冯休认为孟子之言"时有叛违经者"(宋晁公武《郡斋读书

---

① 蔡元培:《蔡元培日记》,王世儒编,北京大学出版社2010年版,第45—46页。
② 赵兰坪:《中国哲学史》卷中,国立暨南学校出版部1925年版,第18页。
③ 郑厚《艺圃折中》云孟子是资薄、性慧、行轻的一"忍人也,辩士也,仪秦之雄也",斥孟子不过是纵横家气息的"诵仁义卖仁义",文见明初陶宗仪所编《说郛》之涵芬楼版第三十一卷所录,亦见南宋余允文《尊孟辨》所征引(守山阁丛书版,含续辨二卷、别录一卷),后书摘录的郑厚论孟子之文字多于前书。

志》袁本卷三），"光论性不以韩道'性善'为然"（《文献通考》卷一百八十四）。孟子在他活着时同样屡遭人非议或诘难，"孟子道性善，言必称尧舜"（《孟子·滕文公上》）、"《孟子》七篇专发明性善"（《宋史》卷三百七十六），但《孟子·告子上》则存录了当时告子、公都子二人对孟子大谈"性善"的分别质疑。然告子、公都子驳辩孟子"性善"时所用的词汇概念不是"善—恶"而是"善—不善"，如：

（1）告子曰："性犹湍水也，决诸东方则东流，决诸西方则西流。人性之无分于善不善也，犹水之无分于东西也。"孟子曰："水信无分于东西无分于上下乎？人性之善也犹水之就下也，人无有不善，水无有不下……人之可使为不善，其性亦犹是也！"

（2）公都子曰："告子曰'性无善无不善也'，或曰'性可以为善，可以为不善，是故文武兴则民好善，幽厉兴则民好暴'，或曰'有性善，有性不善，是故以尧为君而有象，以瞽瞍为父而有舜，以纣为兄之子且……'今曰'性善'，然则彼皆非欤？"

水就下非水性所致而由地球引力所致[①]，以地水必就下来论人性必本善，此不合逻辑也不符事实，北宋江望《性说》也已严加驳斥。而孟子对公都子上述诘难的回答是："乃若其情（情实），则可以为善矣，乃所谓善也。"孟子以"可以为善"来作答明显是摇摆不定、支吾其词[②]。孟子自己倡言"性善"，那反对孟子"性善"的人只要提出"性不善"或"性无善无不善"就可以了，所以时贤与他辩难是围绕"善—不善"概念来展开而非围绕"善—恶"概念来展开，这是很确凿的事。

先秦诸子"善—不善"对讲属通见，比如《论语》4处、《孟子》8处、《荀子》15处（不含校正《性恶》篇后的12次）、《老子》7处、《庄子》3处、《韩非子》3处、《管子》5处、《墨子》30处。另外，汉代刘向《说苑》、贾谊《新书》及《韩诗外传》、《淮南子》等亦多见之。《论语》、《孟子》无一次善恶严格对讲，遑论性善、性恶对讲了；但"善—不善"对讲显著，如《论语》中孔子说"不如乡人之善者好之，其

[①] 吕思勉：《吕思勉遗文集》，华东师范大学出版社1997年版，第85页。
[②] 傅斯年：《傅斯年全集》第二卷，湖南教育出版社2003年版，第637页；罗根泽：《诸子考索》，人民出版社1958年版，第378页。

不善者恶之"、"见善如不及，见不善如探汤"、"择其善者而从之，其不善者而改之"、"如其善而莫之违也……如不善而莫之违也"。

王充说"孙卿有反孟子作《性恶》之篇"（《论衡·本性》），陈柱说"荀子之性恶论，盖专为反对孟子之性善论而作"①，王恩洋也说"（荀子）其辩驳亦多对孟子而发"②，郭沫若说"他这性恶说便是有意地和孟子的性善说对立的"③，傅斯年说"荀子掊击之对象，孟子之性善说，非性无善无不善之说也"④。要反对性善说，显然最严密的逻辑叙述当由"善"的否定概念或"性善"的否定判断来构成，故告子、公都子总是用"善"、"不善"来论性。同理，若荀子要驳斥孟子性善说，提"性不善"比提"性恶"无疑更具逻辑周全性及见解反击力。

谢无量说孟荀以善、恶论人性"二家并为性一元论而绝对相反"⑤，侯外庐说"荀子的性恶论，是孟子性善说的反对命题"⑥。若是绝对相反或反对，则荀子必当持"性不善"而非"性恶"。性善说最直接的否定命题是"性不善"，"性善—性恶"是"A—B"式，"性善—性不善"是"A—非A"式，而"A—非A"逻辑完全相反且无其他概念余地。而"性不善"≠"性恶"，"不善"可能是恶也可能是善恶间中立状态——非善非恶，比如"朴"也，此如同告子所谓"人性之无分于善不善也"（可善可恶、有善有恶则实已是指德性而非本性矣）。

（二）非证"性恶"，乃证"性不善"

今本《性恶》篇反复有"用此观之，（然则）人之性恶明矣，其善者伪也"这种结论。对此，一般读者或学者都依据"性恶"两字眼而毫不迟疑地坚信《荀子》此类句式前面的较长叙述文字正是在论证"性恶"这一见解，而且认为论证是符合情理的。然而真仔细去琢磨概念及其论证脉络，就会发现今本《性恶》的这种论证其实完全是无效的，"人之性恶明矣"的论证根本就不成立。

先把该篇反复论证"性恶—善伪"的基本根据予以文字化约：人天

---

① 陈柱：《诸子概论》，商务印书馆1932年版，第38页。
② 王恩洋：《王恩洋先生论著集》第八卷，四川人民出版社2001年版，第715页。
③ 郭沫若：《十批判书》，人民出版社1954年版，第194页。
④ 傅斯年：《傅斯年全集》第二卷，湖南教育出版社2003年版，第637页。
⑤ 谢无量：《中国哲学史》第一编上，中华书局1940年版，第109页。
⑥ 侯外庐等：《中国思想通史》第一卷，人民出版社1957版，第573页。

生好利，无师法则常偏而坏，有师法则多正而治。再将此根据与反复申述的上述"性恶"结论合并可得命题："人天生好利，无师法则常偏而坏，有师法则多正而治，故人之性恶明矣，其善者伪也。"去文字繁芜后的命题推理显露出的问题是：①"好利"就说明性恶吗？②无师法则社会人生常偏坏不是反面说明性并不善吗？有师法则社会人生多正治不是正面说明人可以善吗？③"人之性恶明矣，其善者伪也"正是正反两面总陈人性本不善但人可以为善，此不正是荀子所强调的"性伪之分"吗？——故荀子的立论当是驳"性善"而言"性不善"或"性无善"或"性非善"，是言"善"在人为（伪），并非驳"性善"之论是要立什么"性恶"之论①。

再补说"好利"就能证明"性恶"吗？荀子已明申善恶是"正理平治"的实际问题非本性问题，故此时说好利是"恶"或好利能证明"性恶"实大悖荀子。而按常理，好利本身也不是什么"恶"，此点唐君毅1968年初版的《中国哲学原论·原性篇》也曾提出："此饥而欲饱、劳而欲休，克就其自身而观，并无恶义甚明……顺之而辞让亡，方见性恶也。"②不过唐君毅此中说的"方见性恶"之"性恶"恐已非本性而系德性了（两个概念），此正是荀子严辨的"性伪之分"！故唐君毅还提出今本《性恶》篇有些章节明显是在"反证人初之无善"，"然此无善是否即是为恶，则大有问题，克就无善而言，固未必为恶也……"③。

唐君毅又考察了荀子于"性"、"伪"概念的严格界定，说荀子"性伪相分"的学说表明了荀子说的"性"未必有"恶"："此可见荀子之言性，乃分出此心之虑积能习，一切待学待事而成者而属之于人伪；而唯以天之就之不可学不可事而自然者，方属之于天性。然此一分别中，固未涵性必恶之义也。"④ 梁启超则1926年就据荀子"性"概念的定义而认为荀子似未必持"性恶"论："荀子视性，亦非以谓绝对为恶。《礼论》云'性本始质朴'，盖荀子'性'与'伪'之观念，'性'有如乎原料，

---

① 林桂榛：《荀子驳性善言性无善》，《中国社会科学报》2013年9月30日第507期"哲学"版。
② 唐君毅：《中国哲学原论·原性篇》，中国社会科学出版社2005年版，第33页。
③ 同上书，第33页。
④ 同上书，第31页。

'伪'有如乎精致品。"① 孙叔平、王恩洋谈荀子人性论亦明提"性朴"问题，孙云"性是本来的素材，伪是文理塑造的成果，没有性则伪没有加工的基础"②，王云"以性为本始材朴，谓人性中本无文理礼义也，此即人心如素丝白纸之喻，知识道德皆由后起，非固有，人为之而非性有之也"③……这都表明他们认识到荀子持"性朴"论，只是碍于"性恶"字眼而未从"性恶"、"性朴"实相矛盾处推断"性恶"二字本有讹，或不赞成"性恶"，或只给"荀子持性恶论"做起一番于理实属子虚乌有的阐辩④。

郭沫若《十批判书·荀子的批判》说《荀子》"性恶"立论及具体论证"大成问题"、"论证太薄弱"、"每每自相矛盾"，说"一定要全称肯定地说性是恶的，无论如何是很难自圆其说的"。人逐利并且逐利往往可能出现祸害似乎是论证了人性恶，但郭认为：①荀子说人生来是恶的"这是违背事实的"；②"性恶"更无法解释何以人的心及行能向善及为善，此存在"无法弥补的一个大矛盾"。唐君毅则说今本《性恶》篇有些章节明显是在"反证人初之无善"实早被郭沫若发现过了，他解释《性恶》"凡人之欲为善者为性恶也"所开首的那段文字说："人之所以要求善，正是因为内部没有善，人之所以强学而求礼义，正是因为自己原来没有礼义，所以性是恶的。"⑤"没有善"≠"恶"，"没有善"＝"不善"，"所以性是恶的"之前的郭沫若之解符合荀文本义（即荀文在讲"性不善"），但郭沫若未设想"性恶"二字有讹，于是枉顾逻辑荒谬而照讹文

---

① 梁启超：《梁启超全集》第九册，北京出版社1999版，第4917页。
② 孙叔平：《中国哲学史稿》上册，上海人民出版社1980版，第187页。
③ 《王恩洋先生论著集》第八卷，四川人民出版社2001年版，第570页。
④ 譬如认同本性无所谓善恶，但又认为行为效果可能出现恶，于是《荀子》持"性恶"成立。此种以行为的社会效果可能恶以论人本性恶的辩护见解，王国维、牟宗三即是典型。王国维说："故自其抽象的方面观之，则生之自然无善不善之可言；若自具体的方面观之，则生活之欲常破坏社会之调和，故断言性恶也。"（《王国维哲学美学论文辑佚》，华东师范大学出版社1993年版，第93页）牟宗三说："故告子说'生之谓性'即就'食色性也'说，即就'性犹杞柳'、'性犹湍水'说，此取中性材质义，而此'中性'义与'性恶'义并不冲突也。而荀子亦云'性者本始材朴也'（《礼论篇》），'本始材朴'即中性义，顺之而无节即'恁恶'义。"（《心体与性体》，上海古籍出版社1999年版，第77页）——然而这种辩护是自相矛盾的，或是概念游离的。若本性无所谓善不善，则"性恶"为伪；若"性恶"为真，则本性无所谓善不善为伪；行为会出现"恶"的社会评价，根本就证明不了所有人本性皆"恶"，就如出现"善"的社会评价也证明不了本性皆"善"一样。
⑤ 郭沫若：《十批判书》，人民出版社1954年版，第189—195页。

下结论说"所以性是恶的"——但正确结论应是"所以性是不善的",此正是《性恶》这篇驳论的基本结论!

荀子的思想学说具有彻底的经验主义特点或理路,故欧阳竟无弟子王恩洋(1897—1964)于1945年所刊《荀子学案》一书就曾反复论述荀子"性朴"论并在该《荀子学案》中以"**中国二千年前之经验论哲学大师荀卿**"做该书导论的副标题,他这样评价说:

> 吾人将作荀子学案,不可不知荀子学说思想之派别体系为何。荀子之学说思想,一言以蔽之曰经验论是也……西洋学说,肇始于希腊。中经中世纪耶教教权专制,埋没人之理智于天国上帝之气氛中以成黑暗之世者千余年。自英伦霍布斯、培根、洛克、休谟等,次第出现,乃造成海洋派之经验学派,破除上帝之信仰,天国之梦想,而事事求实于人事……总而言之,谓欧洲近代文明均导源于经验学派而长养完成之,亦不为过也。中国文化学说素与希腊及欧洲近代学说异其途辙。然而孰谓有荀子者,乃于二千年前,竟成立最完整而宏博之经验学说于中土。其光辉炳焕,其魄力滂沛,上同于苏格拉底、柏拉图、雅里士多德,而下合于霍布斯、培根、边沁、洛克、休谟而无愧,且又过之,不亦伟乎。(《荀子学案》卷上,页三)①

王恩洋《荀子学案》又云:"吾人且放开功效不谈,直从真理而论之,性恶之说,果能成立而无过耶?"② 他指出,《性恶》是大有矛盾的:"荀子亦曰无性伪之无所加、无伪性不能自美,必性伪合而后成德,自是确论。俄而复谓人之性恶,则真伪之何所加也。"③ 又说:"荀子所谓无性则伪之无所加,无伪则性不能自美,其言是也,与其性恶善伪自相矛盾。"④ 王说性恶、性善二论都"与事实不符也"⑤,且和郭沫若、唐君毅一样发现《性恶》篇有章节是明显论性不善:"在荀子之意,则以为人之需乎学者,以其性不善,故需学于

---

① 又见《王恩洋先生论著集》第八卷,第565—569页。
② 同上书,第722页。
③ 同上书,第723页。
④ 同上书,第729页。
⑤ 同上书,第722页。

善也……即以学善而证性之不善。"① 可惜王恩洋亦一样不敢设想"性恶"有讹,甚至背离逻辑规则和抛开他所再三重视的"性朴"而谈荀子持性恶论,以致和郭沫若一样认为孟子论性甚至周全于荀子②。

刘子静说:"不但证明人类作乱、好杀、淫乱、争夺……恶行根于吾人之天性,以证实人性是恶的,同时他进一步断言人性里面没有礼义,亦即没有善。"③ "没有善"≠"恶",但刘子静和郭沫若、王恩洋、唐君毅一样都未怀疑《性恶》文本严重矛盾及"性恶"可能是"性不善"之讹。陶师承对今本《荀子》用耳目口鼻骨体肤理饥寒劳苦等的好利恶害感受来论证"性恶"表示怀疑:"荀子全据之以言性,然则感觉果恶乎?抑善乎?"④ 陈登元则对荀子"性恶论"表别样的怀疑:①自利化的"情性"在荀子看来未必就是恶,此同于唐君毅、郭沫若等的见解;②荀子认为人不仅好利,而且"兼有好义之心",此与"性恶"相否定;③故他总结说:"余甚信荀子非持性恶论者而持情欲恶论者。"⑤

《荀子》明明说"性恶"且对"性"有严格的反复界定,何来"情欲恶"一说?况情欲为何就是恶?情欲可能导致出现恶的效果也并不等于情欲本身就是恶。此正荀子第 13 代孙荀悦《申鉴·杂言下》所谓:"好恶者,善恶未有所分也,何怪其有恶?"人生性有情欲,但一者荀子从未说情欲恶,二者荀子说善恶只在"正理平治"与否而不在其他,故从人好利或天生有情欲去论证"情恶"或"性恶"皆不成立!从好利可能发生恶之效果去论证本性"恶"或追溯本性"恶"亦不成立!所以方东美说荀子的《性恶》篇"并不能够证明人性是恶,其中种种与论证,在逻辑上都是循环论证",并指出《性恶》"欲恶→情恶→性恶"之论"在逻辑上是不能自圆其说的"⑥ ——一般的读者并未明白:荀文是反复讲人好利,但它所要论证的不是"性恶",而正是"性不善",为驳孟之论也!可惜刘子静、王恩洋、郭沫若、唐君毅等尽管发现荀文论述了"没有善"、"无善"、"不善",但也未从逻辑上推定"性恶"不成立而

---

① 又见《王恩洋先生论著集》第八卷,第 716 页。
② 王恩洋:《王恩洋先生论著集》第八卷,第 724 页;郭沫若:《十批判书》,第 120 页。
③ 刘子静:《荀子哲学纲要》,商务印书馆 1937 年版,第 19 页。
④ 陶师承:《荀子研究》,上海大东书局 1926 年版,第 43 页。
⑤ 陈登元:《荀子哲学》,商务印书馆 1928 年版,第 163 页。
⑥ 方东美:《新儒家哲学十八讲》,中华书局 2012 年版,第 193 页。

"性恶"正为"性不善"所讹。而"性不善"一经校勘恢复，则荀书瞭无滞碍！

"荀子下善之定义曰'正理平治'，恶之定义曰'偏险悖乱'，此善、恶之定义。"[1] 荀子讲善恶的确有严密界定，讲"性"也有严格界定，"性"、"恶"结合为"性恶"命题实不符合《性恶》及《荀子》全书的立意与论证。所以清末人陶鸿庆校读《荀子》时屡把"性恶"字眼删去并责前人"不审文理、任意妄增"（《读诸子札记八》）[2]，大约那时他已觉察到"性恶"之类多与上下文语气、语义不贯通吧。而今学者读"性恶"处文字而不曾疑"性恶"有讹，盖不过同于清代黄百家那种刻板不移的认知而已："荀子则直以人欲横流者为性，竟云'性恶'，反礼义为矫性之伪物矣。"（《宋元学案》卷一）

按荀子的善恶观，人欲不属"性恶"，而欲行到什么地步才有所谓"善"或"恶"；荀子实根本不曾在非此即彼式的"善—恶"之价值对立圈套里给利欲或人性作评判，且这正是他所批判的以价值来论人性的思想陷阱。他有他的人性论，那就是与孟子唱反调：驳性善、谈朴伪、论化治。故类似谢墉"荀子言性恶盖疾人之为恶而为此言"（《荀子笺释序》）、钱大昕"荀子言性恶，欲人之化性而勉于善"（《荀子笺释跋》）、王先谦"余谓性恶之说非荀子本意也"（《荀子集解序》）这一类对荀子的好心回护实属不必，而史上大斥荀子之论实不过多属意气耳。

（三）荀子驳性善、谈朴伪、论化治

《荀子》全书"性"字约118处，其中"材性"（一写作"才性"）、"天性"、"本性"、"情性"构词各4、2、1、20处；《性恶》"性"字76处。这118处及76处的"性"字，其语义大体一致，都指天然的情态或天赋机能，从没有赋予善恶的价值评价或抽象的人伦意味，此其绝不同于《孟子》之处，也是其完全跳出以价值论来谈人性本原的高妙处。

荀子的《正名》、《性恶》等篇着意阐述"性—伪"相分，其立意正是要驳斥孟子"性—伪"相混淆的见解，澄清孟子信念中将好的习性、德性简单等同于本性、天性的错误或孟子用部分善的习性、德性去抽绎、归溯、论证本性／天性属善的错误，并同时戳穿孟子之类把"可以为善"

---

[1] 赵兰坪：《中国哲学史》卷上，国立暨南学校出版部1925年版，第137页。
[2] 陶鸿庆：《陶鸿庆学术论著》，浙江人民出版社1998年版，第269—271页。

等同于"性善"或"必善"的逻辑虚妄——荀子已说路人皆可为禹不等于必为禹或必是禹①。

说"性伪"相分并不等于认为"伪—性"没有任何关联,《礼论》篇说"无性则伪之无所加,无伪则性不能自美",可见荀子认为"性≠伪"但性又是伪的基础。但《性恶》篇又说"礼义法度"非"生于人之性",说"礼义积伪"非"人之本性",如此"伪≠性"且伪非生于性,那这是否和《礼论》相矛盾?不矛盾,荀子的意思是伪非直接从性那里实体般生长、衍变出来,而是通过人为来呈现或实现。

"无性则伪之无所加,无伪则性不能自美"前有"性者本始材朴也,伪者文理隆盛也"一句,这实是在说性的基础是材,伪正须建立在材及材性上。第五章说"塗之人也皆有可以知仁义法正之质,皆有可以能仁义法正之具"、"可以知之质、可以能之具其在塗人明矣"亦实是讲材的问题,而"材—性"关系实今人说的"结构—功能"关系,《性恶》第一章第四小节专论"可以见之明不离目,可以听之聪不离耳"正是如此②。荀子在揭示:一切人之"伪"皆有一个生命结构作基础,顺着他们的结构及结构中的基本性能,人们可以"伪",斯所谓"生之所以然者谓之性,生之和所生精合感应不事而自然谓之性……心虑而能为之动谓之伪(本从心从为),虑积焉能习焉而后成谓之伪"。

同时,由于"本性"取决于"材",那么作为新陈代谢的生命结构或生命机体,它"本性"的基本内容当然是它新陈代谢的生命机能或维持该代谢的生命需求。所以,人的"本性"当然是"无待而然者"(《荣辱》)的物质利益消费与追求以及其他相关利益的消费与追求(比如声名地位等)。故而,围绕生命的代谢或生存,荀子既说人性是"本始材朴"又说"今人之性,生而有好利焉"、"今人之性,饥而欲饱,寒而欲暖,

---

① 傅斯年说告孟子论辩"皆孟子之逻辑工夫远不如荀子处","孟子之词,放而无律,今若为卢前王后之班,则孟子之词,宜在淳于髡之上、荀卿之下也"。(《傅斯年全集》第二卷,第640页)潘菽说孟子论辩逻辑荒谬:"他的辩论往往是搬弄概念,强辞夺理"、"最后反问的话实在有些瞎扯"、"这种辩论也有逻辑问题"、"这算是什么辩论呢"。(潘菽:《心理学简札》下册,第132—134页)

② 王念孙《读书杂志》于此节"用此观之,然则人之性恶明矣"字样后校增"其善者伪也"数字,实未细审此节文义所好。此节只讲"材—性"不讲"伪",王校增实谬。商务印书馆1936年版钟泰《荀注订补》第168页早已明辨王念孙此条校增有误:"若插入'其善者伪也'句,则文气反不衔接矣。此当于文章求之,不得以前后一例观也,王说未详考。"

劳而欲休，此人之情性也"、"若夫目好色、耳好声、口好味、心好利、骨体肤理好愉佚，是皆生于人之情性者也，感而自然、不待事而后生之者也"（《性恶》），所谓"材性知能，君子小人一也；好荣恶辱、好利恶害，是君子小人之所同也"（《荣辱》）。

所以，荀子驳斥孟子性善论时所构建的理论体系是"材—性—伪"这一严密而丰富的概念群，并由此树立了"伪性有别"及"伪材有关"（性伪合）的正确见解，恰切解释了善行善德如何后天兴起或可能的问题，也解释了为什么人们需要实际教化或管制（管治）的问题：本性虽不善，但基于生命材性，通过人"伪"的实际过程，可以成善行善德，斯荀子所谓"化性起伪"；生命代谢及生命欲求是"材—性"的核心内容，所以人生而好利，为防个人及社会偏乱暴夺而施之教化与管制，斯荀子所谓"师法之化"或"君师之治"，荀子的思想精髓正在于此！

说荀子仅讲外王而不讲内圣是不确切的（"内圣外王"本《庄子·天下》之言），荀书首列《劝学》、《修身》两篇实大有深意。荀子的"王"或"圣"讲效果或参验，所以他讲"天人相分"的人伪、化治、师法，讲个体德性与社会制度："有师法者人之大宝也，无师法者人之大殃也。人无师法则隆性矣，有师法则隆积矣。而师法者，所得乎积，非所受乎性，性不足以独立而治。"（《儒效》）"今使涂之人伏术为学，专心一志，思索孰察，加日悬久，积善而不息，则通于神明，参于天地矣。故圣人者，人之所积而致矣。"（《性恶》）

（四）本当作"性不善"的其他证据

恢复"性不善"后，今《性恶》篇五章文字的大意依次是（分章依王氏《集解》正文）：①人性本不善，其善者系伪；②人性虽不善，但人可以起礼义、制法度；③善恶是正理平治与否问题，若性善则无须礼法；④人人可以去做禹但不是人人都能成为禹；⑤世间之人有德性差异，德性高低只在于人为。这五章内容在"材—性—伪"的范畴体系下贯然一体，并且与《荀子》其他篇章没有任何矛盾或抵触。

笔者之所以把"性恶"校为"性不善"而非"性非善"或其他相近语词，除了依据该篇正文驳"性善"论"善伪"谈"性朴"的论证理路或论证逻辑外，直接缘起是原著修辞的蛛丝马迹：在第1、3章，荀子曾利用某类材木朴性中的"不直"（即枸木）需要人为矫正以达"直"来类比论证人朴性中不善故需要礼义师法来教化或管制（管治）以达善。

比如今之《性恶》篇第 3 章说：

> ……故檃栝之生为枸木也，绳墨之起为<u>不直</u>也，立君上明礼义为<u>性恶</u>【不善】也……直木不待檃栝而直者其性直也，枸木必将待檃栝、烝矫然后直者以其性<u>不直</u>也，今人之性<u>恶</u>【不善】必将待圣王之治、礼义之化，然后始出于治、合于善也。

此处明显是"不直—不善"相提并论，枸木类比人，性不直类比性不善，绳墨类比君上、礼义，而檃栝、烝矫则类比圣王之治、礼义之化，皆属显著的类比论证，修辞严谨，立意明显，以至于 1891 年王先谦在《荀子集解》自序中已据此怀疑荀子并非真正在言"性恶"。

而在第 1 章，《荀子》利用"枸木"、"钝金"这两种特定之材的不直、不利（此皆朴性如是而已）而需人为加工后方直、方利，来类比论证人之朴性不善而需师法、礼义方得社会期待的其正或其治，此亦是明显的类比论证，修辞方式显著。荀子说：

> 故枸木（朴性不直）必将待檃栝、烝矫然后直，钝金（朴性不利）必将待砻厉〔砺〕然后利，今人之性<u>恶</u>【不善】（朴性不善）必将待师法然后正，得礼义然后治。

再者，荀子反复使用的"人之性不善明矣，其善者伪也"句式也明显是正反论说之修辞，其强调自己反对性善说的立场很明显；而反复使用"用此观之，然则人之性不善明矣……"这种句式，则恰是作者驳"性善"之驳辩语气的显著流露——不断强化对"性善"的理论反驳以及自己"性不善"的理论立场，反驳孟子见解（"性善"）其实就是同时在辩护自己见解（"性不善"）。

另外，《性恶》第 2 章说："凡人之欲为善者，为性恶也……用此观之，人之欲为善者，为性恶也。"若"性恶"无讹，则此句及论证尤不可通，欲为善乃因性恶？如何由性恶到为善？明人黄佐说荀子既标人性本恶又推礼乐教化是"其言戾矣"（《南雍志》卷十八），黄百家曰："如果性恶，安有欲为善之心乎？"（《宋元学案》卷一）程颐曰："（荀子）谓人之性恶，性果恶邪？圣人何能反其性以至于斯耶？"（《河南程氏遗书》卷二十五）王恩洋 1945 年曰"性既恶矣，复何以能为善"，又曰"荀子所谓'无性则伪之无所加、无伪则性不能自美'，其言是也与其'性恶善伪'说自相矛盾"①，王国维 1905 年曰"荀子之礼论至此不得不与其性恶论相矛盾"，又自解之曰"盖其所谓'称情而立文'者实预想善良之人情故也"②。"性恶"、"情善"说就不相矛盾？"性恶"的定调与荀子重师法之化及内外修治之主张显然是矛盾的！

为善是因为性恶？由恶发展为善？此皆极不可通，且与《荀子》明言善恶只在"正理平治"与否而不在本性/生性/天性之类悖极，故《荀子》"性恶"惟当勘为"性不善"乃可全通：社会伦理有是非，人本无善亦无恶（性朴），赖知行以成善，亦赖知行以成恶，所成所得皆习性或德性也，"德者得也"（《礼记·乐记》），"德之为言得也，行道而有得于心也"（《论语集注·为政》，或作"德之为言得也，得于心而不失也"）。

三 "性恶"可能始讹于西汉末年

若今本《荀子》"性恶"确系"性不善"之讹，那么"性不善"是什么时候讹为"性恶"的呢？查传世的先秦及两汉各种文献，正史及荀子弟子或再传弟子的著作皆未记述荀子说"性恶"；《荀子》之外关于荀子持性恶论的记载，笔者迄今唯见西汉末年刘向的《孙卿书录》、东汉初年王充的《论衡》、东汉末年荀悦的《申鉴》三种著述。

吕思勉《经子解题》以为传世《孙卿书录》必伪，说荀子性恶论等"在儒家中为异军苍头，安得历先汉二百年迄无祖述之书，亦无反驳之论哉"③。《孙卿书录》辑自宋本《荀子》，吕称其为伪乃证据不足。刘向校书所作书录传世者非仅荀书那则，且该则书录关于荀子有弟子浮丘伯等内容同样为汉代史料所载；刘向四世祖即刘邦之弟刘交（楚元王），刘交则曾从学于荀子弟子浮丘伯（《汉纪》卷九、《汉书》卷三十六、八十八等记载）；刘向的思想见解不少与荀子有相同或相近，刘向在《孙卿书录》中对荀子的由衷赞赏与叹惋也溢于言表，云"其书比于记传，可以为法"、"疾世莫能用其言，凄怆甚可痛也"。

西汉无人驳荀子"性恶"，实是因为《荀子》本不曾言"性恶"（纯粹的"性恶"一元论中国史上本无且亦不值一驳，荀子自身的立论及逻

---

① 王恩洋：《王恩洋先生论著集》第八卷，四川人民出版社 2001 年版，第 725—728 页。
② 王国维：《王国维哲学美学论文辑佚》，华东师范大学出版社 1993 年版，第 95 页。
③ 吕思勉：《经子解题》，华东师范大学出版社 1995 年版，第 128 页。

辑也明显反对本性为恶论；本性无善恶，德性或有善与不善)①。而《荀子》驳"性善"的性朴论实有祖述，它完全承自孔子"性相近、习相远"及告子"生之谓性"、"性无分于善不善"等，故何来"异军苍头"？——康有为、王国维、刘师培、章太炎、梁启超、吕思勉、杨大膺、傅斯年、蒙文通等学者都认为告子之说尤近孔子②，性即本性、天性，习即习性或德性，本性和习性有别（亦有关，荀子谓"性伪合"）。

据《春秋繁露·实性》"性者天质之朴也，善者王教之化也，无其质则王教不能化，无其王教则质朴不能善"、《贤良对策》"质朴之谓性，性非教化不成；人欲之谓情，情非度制不节，是故王者上谨于承天意以顺命也，下务明教化民以成性也，正法度之宜别上下之序以防欲也"（《汉书·董仲舒传》）及《春秋繁露·深察名号》"如其生之自然之资谓之性，性者质也，诘性之质于善之名能中之与？既不能中矣而尚谓之质善，何哉"、《春秋繁露·实性》"性虽出善，而性未可谓善也……故曰性有善质，而未能为善也……善出于性，而性不可谓善"等，可知刘向《孙卿书录》说董仲舒曾"作书美孙卿"非妄言或伪文。董说"朴"、"质朴"与《荀子》"材朴"盖相关，其义皆言本性系朴，杨筠如说"这都是受荀子影响的明证"③。赵兰坪说董仲舒论性是"善恶不定，待教而成"、"根本上非难性善说"、"与孟子之性善说相反"故驳孟与荀子"相似"④，杨筠如则说董驳孟"完全是荀子性恶论中反对孟子的口吻"⑤，此皆确论。

再如汉初贾谊系荀学再传，曾从学于荀派的吴公和张苍（《史记》卷八十四），其论人性虽未明说"性朴"、"材朴"二字，但他明说"百姓素朴"（《论时政疏》）、"因民素朴"（《新书·数宁》），且于"性—习"

---

① 现代学者多云韩非子法家等持"性恶"论，冯友兰所著哲学史就作如是观。《韩非子》何曾说"人性恶"？文献证据何在？《韩非子》等不过言好利乃人之最大情性而已，人人同之，今学者依荀子《性恶》篇有"性恶"字眼套以叙之，一则不知好利自身无所谓恶或善且人人皆性情如是，二则不知荀子本不言"性恶"亦非在论证"性恶"，盖因荀书"性不善"讹为"性恶"，"法家言性恶"遂再以讹传讹，几成世之定见。

② 康有为《长兴学记》(1891)、《万木草堂口说》(1891—1897)、王国维《静安文集·论性》(1904)、刘师培《理学字义通释》(1905)、章太炎《国故论衡》(1910)、梁启超《儒家哲学》(1927)、吕思勉《古代人性论十家五派》(1914?)、吕思勉《先秦学术概论》(1933)、杨大膺《孟子学说研究》(1937)、傅斯年《性命古训辨证》(1940)、蒙文通《儒学五论》(1944)。

③ 杨筠如：《荀子研究》，商务印书馆1931年版，第196页。

④ 赵兰坪：《中国哲学史》卷中，国立暨南学校出版部1925年版，第18页。

⑤ 杨筠如：《荀子研究》，商务印书馆1931年版，第195页。

或"性—伪"的见解与孔荀可谓完全一致。其《论时政疏》曰：

> 岂惟胡亥之性恶哉？彼其所以道之者非其理故也。鄙谚曰"不习为吏、视已成事"，又曰"前车覆、后车诫"……夫心未滥而先喻教则化易成也，开于道术智谊之指则教之力也，若其服习积贯则左右而已。夫胡粤之人，生而同声，嗜欲不异，及其长而成俗，累数译而不能相通，行者有虽死而不相为者，则教习然也。……夫礼者禁於将然之前而法者禁于已然之后，是故法之所用易见而礼之所为难知……然而曰礼云礼云者，贵绝恶于未萌而起教于微眇，使民日迁善远辠而不自知也。（《汉魏六朝百三名家集·贾长沙集》，亦见《汉书·贾谊传》）

贾谊所说"夫胡粤之人，生而同声，嗜欲不异，及其长而成俗……则教习然也"与荀子所说"干、越、夷、貉之子，生而同声，长而异俗，教使之然也"（《荀子·劝学》）惊人相似，学说的传承关系明显①。王国维说：**"孔子不就人性问题而论善恶，唯就行为而论善善恶恶……谓人性本无善恶，唯因其习惯之如何而为善为恶……"**② 傅斯年说孔子论人性**"其中绝无性善论之含义，且其劝学如荀子"**③，贾谊发挥孔荀见解，云：

> （1）人性不甚相远也……夫习与正人居之不能毋正，犹生长于齐不能不齐言也；习与不正人居之，不能毋不正，犹生长于楚之地不能不楚言也。故择其所嗜，必先受业，廼得尝之；择其所乐，必先有习，廼得为之。孔子曰："少成若天性，习惯如自然。"……习与智长，故切而不愧，化与心成，故中道若性。（《汉魏六朝百三名家集·贾长沙集》，又见《新书·保傅》、《汉书·贾谐传》等，文字有异）

> （2）古之王者，太子始生而教……使与太子居处出入。故生则

---

① 侯外庐等说"贾谊必深得荀子一派儒学的教养"，贾谊的人性观是荀子人性论的继承和演绎，为"荀学余绪"。（《中国思想通史》第二卷，人民出版社1957年版，第66—67页）赵纪彬则认为荀子该种观点又与孔子"性相近、习相远"的人性观"十分相一致"，这道出了荀子人性论与孔子人性观的相近关系。（《中国哲学思想》，中华书局1948年版，第97页）
② 王国维：《王国维哲学美学论文辑佚》，华东师范大学出版社1993年版，第46页。
③ 傅斯年：《傅斯年全集》第二卷，湖南教育出版社2003年版，第628页。

见正事、闻正言、行正道，左右前后皆正人。孔子曰："幼成若天性，习惯若自然。"及太子少长，即入于太学，承师道问。既冠成人，免于保傅之严，则有记过之史、彻膳之宰、诽谤之木、敢谏之鼓。……岂惟胡亥之性恶哉？所以导之者非其理也。(《汉纪》卷九)

查秦汉著作尤西汉初著作，能发现很多与荀子性朴论、师法论（教化与度制）以及分"性—习性"相似的见解；且秦汉时儒家经义传自荀子尤多，清代汪中《荀子通论》有详考[①]，王先谦《荀子集解》的考证部分已有详引，此问题这里就不再赘述或讨论、征引了。

东汉时期的《论衡》、《申鉴》记述荀子持"性恶"论的文字处，从上下文看绝无可能"性恶"二字有讹，且更非汉代之后的"伪书"，故王充、荀悦所述属实。王充约生卒于27—97年，十几岁起游学京城并入太学，据此可以想见《荀子》"性不善"约在两汉际、东汉初已讹。那何故造成此讹呢？此间发生了《荀子》版本史上一件最重大的事件，那就是西汉末年刘向（约公元前77年—前6年）对皇家所藏荀书的校勘与整理：由322篇删去重复的290篇，"定著三十二篇，皆以定杀青，简书可缮写"（《孙卿书录》），竹简荀子之书赖此传于后世。

西汉末年的汉成帝时，皇家图书馆天禄阁进行过一次大规模的图书整理校勘，刘向、刘歆父子奉命校理经传诗文等，荀书"性不善"讹为"性恶"的最大可能正是发生在这次大规模的书简整理活动中。而其可能校误的根本原因是"善—恶"对言思潮在两汉际十分泛滥，春秋褒贬及谶纬家言等兴盛，从东汉《说文》、《白虎通》等典型文献我们可以窥见这种思潮的弥漫与深入——汉代十分流行"善恶—阳阴—性情"各自对讲及分别对讲，构"善性阳—恶情阴"对释的阐释系统，仁义之说与黄老学相杂，如《说文》曰"性，人之阳气，性善者也"、"情，人之阴气，有欲者"，《广韵》引《说文》释"情"字曰"人之阴气，有所欲也"，《孝经援神契》曰"性生于阳，以理执；情生于阴，以系念"。

所以，《荀子》"性不善"在西汉末年的简书编校缮写过程中被改为"性恶"并非纯粹偶然或改者无意。然而改写文本字眼者并没有意识到"性恶"与"性不善"并不等同，并且这种改动从此造成了中国思想史的

[①] 汪中：《新编汪中集》，田汉云点校，广陵书社2005年版，第412—414页。

一桩重大学术谜案（清朴学家亦未校出，多在作曲意回护而解"性恶"），《荀子》一书及荀子本人遂由此蒙"冤"长达二千年之久，此正《荀子》首注者唐杨倞所云："理晓则惬心，文舛则忤意，未知者谓异端不览，览者以脱误不终，所以荀氏之书千载而未光焉。"（《荀子序》）

第三节　性朴论的结构与源流

梁启超1925年所作《要籍解题及其读法》说："荀子之最大特色，在其性恶论……《性恶篇》：本篇为荀子哲学之出发点，最当精读。"[①]"性恶"这词在传世《荀子》中仅20处（不含篇名以计），且这20处皆在《性恶》篇，其中11处在"人之性恶明矣，其善者伪也"这种句式中（3处略异，亦计）。

除"性恶"断语外，《礼论》、《性恶》等篇还存"性朴"论："性者，本始材朴也；伪者、文理隆盛也。无性则伪之无所加，无伪则性不能自美……性伪合而天下治"；"……所谓性善者不离其朴而美之，不离其资而利之也。使夫资朴之于美，心意之于善……"《臣道》、《强国》、《王霸》篇亦曰"朴马—赤子"、"（秦）其百姓朴"、"朴力而寡能"等。《荀子》一书在人性论、人性观上是有矛盾或冲突的，故引起了今世学者对《性恶》篇之文本真伪的献疑。

一　"性恶"的怀疑与辩护

周炽成2002年《荀子韩非子的社会历史哲学》一书及2007年《荀子：性朴论者，非性恶论者》一文反复说今《性恶》篇非荀子亲著，疑其为"西汉中后期的荀子后学或与荀学有关的人所作"；周文发表后，张峰屹与周多次辩难并发布在有关学术网站上，2009年收入周《荀韩人性论与社会历史哲学》一书[②]。

然于《性恶》是否为荀子亲著的质疑，其实早在80余年前就已正式

[①] 梁启超：《梁启超全集》第九册，北京出版社1999年版，第4641—4642页。
[②] 周炽成相关见解见：《荀子韩非子的社会历史哲学》，中山大学出版社2002年版；《逆性与顺性——荀子人性论的内在紧张》，《孔子研究》2003年第1期；《荀子：性朴论者，非性恶论者》，《光明日报》2007年3月20日；《荀子非性恶论者辩》，《广东社会科学》2009年第2期；《荀韩人性论与社会历史哲学》，中山大学出版社2009年版。

提出：1923 年 1 月 16—18 日北京《晨报副镌（刊）》三次头版刊载刘念亲（著存）《荀子人性的见解》一文（又见长沙版《大公报》1923 年 1 月 24—28 日同题连载之文）并附梁启超案语，刘推定《荀子》孤零零说"性恶"的《性恶》篇当非荀子所作而是后人伪作，疑其出自广出伪书的汉成帝以后。梁案语则云"此问题关系重大"，"此谳若信，则学界翻一大公案矣"①。而怀疑"性恶论"为荀子所有的，最早实可追溯到清代高步瀛。蔡元培 1896 年日记曰曾亲见河北人高步瀛《荀子大谊述》手稿 20 篇并谓高氏证"性恶论非荀子所著"、"性恶论非荀子所作"，谓荀子以天生自然、本始材朴等言性恰恰证明"性恶之诬不攻自破"，谓高氏"订征事实，校勘讹夺，发前人所未发者，更不可偻指数，洵荀氏功臣矣"②。高说远早刘说，惜高书迄今未查见，或手稿已不存人间，惜乎！

蔡元培 1894 年《荀卿论》一文也提出"性恶"非荀子所有乃后人所增，说："荀子以缮性为本，以隆礼为质，以积微为强……而论者或摘其片言指为巨创，岂知韩婴《外传》不著非孟之辞，董生《察名》未引性恶之说。流传别本，容有增加，韩非、李斯固优为之。集矢本师，未为通论。"③梁启超 1926 年讲荀子《正名》篇时又据《荀子》"性—伪"范畴及"性者本始材朴"的定义而认为荀子未必持人性本"恶"论④，傅斯年 1940 年版《性命古训辨证》据荀子"性者本始材朴"称其"与性恶论微不同"⑤。性能须依于材质，"性恶"与"性者本始材朴"未必是"微不同"。

尽管张西堂早在 1936 年 6 月 18、28 日《北平晨报·思辨》所载《荀子〈劝学篇〉冤词》一文里就提出荀子《性恶》篇等"实是没有真伪问题的"⑥，又在《荀子真伪考》一书里认为《性恶》"这一篇自首至

---

① 刘念亲：《荀子人性的见解》，《晨报副镌》1923 年 1 月 16、17、18 日，《晨报副镌》合订本之影印本第 4 分册 1923 年 1 月部分（无页码标识），人民出版社 1981 年版。——梁案语亦见夏晓虹所辑《〈饮冰室合集〉集外文》中册，北京大学出版社 2005 年版，第 926 页。
② 蔡元培：《蔡元培日记》，王世儒编，北京大学出版社 2010 年版，第 45—46 页。——《蔡元培全集》主编高平叔曾将字阆仙、阆轩的冀人高步瀛（1873—1940）误当作字阆声的浙人张宗祥（1882—1965），见高平叔《蔡元培在翰林院》一文（《浙江文史资料选辑》第四十三辑，浙江人民出版社 1990 年版，第 5 页）。
③ 蔡元培：《蔡元培全集》第一卷，中华书局 1984 年版，第 50—51 页。
④ 梁启超：《梁启超全集》第九册，北京出版社 1999 年版，第 4917 页。
⑤ 傅斯年：《傅斯年全集》第二卷，湖南教育出版社 2003 年版，第 637 页。
⑥ 罗根泽：《古史辨》第六册，上海古籍出版社 1982 年版，第 154 页。

尾都应当认为是真荀子所作"①，但对《荀子·性恶》提出怀疑的还是大有人在，如20世纪日本学界亦曾对荀子的"性恶"论提出质疑②：1950年金谷治提出《性恶》篇非荀子作品而系荀子后学的作品③，1955年豊島睦提出《性恶》篇不是荀子所亲撰的作品而是后出之作品④，1958年米田登也认为荀子人性论有矛盾或缺陷故"性恶"论非荀子真实之主张而是属荀子后学的法家思想家所添加⑤，兒玉六郎1974年《荀子性朴说的提起》一文与1992年《荀子的思想：自然、主宰的两天道观与性朴说》一书提出荀子人性观是先天"性朴"与后天"性善"、"性恶"等，认为荀子人性论的核心是"性朴"而非"性恶"⑥。

学界论证《性恶》属伪者甚少且似首推刘念亲，然隐约察觉到荀子论性有矛盾的古来学者实不少（王国维、郭沫若、王恩洋等则说性善论、性恶论皆荒谬不经），不过多昧于传世文本而作曲解或迂回辩护。如陈登元1928年《荀子哲学》认为荀子不持性恶论而持"情欲恶论"⑦；梁启雄1963年《荀子思想述评》调解"性朴—性恶"矛盾而以"情恶"解"性恶"⑧；牟宗三1968年《心体与性体》认为"顺之而无节即'性恶'义"，又认为荀子"本始材朴"与告子"生之谓性"是同讲材质中性，"而此'中性'义与'性恶'义并不冲突也"⑨。

认定《性恶》篇属伪的论点不能成立，因为仅凭"性恶"字眼只存《性恶》而《礼论》又同时涉言"材朴"实不足以推定《性恶》篇系伪造或伪出。以情恶或人性、人情结果或许为"恶"来证人之本性恶，或云荀子"性恶"非指本性恶，或云性朴与性恶不矛盾，或兒玉六郎式将朴、善、恶统一起来，此皆实似对荀子《正名》、《性恶》、《儒效》等一

---

① 张西堂：《荀子真伪考》，明文书局1994年版（台北），第42页。
② 佐藤将之：《二十世纪日本荀子研究之回顾》，《国立政治大学哲学学报》2003年第11期。
③ 金谷治：《荀子の文献学的研究》，《日本學士院紀要》第9卷第1号，1951年。
④ 豊島睦：《荀子文献批判の一方法》，《哲學》第5辑，廣島大學文學部内哲學會，1955年。
⑤ 米田登：《荀子性論管見》，《文芸と思想》第15号，福岡女子大學文學部，1958年。
⑥ 兒玉六郎：《荀子性朴说の提起——性偽之分に關する考察から》，《日本中國學會報》第二十六集，1974年；兒玉六郎：《荀子の思想：自然・主宰の両天道觀と性朴説》，風間書房，1992年。——佐藤将之《二十世纪日本荀子研究之回顾》将兒玉六郎该书及前引金谷治文分别误为1993、1950年出版，又将前所引兒玉六郎该文的题名中的"提起"误作"提出"。
⑦ 陈登元：《荀子哲学》，商务印书馆1928年版，第163页。
⑧ 梁启雄：《荀子思想述评》，《哲学研究》1963年第4期。
⑨ 牟宗三：《心体与性体》上册，上海古籍出版社1999年版，第77页。

再强调的"性—伪"、"善—恶"等范畴置若罔闻,其探解不经意间已陷入自我逻辑矛盾或与荀书直接相矛盾。按荀书"性"、"善"、"恶"的明确定义及"材朴"、"性恶"命题,"性朴"与"性恶"在《荀子》全书是根本无法统一的,任何好心辩解或调和实皆与荀书自身定义及自身命题明确矛盾而流于无效与多余。

2008年笔者撰长文《揭开二千年之学术谜案——荀子〈性恶〉校正议》,次年发表于台北第16届国际中国哲学大会,见解后被学者引述介绍①。该文力证《荀子》严申"性—伪"之分、"善—恶"之别、"合—验"之则、"可—必"之异及其人性论既宣称本朴又宣称本恶,既宣称无善恶又宣称是恶,既宣称性善无符验又宣称性恶极明靠,既宣称成君子或小人皆是种可能又宣称性恶确系实然与本然,既而推定今本《荀子》陷于立论矛盾与语言概念、思维逻辑大混乱,进而提出《性恶》非伪书然其中"性恶"字眼系"性不善"所讹并加以正推与逆推,结论是:**荀子非性恶论者,而是十足的性朴论者;《荀子》一书"性不善"字眼讹为"性恶"约在西汉末年刘向对《荀子》的首次编校整理。**

笔者最初是依①《性恶》非议孟子"性善"(性善的反命题是性不善,先秦论性以善、不善对说,汉以来流行善、恶对说并各配性情、阴阳等)、②荀子另说"本始材朴"与"所谓性善者不离其朴而美之"、③"人之性恶明矣"前的论证文字实不能有效证明"性恶"反而是在明确地驳"性善"及证"性不善"、④类比论证人需化治时屡称枸木之材本状"不直"这四者悟得《性恶》篇之"性恶"系"性不善"所讹;将"不善"字样逐一复原,关于荀子论性的学术疑惑皆可迎刃而解,荀子是篇及全书的文本、学说瞭无滞碍,无论正反推验皆通达无隙,详见笔者《揭开二千年之学术谜案》一文及文内所附"《荀子·性恶》校勘清样"及校勘说明等,2008年12月23日载"孔子2000网"②。

二 "性朴"论的理论结构

(一) 性、材、伪、积范畴及其关系

荀子性朴论的理论结构主要在"性、材、伪、积"的范畴及范畴

---

① 解丽霞:《"第十六届国际中国哲学大会"述要》,《哲学动态》2009年第11期。
② 校按:已删节后以同题文字刊于上海《社会科学》2015年第8期。

关系叙述上。"性"在《荀子》约118处,语义大体一致,皆指天然情状或天赋式机能。《正名》开篇界定的首条范畴即"性",曰"生之所以然者谓之性……不事而自然谓之性",又曰"性者天之就也,情者性之质也,欲者情之应也";今《性恶》曰"凡性者天之就也,不可学,不可事",又曰"不可学、不可事而在人者谓之性";《儒效》曰"性也者,吾所不能为也,然而可化也。积也者,非吾所有也,然而可为也"。

《荀子》严辨"性—伪"范畴及事实:"性"指不学不事的生性、天性或本性,指与生俱来的相关机能;"伪"指人的习为或习为所得,所谓"可学而能、可事而成之在人者谓之伪"(《性恶》)、"性之好恶喜怒哀乐谓之情,情然而心为之择谓之虑,心虑而能为之动谓之伪(此伪或当如楚简写作'愚'①,隶作'僞/憍/伪',心为义),虑积焉、能习焉而后成谓之伪(此伪或本作'偽',人为、行为义,憍、偽二字或有语义差异但可通用)"(《正名》),此正如荀子后裔荀悦所谓"凡情意心志者,皆性动之别名也"(《申鉴·杂言下》)。荀子于性的界说符合性字表"生"的语言渊源及实义,且其"性—伪"之分实同孔子"性—习"之分,亦同北宋江民表《心性说》中所阐述的"性—习性"之分②。此三人皆正确区分了本性/生性与习性/德性的差异并承认"积习成性"之德性生成(《尚书》"习与性成"句亦有此义),而江民表责孟子"指习性而为性"正同荀子责孟子"不察乎人之性伪之分"。康有为《万木草堂口说》曰:"董子言生之谓性,是铁板注脚。总之,'性是天生,善是人为',二句最的。"戴震《孟子字义疏证》卷下云:"**德性始乎蒙昧,终乎圣智。其形体之长大也,资于饮食之养,乃长日加益,非复其初。德性资于学问,进而圣智,非复其初明矣。**"此正吻合荀子"性—伪"之辨及"人之性不善明矣,其善者伪也"之证说。

---

① 《燕京学报》新第7期(1999年)庞朴《郢书燕说——郭店楚简及中山二器"心"旁文字试说》一文讨论了出土文献从"心"之"伪"字,并认为《荀子》"心虑而能为之动谓之伪"的"伪"当本作"伪",庞说颇是,甚可从。见《庞朴文集》第二卷,山东大学出版社2005年版,第203—213页。——包山楚简、郭店楚简、上博楚简等皆有从"心"之"愚"字,明梅膺祚《字汇》有"愚"字,详见滕壬生《楚系简帛文字编》增订本,湖北教育出版社2008年版,第932页。
② 林桂榛:《"指习性而为性"、"指性以善不可"——宋代江望的孟子批判》,chinarujiao. net > 林桂榛文集,2008年12月21日发布;单亦艳、林桂榛:《论江民表的〈性说〉》,《江苏教育学院学报》2009年第4期。

荀子认为本性、生性之性非超绝的独立存在，性本自材，性无非是材性或材的机能、性能。如《礼论》云："性者，本始材朴也；伪者，文理隆盛也。无性则伪之无所加，无伪则性不能自美。"《性恶》云："所谓性善者不离其朴而美之，不离其资而利之也。"韦政通说此"离其朴—离其资"的朴、资同于"性者本始材朴"之材朴，谓"朴，资，材朴皆自然义"①。董仲舒《春秋繁露·实性》"性者天质之朴也，善者王教之化也，无其质则王教不能化，无其王教则质朴不能善"及《贤良对策》"质朴之谓性，性非教化不成；人欲之谓情，情非度制不节"正同荀子。杨倞说朴为质朴、材为资材，郝懿行谓朴本作"樸"，"樸"是木素即为未雕之木原材状，引申指凡未雕饰、未加工的事物或事物质地。荀子认为资材是性的基础，不存在无材的性与无性的伪，而活体的"材—性"关系如同"目—明"、"耳—聪"的实在性"结构—功能"关系一样。另外，材性或亦有差异，然荀子称之为"美—良"或"美—恶"与否（如称"性质美/金锡美/山林川谷美/万物之美/其质非不美/资朴之于美/相美恶辨贵贱"等），不以伦理性"善—恶"名之，荀子以为用"善—恶"之词当首先明辨何义何指。

荀子不仅以"材—性—生"概念科学地解释了天然状资材与性能间的结构功能关系，以"伪—积—化"概念科学地解释了人意识化的习性、德性之生成真相，还以"血气—心知"范畴（此亦材性关系，意识属机能）进一步精到陈述了人性人生的实际内容：《礼论》曰"凡生天地之间者，有血气之属必有知……故有血气之属，莫知于人"（又见今《礼记·三年问》），《王制》曰"水火有气而无生，草木有生而无知，禽兽有知而无义，人有气有生有知亦且有义，故最为天下贵也"。主体内容出自荀子后学（毛公）的《乐记》曰"夫民有血气心知之性而无哀乐喜怒之常，应感起物而动然后心术形焉"，此即《荀子·天论》"天职既立，天功既成，形具而神生，好恶喜怒哀乐藏焉，夫是之谓天情"的生命情性论（荀子后裔荀悦《申鉴》曰"生之谓性也，形神是也"），此情性论强调情性的本相就是"血气心知"之四字，人性的具体就是"血气心知"之展开，就是"形神"之运行，就是该结构功能式的生理、心理现象或生理、心理机制。

---

① 韦政通：《荀子与古代哲学》，（台北）商务印书馆1992年版，第70页。

基于人性本朴、习性生成的这一血气心知人性论，荀子认为正常的成人皆有知仁义法正或是非曲直的条件或能力，故可知仁义法正或是非曲直；但正常人是否成为德行极高或极低的人，则皆在人的自愿而为而不在本有或必然，故荀子强调可能及作为。《解蔽》篇曰："凡以知，人之性也；可以知，物之理也。以可以知人之性求可以知物之理而无所疑止之，则没世穷年不能徧也……传曰'天下有二：非察是，是察非'，谓合王制不合王制也。天下有不以是为隆正也，然而犹有能分是非治曲直者邪？"《正名》篇又曰："生之所以然者谓之性，性之和所生精合感应不事而自然谓之性，性之好恶喜怒哀乐谓之情，情然而心为之择谓之虑，心虑而能为之动谓之伪，虑积焉能习焉而后成谓之伪，正利而为谓之事，正义而为谓之行，所以知之在人者谓之知，知有所合谓之智，所以能之在人者谓之能，能有所合谓之能（此能字杨倞注校作耐字）。"《性恶》篇则说：

（1）凡礼义者，是生于圣人之伪，非故生于人之性也。故陶人埏埴而为器。然则器生于工人之伪，非故生于人之性也；故工人斲木而成器，然则器生于工人之伪，非故生于人之性也。圣人积思虑、习伪故，以生礼义而起法度。然则礼义法度者，是生于圣人之伪，非故生于人之性也。若夫目好色、耳好声、口好味、心好利、骨体肤理好愉佚，是皆生于人之情性者也。感而自然，不待事而后生之者也。夫感而不能然，必且待事而后然者谓之生于伪，是性伪之所生其不同之征也。故圣人化性而起伪，伪起于性而生礼义，礼义生而制法度，然则礼义法度者是圣人之所生也。故圣人之所以同于众其不异于众者，性也；所以异而过众者，伪也。

（2）凡禹之所以为禹者，以其为仁义法正也，然则仁义法正有可知可能之理。然而涂之人也，皆有可以知仁义法正之质，皆有可以能仁义法正之具，然则其可以为禹明矣。今以仁义法正为固无可知可能之理邪？……将使涂之人固无可以知仁义法正之质，而固无可以能仁义法正之具邪？……今涂之人者，皆内可以知父子之义，外可以知君臣之正，然则其可以知之质、可以能之具，其在涂之人明矣。今使涂之人者，以其可以知之质，可以能之具，本夫仁义之可知之理、可能之具，然则其可以为禹明矣。今使涂之人伏术为学，专心一志，思索孰察，加日县久，积善而不息，则通于神明，参于天地矣。故圣人者，人之所积而致矣。曰：圣可积而致，然而皆不可积，何也？曰：可以而不可使也。故小人可以为君子，而不肯为君子；君子可以为小人，而不肯为小人。小人、君子者，未尝不可以相为也，然而不相为者，可以而不可使也。故涂之人可以为禹，然则涂之人能为禹则未必然也。虽不能为禹，无害可以为禹。足可以徧行天下，然而未尝有能徧行天下者也。夫工匠农贾未尝不可以相为事也，然则未尝能相为事也。用此观之，然则可以为未必能也，虽不能无害可为为。然则能不能之与可不可，其不同远矣，其不可以相为明矣。

（二）循人性人情而教化与管制并行

荀子曰："人无师法，则隆性矣；有师法，则隆积矣。而师法者，所得乎积，非所受乎性。性不足以独立而治……"（《荀子·儒效》）荀子用"材—性—伪—积"等严密概念恰切解释了善德良操如何后天兴起及可能的问题，也解释了人为何天然式趋利避害以及治世为何需教化与管制（管治）的问题。以"血气"生命观之，生命机体（活材）其生性本性的基本内容为与生俱来的生命代谢；而作为有"心知"的生命，人之生性本性在生命趋向上自然体现为对物质资源的需求以及对其他相关利己性利益的需求。故荀子说人性是"本始材朴"（《荀子·礼论》），又反复申述人之欲、情、性"生而好利"这一普遍规律（此律为法家最重，曰因人情而设法治民）。

"性谓人受血气以生"（郑玄），"性字从心，即血气心知也"（阮元），"血气心知，性之实体也"、"德性始乎蒙昧，终乎圣智"（戴震）。荀子累称肉与灵是"材性知能"、"知虑材性"、"知能材性"等，《赋》曰"血气之精、志意之荣"，《修身》曰"血气、志意、知虑"。《春秋繁露》曰"肌肤血气之情"，《郭店楚简》曰"顺乎肌肤血气之情养性命之政"，《论衡》曰"人之精神藏于形体之内犹粟米在囊橐之中也……精神本以血气为主，血气常附形体"，《逸周书》曰"民生而有习有常，以习为常，以常为慎……夫习之为常，自气血始"。正因生命材性本朴，故可教化、需教化（荀子、贾谊、徐幹、王符等都似《墨子》重"所染"）；正因有血气并血气生命有情有欲且常有争，故需防止偏乱暴夺而施之具有利益效应、驱动效果的礼法管制（管治）。如此则"注措习俗、化性起伪"及"隆礼重法、制度以陈"，所谓"起礼义制法度"、"生礼义起法度"、"由士以上则必以礼乐节之，众庶百姓则必以法数制之"。教化与管制（管治）合观即荀子所谓"师法之化"、"君师之治"，这种思想继承、发展自孔子，代表战国儒家最精湛的思想认识，故康有为《万木草堂口说》曰"孟子高流，荀子正宗"、"师法出于荀子欤"①、"后世师法之重出于荀子，孟子无此义"、"礼学重师法，自荀子出，汉儒家法本此"。

《论语·为政》曰"道之以德，齐之以礼"，《荀子·劝学》曰"礼者法之大分，类之纲纪也"，《管子·枢言》曰"出于礼，礼出于治"。儒学与时俱进地由尚礼转进至尚法而张"法论"或"法治"实属必然且必要，然"生民非为君、立君以为民"（《大略》），荀子说的"法/法治"实不同于法家的"法/法治"。荀子强调"法义"或"义法"，强调"礼义法度"及"仁义法正"，即崇法时强调法的正义性，所尚非法家的牧民性之法而是民主、民意性之"义法"，故《王霸》曰"之所以为布陈于国家刑法者则举义法"。若法不蕴含民众共利与公意，或谓不合大众善良礼俗与伦理正义，则此法只是帝王牧民、御民之具，《君道》谓"不知法之义而正法之数者虽博临事必乱"，此类《淮南子·主术训》"法生于义，义生于众适，众适合于人心，此治之要也"、《鹖冠子·环流》"是者法之所与亲也，非者法之所与离也，是与法亲故强，非与法离故亡"之谓。故荀子认为学、治之要皆在礼法，《君道》谓"隆礼至法则国有常"。

三 "性朴"论的理论源流

性朴论是荀子学说体系的支柱或中枢，上溯天道论，下延人世论。荀子的天道观本自孔子、馯臂子弓（子弓）一脉之阴阳大化的易道思想②，完全是一种自然哲学。如前文已述，地球的万物生息赖日地星体交角运行，赖气温与水分由此呈季节性强弱往复，人体生命亦随外部日水而赖自身气血运行以营卫。孔荀皆深谙天文，荀子则以"材性知能"的血气心知生命论打通了人与天道的生态论统一，建构了《天论》篇天人合一的完整自然哲学，并一语道破曰："性者本始材朴也……天地合而万物生，阴阳接而变化起，性伪合而天下治。"（此句似错简从论性篇羼入论礼篇）

（一）荀子"性朴"论的源

欧阳修《答李诩第二书》曰"性之善恶不必究也"，王安石《原性》

---

① 《万木草堂口说》本为手写本，今有校本误读"欤"为"考"字，如中华书局所出楼宇烈校本（《康有为学术著作选》）。"考"本作"攷"，攷欤两字形近而易讹，姜义华等编校的上海古籍出版社所出《康有为全集》校作"师法出于荀子欤"。

② 林桂榛：《大儒子弓身份与学说考——兼议儒家弓荀学派天道论之真相》，《齐鲁学刊》2011年第6期；《子弓非孔子弟子仲弓考》，《光明日报》2010年11月8日"国学"版。

曰"性不可以善恶言也",苏轼《论语说》曰"性其不可以善恶命之"①。《朱子语类》则记载北宋胡宏(五峰)等说"性无善恶"、"性非善恶"、"性本无善恶,发然后有善恶"等。康有为说:"性者,生之质也,未有善恶。"(《万木草堂口说》)"凡论性之说,皆告子是而孟子非……告子之说为孔门相传之说,天生人为性,性无善恶,善恶圣人所主也。"(《万木草堂口说》)又说:"告子'生之谓性',自是确论,与孔子说合……程子、张子、朱子分性为二,有气质,有义理……实则性全是气质,所谓义理自气质出,不得强分也。"(《长兴学记》)严灵峰说:"告子曰:'生之谓性。'又曰:'性无善无不善也。'盖近于孔子……荀子同于告子,不以食、色之性为'恶';以其'求之无度量分界'为'恶'也。"②唐君毅说:"荀子以生之所以然谓之性,与告子言生之谓性,庄子言性者生之质也,又相似。唯庄子言复性以养德,则性应为善……告子则以人性初无善无恶,而亦可约范之以成仁义之善,如约范杞柳可以为杯棬。"③

梁启超则说:"告子说:'生之谓性。'造字的本义,性就是人所以生者。既承认生之谓性,那末,善恶都说不上,不过人所以生而已。又说:'食色性也。'这个性完全讲人,专从血气身体上看性,更没有多少玄妙的地方。赤裸裸的,一点不带色彩。他的结论是:'性无善无不善也。'由告子看来,性完全属于中性,这是一说。"④龚自珍27岁作《阐告子》,自言推崇告子:"龚氏之言性也,则宗无善无不善而已矣,善恶皆后起者。"也即他同康有为似的赞同告子之见。龚自珍说:

> 龚氏之言性也,则宗无善无不善而已矣,善恶皆后起者。夫无善也则可以为桀矣,无不善也则可以为尧矣……告子曰性无善无不善也,又曰性杞柳也,仁义杯棬也,以性为仁义,以杞柳为杯棬。阐之曰:浸假而以柳为门户藩也,浸假而以柳为桎拲梏,浸假而以柳为虎子威俞,柳何知焉?又阐之曰:以杞柳为杯棬,无救于其为虎子威俞,以杞柳为威俞,无伤乎其为杯棬,杞柳又何知焉?是故性不可以

---

① 参见向世陵《理气性心之间——宋明理学的分系与四系》第一章,湖南大学出版社2006年版。
② 严灵峰:《无求备斋荀子集成》第一册,成文出版社1977年版,第6页。
③ 唐君毅:《中国哲学原论·原性篇》,中国社会科学出版社,2005年版,第31页。
④ 梁启超:《梁启超全集》第九册,北京出版社1999年版,第4992页。

名可以勉强名，不可似可以形容似也，杨雄不能引而申之，乃勉强名之曰善恶混雄也。窃言未湮其原，盗言者雄，未离其宗告子，知性发端未竟。——予年二十七著此篇，越十五年年四十二矣，始读天台宗书，喜少作之闇合乎道，乃削剔芜蔓存之。自珍自记癸巳冬。

《孟子》里告子反对孟子性善论，并曰"生之谓性"，又曰"食色，性也"。告子此见即孔子之见，告子、孔子的"性"范畴是血气之性，而非道德之性或德性之性。如戴震《孟子字义疏证》卷下所谓："试以人之形体与人之德性比而论之，形体始乎幼小，终乎长大。德性始乎蒙昧，终乎圣智。其形体之长大也，资于饮食之养，乃长日加益，非复其初。德性资于学问，进而圣智，非复其初明矣。"**德性是生成的，并非是本有的。道德之性就是习性，是后天习成之性，非本性之性，而"性"义是本性、本生，是与生而俱有之性、生。**荀子的人性论可谓就是渊源于告子，也渊源孔子等。《尚书·太甲上》曰："伊尹曰：兹乃不义，习与性成。"汉孔安国传曰："言习行不义，将成其性。"《逸周书·常训解》曰："民生而有习有常，以习为常，以常为慎，民若生于中，夫习之为常，自气血始。明王自血气耳目之习以明之丑，丑明乃乐义……"《尚书·太甲上》及《逸周书》是不是伪篇或伪书姑且先不论，但"习与性成"及"习行不义，将成其性"以及"民生而有习有常……夫习之为常，自气血始"还是地道的儒家见解，而且正与孔子完全一致，故孔子重视礼乐，重视言行，重视择友等等，此亦与第一章第四节详细谈及的孔子所说"少成若天性，习贯如自然"正是一个道理。而荀子说"性朴"及重视思虑、伪积、礼乐、师法、劝学、修身、王制等，其实人性见解也正与孔子相同。

《孟子》、《论衡》等记载告子言"人性无分善不善"、"性无善无不善"、"性无善恶之分"，《申鉴》记载公孙子言"性无善恶"（此公孙子当非公孙尼子，《论衡·本性》曰公孙尼子言"性有善有恶"，其或系战国公孙龙或汉初公孙弘）。陈来说早期儒学对人性的主流看法并不是性善论[1]，这是完全正确的。标榜"性善"，其实在先秦儒学是一个"异数"，这个"异数"在先秦、秦汉时代并没有多少影响力。但"善—恶"是相

---

[1] 陈来：《郭店楚简之〈性自命出〉篇初探》，《孔子研究》1998年第3期；陈来：《郭店楚简与儒学的人性论》，《儒林》第1辑，山东大学出版社2005年版；陈来：《竹帛〈五行〉与简帛研究》，生活·读书·新知三联书店2009年版。

对立的概念，以善论性的结果是人性理论进入了"善—恶"论的概念体系，这倒是深刻影响秦汉时代人性论的理论因素，所以董仲舒、扬雄、荀悦、刘向、王充等都难免在善恶论上论人性，此后以善恶论人性成为中国思想史的人性论话语主流，而孟子性善论到唐宋的抬升及道学化的"理—气"嫁接，以及由于宋儒之论定为了官方意识形态，所以性善论后来才成为中国思想观念的主流，以至《三字经》开篇即云"人之初，性本善"并流布广泛。

（二）荀子"性朴"论的流

荀子是性朴论者，也是反性善论者，更是血气心知人性论者，这是秦汉的思想主流。荀子性朴论在未讹之前对学人的影响至今可察。秦汉跟荀学有关的人物明显多主材朴论与教化、管制论，如被刘向称为"作书美荀卿"的董仲舒谓人天生"质朴"，称"质朴之谓性"及"性者天质之朴也"，重"教化"与"法度"（即重师法），并荀子式批判孟子性善论（《春秋繁露》、《董仲舒传》）；荀学再传之贾谊亦用"朴/素朴"来言人之质朴，且赞孔荀论天性近与教习殊（《贾长沙集》、《贾谊传》）；出自荀学的汉初陆贾亦重师法，其《新语》屡称"教化所致"、"教化使然"、"畏威从化"、"上之化下"等；出自荀子后学的《乐记》亦不以善恶言性且无性本体论或德性先验论，其天道观、人性观实属荀学；刘向系荀子再传弟子楚元王的四世孙，《乐记》"六者非性也，感于物而后动"句在刘向《说苑》作"人之善恶非性也，感于物而后动"；《盐铁论》曰"非性之殊，风俗使然也"；《白虎通》曰"民有质朴，不教而成"；《说苑》也说"离质朴"和屡云"朴"。荀子弟子韩非、李斯皆不主"性恶"论，冯友兰等哲学史著作实皆有误[①]，韩非等无非着意人性趋利、人情嗜利而

---

① 说韩非如荀子式持性恶论者有：冯友兰：《中国哲学简史》，北京大学出版社1996年版，第140页；冯友兰：《中国哲学史》上册，华东师范大学出版社2000年版，第243页；胡适：《中国哲学史大纲》，商务印书馆1919年版，第321页；冯友兰：《中国哲学史》，商务印书馆1947年版，第398页；孙叔平：《中国哲学史稿》上册，上海人民出版社1980年版，第205页；严灵峰：《无求备斋韩非子集成》第1册，成文出版社1980年版，第4、11页；周世辅：《中国哲学史》，三民书局1983年版，第164页；劳思光：《新编中国哲学史》卷一，三民书局1984年版，第359页；熊十力：《韩非子评论》，学生书局1984年版，第16页；蔡仁厚：《中国哲学史大纲》，学生书局1988年版，第70页；韦政通：《荀子与古代哲学》，（台北）商务印书馆1992年版，第240页。至于持此观点的一般性中国哲学史教科书或专著，这里就不详举了。

偏执性地落入了法术之道，教化与正义之维遂失①。

当然，董、贾、刘等与荀子论性并不完全等同，荀子与同样说"性朴"的庄子则更异，庄子的朴论乃道家性命本体与玄密并张返朴、全性论，故宗白华曰："庄周的处世道德，可以归之于'全性'这两个字……但在庄周后学之间，有从全性转而为复性的。"② 孟子"反身"、"存心"说亦有复性论之义。

董仲舒虽然赞同荀子而反对"性善"论并主张"性朴"且董氏论性实当被定义为"性未善"说，但他还是具有孟子所具有的以"本源（本原）"论"性"的思维倾向，这就与亚里士多德批判柏拉图以"本原（本源）"想象事物之"理念"或"相"有惊人的相似处。董子说：

（1）今世暗于性，言之者不同，胡不试反性之名。性之名非生与？如其生之自然之资谓之性。性者质也。诘性之质于善之名，能中之与？既不能中矣，而尚谓之质善，何哉？……察实以为名，无教之时，性何遽若是？故性比于禾，善比于米。米出禾中，而禾未可全为米也。**善出性中，而性未可全为善也**。……今万民之性，有其质而未能觉，譬如瞑者待觉，教之然后善。**当其未觉，可谓有善质**。而不可说服力善，与目之瞑而觉，一概之比也。（《春秋繁露·深察名号》）

（2）孔子曰：名不正则言不顺。今谓性已善，不几于无教而如其自然！又不顺于为政为道矣。且名者性之实，实者性之质。质无教之时，何遽能善？**善如米，性如禾。禾虽出米，而禾未可谓米也。性虽出善，而性未可谓善也……故曰性有善质，而未能为善也**。岂敢美辞，其实然也。天之所为，止于茧麻与禾。以麻为布，以茧为丝，以米为饭，以性为善，此皆圣人所继天而进也，非情性质朴之能至也，

---

① "很多学人把法家对人性的看法归入人性恶论之列，这实在不符合法家的本意。法家根本不从'恶'或'善'的角度去判断人性的。不能因为韩非的老师荀子把利与人性恶连在一起，于是把韩非也归入他的老师一派，再由韩非进而把所有法家都牵连入性恶派，这是没有根据的。"（刘泽华：《先秦士人与社会》，天津人民出版社 2004 年版，第 147 页）说韩非或法家非持性恶论的还有：张申：《韩非是性恶论者吗？》，《吉林师大学报》1979 年第 3 期；赵如河：《韩非不是性恶论者》，《湖南师范大学社会科学学报》1993 年第 4 期；王立仁：《韩非的人性思想和治国之策——兼谈韩非不是性恶论者》，《吉林师范学院学报》1994 年第 1 期。

② 宗白华：《宗白华全集》第二卷，安徽教育出版社 1994 年版，第 803 页。

故不可谓性……今按圣人言中，本无性善名，而有"善人吾不得见之"矣。使万民之性皆已能善，善人者何为不见也？观孔子言此之意，以为善甚难当。而孟子以为万民性皆能当之，过矣。圣人之性不可以名性，斗筲之性又不可以名性，中民之性如茧如卵。卵待覆二十日而后能为雏，茧待缫以涫汤而后能为丝，性待渐于教训而后能为善。善，教训之所然也，非质朴之所能至也，故不谓性。性者宜知名矣，无所待而起，生而所自有也。善所自有，则教训已非性也。是以米出于粟，而粟不可谓米；**玉出于璞，而璞不可谓玉；善出于性，而性不可谓善**……性者，天质之朴也；善者，王教之化也。无其质，则王教不能化；无其王教，则质朴不能善。质而不以善性，其名不正，故不受也。（《春秋繁露·实性》）

董仲舒论"性"一方面认为"性未善"及性不等于善而反对孟子，另一外面又以"善出于性"如"米出于禾"来解释何以能为善。但何以能善当从荀子说的"知能"来解释或理解，而不能从物质似的本源（本原）来理解，如此理解就同样落入了孟子思维，如孟子所谓"若夫为不善，非才之罪也"。冯友兰说："董仲舒因此强调人为和教化的作用，只有教化才使人与天、地同等。在这方面，他接近荀子。但是他又和荀子不同，不同之处在于……善是性的继续，不是性的逆转。董仲舒以为教化是性的继续，这一点他又接近孟子……孟子与董仲舒的不同，就这样归结为两个用语'已善'和'未善'的不同。"① 冯友兰并未点破董仲舒和孟子的相同正是他们两人具有同样的"善"之人性"本源（本原）"论。

"在世界之中，一般地，甚至在世界之外，除了善良意志，不可能设想一个无条件善的东西。"② 其实"善"与"才"完全是异质的，根本就不存在本源（本原）性的生成关系，"善"与"性"之间也是同样的道理。至于"米"与"禾"既有本源（本原）性的生成关系（实种子而已，实基因而已），但禾之所以出米也是禾生长而结果而已，米之果实并非禾直接演变而出，而是禾接受营养而累积加工而出。也即是生物加工，

---

① 冯友兰：《中国哲学简史》，北京大学出版社1996年版，第169页。
② 康德：《道德形而上学原理》，上海人民出版社2005年版，第8页。

将碳水等物及太阳能量合成为米,没有生物的制造加工,也根本不存在米,也生不出米,故柏拉图式"本原(本源)"性理解禾出米也是不准确的,这有玄学或玄思的成分在。董仲舒也不例外,他的人性论是半截经验主义的荀子观,半截又是孟子;至于宋儒以"理"为性,那是比孟子、董子有过之而无不及,全是玄学人性论,全是柏拉图式的观念臆想。

(三)荀子走出玄学性道论

张世英说:"孟子认为人性之善乃'天之所与我者',孟子的天是性善的形而上学根据。最早讲本根的形而上学是老庄,老庄的'道'就是形而上本根……《中庸》认为人性为天之所命,天在这里也是人性之形而上的根据,天是人之本根。"① 方东美说:"'性善论'是先将人之性追溯其本——也就是'心',然后再向上追溯本原——也就是'天',如此,以性承心,以心继天,天既以生物为心,生生为德,所以纯粹是善,而性顺承天心,所以也绝无恶理。"② 张世英、方东美点出了孟子性善论的来源或要义在天,张更点破了思孟性命天道论与道家思想的瓜葛,可谓一针见血。前引唐君毅说"庄子言复性以养德,则性应为善"其亦触及孟子性善论的理论渊源问题,可谓深得其趣。

但荀子已走出了玄学臆想、形而上学思维,或荀子不受玄学臆想、思维形而上学的影响,也无"性善"的道德信念,更反对"性善"的玄想。玄学思维有一个发展演变过程,人类语言思维的一般规律是从无到有、从简单到复杂,若幼儿语言及思维之发展一样。所以人性论的玄思也有一个从无到有、从简单到复杂的过程。就儒家而言,孔子正是无人性玄思的代表,"性相近、习相远",简单明了,归纳自己人性事实,也符合人性事实。但到了孟子,就有玄思"善"的人性来源及善性的天道支撑问题了。荀子或许不是走出玄思,而是他从来就没有接受玄学或玄思影响,他有自子弓的天道论,他有实证主义的理论品格,故自天道及人性都有非玄学的理论汇集。

---

① 张世英:《天人之际:中西哲学的困惑与选择》,人民出版社1994年版,第117页。
② 方东美:《中国人生哲学》,中华书局2012年版,第144页。

许多学者说荀子天道论等受道家自然主义的影响①，如侯外庐说："儒家的天道观，到了荀子手里就变了质，即由有意志的天变为了自然的天、物质的天。这中间显然了受了道家自然天道观的影响。"② 如宗白华说："荀子的'天'是自然，是客观的存在，不为我们的意识所支配，明显地受过庄子的影响的。"③ 其实道家自然主义或自然观与纯实证主义的荀子天道观、人性观有一步之遥，也有本质区别。在天文天道上再追一步"本源（本原）"，就是道家天道观，所追的可能是某概念存在，也可能是神灵指向，比如郭店楚简《太一生水》有天文气象学内涵，但它的理论本质是道家思维，《文子》、《淮南子》等论道都具有玄学思维、玄学理论高度。所谓《易传》"道家主干"说或"属道家"说，其实是道家思维作祟去理解《易传》并与自己道家理论并提而已。道家诠释的"性与天道"当然是道家观念了，但荀子与之大大有别，此点学界多不明之。

　　荀子的天道论是儒家正统的天文学天道论，是华夏正统的天文学天道论。而荀子的性朴论结构则是理解荀子思想体系的开山钥匙，也是理解其何以批判思孟及理解战国自然哲学、战国正统儒学的关键。荀书写成、首编、首注、首刻至1891年王先谦刊集解，之间依次历200、800、200、800余年。汉刘向《孙卿书录》曰"孙卿之书其陈王道甚易行"，唐杨倞在注序中谓"荀氏之书千载而未光焉"在"编简烂脱、传写谬误"，康有为《万木草堂口说》谓"荀子所以失运二千年"在"性恶"，清《四库总目提要》卷九十一云**"平心而论，卿之学源出孔门，在诸子之中最为近正"**，杨倞云荀书"亦所以羽翼六经，增光孔氏，非徒诸子之言也"。而傅斯年《性命古训辨证》曰："**荀子之论学，虽与孟子相违……而实为孔子之正传，盖孟子别走新路，荀子又返其本源也。**"又曰："在人论上，

---

① 一般学者都很肤浅地认为先秦时代的"天"观都是神灵天，而道家是自然天道观（非神灵的），所以是自然的而非神灵的天道论、天道观就必定出自道家或受道家影响。殊不知在先秦时代甚至在夏商时代甚至更古，华夏先人还有一种基于天文天象观察的理智型天文学天道论存在着，尤其知识层更是如此。把天文观察的天道论排除在先秦天道论之外甚至认为东周时代《荀子》、《左传》等的天文天道观是新生的思想学说，这是非常荒谬和无知的。而看到了庄子式道家天论脱离了神灵主义，却看不到它又并没有脱离神秘主义，这也是极其浅薄和无知的。详见本书"引言"部分末尾及本书首章等。

② 侯外庐等：《中国思想通史》第一卷，人民出版社1957年版，第531页。

③ 宗白华：《宗白华全集》第二卷，安徽教育出版社1994年版，第844—845页。

遵孔子之道路以演进者，是荀卿而非孟子。"① 以荀子"性不善"之讹及性朴论、师法论等观之，不亦然乎！

《荀子·尧问》云："为说者曰：孙卿不及孔子。是不然……今之学者，得孙卿之遗言余教，足以为天下法式表仪。所存者神，所过者化，观其善行，孔子弗过。世不详察，云非圣人，奈何！……呜呼，贤哉，宜为帝王！"王恩洋1945年所作的《荀子学案》称荀子为"中国二千年前之经验论哲学大师"，曰："荀子之学说思想，一言以蔽之曰经验论是也……自英伦霍布斯、培根、洛克、休谟等，次第出现，乃造成海洋派之经验学派，破除上帝之信仰，天国之梦想，而事事求实于人事……总而言之，谓欧洲近代文明均导源于经验学派而长养完成之，亦不为过也。中国文化学说素与希腊及欧洲近代学说异其途辙。然而孰谓有荀子者，乃于二千年前，竟成立最完整而宏博之经验学说于中土。其光辉炳焕，其魄力滂沛，上同于苏格拉底、柏拉图、雅里士多德，而下合于霍布斯、培根、边沁、洛克、休谟而无愧，且又过之，不亦伟乎！"② 这些都是对荀子地位的高度评价，也是切中肯綮的评价，荀子的学说是一个有巨大现代价值的思想宝库，值得我们这些后学去大力挖掘阐发。

荀子人性论持"性朴"论而非持"性恶"论以及荀书《性恶》篇"性恶"字眼系约西汉末由"性不善"字眼讹误所致（最大讹因是西汉末刘向因汉代泛滥"善—恶"、"性—情"、"阴—阳"对说及配说思潮而误校致改夺），笔者于此坚信不疑。笔者也希望《荀子》言"性不善"而非言"性恶"的这一有清一代朴学家所未发现的校勘结论能有更多的稀世文献以证实之，甚至期待未来能出土直接涉荀的地下先秦、前汉文字等以完全证实之。苟如此，则可完全坐实、完全可靠地厘正荀子文本、廓清荀子思想、恢复荀子声誉而揭开此二千年之学术谜案、学术冤案。

---

① 傅斯年：《傅斯年全集》第二卷，湖南教育出版社2003年版，第618、640页；《中国现代学术经典：傅斯年卷》，河北教育出版社1996年版，第146、123页；《性命古训辨证》，广西师范大学出版社2006年版，第150、125页。

② 王恩洋：《王恩洋先生论著集》第八卷，四川人民出版社2001年版，第565—569页。

（附）宋本《荀子·性恶》校勘清样

性惡【性不善；或非性善，如非十二子、非相】

人之性惡【不善】，其善者偽也。〖案：不善、善，正反互说，立意堅而明〗今人之性，生而有好利焉，順是故爭奪生而辭讓亡焉；生而有疾惡焉，順是故殘賊生而忠信亡焉；生而有耳目之欲有好聲色焉，順是故淫亂生而禮義文理亡焉。然則從人之性，順人之情，必出于爭奪，合于犯分亂理①，而歸于暴。故必將〖案：原作将，从宀寸，下同〗有師法之化、禮義之道，然後出于辭讓，合于文理，而歸于治。用此觀之，然則人之性惡【不善】明矣，其善者偽也。〖案：由论证到结论，下同〗

故枸木必將待檃栝、烝矯然後直，鈍金必將待礱厲然後利，今人之性惡【不善】必將待師法然後正，得禮義然後治。〖案：注意前句类比论证之修辞〗今人無師法，則偏險而不正；無禮義，則悖亂而不治。古者聖王以人之性、惡【不善】，以爲偏險而不正，悖亂而不治，是以爲之起禮義、制法度，以矯飾人之情性而正之，以擾化人之情性而導之也，使皆出于治合于道者也。今之人化師法、積文學、道禮義者爲君子；縱性情、安恣睢而違禮義者爲小人。用此觀之，然則人之性惡【不善】明矣，其善者偽也。

孟子曰：「人之學者，其性善。」曰：是不然！是不及知人之性，而不察乎〖案：原误作人〗人之性、偽之分者也②。凡性者，天之就也，不可學，不可事。禮義者，聖人之所生也，人之所學而能，所事而成者也。不可學、不可事而在人者，謂之性③；可學而能、可事而成之在人者，謂之偽，是性、偽之分也。

今人之性，目可以見，耳可以聽。夫可以見之明不離目，可以聽之聰不離耳；目明而耳聰，不可學明矣。孟子曰：「今人之性善，將皆失喪其性故也。」曰：若是則過矣。今人之性，生而離其朴、離其資，必失而喪之④。〖案：指离朴性而坏，非论证性恶，正论性朴也〗用此觀之，然則人之性惡【不善】明矣⑤。所謂性善者，不離其朴而美之，不離其資而利之也⑥。〖案：好亦是基于朴资，性伪合之义也〗使夫資朴之于美、心意之于善，若夫可以見之明不離目，可以聽之聰不離耳，故曰：目明而耳聰也⑦。

今人之性，飢而欲飽，寒而欲煖，勞而欲休，此人之情性也。今人飢，見長而不敢先食者，將有所讓也；勞而不敢求息者，將有所代也。夫子之讓乎父，弟之讓乎兄，子之代乎父，弟之代乎兄，此二行者皆反於性而悖於情也，然而孝子之道、禮義之文理也。故順情性則不辭讓矣，辭讓則悖於情性矣。用此觀之，然則人之性惡【不善】明矣，其善者僞也。

問者曰：「人之性惡【不善】，則禮義惡生？」應之曰：凡禮義者，是生於聖人之僞，非故生於人之性也。〖案：善恶系人伪后的社会评价，非独立存在之抽象实物〗故陶人埏埴而爲器。然則器生於工人之僞，非故生於人之性也；故工人斲木而成器，然則器生於工人之僞，非故生於人之性也⑧。聖人積思慮、習僞故，以生禮義而起法度。然則禮義法度者，是生於聖人之僞，非故生於人之性也。若夫目好色、耳好聲、口好味、心好利、骨體膚理好愉佚，是皆生於人之情性者也。感而自然，不待事而後生之者也。夫感而不能然，必且待事而後然者谓之生於僞，是性僞之所生其不同之徵也。故聖人化性而起僞，僞起於性〖原误作信〗而生禮義，禮義生而制法度，然則禮義法度者是聖人之所生也。故聖人之所以同於衆其不異於衆者，性也；所以異而過衆者，僞也。〖故曰：性者，本始材朴也；僞者，文理隆盛也。無性則僞之無所加，無僞則性不能自美。性僞合，然後成聖人之名，一天下之功於是就也。故曰：天地合而萬物生，陰陽接而變化起，性僞合而天下治。天能生物，不能辨物也，地能載人，不能治人也；宇中萬物生人之屬，待聖人然後分也。《詩》曰："懷柔百神，及河喬嶽。"此之謂也。〗（案：〖〗内之段由《礼论》篇移至此，在《礼论》篇与上下文毫无论证关系，据其"性—伪—治"的陈述，推测其原在《性恶》篇，后脱简错序屡入《礼论》篇，现据两篇各自上下文移于此，准确与否另待详考。另须注意：移此的上段末尾引诗之句当本属《礼论》篇，因为该句在《礼论》篇与说"谨于治生死"、"足以为万世则"的说礼文字似有相当的关联吻合。）

夫好利而欲得者，此人之情性也。假之人有弟兄資財而分者，且順情性，好利而欲得，若是則兄弟相佛奪矣。且化禮義之文理，若是則讓乎國人矣。故順情性則弟兄爭矣，化禮義則讓乎國人矣。〖案：此段在此位置值得存疑，似在上一自然段之前的某位置为宜。〗

第三章　荀子天論、性論考 ·279·

　　凡人之欲爲善者，爲性惡【不善】也。夫薄願厚，惡願美，狹願廣，貧願富，賤願貴，苟无之中者，必求於外。故富而不願財，貴而不願執〖案：執即勢，下同〗，苟有之中者，必不及於外。〖案：注意前句說无到有、不善到善，非惡到善也〗用此觀之，人之欲爲善者，爲性惡【不善】也。今人之性固無禮義，故彊學而求有之也；性不知禮義，故思慮而求知之也。然則生而已，則人無禮義，不知禮義。人無禮義則亂，不知禮義則悖。然則生而已，則悖亂在己。用此觀之，人之性惡【不善】明矣，其善者僞也。

　　孟子曰：「人之性善。」曰：是不然。凡古今天下之所謂善者，正理平治也；所謂惡者，偏險悖亂也：是善惡之分已矣。〖案：嚴申善惡何稱，正理平治與否之謂也，非抽象如戴震駁"理"、"性"時所謂的"如有物焉"之別立存在；由此觀之，言人之本性是"善"或"惡"皆十足謬論而已。〗今誠以人之性固正理平治邪，則有惡用聖王，惡用禮義矣哉？雖有聖王禮義將曷加於正理平治也哉？今不然，人之性惡【不善】，故古者聖人以人之性惡【不善】，以爲偏險而不正，悖亂而不治，故爲之立君上之執以臨之，明禮義以化之，起法正以治之，重刑罰以禁之，使天下皆出於治、合於善也，是聖王之治而禮義之化也。今當試去君上之執，無禮義之化，去法正之治，無刑罰之禁，倚而觀天下民人之相與也，若是則夫彊者害弱而奪之，眾者暴寡而譁之，天下之悖亂而相亡不待頃矣。用此觀之，然則人之性惡【不善】明矣，其善者僞也。

　　故善言古者必有節於今，善言天者必有徵於人，凡論者貴其有辨合，有符驗。故坐而言之，起而可設，張而可施行。今孟子曰：「人之性善。」無辨合符驗，坐而言之，起而不可設，張而不可施行，豈不過甚矣哉？故性善則去聖王、息禮義矣；性惡【不善】則與聖王、貴禮義矣。故檃栝之生，爲枸木也；繩墨之起，爲不直也；立君上、明禮義，爲性惡【不善】也。〖案：注意前句類比論證之修辭〗用此觀之，然則人之性惡【不善】明矣，其善者僞也。直木不待檃栝而直者，其性直也；枸木必將待檃栝、烝矯然後直者，以其性不直也；今人之性惡【不善】，必將待聖王之治、禮義之化，然後皆出於治合於善也。〖案：注意前句類比論證之修辭〗用此觀之，然則人之性惡【不善】明矣，其善者僞也。

　　問者曰：「禮義積僞者是人之性，故聖人能生之也。」應之曰：是不然。夫陶人埏埴而生瓦，然則瓦埴豈陶人之性也哉？工人斲木而生器，然则器木岂工人之性也哉？夫聖人之於禮義也，辟亦陶埏而生之也。然則禮義積偽者，豈人之本性也哉？〖案：礼义善恶非性中生出来、长出来的，是人伪出来的，是做出来的〗凡人之性者，堯舜之與桀跖，其性一也；君子之與小人，其性一也。今將以禮義積偽爲人之性邪？然則有曷貴堯禹，曷貴君子矣哉。凡所貴堯禹君子者，能化性，能起偽，偽起而生禮義。然則聖人之於禮義積偽也，亦猶陶埏而生之也。用此觀之，然則禮義積偽者，豈人之性也哉？所賤於桀跖小人者，從其性，順其情，安恣睢，以出乎貪利爭奪。故人之性惡【不善】明矣，其善者偽也。

天非私曾、騫、孝己而外眾人也，然而曾、騫、孝己獨厚於孝之實，而全於孝之名者，何也？以綦於禮義故也。天非私齊、魯之民而外秦人也，然而於父子之義、夫婦之別，不如齊、魯之孝具敬父者，何也？以秦人之從情性、安恣睢、慢於禮義故也，豈其性異矣哉！

「塗之人可以爲禹」曷謂也？曰：凡禹之所以爲禹者，以其爲仁義法正也，然則仁義法正有可知可能之理。然而塗之人也，皆有可以知仁義法正之質，皆有可以能仁義法正之具，然則其可以爲禹明矣。今以仁義法正爲固無可知可能之理邪？然則唯禹不知仁義法正，不能仁義法正也。將使塗之人固無可以知仁義法正之質，而固無可以能仁義法正之具邪？然則塗之人也，且內不可以知父子之義，外不可以知君臣之正，不然！今塗之人者，皆內可以知父子之義，外可以知君臣之正，然則其可以知之質、可以能之具，其在塗之人明矣。今使塗之人者，以其可以知之質，可以能之具，本夫仁義之可知之理、可能之具，然則其可以爲禹明矣。今使塗之人伏術爲學，專心一志，思索孰察，加日縣久，積善而不息，則通於神明，參於天地矣。故聖人者，人之所積而致矣。

曰：「聖可積而致，然而皆不可積，何也？」曰：可以而不可使也。故小人可以爲君子，而不肯爲君子；君子可以爲小人，而不肯爲小人。小人、君子者，未嘗不可以相爲也，然而不相爲者、可以而不可使也。故塗之人可以爲禹，然則塗之人能爲禹則未必然也。雖不能爲禹，無害可以爲禹。足可以徧行天下，然而未嘗有能徧行天下者也。夫工匠農賈未嘗不可以相爲事也，然則未嘗能相爲事也。用此觀之，然則可以爲未必能也，雖不能無害可爲爲。然則能不能之與可不可，其不同遠矣，其不可以相爲明矣。

堯問於舜曰：「人情何如？」舜對曰：「人情甚不美【案："不美"不等于"惡"，注意下文的"夫人雖有性質美"句】，又何問焉！妻子具而孝衰於親，嗜欲得而信衰於友，爵祿盈而忠衰於君。人之情乎！人之情乎！甚不美，又何問焉！唯賢者爲不然。」有聖人之知者，有士君子之知者，有小人之知者，有役夫之知者，多言則文而類，終日議其所以，言之千舉萬變，其統類一也：是聖人之知也。少言則徑而省，論而法，若佚之以繩：是士君子之知也。其言也諂，其行也悖，其舉事多悔：是小人之知也。齊給便敏而無類，雜能旁魄而毋用，析速粹孰而不急，不恤是非，不論曲直，以期勝人爲意：是役夫之知也。

有上勇者，有中勇者，有下勇者。天下有中，敢直其身；先王有道，敢行其意；上不循於亂世之君，下不俗於亂世之民；仁之所在無貧窮，仁之所亡無富貴；天下知之，則欲與天下同苦樂之；天下不知之，則傀然獨立天地之間而不畏：是上勇也。禮恭而意儉，大齊信焉而輕貨財；賢者敢推而尚之，不肖者敢援而廢之：是中勇也。輕身而重貨，恬禍而廣解苟免，不恤是非，然不然之情，以期勝人爲意：是下勇也。

繁弱、鉅黍，古之良弓也，然而不得排㯳，則不能自正。桓公之蔥，大公之闕，文王之錄，莊君之曶，闔閭之干將、莫邪、鉅闕、辟閭，此皆古之良劍也；然而不加砥礪則不能利，不得人力則不能斷。驊騮、騹驥、纖離、綠耳，此皆古之良馬也；然而前必有銜轡之制，後有鞭策之威，加之以造父之馭，然後一日而致千里也。

夫人雖有性質美而心辯知【案：美良朴性也】，必將求**賢師**而事之，擇**良友**而友之【案：良原误作賢，从下文改】。得**賢師**而事之，則所聞者堯、舜、禹、湯之道也；得**良友**而友之，則所見者忠信敬讓之行也。身日進於仁義而不自知也者，靡使然也。**今與不善人處**【案：此"不善"未篡改为"惡"而作"惡人"字样，是因前无"善人"与之对说】，則所聞者欺誣詐僞也，所見者汙漫、淫邪、貪利之行也。身且加於刑戮而不自知者，靡使然也。傳曰：「不知其子，視其友；不知其君，視其左右。」靡而已矣！靡而已矣！

（以台州本录入并校，校改见校符等所示）

校注①：俞樾曰"犯分乱理"之"分"当从上下"文理"句之"文"。此"犯分乱理"之"分"实当无讹，荀子重分理，此"犯分乱理"与《正论》"求利之诡缓而犯分之羞大也"、"流淫污僈，犯分乱理，骄暴贪利，是寻之由中出者也"之"犯分"同，"犯分"并非"犯文"。《白虎通·情性》曰"礼义者有分理"，颜师古注《汉书》曰"闇于分理"，《淮南子·说山训》曰"通于分理"，《灵枢经·卫气行》曰"各有分理"，《说文解字序》曰"知分理之可相别异也"，郑玄注《乐记》"乐者，通伦理者也"曰"伦，犹类也；理，分也"，孔疏则曰"乐得则阴阳和，乐失则群物乱，是乐能经通伦理也，阴阳万物各有伦类分理者也"，此等皆是说事物分理。《荀子》重分，用"分"字118次，其中"大分"7次，另有分职、分义、分界、本分等词。

校注②：宋台州本、宋浙北本皆作"而不察人人之性僞之分者也"，前一人字当是于或乎之误，南宋音点大字本《荀子句解》作"而不察乎人之性僞之情者也"，清抱经堂丛书卢谢校本及思贤讲舍王先谦集解本皆作"而不察乎人之性僞之分者也"。高正《〈荀子〉版本源流考》曰南宋纂图互注巾箱本、南宋坊刻纂图分类题注本、南宋坊刻本元明递修本皆作"而不察乎人之性僞之分者也"，故校作"察乎人"为胜。

校注③："不可學、不可事而在人者"，顾千里改"人"为"天"，以与"可學而能、可事而成之在人者"构成天人对称，呼应前言"凡性者，天之就也"等。顾谬甚，性固言"天成"，然性实在人非在天，是人之性非天之性，假"天"言之不过言其本固如此而已，焉真存于"天"乎？梁启超云"天命"等不过孔子托词而已，言"天性"亦然，非真在天，在人也。人之自然而然的普遍之材性，谓"性"；人之学事而后得后成者，谓"伪"，是荀子"性伪之分"之义，亦孔子"性近习远"之义。

校注④：此句与《礼论》篇"性者，本始材朴也；伪者，文理隆盛也"句，是推定荀子持"性朴"论的直接依据。然此句后世人未得其解，多认为荀子在论证"性恶"，如钟泰《荀注订补》云："生而离其朴、离其资，谓生则离之也，故曰必失而丧之。既生而离之，则即谓之性恶也可，此荀子之意也。"其实此解实谬，据上下文仔细琢磨，当知荀意是：最初德性变坏时所"失丧"的非孟子所谓"善性"而是"朴性"，此所谓"离其朴—离其资"，离其朴资正云其材性本朴而已！朴是质朴，资是资材，生后变坏是离朴而去，非离善而去，此即"性朴"论与"性伪"论也。

孟子以为恶是失丧善性所致，荀子以为恶是离朴资而为所致，文义晓然。1940年版谢无量《中国哲学史》解曰："孟子以人之性善，失其性而后为恶，荀子则以必离其朴资失其性而后恶。"此解近杨倞注曰："人若生而任其性则离其质朴而偷薄，离其资材而愚恶，其失丧必也。"此皆未明言本性恶，其字面理解贴近荀文本义，然他句却又认为荀子是在论证性恶，钟泰则对杨倞"生而任其性则离其质朴"之注不理解而反云杨注"意欠分晓"。读者当明荀云"离其朴资失其性而后恶"正表明本性是朴而恶系离朴所后成，若认为荀子此处在论证"性恶"，不过不审文义、不秉逻辑而碍于原"性恶"字眼而无奈曲解作辩护而已。所以，不明文义及上下文妄解是错误的。

贯通文义，此句大意是：孟子说本性是善，变坏是失丧善性所致；荀子说人变坏丧性，所谓丧性是离朴、离资而已，失丧的是朴性，故人的本性不善明矣。转成今口语:"你孟子说人本性是善,变坏是失丧善性所致;我荀子说人变坏丧性啊,所谓丧性是离朴、离资,失丧的无非是朴资之性而已,所以嘛,人的本性不是善的(人性的本始、本初、原点、起点不是善,而是不善也不恶的朴状),你孟子错了!"

校注⑤:王念孙《读书杂志》于"明矣"后校增"其善者伪也",然前只论性不善,未论伪善,王增实误,此条钟泰已明辨,见钟泰《荀注订补》。

校注⑥:性善乃基于朴资而正顺方向为之,所积是善类之德性也,即以资材为基础,以人伪为过程,此同《礼论》篇"性伪合而天下治"之义。

校注⑦:此段前后句反复申言"可以见之明不离目,可以听之聪不离耳",实言功能(性)离不开结构(材),性基于材,原本的材性皆是资朴。德性恶化是在材的基础上,德性善化也是在材的基础上,恶化是背离原本的材性(朴),善化是正顺原本的材性(朴),材性本有性(功用),然不过本朴而已。此是驳性善,亦论材上的人的德性、心意可美善(实亦可不美善),此正告子论性之义。

校注⑧:王念孙校为"生於陶人之性"、"生於工人之性",钟泰非之,笔者以为钟说甚是,勿增字。此是在强调"非本生于人之性"而已,该"故"即"本"义。

第四节 由人性论到人情论

荀子的人性论与天道论是一体的,并且是相提并论的,但这种贯通或一体并不是思孟或后来宋代道学、明代心学的贯通,而是天文学与实证人性论的贯通,是洞察天人生态一体及如何具体一体与如何生息运行机制的贯通(清儒戴震《孟子字义疏证》所欲达到的理论目的就是如此,不过他并没有完成这个任务,而且也并不明了于战国荀子早已完成之)。而为了摆脱形而上学本源思维或本原论思维的人性论尤其是性善论等,荀子不仅严谨地探讨了"性"范畴及人性的血气心知真相,而且努力将人性论导向不具有任何形而上学并且是具体可知、人人可证可验的人情论。以下论荀子由"人性"论到"人情"论的思想推进,论荀子将人性人情贯通并将人性人情贯通于"天",并论在人性人情论下荀子论治世之道,指出荀子天人论或性道论下的德性及制度的思想方向。

一 "天功"与"天情"

《荀子·正名》曰:"性者,天之就也;情者,性之质也;欲者,情之应也。"又曰:"**生之所以然者谓之性,性之和所生精合感应不事而自然谓之性,性之好恶喜怒哀乐谓之情,情然而心为之择谓之虑,心虑而能**

为之动谓之伪，虑积焉能习焉而后成谓之伪。""虑积焉能习焉而后成谓之伪"之"伪"本作"偽"，人为、行为义；而"心虑而能为之动谓之伪"之"伪"则当如楚简本作"愚"，可隶作"愢/愢/忇"等形，乃心为、思动之义。愢、偽二字有语义差异，或也可通用。包山楚简、郭店楚简、上博楚简等皆有从"心"之"愚"字，明梅膺祚《字汇》有"愢"字①。《荀子·正名》"所以能之在人者谓之能，能有所合谓之能"句第二个"能"字，杨倞曰："能当为耐，古字通也。耐谓堪任其事。"郑玄注《乐记》"人不耐无乐，乐不耐无形"句曰："耐，古书能字也，后世变之，此独存焉，古以能为三台字。"

这样，荀子就明确界定了"性—情—欲"三大概念，并重视一味"从人之性，顺人之情"的后果及"以矫饰人之情性而正之，以扰化人之情性而导之"（《性恶》）之必要的问题。荀子说"性"、"情"是经常贯通到"天"的，如《荀子·礼论》曰：

> 性者、本始材朴也；伪者、文理隆盛也。无性则伪之无所加，无伪则性不能自美。性伪合，然后成圣人之名，一天下之功于是就也。故曰：天地合而万物生，阴阳接而变化起，性伪合而天下治。天能生物，不能辨物也，地能载人，不能治人也；宇中万物生人之属，待圣人然后分也。《诗》曰：怀柔百神，及河乔岳。此之谓也。

《荀子·天论》又曰：

> 天行有常，不为尧存，不为桀亡……不为而成，不求而得，夫是之谓天职。如是者，虽深、其人不加虑焉；虽大、不加能焉；虽精、不加察焉，夫是之谓不与天争职。天有其时，地有其财，人有其治，夫是之谓能参。舍其所以参，而愿其所参，则惑矣。
>
> 列星随旋，日月递炤，四时代御，阴阳大化，风雨博施，万物各得其和以生，各得其养以成，不见其事，而见其功，夫是之谓神。皆知其所以成，莫知其无形，夫是之谓天功。唯圣人为不求知天。
>
> **天职既立，天功既成，形具而神生，好恶喜怒哀乐臧焉，夫是之**

---

① 详见滕壬生：《楚系简帛文字编》（增订本），湖北教育出版社2008年版，第932页。

谓天情。耳目鼻口形能各有接而不相能也，夫是之谓天官。心居中虚，以治五官，夫是之谓天君。财非其类以养其类，夫是之谓天养。顺其类者谓之福，逆其类者谓之祸，夫是之谓天政。暗其天君，乱其天官，弃其天养，逆其天政，背其天情，以丧天功，夫是之谓大凶。圣人清其天君，正其天官，备其天养，顺其天政，养其天情，以全其天功。如是，则知其所为，知其所不为矣；则天地官而万物役矣。其行曲治，其养曲适，其生不伤，夫是之谓知天。

可见，《天论》篇由天到人，由天文学天道论讲到"**形具而神生，好恶喜怒哀乐臧焉，夫是之谓天情**"，而"情"是意识的，心理的，是"性之好恶喜怒哀乐谓之情"或"好恶喜怒哀乐臧焉夫是之谓天情"。这样，荀子的人性论与孟子同样都讲心理的内容，但孟子是将本属于后天德性范围的仁、义、礼、智等予以人性本体化或人性本源存在化、先验实在化，而荀子却是将"好恶喜怒哀乐"作为情的内容，并将情统述在天地人系统中名之"天情"。《荀子》所谓好恶喜怒哀乐之"天情"，此就非常类似《礼记·礼运》曰：

何谓人情？喜怒哀惧爱恶欲，七者弗学而能。何谓人义？父慈，子孝，兄良，弟弟，夫义，妇听，长惠，幼顺，君仁，臣忠，十者，谓之人义。讲信修睦，谓之人利。争夺相杀，谓之人患。故圣人所以治人七情，修十义，讲信修睦，尚辞让，去争夺，舍礼何以治之？饮食男女，人之大欲存焉。死亡贫苦，人之大恶存焉。故欲恶者，心之大端也。人藏其心，不可测度也，美恶皆在其心不见其色也，欲一以穷之，舍礼何以哉？

《礼运》是强调因人情而制礼，或者是强调礼能治人情，所谓"夫礼，先王以承天之道以治人之情"、"圣王修义之柄、礼之序以治人情"及"夫礼之初，始诸饮食"，又说"礼也者，义之实也，协诸义而协，则礼虽先王未之有，可以义起也"（俱见《礼运》篇）。此又类似《乐记》：

夫民有血气心知之性，而无哀乐喜怒之常，应感起物而动，然后心术形焉。是故志微噍杀之音作，而民思忧；啴谐慢易、繁文简节之音作而民康乐；粗厉猛起，奋末广贲之音作而民刚毅；廉直劲正庄诚之音作，而民肃敬；宽裕肉好顺成和动之音作，而民慈爱；流辟邪散狄成涤滥之音作，而民淫乱。是故先王本之情性，稽之度数，制之礼义。……使亲疏贵贱长幼男女之理，皆形见于乐，故曰：乐观其深矣。

荀子则从血气心知的天然人性，看出人的好恶喜怒哀乐，看出人的需求或欲望。"性"字从"忄"从"生"，"生"在血气肉身，"心"在情感意识，而情感又尤其以好恶与利益需求为多，故荀子提出利欲之"情"无限无节趋势下的性朴之人性教化与管制的问题。今本《荀子·性恶》及《荀子·礼论》曰：

(1) 人之性不善，其善者伪也。今人之性，生而有好利焉，顺是，故争夺生而辞让亡焉；生而有疾恶焉，顺是，故残贼生而忠信亡焉；生而有耳目之欲，有好声色焉，顺是，故淫乱生而礼义文理亡焉。然则从人之性，顺人之情，必出于争夺，合于犯分乱理，而归于暴。**故必将有师法之化，礼义之道，然后出于辞让，合于文理，而归于治。**……故枸木必将待檃栝、烝矫然后直；钝金必将待砻厉然后利；今人之性不善，必将待师法然后正，得礼义然后治。今人无师法，则偏险而不正；无礼义，则悖乱而不治，古者圣王以人性不善，以为偏险而不正，悖乱而不治，是以为之起礼义，制法度，以矫饰人之情性而正之，以扰化人之情性而导之也，始皆出于治，合于道者也。

(2) 礼起于何也？曰：**人生而有欲，欲而不得，则不能无求。求而无度量分界，则不能不争；争则乱，乱则穷。先王恶其乱也，故制礼义以分之，以养人之欲，给人之求。使欲必不穷乎物，物必不屈于欲。两者相持而长，是礼之所起也。**故礼者养也。刍豢稻粱，五味调香，所以养口也；椒兰芬苾，所以养鼻也；雕琢刻镂，黼黻文章，所以养目也；钟鼓管磬，琴瑟竽笙，所以养耳也；疏房檖貌，越席床第几筵，所以养体也。故礼者养也……孰知夫出死要节之所以养生也！孰知夫出费用之所以养财也！孰知夫恭敬辞让之所以养安也！孰知夫礼义文理之所以养情也！

二 "因人情"而治天下

《荀子》全书"性"字凡119处,而"情"凡118处,而且"情实"、"情感"两义并存且多"情感"之"情"的用法,此其大异孔子、孟子理论之处(详见本书第二章第三节论《孟子》"乃若其情"章的"情"范畴)。到了荀子弟子韩非子所作的《韩非子》一书中,"性"凡是18处,"情"则凡75处;而《管子》"性"凡18处,"情"76处。

在《荀子》、《韩非子》、《管子》等著作中,我们可以看到大量谈人情人欲的文字,法家强调人君或国主因循人情而用赏罚操控人民以实现国家功利,荀子则强调尊重人情事实或礼俗等而教化与管制人民并行。《春秋繁露·正贯》曰"明于情性乃可与论为政,不然虽劳无功",《论衡·本性》曰"情性者人治之本,礼乐所由生也",《礼记·乐记》曰"礼乐之说[设],管乎人情矣",《礼记·乐记》曰"是故先王本之情性,稽之度数,制之礼义",司马迁《史记·礼书》曰"缘人情而制礼,依人性而作仪"。——然而用什么来操控人之情性?法家则如此说法及法治:

> 凡治天下,必因人情。人情者,有好恶,故赏罚可用;赏罚可用则禁令可立而治道具矣。君执柄以处势,故令行禁止。柄者,杀生之制也;势者,胜众之资也。废置无度则权渎,赏罚下共则威分。是以明主不怀爱而听,不留说而计。故听言不参则权分乎奸,智力不用则君穷乎臣。故明主之行制也天,其用人也鬼……故赏贤罚暴,举善之至者也;赏暴罚贤,举恶之至者也;是谓赏同罚异。赏莫如厚,使民利之;誉莫如美,使民荣之;诛莫如重,使民畏之;毁莫如恶,使民耻之。然后一行其法,禁诛于私。家不害功罪,赏罚必知之,知之道尽矣。(《韩非子·八经》)

王充说"情性"是"人治之本"是说治人、治世要本乎人情,法家"必因人情"之论亦此义;而以工具或功能而论,治之本则不在人情而在其他,商鞅法家即以法令为"治之本",荀子儒家以君师为"治之本",《尉缭子》以官吏为"治之本",《淮南子》以仁义为"治之本",《乐记》则以礼乐刑政为"治之本",儒家最综合,最明智,《荀子》及出自荀子后学之《乐记》最是。荀子主张"礼法",而韩非子则只主张"法",这可以说荀子理论是向法过渡;但是由此说法家来自荀子则荒谬不已,因为法家的源头是刑制，商周就有用刑的传统及用刑的思想，故《汉书·艺文志》说："法家者流，盖出于理官，信赏必罚，以辅礼制。"

另外，韩非等法家与荀子是不一样的，要义不在重法还是重礼的问题，而在法的目的何在或法是否正义及合理的问题。韩非子的"法"是君主之术，是牧民统治；为了管理效率，他主张实行纯粹的君国法治，而将荀子的"法义"、"义法"远远抛弃，将儒家"礼"作为法所具有的自然法即民俗民德之正义远远抛弃。法家之所以能成为独裁者的"智谋者"或法家的法之所以成为独裁者的"机器"（或工具），无非法家主张常常（并非所有法家）背离了法及法治的民意正义性，从而将法与政治、法治推为单向钳制人民的工具，由此法及法家往往成为"暴政"的辅弼。

但是，法家法论或法治论的人性论基础是民之好恶之情的事实（归纳性的规律或人之道），也即其人性论基础是趋利避害的自然人情论。在这一点上，法家和荀子是有共识的，这也意味着他们在社会治理的效率上有共识，强调因顺人情而务实管制等。章太炎《检论》曰："礼者法度之通名，大别则官制、刑法、仪式是也。"① 正因古时之礼多数具有法一样的规范约束性，故言"我爱其礼"、"克己复礼为仁"的孔子从未否定礼的约束性功用，也未否定礼蕴藏法及法治的事实性内涵（西方谓习俗礼属"自然法"）。孔子说：**"礼者何也？即事之治也，君子有其事必有其治。治国而无礼，譬犹瞽之无相与？"**（《礼记·仲尼燕居》）**"道之以政，齐之以刑，民免而无耻；道之以德，齐之以礼，有耻且格。"**（《论语·为政》）故《荀子·富国》曰："由士以上则必以礼乐节之，众庶百姓则必以法数制之。"《左传·文公六年》曰："……为之律度，陈之艺极，引之表仪，予之法制，告之训典，教之防利，委之常秩，道之以礼，则使毋失其土宜，众隶赖之，而后即命，圣王同之。"就约束功能而言，礼乐刑政皆类法，故曰"法者，礼乐刑政是也"（《琼琚佩语·政术》）、"法制礼乐者，治之具也"（《文子·上义》）。

孔子关注礼治或重视礼法性管制（管治）的必要性及适当方式，这一点由战国大儒荀子发扬光大了（而孟子却无之）。荀子不仅继续讲礼，而且由礼脱胎而出倡导法，这就是荀子的"隆礼至法"论，荀子屡云"隆礼至法则国有常，尚贤使能则民知方"（《君道》）、"隆礼贵义者其

---

① 章炳麟：《章氏丛书》，（台北）世界书局1982年版，第526页。

国治,简礼贱义者其国乱"(《议兵》)、"法后王而一制度,隆礼义而杀诗书"(《儒效》)、"隆礼尊贤而王,重法爱民而霸"(《强国》)等。荀子为何如此重视"礼法",乃是他清醒于"凡语治而待去欲者,无以道欲而困于有欲者也;凡语治而待寡欲者,无以节欲而困于多欲者也"(《正名》)。节制或控制欲望,需要本乎人性人情的合理之礼法来驱动。

三 "法出于礼"的礼法论

《管子·枢言》曰:"人故相憎也,人之心悍,故为之法。**法出于礼,礼出于治**。治礼,道也,万物待治礼而后定。"陈柱说:"简括言之:法家盖起于礼,正犹学校之内,先有种种应守之规则,而后乃有赏罚之规则也。**礼不足治,而后有法,礼流而为法**,故礼家流而为法家,故荀卿之门人李斯、韩非皆流而为法家也。"① 熊伟《从先秦学术思想变迁大势观测老子的年代》一文援引钱穆讲演见解而说:"**法家乃是从儒家出来的。儒家在初时只讲礼**。只讲政治活动,到后来曾子等人却退化来讲仪文小节。但传到魏国去的一派,却依然从事政治活动,遂把儒家原来的宗旨发扬光大。**通常总认曾子孟子一派为后来儒家的正宗;其实就儒家的本旨论,法家毋宁算是儒家的正宗**,曾子孟子等在鲁国的一支反而是别派。古代贵族的礼一变成了儒家的士礼,再变成了墨家的墨礼,三变便成了法家的法。"②

杜国庠(即杜守素)说:"荀卿和他的学生韩非,都是战国末叶综合以前学术的大学者。虽然荀子是儒者,韩非是法家,他们学派不同;但他们生在同一时代,又有师生的关系,自然思想上可能有共通的地方。可是,还不仅此。他们的思想的递嬗,实有内在的必然的联系。**我们在荀子的思想中,就可看出由礼到法的发展的痕迹。这是历史发展的反映。**所以韩非虽事荀卿传其学(一方面),却一转而为法家的集大成者,不是偶然的。"③ 侯外庐等虽不懂荀子与孔子自然天道观的一脉相承性,但也说到礼到法的发展问题:"一般说来,**荀子的礼的思想,源于儒家的孔子**,然而他的天道观和所处的时代不同于孔子,因而**他的礼论,也就变成了由礼**

---

① 陈柱:《诸子概论》,商务印书馆1932年版,第95页。
② 钱穆:《老子辨》附录,大华书局1935年版,第110页;又见《古史辨》第六册,上海古籍出版社1982年版,第586页。
③ 杜守素:《先秦诸子批判》,作家书局1948年版,第138页;杜国庠:《先秦诸子的若干研究》,生活·读书·新知三联书店1955年版,第126页。

到法的桥梁。"① 毛子水则说："《论语》记孔子曰：'君子怀刑。'（榛按：此刑实本作荆，从井刂不从开刂）孔安国解释道：'安于法也。'所谓'安于法'，就是'守法'的意思……儒者虽然主张以礼义治天下，但是亦很尊重法律的。**实在说，儒家所谓礼，便已包括了法；所谓义，便是守法。**（后世法成一家，礼和法乃别。）我们知道礼义在儒家教育中的地位，我们便可推测我国古圣贤怎样看重法这件事情了。"②

林语堂《孔子的智慧》也说："若只将礼字做礼仪或典礼讲，就大为错误了。"③ "**'礼'这个字，也可以说是一种社会秩序原理，以及社会上一般的习俗**……礼是包括民俗、宗教风俗规矩、节庆、法律、服饰、饮食居住，也可以说是'人类学'一词的内涵。**在这些原始存在的习俗上，再加以理性化的社会秩序之中的含义，对'礼'字全部的意义就把握住了。**"④ "显而易见'礼'之含义包括了社会秩序、社会规范、典礼仪式的社会传统……儒家'礼'字的中心观念的含义可作以下解释：作宗教解；作社会秩序原则解（其中包括宗教）；作理性化的封建秩序解；作社会、道德、宗教习俗的整体解（一如孔子以之教人，一如孔子之予以理性化）。"⑤

《庄子·徐无鬼》曰："法律之士广治，礼教之士敬容。"《论衡·非韩》曰："夫韩子所尚者，法度也。"《论衡·谢短》曰："法律之家，亦为儒生。"可谓至论。《荀子·劝学》曰："**礼者，法之大分，类之纲纪也。**"《荀子·修身》曰："**故学也者，礼法也。**"战国时的荀子重视法、礼法、礼义并经常将"礼"切换到"法"上，这是有确切而深刻的社会缘由的。因为礼乐教养是有益人格臻良及社会臻治，但礼乐教养毕竟不是刚性的、标准的、强制的、政府组织的，于一个日益庞大而复杂的社会，于一个巫神日益褪去恐敬之权威而人民日益多识及自主的时代，宗教拜祀与世俗礼俗混杂（本同源）的"礼"其直接的治世效率或效应是日益下

---

① 侯外庐等：《中国思想通史》第一卷，人民出版社1957年版，第575页。
② 毛子水：《子水文存》，文星书店1963年版（台北），第162页；《毛子水文存》，华龄出版社2011年版，第43页。——毛子水又说："一个国家里守法的精神，好像应自政府中人先作榜样……守法当然是国民全体——男女老幼——的义务；但我以为守法的习惯，须从青年时代养成……我们国家将来的命运，全寄在现在的青年人身上。我们国家若不能渐渐走上法治的轨道，则我们国家恐怕便没有一个光明的将来；我们青年人若不从现在便养成守法的习惯，则我们国家恐怕走不上法治的轨道。"（《子水文存》，第162—164页）
③ 林语堂：《林语堂名著全集》第二十二卷，东北师范大学出版社1994年版，第31页。
④ 同上书，第145—146页。
⑤ 同上书，第131—132页。

降或局部化的，这实是无可阻挡的人类历史大趋势①。而由礼进法、以法治世，这其实是孔子"谨权量、审法度"（《论语·尧曰》）及"礼有因革损益"（《论语·为政》）的礼法观，是荀子"与时迁徙、与世偃仰"（《荀子·非相》）的明智立场，也是韩非"世异则事异、事异则备变"（《韩非子·五蠹》）及商君"变法以治、更礼以教"（《商君书·更法》）的政治智慧。《大戴礼记·礼察》曰："**礼者禁于将然之前，而法者禁于已然之后，是故法之用易见，而礼之所为生难知也。**"正是基于极端讲究治理效率或效应的单一立场，先秦法家对当时虚浮之儒偏崇礼乐及一味期望德性持一种否定立场；也正是基于治理效应考虑，先秦法家力倡以法治世、以法治国。

但在先秦时代，儒家并非集体走向了道德幻想主义或玄思心性之救世幼稚病，或走向了法家式为君主专权独治而鼓噪"势—术—法"的犬儒法学。因为先秦儒学集大成者荀子已经在"性者本始材朴也"的人性命题下开朗而光明地标举了礼法并举、教化与管制（管治）并举的思想大格局（力倡劝学修身等又频言师法、君师、礼法、礼义），也标举了将"君主"伦理切换到"民主"伦理以及推崇"法义"或"义法"的思想大格局。《荀子·大略》曰："**天之生民非为君也，天之立君以为民也，故古者裂地建国非以贵诸侯而已，列官职差爵禄非以尊大夫而已。**"这是"**君主**"**转换到**"**民主**"**的支点，也法治转换的支点。**荀子的法或法治并非是商韩"君主本位"的工具性法治论，而是"民主本位"的正义性法治论（此"民主"非《尚书》"作民主"即"作民之主"的"民主"），故《荀子》明确说"法义"与"义法"，反复强调"礼义法度"及"仁义法正"，强调"之所以为布陈于国家刑法者则举义法"（《王霸》）、"不知法之义而正法之数者虽博临事必乱"（《君道》），强调"人君之大节"、"管分之枢要"等，这是荀子讲"君"与"法"的最可贵之处。

基本于人情论或人情事实，基于"人生而有欲，欲而不得，则不能

---

① **古希腊哲人也重视法，亚里士多德说：**"如果一个青年人不是在正确的法律下成长的话，很难把他培养成一个道德高尚的人。因为，节制和艰苦的生活是不为多数人所喜欢的，特别是青年人。所以要在法律的约束下哺育，在变成习惯之后，就不再痛苦了。……多数人宁愿服从强制，也不服从道理，接受惩罚而不接受赞扬……对于那些天性卑劣的人，要用惩罚使他们服从。而对于那些不可救药的恶棍，就要完全赶了出去。……法律，作为一个出于思考和理智的原理，具有强制性的力量。……显然，对德性的共同关心要通过法律才能出现。有了好的立法才能有好的法律。法律不论是成文的还是不成文的并没有什么区别。"（《亚里士多德全集》第八卷，中国人民大学出版社1994年版，第233—234页）

无求，求而无度量分界，则不能不争；争则乱，乱则穷"（《礼论》）的事实，基于"人之生不能无群，群而无分则争，争则乱，乱则穷矣"（《富国》）的事实，故荀子主张教化与管制，主张礼乐与刑政。严复1896年《原强修订稿》曰："故学问之事，以群学为要归，唯群学明而后知治乱盛衰之故而能有修齐治平之功。呜呼，此真大人之学矣！"①《译群学肄言序》又曰："群学者，将以明治乱盛衰之由，而于（正德、利用、厚生）三者之事操其本耳。"② 欲修齐治平则当明荀子说"师法之化、礼义之道"及"为之起礼义、制法度"等，而明乎"礼乐刑政四达而不悖"就是明乎荀子发明的"群治"论，斯乃通往王道之路。

《论语》"君子怀刑"、"齐之以刑"、"刑罚不中"及《乐记》"礼乐刑政"之刑本作荆，荆者法也，"法"者"灋"者之省也。"灋"从廌从去从氵，廌（zhì）今称獬豸，独角神兽。《说文》曰："**灋，刑也。平之如水，从水。廌，所以触不直者去之，从去。法，今文省。**"此"不直者"即有过错、非是的一方，"直"甲骨文、金文、小篆作"![]、![]、![]"，从"目"字衍，本有"辨别是非"义，《说文》曰"直，正见也"、《荀子》曰"是谓是，非谓非，曰直"、帛书《五行》曰"中心辩而正行之，直也"可证。而今德性属性的直率、率直当从垂直、笔直而得义，垂直、笔直或从以目瞄直瞄准而得义，"德"本字"悳"从直从心，即当与目天、敬心有关。

"触不直者，去之"之神兽"廌"为何？《说文》曰："**廌，解廌，兽也，似山牛，一角。古者决讼，令触不直。象形，从豸省。凡廌之属，皆从廌。**"有关尧舜时代的"大理"皋陶曾以神兽决断疑案的故事③，其

---

① 严复：《严复集》第一册，王栻主编，中华书局1986年版，第18页。
② 同上书，第123页。
③ 《急就篇》曰："皋陶造狱法律存。诛罚诈伪劾罪人。"《说苑》、《史记》、《汉书》等曰"皋陶为大理"，《文子》曰"皋陶喑而为大理，天下无虐刑"，《淮南子》曰"皋陶瘖而为大理，天下无虐刑"，《春秋繁露》曰"大理，司徒也"、"大理者，司徒也"，《韩非子》曰"夷吾不如弦商，请立以为大理"，《韩诗外传》曰"晋文侯使李离为大理，过听杀人"、"为狱不中邪，则大理子几在"，《吕氏春秋》曰"臣不若弦章，请置以为大理"，《新序》曰"臣不若弦宁，请置以为大理"、"晋文公反国，李离为大理，过杀不辜"，《史记·孝景本纪》曰"更命廷尉为大理"，《汉书·百官公卿表》曰"廷尉，秦官，掌刑辟，有正、左、右监……景帝中六年更名大理……廷尉瑕更为大理……故廷尉梁相复为大理……尚书令颍川锺元宁君为大理"。《说苑·政理》曰："卫灵公问于史鳅曰：政孰为务？对曰：大理为务。听狱不中，死者不可生也，断者不可属也，故曰大理为务。"

实反映的是远古时的"神判"习俗或制度①。汉王充《论衡·是应》曾这样言及远古神判之俗:"儒者说云:觟䚦者,一角之羊也,性知有罪。皋陶治狱,其罪疑者,令羊触之。有罪则触,无罪则不触。斯盖天生一角圣兽,助狱为验,故皋陶敬羊,起坐事之。此则神奇瑞应之类也。"

"灋"字从"廌"反映了追求是非辨别或正义的民间神判习俗,更反映了追求是非辨别或正义的神圣价值观念。而于"灋"字从"氵"及《说文》"平之如水,从水"的解释,后人多理解或阐发为"公平"之义。其实此"灋"的"氵"部不是表示如水一样的今日词语"公平"之义,而是表示如水一样的今日词"标准"之义,因为汉字里"氵"符实无公正、正义的意思,却自古就有标准的意思,而这意思就来源于古人以水取平、取衡之方法。

如《周礼·冬官考工记》曰:"圜者中规,方者中矩,立者中县[悬],衡者中水,直者如生焉,继者如附焉。"又曰:"匠人建国,水地以县[悬]。置槷以县,视以景[影]。为规,识日出之景,与日入之景。昼参诸日中之景,夜考之极星,以正朝夕。"——悬是悬物取垂直于大地,水是水衡取平准于水面,测日影或建房屋以"悬—水"取直角来校正垂直或平衡是自古以来的方法。"衡"就是"平"的状态及意思,故词曰"平衡";平则是效法水之平,故词曰"水平"。故《荀子·礼论》曰"衡者,平之至",《史记·礼书》曰"衡者,平之至也",《论衡》曰"论衡者,论之平也"、"故论衡者,所以铨轻重之言、立真伪之平"。"公平"概念本是"公"之平,"水平"概念本是"水"之平,"公平"、"水平"都是公允、高低与否上的"平"即"准"、"标准"。

《汉书·律历志》曰:"**绳直生准,准正则平衡而钧权矣……准者,所以揆平取正也**。绳者,上下端直,经纬四通也。"《说文》段注曰:"天下莫平于水,水平谓之准,因之制平物之器亦谓之准。"清桂馥《札朴》曰"**木工一目裒(邪)视谓之准**",《说文》曰"准,平也",段玉裁注曰"水平谓之准,因之制平物之器亦谓之准",《释名》则曰"水,准也,准平物也",《经典释文》引《周易》郑注曰"准,中也,平也",古代还有校音性质的乐器称"准"。"标准"之"准"从"準"省,"準"又

---

① 关于神判问题,可参考:夏之乾《神判》,上海三联书店1990年版;邓敏文《神判论》,贵州人民出版社1991年版;夏之乾《神意裁判》,团结出版社1993年版;巴特莱特·罗伯特《中世纪神判》,徐昕等译,浙江人民出版社2007年版。

本作"準"，如"法"［灋］一样从"氵"；古有"平准"概念，亦有平准令、平准官，《史记》有《平准书》，"平—準（准）"二字其义一也。故《淮南子·时则训》曰："绳者，所以绳万物也；准者，所以准万物也；规者，所以员万物也；衡者，所以平万物也；矩者，所以方万物也；权者，所以权万物也……准之以为度也，平而不险，均而不阿，广大以容，宽裕以和，柔而不刚，锐而不挫，流而不滞，易而不秽，发通而有纪，周密而不泄，准平而不失，万物皆平，民无险谋，怨恶不生，是故上帝以为物平。"

"夫法者，所以兴功惧暴也。律者，所以定分止争也。令者，所以令人知事也。法律政令者，吏民规矩绳墨也。夫矩不正，不可以求方。绳不信，不可以求直。法令者，君臣之所共立也。……"（《管子·七臣七主》）"灋"字从"廌"又从"氵"表示是非曲直的标准之义，此与"法"的别字"佥"的含义很是相近或相关①。《玉篇》曰："佥，古文法。"《说文·亼部》曰："亼，三合也。从人一，象三合之形。凡亼之属皆从亼。读若集。"望文生义地去理解，"佥"字或即表示"正"的汇集即"正义"的汇集，或表示汇集正或正义，此如同"灋"跟是非曲直及是非曲直的标准有关。"佥"字又写作"佥"，如《管子·轻重戊》曰"虙戏作造六佥以迎阴阳，作九九之数以合天道，而天下化之"。《逸周书·籴匡解》曰"企不满壑，刑罚不修"之"企"字一般认为是"佥"字即"佥"字，清朱右曾《逸周书集训校释》注曰："佥，古文法字。"郭沫若等《管子集校》引清洪颐煊曰："佥，古文法字。"清王念孙《读书杂志·汉书第十三》亦曰"佥，古文法字"，并曰小篆"佥"讹形为"定"并引《周书·大诰》"尔时罔敢易法"证之。

《荀子·礼论》曰："礼之理诚深矣……故绳者，直之至；衡者，平之至；规矩者，方圆之至。**礼者，人道之极也**。然而不法礼，不足礼，谓之无方之民；法礼，足礼，谓之有方之士。礼之中焉能思索，谓之能虑；礼之中焉能勿易，谓之能固。能虑、能固，加好者焉，斯圣人矣。"这是

---

① 有关法的范畴，《说文》曰："范，法也。""式，法也。""模，法也。""规，有法度也。""型，铸器之法也。""劾，法有辠也。""镕，冶器法也。""辠，犯法也。""辟，法也。从卩，从辛，节制其辠也；从口，用法者也。"《尔雅》曰："宪宪泄泄，制法则也。"《释名》："五典，典，镇也，制法所以镇定上下，其等有五也。"《方言》："肖、类，法也。齐曰类，西楚梁益之间曰肖。"

将"礼"作为社会规则、秩序的标准，此类法家强调以"法"作为社会规则、秩序的标准。《慎子》有逸文曰："有权衡者，不可欺以轻重；有尺寸者，不可差以长短；有法度者，不可巧以诈伪。"《韩非子·难三》则曰："法者，编著之图籍，设之于官府，而布之于百姓者也。"《韩非子·定法》又曰："法者，宪令著于官府，刑罚必于民心，赏存乎慎法，而罚加乎奸令者也。"《韩非子·定法》这样来强调作为标准的"法"的重要性："巧匠目意中绳，然必先以规矩为度；上智捷举中事，必以先王之法为比。故绳直而枉木斲，准夷而高科削，权衡县而重益轻，斗石设而多益少。故以法治国，举措而已矣。法不阿贵，绳不挠曲。法之所加，智者弗能辞，勇者弗敢争。刑过不避大臣，赏善不遗匹夫。故矫上之失，诘下之邪，治乱决缪，绌羡齐非，一民之轨，莫如法。"

《荀子》全书出现"法"字约183次，出现"礼"约343次，出现"礼法"4次，出现"师法"10次，其中名词"礼法"内涵比较丰富，而名词"师法"即"教化（引导）"与"管治（强制）"之旨。《荀子》全书内里"礼—法"连说或并称、对说者甚多，大体有三种情况：

一是说礼法相通且礼高于法，如"礼者，法之大分，（群）类之纲纪也"（《劝学》）、"故非礼，是无法也；非师，是无师也……故学也者，礼法也"（《修身》）、"辨莫大于分，分莫大于礼，礼莫大于圣王……文久而灭，节族久而绝，守法数之有司，极礼而褫"（《非相》）、"隆礼至法则国有常，尚贤使能则民知方"（《君道》）、"故人之命在天，国之命在礼，人君者隆礼尊贤而王，重法爱民而霸"（《强国》，又见《天论》、《大略》，文字略异）、"……是百王之所同也，而礼法之大分（fen）也……是百王之所同，而礼法之大分也（fen）"（《王霸》）、"是百王之所以同也，而礼法之枢要也"（《王霸》）。

二是说礼法并用且法强于礼，如"故为之立君上之势以临之，明礼义以化之，起法正以治之，重刑罚以禁之，使天下皆出于治合于善也"（《性恶》）、"圣人积思虑，习伪故，以生礼义而起法度"（《性恶》）、"故圣人化性而起伪，伪起而生礼义，礼义生而制法度"（《性恶》）、"故必将有师法之化、礼义之道，然后出于辞让，合于文理，而归于治"（《性恶》）、"法先王，统礼义，一制度；以浅持博，以古持今，以一持万……卒然起一方，则举统类而应之，无所儗怍；张法而度之，则晻然若合符节——是大儒者也"（《儒效》）。

三是说礼法分用而各有侧重，如"由士以上则必以礼乐节之，众庶百姓则必以法数制之"（《富国》）、"其耕者乐田，其战士安难，其百吏好法，其朝廷隆礼，其卿相调议，是治国已"（《富国》）、"志意定乎内，礼节修乎朝，法则度量正乎官，忠信爱利形乎下"（《儒效》）、"必将修礼以齐朝，正法以齐官，平政以齐民"（《富国》）等。

《说文》"灋，刑也"之刑，实本当从井作"荆"，"荆"即法则之义。《说文》曰："荆，罚辜也。从井，从刀。《易》曰：井，法也。井亦声。"古人曾谓"荆"造字来源于武士执刀护井，如《初学记》卷二十曰："《春秋·元命苞》曰荆者侀也，《说文》曰刀守井也。饮之人入井陷于川，刀守之，割其情也。罔言为詈，刀守詈为罚……井饮人，则人乐之不已，则自陷于川，故加刀谓之荆，欲人畏惧以全命也。詈以刀守之，则不动矣，今作罚，用寸。"马端临《文献通考》卷十二曰："昔黄帝始经土设井，以塞争端，立步制亩，以防不足……是以情性可得而亲，生产可得而均，均则欺凌之路塞，亲则斗讼之心弭。"

今有词语曰"井井有条"，此"井井"即源于"井"字的条理、法则义。《荀子·儒效》曰"井井兮其有理也"，《越绝书·外传记地传》曰"禹井，井者法也"，《周易·井卦》曰"往来井井"，此等皆可印证"荆"字读井韵及表法则与秩序。《说文》曰"刑，到也"、"到，刑也"，刑≠荆，刑是刑杀、刑戮义，荆是法则义；然"刑—荆"音同形近，故又多通用或假借。《尔雅》曰："典，彝，法，则，荆（刑），范，矩，庸，恒，律，戛，职，秩，常也；柯，宪，荆（刑），范，辟，律，矩，则，法也。"此即以"常"、"法"释"荆"，《尔雅》"荆，法也"亦多被引用。荆＝法＝灋，灋字如前所述乃从直（辨是非）从准（有标准）之义；作为圣贤之制或理想的社会构造，灋即正义的标准或标准的正义。

《荀子·解蔽》曾批评先秦法家慎子是"蔽于法而不知贤"，此是就慎子知"法"而不知"贤人"或"贤德"而言，也是就慎子不重"礼"、"师"而言。因为荀子或儒家认为礼义甚至好的法律，都是出自众民中先觉的圣贤、圣王代民而立、为民而立。《荀子·非相》曰："**辨莫大于分，分莫大于礼，礼莫大于圣王。**"《荀子·法行》曰："公输不能加于绳墨，圣人不能加于礼。**礼者，众人法而不知，圣人法而知之。**"《荀子·性恶》曰："凡礼义者，是生于圣人之伪……圣人积思虑，习伪故，以生礼义而起法度……礼义生而制法度，然则礼义法度者，是圣人之所生也。"《荀子·礼论》曰"礼之理诚深矣……礼者人道之极也"，《荀子·劝学》曰"礼者，法之大分、类之纲纪也"，"礼"本来就是自然法、习惯法，"法"是"礼"的延伸，正义之"法"当合符"礼"；"礼"则反映道理的"理"，反映道义的"义"，《荀子·乐论》、《礼记·乐记》曰"礼也者，理之不可易者也"，《礼记·礼运》曰"礼也者义之实也，协诸义而协，则礼虽先王未之有，可以义起也"。法若协诸义，则也是"虽先王未之有，可以义起也"，这就是礼与法的因革损益问题。

古罗马法学家说："法学是关于神与人的事务的知识，是关于正义与非正义的学问（scientia）。"又说："法是善良与公正的艺术。"[①]《荀子·大略》曰："**有法者以法行，无法者以类举。以其本知其末，以其左知其右，凡百事异理而相守也。庆赏刑罚，通类而后应；政教习俗，相顺而后行。**"《荀子·王制》又曰："**故公平者，听之衡也；中和者，听之绳也。其有法者以法行，无法者以类举，听之尽也。偏党而不经，听之辟也。**"荀子说的是听讼断狱之合理、公正、灵活、周到的问题，这当然既是司法，也是艺术——正义或实现正义的艺术。

荀子强调法及法义的重要性，也强调立法、执法者素质、能力尤政府人员素质、能力的重要性，主张知"法"且知"贤"，故荀子在《王制》说完"有法者以法行，无法者以类举，听之尽也"之后就接着说："**故有良法而乱者有之矣，有君子而乱者，自古及今未尝闻也。传曰：治生乎君子，乱生乎小人。此之谓也。**"这无疑是强调正义而高效地运用法律、行使管理对于有效维护良好社会秩序的重要性，而运用法律或行使管理在"君"或政府，故《荀子·君道》又说："有乱君，无乱国；有治人，无治法。羿之法非亡也，而羿不世中；禹之法犹存，而夏不世王。**故法不能独立，类不能自行，得其人则存，失其人则亡。法者，治之端也；君子者，法之原也。**故有君子，则法虽省，足以遍矣；无君子，则法虽具，失先后之施，不能应事之变，足以乱矣。"

《君道》"法不能独立，类不能自行"之"类"即《劝学》"礼者，法之大分、类之纲纪也"之"类"，"法—类"对说必近义，故《劝学》该句唐杨倞注曰："礼所以为典法之大分、统类之纲纪，类谓礼法所无、

[①] 校按：参见林桂榛《论古人的社会治理思想——以先秦儒家为中心》，《孔子研究》2015年第3期。

触类而长者，犹律条之比附。《方言》云齐谓法为类也。"《说文》曰："类，种类相似，唯犬为甚。"杨雄《方言·第十三》曰："类，法也。"《方言·第七》曰："肖、类，法也。齐曰类，西楚梁益之间曰肖。秦晋之西鄙自冀陇而西使犬曰哨，西南梁益之间凡言相类者亦谓之肖。"《君道》"法不能独立，类不能自行"即《孟子·离娄上》"徒善不足以为政，徒法不能以自行"之义①，即法需人尤贤人来推行，故《史记·太史公自序》曰"守法不失大理，言古贤人，增主之明"。

《荀子·大略》曰："**言治者予三王，三王既以定法度、制礼乐而传之……无三王之法，天下不待亡，国不待死。**"此即贤者制法且以法行治。《富国》曰"众庶百姓则必以法数制之"，《王霸》曰"政令制度，所以接天下之人百姓"，又曰"论德使能而官施之者，圣王之道也，儒之所谨守也"，曰以礼以分"**是百王之所以同也，而礼法之枢要也**"、"出若入若，天下莫不均平，莫不治辨〔偏〕，**是百王之所同也，而礼法之大分也**"。《解蔽》曰："圣也者，尽伦者也；王也者，尽制者也；两尽者，足以为天下极矣。故学者以圣王为师，案以圣王之制为法，法其法以求其统类、以务象效其人。"《大略》、《天论》曰："君人者，隆礼尊贤而王，重法爱民而霸。"《强国》曰："人君者，隆礼尊贤而王，重法爱民而霸。"此正如《管子·侈靡》所谓"礼义者，人君之神也"、"法制度量，王者典器也"。

《礼论》曰："礼起于何也②？曰：人生而有欲，欲而不得，则不能无求。求而无度量分界，则不能不争；争则乱，乱则穷。**先王恶其乱也，故制礼义以分之**……是礼之所起也。"《王制》曰："势位齐而欲恶同，物不能澹则必争；争则必乱，乱则穷矣。**先王恶其乱也，故制礼义以分之**，使有贫富贵贱之等，足以相兼临者，是养天下之本也。"《王制》又曰："人生不能无群，群而无分则争，争则乱，乱则离，离则弱，弱则不能胜物；故宫室不可得而居也，不可少顷舍礼义之谓也。能以事亲谓之孝，能以事

---

① 关于"徒法不能以自行"，详见林桂榛《"徒法不能以自行"究竟何意——兼与张岱年、郭道晖等先生商榷》，《华中科技大学学报》2002年第6期；《"徒法不能以自行"真的究竟何意——就孟子原意驳王心竹博士〈"徒法不能以自行"到底何意〉一文》，《华中科技大学学报》2004年第2期。该两文收入林桂榛《"亲亲相隐"问题研究及其他》一书，中国政法大学出版社2013年版。

② 《礼记·礼运》曰："夫礼之初，始诸饮食，其燔黍捭豚，污尊而抔饮，蒉桴而土鼓，犹若可以致其敬于鬼神。……"

兄谓之弟，能以事上谓之顺，能以使下谓之君。"《君道》曰："请问为人君？曰：以礼分施，均遍［徧］而不偏……古者先王审礼以方皇周浃于天下，动无不当也……夫是之谓圣人，审之礼也。"《富国》曰："离居不相待则穷，群居而无分则争；穷者患也，争者祸也，救患除祸，则莫若明分使群矣。"《富国》又曰："**人之生不能无群，群而无分则争，争则乱，乱则穷矣。故无分者，人之大害也；有分者，天下之本利也。而人君者，所以管分之枢要也。**"《王霸》曰："故君人者，立隆政本朝而当，所使要百事者诚仁人也……立隆正本朝而不当，所使要百事者非仁人也……是人君者之枢机也。"

《性恶》曰："今人之性，生而有好利焉，顺是故争夺生而辞让亡焉；生而有疾恶焉，顺是故残贼生而忠信亡焉；生而有耳目之欲、有好声色焉，顺是故淫乱生而礼义文理亡焉。然则从人之性、顺人之情，必出于争夺、合于犯分乱理而归于暴。故必将有师法之化、礼义之道，然后出于辞让、合于文理而归于治。"管分、治道之枢要、枢机在君、在义、在礼法，故《性恶》曰："为之立君上之势以临之，明礼义以化之，起法正以治之，重刑罚以禁之，使天下皆出于治、合于善也。是圣王之治而礼义之化也。"《性恶》又曰："古者圣王以人性不善（"不善"原作"恶"），以为偏险而不正、悖乱而不治，是以为之起礼义、制法度，以矫饰人之情性而正之，以扰化人之情性而导之也，始皆出于治、合于道者也。"——荀子，无疑是先秦最精通治道或法治或法理的一位儒家，一位真正最具有现代意义的旷世大儒！

结语　孟荀天人论的差异

《易传》是孔子天道论的记述者，也是荀子天道论的理论渊源。《四库全书总目提要·经部易类叙》曰："圣人觉世牖民，大抵因事以寓教。《诗》寓于风谣，《礼》寓于节文，《尚书》《春秋》寓于史，而《易》则寓于卜筮。**故《易》之为书，推天道以明人事者也。**《左传》所记诸占，盖犹太卜之遗法。汉儒言象数，去古未远也，一变而为京焦，入于禨祥，再变而为陈邵，务穷造化，《易》遂不切于民用。王弼尽黜象数，说以《老》《庄》，一变而胡瑗、程子，始阐明儒理，再变而李光、杨万里，又参证史事，《易》遂日启其论端。此两派六宗，已互相攻驳。又《易》道广大，无所不包，旁及天文、地理、乐律、兵法、韵学、算术以逮方外之炉火，皆可援《易》以为说，而好异者又援以入《易》，故《易》说愈繁。夫六十四卦大象皆有'君子以'字，其爻象则多戒占者，圣人之情见乎词矣，其余皆《易》之一端，非其本也。"

荀子的思想与孟子差异很大。思孟讲"天"，而且讲"知天"，荀子讲"知天"时却讲"天人之分"、"不求知天"。荀子所讲实是针对当时机祥化、伦理化的"天人相配"、"尽性知天"等玄秘思潮或"德性"之天而讲伦理上天人相分、自然上天人合一，此自然与孟子不同。荀子《非十二子》批评庄子"蔽于天而不知人"，明人王纳一却说："吾将一言以蔽之曰：荀子蔽于人而不知天。"[①] **其实判断荀子知天与否关键要看是什么天**，如是神秘主义的天，那荀子不知，也不需要知；若是天文天象的天，那荀子比谁都知，比邹衍还知。《荀子·正名》曰："所以知之在人者谓之知，知有所合谓之智。"《荀子·性恶》曰："凡论者贵其有辨合，有符验。"又曰："善言古者必有节于今，善言天者必有征于人。"**荀子是经验主义的人性论、天人论，他的人性论、天人论揭示了天道与人性的真相，打断了思孟学派及泛阴阳五行派（如邹衍）由信念或抽象意念出发而将天人予以宗教伦理化贯通的学说建构，展现了先秦儒学荀、孟两派经验主义、理性主义的分隔与对抗。**惜后世儒学发展的是后者（思孟学派）而非前者（弓荀学派），"子弓—荀子"一脉的儒学遂长期湮没不张或遭陋学诋毁。杨向奎曾说：

  研究经学史的人，多注意于今古文之不同，而罕道孟荀之差异；此乃如"数典忘祖"。西汉经师，一面承袭思孟之天道说，一面又承袭荀子学派之思想，后孔子儒，应分为孟荀大两派的。[②]

汉代经师的天道论的确有差异于荀子，因为汉代有浓厚的"营巫祝、信机祥"的成分，连董仲舒亦如此，何况其他儒师。前文笔者已谈到思孟学派的天道论有神秘主义的内容，谈及邹衍与思孟学派的关系，而且

---

① 王纳一：《删注荀子》卷下，江苏师范大学藏明本，1612年刻本。
② 杨向奎：《西汉经学与政治·自序》，独立出版社1945年版。

《中庸》、《孟子》等亦有星占机祥思想，本书第二章论思孟五行说时已详细论及。这里笔者要补充谈谈思孟学派曾吸收当时黄老思想等的问题。这个问题在前文征引唐君毅论庄子的复性与性善说以及张世英、方东美论思孟之天与道论与道家天与道论的关系时已涉及了（这里再作一些展开性的叙述）。

李约瑟《中国科学技术史》提到孟子和告子辩论时曾说"子能顺杞柳之性而以为桮棬乎，将戕贼杞柳而后以桮棬也"有道家思想的影子，他说"应该注意这里孟子的思想与道家类似"[1]。而宗白华《中国哲学史提纲》则说：

（1）孟子生于墨子之学与道家的一派杨朱之说流行时代，继孔子之学，排斥杨、墨，以宣扬孔子为己任。"天下之言，不归杨则归墨。杨氏为我，是无君也；墨氏兼爱，是无父也。无父，无君，是禽兽也。……杨、墨之道不息，孔子之道不著。……吾为此惧，闲先圣之道，距杨、墨，放淫辞，邪说者不得作。"[2]

（2）孟子的哲学思想的反面来源即墨子的影响与杨子的影响。受墨子的影响，最明显处即"义"的提出，仁义并称，这是孟子比孔子更跨进了一步。孟子所常用的类比的论证方法，也与墨子学派不无关系。杨朱之学已不可详考，而杨朱之学是"道家"则可断言，如孟子"养心莫善于寡欲"等，均与道家思想有关。"杨朱贵己"，伸张自我价值与地位，重己而轻物，全性保真。[3]

诚如宗白华所察，孟子与杨墨辩论，恰很有可能吸收了杨墨思想，此有点类似清儒指出宋儒与佛老争而落佛老的问题。杨朱就典型地属主张"全性"的道家，故李约瑟说："冯友兰极力主张，《列子》中的《杨朱篇》是公元3世纪后期窜入的，同时，根据他从其他书中保留的有关杨朱的残篇所得的看法，他认为杨朱是最早的道家之一：……他认为生活中最重要的事是保持个人的心神安静和身体健康。这种学说以'全生'而

---

[1] 李约瑟：《中国科学技术史》第二卷，科学出版社1990年版，第17页。
[2] 宗白华：《宗白华全集》第二卷，安徽教育出版社1994年版，第787页。
[3] 同上书，第764页。

闻名，即'保持不受损害的生活'。"① 全生、全性、保身、保真是道家思想的要义，杨朱、庄子皆同。宗白华说："庄周的处世道德，可以归之于'全性'这两个字……但在庄周后学之间，有从全性转而为复性的。"②

"当局者迷，旁观者清。"其实日本 17—18 世纪的古学派学者早已洞察到了思孟学派与黄老学派的瓜葛。水野元朗《圣学问答后序》曰："盖孟子去尼父未远，然论性说心异乎阙里。"③ 山鹿素行《圣教要录》曰："性以善恶不可言，孟轲所谓性善者，不得已而字之，以尧舜为的也。后世不知其实，切认性之本善立功夫，尤学者之惑也。"④ 荻生徂徕《辨道》更指出思孟因"刺激—回应"而借用了道家思想以自立伦理实有型的性道论：

> 道难知亦难言，为其大故也。后世儒者，各道所见者皆一端也。夫道，先王之道也，思孟而后降为儒家者流，乃始与百家争衡，可谓自小已。观夫子思作《中庸》，与老氏抗者也。老氏谓圣人之道"伪"矣，故（言）"率性之谓道"，以明吾道之非伪，是以其言终归于"诚"焉。中庸者，德行之名也，故曰"择"。**子思借以明道，而斥老氏之非中庸，后世遂以中庸之道者误矣**……
>
> 至于孟子"性善"，亦子思之流也。杞柳之喻，告子尽之矣。孟子折之者过矣。盖子思本意，亦谓圣人率人性以立道云尔，非谓人人率性自然皆合乎道也。它木不可为桮棬，则杞柳之性有桮棬，虽然，桮棬岂杞柳之自然乎？……立言一偏，毫厘千里，后世心学，胚胎于此，荀子非之者是矣……先王之道，降为儒家者流，斯有孟荀，则复有朱陆；朱陆不已，复树一党，益分益争益繁益小，岂不悲乎？
>
> ……故虽孔子亦学而后知焉，而谓天地自然有之而可哉？如《中庸》曰"率性之谓道"。**当是时，老氏之说兴，贬圣人之道为伪。故子思著书，以张吾儒**，亦谓先王率人性而作为是道也，非谓天地自然有是道也，亦非谓率人性之自然不假作为也。譬如伐木作宫室，亦率木性以造之耳，虽然，宫室岂木之自然乎？大氐自然而然者，天地

---

① 李约瑟：《中国科学技术史》第二卷，科学出版社 1990 年版，第 75 页。
② 宗白华：《宗白华全集》第二卷，安徽教育出版社 1994 年版，第 803 页。
③ 井上哲次郎、蟹江义丸编：《日本伦理汇编》卷四，东京育成会 1903 年版，第 25 页。
④ 井上哲次郎、蟹江义丸编：《日本伦理汇编》卷六，东京育成会 1903 年版，第 233 页。

之道也；有所营为运用者，人之性也。后儒不察，乃以天理自然为道，岂不老庄之归乎？

……至于子思推孔子之为圣，而孔子无制作之迹，又极言道率人性，则不得不言圣人可学而至矣，故以"诚"语圣也。至于孟子劝齐、梁王欲革周命，则不得不以圣人自处矣。以圣人自处，而尧舜文周嫌于不可及矣。故旁引夷、惠，皆以圣人也。子思去孔子不远，流风未泯，其言犹有顾忌，故其称圣人有神明不测之意。若孟子则止言"行一不义、杀一不辜而得天下，不为也"，是特仁人耳，非圣人也。要之，孟子亦去孔子不甚远，其言犹有斟酌者若此。祇二子急于持论，勇于救时，辞气抑扬之间，古义藉以不传焉，可叹哉！……是圣人不可学而至焉，仁人可学而能焉。孔子教人以仁，未尝以作圣强之。为是故也，大氐后人信思孟程朱过于先王孔子，何其谬也！

……言性自老庄始，圣人之道所无也。苟有志于道乎，闻性善则益劝，闻性恶则力矫。苟无志于道乎，闻性恶则弃不为，闻性善则恃不为，故孔子之贵"习"也。子思、孟子盖亦有屈于老庄之言，故言性善以抗之尔。荀子则虑夫性善之说必至废礼乐，故言性恶以反之尔。皆求时之论也，岂至理哉！欧阳子（修）谓"性非学者之所急，而圣人之所罕言也"，可谓卓见！

变化气质，宋儒所造，渊源乎《中庸》，先王孔子之道所无也。传所谓变者，谓变其习也……思孟以后之弊，在说之详而欲使听者易喻焉，是讼者之道也，欲速鬻其说者也……孟子则欲使不信我之人由我言而信我者，是战国游说之事，非教人之道矣。予故曰：思孟者与外人争者也，后儒辄欲以其与外人争者言施诸学者，可谓不知类已。

后儒之说，天理人欲，致知力行，存养省察，粲然明备矣。以我观于孔门诸子，盖有未尝知其说者焉，是何其儱侗也。孔子之教盖亦有未尝及其详者焉，是何其卤莽也。然先王孔子以彼而不以此者，教之道本不可若是也。后世乃信思孟、程朱过于先王孔子……古者道谓之文，礼乐之谓也……先王之道，古者谓之道术，礼乐是也……①

---

① 井上哲次郎、蟹江义丸编：《日本伦理汇编》卷六，东京育成会1903年版，第11—22页。

黄老学派的天道论毫无疑问是玄学式的本体论天道论，思孟不谙于天文学，不受传《易传》，但他们很可能受了黄老思潮尤本体观思潮影响，而将"天"、"性"注入宗教体验式伦理内涵并加以本体式先验化及意念式天人贯通，由此构建起"性善"与"尽心知命"、"反诚知天"的伦理化天人论体系，神灵之外的德性的本体化及其与宇宙本体论的统合首度在孔子后的儒学领域完成，后世理学实由此再援道家理气性命论及佛性论而得（性善论嫁接到道家理气本体论而张"性"之天理、气质二元论）。丁四新曾指出帛书《四行》"已颇受道家影响矣"[①]，但他可能没有注意《五行》与《四行》属同类作品且《五行》也受了道家影响。郭沂《郭店竹简与先秦学术思想》一书简单谈及思孟受老子影响[②]，值得参考。

俞樾《经课续编》卷三《率性之谓道解》认为孟子性善论来自子思"天命之谓性"，谓孟子论性有似道家（俞释"率"为"修"实误，率性即循性，《尔雅·释诂》曰"遹、遵、率、循、由、从，自也；遹、遵、率，循也"完全正确）；冯友兰1922年《为什么中国没有科学》一文也说孟子的"尽心知性知天"与"万物皆备于我矣"等"很接近道家，而去墨家甚远"[③]。与荀子迥异甚至与孔子大别的是，孟子理论学说具有浓厚的神秘主义色彩，孟子的精神世界或精神修养也具有显著的神秘主义色彩或神秘主义体验的东西，冯友兰在其1948年美国出版的《中国哲学简史》第七章"儒家的理想主义派：孟子"之下单列一节目曰"神秘主义"，在"神秘主义"该节，冯友兰说：

> 照孟子和儒家中孟子这一派讲来，宇宙在实质上是道德的宇宙。人的道德原则也就是宇宙的形上学原则，人性就是这些原则的例证。孟子及其学派讲到天的时候，指的就是这个道德的宇宙。理解了这个道德的宇宙，就是孟子所说的"知天"。一个人如果能知天，他就不仅是社会的公民，而且是宇宙的公民，即孟子说的"天民"。（《孟子·尽心上》）。
>
> 孟子还说："万物皆备于我矣。反身而诚，乐莫大焉。强恕而行，求仁莫近焉。"（《孟子·尽心上》）换句话说，一个人通过充分

---

① 丁四新：《郭店楚墓竹简思想研究》，东方出版社2000年版，第160页。
② 郭沂：《郭店竹简与先秦学术思想》，上海教育出版社2001年版，第30页。
③ 冯友兰：《三松堂全集》第十一卷，河南人民出版社2001年版，第46页。

发展它的性，就不仅知天，而且同天。……这就是说，他已经同天，即与宇宙同一，成为一个整体。由此就认识到"万物皆备于我"。从这句话我们看到了孟子哲学中的神秘主义成分。

若要更好地了解这种神秘主义，就得看一看孟子对于"浩然之气"的讨论，在其中，孟子描述了自己的精神修养发展过程……虽然这种浩然之气听起来怪神秘，可是照孟子所说，它仍然是每个人都能够养成的……每个人能够成为圣人，只要他充分地发展他的本性就行了。正如孟子断言的："人皆可以为尧舜。"（《孟子·告子下》）这是孟子的教育学说，历来的儒家都坚持这个学说。①

而在 1931 年首次出版的《中国哲学史》上册中，冯友兰在专论孟子的第六章之第六节"天、性及浩然之气"早言及了孟子将"天"及伦理性天道作为其"**性善说之形上学的根据**"，又说"万物皆有备于我"、"上下与天地同流"等孟子语是："**颇具有神秘主义倾向**……此所谓神秘主义，乃专指一种哲学承认有所谓'万物一体'之境界……**中国哲学中，孟子派之儒家，及庄子派之道家，皆以神秘境界为最高境界，以神秘经验为个人修养之最高成就**。……如孟子哲学果有神秘主义在内，则万物皆备于我，即我与万物为一体也……此解释果合孟子之意否不可知，要之宋儒之哲学，则皆推衍此意也。"② 冯友兰 20 世纪 60 年代出版的《中国哲学史新编》（后改为《中国哲学史新编试稿》）说："孟子的'仁'的思想以他的性善论为基础。他的性善论又以他的主观唯心主义和神秘主义的哲学思想为基础。"③ 判定孟子有神秘主义思想，这是冯友兰一以贯之的见解，此非同于"唯物—唯心"等流行语的批评。

侯外庐等《中国思想通史》第一卷第十一章"孟子的天道论、性善论及其形而上学的体系"一节说：

孟子的天道论所谓"诚者天之道，思诚者人之道"，无疑地是和

---

① 冯友兰：《中国哲学简史》，北京大学出版社 1996 年版，第 67—68 页。冯友兰《中国哲学小史》、《中国哲学史》上册、《中国哲学史新编试稿》、《中国哲学史新编》等著的论孟子部分及 1930 年《孟子哲学》一文也论及孟子思想的神秘主义问题。

② 冯友兰：《三松堂全集》第二卷，河南人民出版社 2001 年版，第 365—366 页。

③ 冯友兰：《三松堂全集》第七卷，河南人民出版社 2001 年版，第 137 页。

子思的天论一致的；所谓"君子行法以俟命"是和子思"君子居易以俟命"相为照应的。……孟子的性善论是孔子的"能思"与道德情操的放大。这种放大了的唯心主义，与孔子的人性论距离就远了。

孟子的性善论是和他的天道论互有联系的。由于人性直接与天合一，那就不但使客观的世界失去存在的基础，而且存在的"万物"也"皆备于我"了。后来荀子主张"明天人之分"，指斥"错人而思天，则失万物之情"，正是对于孟子的反驳。……孟子的性善论，如前所述，显然是形而上学的唯心主义。这一形而上学的方法，即由"反身而诚"导出天人合一的体系，一方面与曾子"三省吾身"及子思的"诚者物之终始"有直接的渊源，另一方面，无疑是受了宋钘、尹文思想的影响。

……总而言之，孟子师承曾子、子思，又受了宋、尹的影响。把孔子"性相近"的见解，曲解为性善说，因而给与仁、义、礼、智等道德规范以先秦的根据，完成了先验主义的形而上学体系。①

所谓"万物一体"或人与万物、宇宙一体的体验及将此体验表述为学说主张，此不过是吴汝纶说的"微妙不测之论"而已。陈来注重冯友兰论及的儒学内部的神秘主义传统或神秘主义传统的儒学脉络，陈来说："古典儒学特别是宋明理学包含有神秘主义传统……心学的神秘体验可以追溯到孟子。孟子说：'万物皆备于我矣。反身而诚，乐莫大焉。'……很明显，以孟学标榜的宋明心学的发展，容纳了一个神秘主义传统。神秘体验不但是这一派超凡入圣的基本进路或工夫之一，而且为这一派的哲学提供了一个心理经验的基础。"② 陶磊《思孟之间儒学与早期易学史新探》第六章也谈及简帛《五行》与神秘主义及早期儒家中的神秘主义问题，认为"非从神秘主义修炼的角度来理解不能尽通"③。清吴汝纶《读荀子》谓孟子与邹衍五行说有关，云"当孙卿之世，吾意子思、孟子之儒必有索性道之解不得遂流为微妙不测之论者"（《桐城吴先生文集》卷一）。而冯友兰《中国哲学简史》又说：

---

① 侯外庐等：《中国思想通史》第一卷，人民出版社1957年版，第394、396—397、399页。
② 陈来：《儒学传统中的神秘主义》，见《中国近世思想史研究》，生活·读书·新知三联书店2010年版，第341—373页。
③ 陶磊：《思孟之间儒学与早期易学史新探》，天津古籍出版社2009年版，第104—119页。

……从孔子的时代起，多数哲学家都是诉诸古代权威，作为自己学说的根据。孔子的古代权威是周文王和周公。为了赛过孔子，墨子诉诸传说中的禹的权威，据说禹比文王、周公早一千年。<u>孟子更要胜过墨家，走得更远，回到尧、舜时代，比禹还早。最后，道家为了取得自己的发言权，取消儒、墨的发言权，就诉诸伏羲、神农的权威，据说他们比尧、舜还早若干世纪。</u>

像这样朝后看，这些哲学家就创立了历史退化论。他们虽然分属各家，但是都同意这一点，就是人类黄金时代在过去，不在将来。自从黄金时代过去后，历史的运动一直是逐步退化的运动。因此，拯救人类，不在于创新，而在于复古。①

顾颉刚也说：

……周代人心目中最古的人是禹，到孔子时有尧舜，到战国时有黄帝神农，到秦有三皇，到汉以后有盘古等。②

丁山也指出：

……这个五帝世系，从春秋时代的祭典与训语一类神话载记看，在孔子之前，似已完成其基础；<u>故孔墨之徒一追溯中国文物的来源，"言必称尧舜"</u>。但是，由荆楚介绍进来的"宇宙本体论"探源文化的来源，总是追本穷源到天地开辟之初，同时阴阳家根据日月运行五星冲会的数字，互相乘除，计算天地开辟应在二百七十万年以上；<u>而历史上所传说的黄帝、尧舜距离孔墨时代不过几千年，感觉到人类文化的年代太微渺了，赶快在五帝之上，加上燧人、有巢、伏栖一节。于是五帝之前，又演出来三皇世系。</u>后有三王五霸，前有三皇五帝；这套三五代兴的思想，正发源于晚周之世士大夫们"慎终追远"与"报本反始"的理论，也正发源于"孝道"，孝的作用，不但妨碍中

---

① 冯友兰：《三松堂全集》第七卷，河南人民出版社 2001 年版，第 228 页。
② 顾颉刚：《古史辨》第一册，上海古籍出版社 1982 年版，第 60 页。

国社会的发展，而且影响史前神话的体系。①

孟子言必尧舜且口口声声道性善与仁政，司马迁《史记·孟子荀卿列传》以为"迂远而阔于事情"（亦见《风俗通义·穷通》）并与三邹并传且《孟子荀卿列传》述荀子就言荀子"嫉浊世……不遂大道而营于巫祝，信禨祥，鄙儒小拘，如庄周等又猾稽乱俗"，荀子《非十二子》等篇也严厉批评或斥责孟子。**孟子为了获得言说力度或思想制高点，与墨家比赛，又与黄老比赛，孟子抬尧舜，墨家抬禹，道家就抬黄帝，一个比一个高远而神秘**②。其实，这正反映孟子受了墨家及黄老道家思想的影响，反映了孟子的神秘主义及战国辩士之风。不仅孟子论性与论道可能受了道家影响，且孟子的"天"论与墨子的"天"论也有惊人的相似，至少孟子重视"天命"与墨子重"天志"有思想类同。故孟子的"天"论既有《尚书》的传统，也有墨家的影响或刺激，而墨家的天论本身就有商周尤其商的传统在（如《礼记·表记》曰"殷人尊神，率民以事神"等），故《汉书·艺文志》说"墨家者流，盖出于清庙之守……宗祀严父，是以右［佑］鬼"等，其伦理色彩的敬天崇天与思孟完全相似。

康有为《万木草堂口说》曰："**孟子性善之说，所以大行于宋儒者，皆由佛氏之故**。盖宋佛学大行，专言即心即佛，与孟子性善暗合，乃反求之儒家，得性善之说，乃极力发明之。又得《中庸》'天命谓性'，故亦极尊《中庸》。"又说："**宋儒之学，皆本禅学，即孟子心学**……宋学皆自韩愈开之……佛言性善，宋人惑之，故特言出孟子。……**孟子言性善，特为当时说法，宋儒不过拘守之耳**……性善之说，行权也，后世陆王主张此说，但专用遁法耳。……宋儒不讲礼，循入墨子。宋儒者，墨子之学也。"又说："**孟子之学出于子思**……**曾子、子思，开后世一派**。"郭沫若《先秦天道观之进展》一文曾说《中庸》"**受了墨家的影响**"、"**要起来夺墨子的教主之席**"、"**不能不说是受了墨家的刺激**"、"**充分地抬取了道家的精华**"，又说"诚便是道，便是本体。不过道家是把本体看成一种朴素的实质，而子思是把本体看成一种永恒不变的理法……**孟子是直承着子思的传统的，他的关于天的思想和子思的没有两样，他也肯定着上帝**……但

---

① 丁山：《中国古代宗教与神话考》，上海书店出版社2011年版，第590—591页。
② 侯外庐等《中国思想通史》第一卷亦有此意，人民出版社1957版，第372页。

上帝只是一种永恒不变的自然界的理法"①。就孟子与墨家争而受墨子影响的问题，傅斯年也曾大胆地说：

> 孟子在墨子之后，乃不能上返之于孔子而下迁就于墨说，从而侈谈洪荒，不自知其与彼"尽信书则不如无书"之义相违也。故孟子者，在性格，在言谈，在逻辑，皆非孔子正传，且时与《论语》之义相背，彼虽以去圣为近，愿乐孔子，实则纯是战国风习中之人，墨学磅礴后激动以出之新儒学也。②

康有为说："性善者，孟子得救世之言。"（《万木草堂口说》）而日本18世纪的古学派代表之一太宰春台（1680—1747）则又更明确地说：

> 夫仲尼之道，至子思而小差，至孟轲而大差。**所以差者，与杨墨之徒争也。轲之道性善，其实亦苟且教导之言耳，轲急于教导不自觉其言之违道也。**宋儒又不知轲之违道，以为轲实得孔氏之传，遂以其书配《论语》。迨其解性善之言也，不能不置气质而别说本然之性，所以谬也。夫仲尼教人不以心性理气，**心性理气之谈胚胎于子思，萌芽于孟子，而后长大于宋儒，则与佛老同其归何足怪哉**！③

日本古学派曾力辨儒家圣学、圣道、先王之道、孔子之道不过是礼乐刑政而已，荻生徂徕（1666—1728）曰："孔子之道，先王之道也；先王之道，安天下之道也……道者统名也，举礼乐刑政凡先王所建者合而命之也，非离礼乐刑政别有所谓道者也。"④ 汉儒杂黄老玄秘之论之术，宋儒杂道释之理之论，给儒家学理的侵染或渗透极大，金景芳说宋儒是孔子的罪人，是儒学的罪人，痛言孔学"在汉以后被歪曲、埋没，没有得到阐发"，痛言"应将孔学与儒学、新儒学、现代新儒学区别开来"："孔子的学说与后世的儒学须分开看。孔子是个哲学家、思想家，其学说在汉以后被歪曲、埋没，没有得到阐发。宋明理学家打着孔子的旗号鼓吹自己唯心

---

① 郭沫若：《青铜时代》，科学出版社1957年版，第54—56页。
② 傅斯年：《傅斯年全集》第二卷，湖南教育出版社2003年版，第627页。
③ 《日本思想大系》第34册《贝原益轩·室鸠巢》，岩波书店1970年版，第405页。
④ 《日本思想大系》第36册《荻生徂徕》，岩波书店1973年版，第200—201页。

主义的东西，影响极坏。应将孔学与儒学、新儒学、现代新儒学区分开来。"① 他又说："今人习称孔学为儒学，往往把孔学与儒学并为一谈，我觉得这种做法不恰当。因为今人所谓儒学，实际上包括汉儒之学和宋儒之学。据我看来，汉儒、宋儒虽然打的都是孔子的旗号，实际上他们所传承的多半是孔子学说中的糟粕，至于精华部分，他们并没有传承，反而肆意加以歪曲和篡改。"②

墨子批判"儒以天为不明"是"儒之道足以丧天下者四政焉"之一（《墨子·公孟》），然孟子思想重点之一是讲"天"及"天命"，并将"性"与"天"伦理化、精神化打通或贯通起来，这是他与孔子的区别，也是他与荀子的区别。**孟子急于救道德人心，其"性善"、"尽心知性"、"事天立命"思维的确类杨墨作天机直入，其说皆以伦理直觉型的天人不分之道德高蹈为主**，故康有为《万木草堂口说》责孟子于礼学所知甚少（称不讲礼则"遁入于墨学"）。**孟子说心性高远而宏大，系宋新儒学精神祖，然于如何进德养性实空疏，此孟子类墨子而远逊孔荀处，《荀子·儒效》所谓"其言议谈说已无异于墨子矣"实应理解为指孟子之流等。**

1993 年出土的《郭店楚简》有孟子之前且大约属思孟一脉的儒家论著，其关于性的丰富论说皆同孔子"性相近习相远"之义而不言性善③。孟子将善美的德性视作本性而大张"道性善"之性命说，这实有杂糅齐黄老家之言的成分或渊源④。1940 年代郭沫若《青铜时

---

① 金景芳：《金景芳学术自传》，巴蜀书社 1993 年版，第 125—126 页。
② 金景芳：《金景芳学述》，浙江人民出版社 1999 年版，第 71 页。
③ 陈来已言先秦早期儒学对人性问题的主流看法不是性善论，这实是一个坦诚而正确的学术判断，见陈来《郭店楚简之〈性自命出〉篇初探》，《孔子研究》1998 年第 3 期；《郭店楚简与儒学的人性论》，《儒林》第 1 辑，山东大学出版社 2005 年版；《竹帛〈五行〉与简帛研究》，生活·读书·新知三联书店 2009 年版。
④ 钱穆《先秦诸子考辨·孟子不列稷下考》有意论证孟子与齐稷下道家者无关，此为曲意辩护。荀子《非十二子》对思孟之流的批判实涉及思孟黄老化、神秘化的问题，反对"不遂大道而营于巫祝、信机祥"（《史记·孟子荀卿传》）的荀子在批判思孟儒时所说的"法先王"、"谓五行"，当依钱大昕、吴汝纶所解为是，钱大昕曰："方是时，老庄之言盛行，皆妄托于三皇，故特称后王以针砭荒唐谬悠之谈，非谓三代不足法也。"（《十驾斋养新录》卷十八）吴汝纶曰："当孙卿之世，吾意子思、孟子之儒必有索性、道之解不得遂流为微妙不测之论者，故以'僻违闭约'非之。又其时邹衍之徒皆自托儒家，故《史记》以附孟子。卿与共处下，所谓'闻见博杂，案往旧造说五行'者谓是类也。卿又言法后王……则亦病邹衍之徒远推上古窈冥怪迂而为是说耳。所谓后王即三代之圣王也，岂尝缪于圣人哉！"（《桐城吴先生文集》卷一）

代》①、杜守素（杜国庠）《先秦诸子思想》② 探讨了孟子与齐道家宋钘、尹文的学说关系，别有洞天；王伯祥、周振甫1936年版《中国学术思想演进史》也评价了先秦儒家与阴阳黄老的合流问题，简约精到③；侯外庐等则说孟子思想既传自曾子、子思，又受宋钘、尹文学说影响，故"把孔子'性相近'的见解曲解为性善说"④。根据先秦儒学的发展历史以及宋明时批评孟子者及当代学者傅斯年、侯外庐等所论，孟子言性善确为儒门歧出。不言本性善恶但言习性或德性，此先秦儒家之思想常态；至宋儒大张孟子后，言性善方成儒家之"正统"，而不言性善反似儒门"异端"⑤。宗白华说：

> 孔曰："下学而上达。"孟子上达，荀子下学。"夫子之言性与天道不可得而闻。"孟子则畅言之。**孟子欲为道德及政治建立先验的基础上于性善论，先天的性之四端，良知良能。**孔子重学，荀子更重学，"性相近，习相远。"孟子："人之所不学而能者，其良能也；所不虑而知者，其良知也。"**孔、荀犹西洋经验主义，孟子则犹康德建立先验唯心论（良知、良能），唯偏于道德界，如康德之实践理性。而其客观唯心论又类似黑格尔。**⑥

宗白华又评孟子"口之于味也，目之于色也，耳之于声也，鼻之于臭也，四肢之于安佚也，性也，有命焉，君子不谓性也；仁之于父子也，义之于君臣也，礼之于宾主也，知之于贤者也，圣（人）之于天道也，命也，有性焉，君子不谓命也"之论说："此即神秘主义。'僻违而无类'也。'道性善'发展至唯心主义的神秘主义。"⑦ 李泽厚《荀易庸记要》

---

① 郭沫若：《青铜时代》，科学出版社1957年版，第245—271页。此书部分内容20世纪30年代以《先秦天道观之进展》为名由商务印书馆出版，20世纪40年代以《青铜时代》由群益出版社出版，1950年代继续以《青铜时代》由人民出版社、科学出版社等出版。

② 杜守素：《先秦诸子思想》，生活·读书·新知三联书店1949年版，第30—36页。

③ 王伯祥、周振甫：《中国学术思想演进史》，中国文化服务社1936年版，第33—34页。

④ 侯外庐等：《中国思想通史》第一卷，人民出版社1957年版，第399页。

⑤ 凌廷堪《校礼堂文集》卷十"荀卿颂并序"曰："荀卿氏之书也，所述者皆礼之逸文，所推者皆礼之精意……荀氏之学其不庸于圣人可知也……后人尊孟而抑荀，无乃自放于礼法之外乎？……史迁合传，垂之千年，敬告后人，毋妄视焉。"

⑥ 宗白华：《宗白华全集》第二卷，安徽教育出版社1994年版，第762页。

⑦ 同上书，第767页。

则曰:"从宋明理学到'现代新儒家',都一贯抨击荀子,表彰孟子,并以朱熹、王阳明直接孟子,认为这才是值得继承发扬的中国思想史的主流正宗……**孟子固然有其光辉的一面,但如果完全遵循孟子的路线发展下去,儒家很可能早已走进神秘主义和宗教里去了。**"① 孟子有神秘主义的思想与气质,且影响后世巨大。学界似未充分注意到孟子性命论、天道论、天人论与战国黄老学有关系,与墨家的关系,更谈不上对此有深刻的研究及充分的理解,反而在荀子与黄老道家、法家的关系上多作想象及论证②。孟子最辟距杨墨,孟子与"杨墨"思想的关系问题尤值得深入探讨,然限于篇幅,此问题留待其他地方再作详细探讨,以释此思想史之疑。

中国儒学、中国哲学过去怎样?现在应往哪里去?胡适20世纪20年代、张申府20世纪30年代各有一言表达了他们自己的主张:

(1)**我们关心中国思想的前途的人,今日已到了歧路之上,不能不有一个抉择了。我们走哪条路呢?**我们还是"好高而就易",甘心用"内心生活"、"精神文明"一类的揣度影响之谈来自欺欺人呢?还是决心不怕艰难,选择那纯粹理智态度的崎岖山路,继续九百年来致知穷理的遗风,用科学的方法来修正考证学派的方法,用科学的知识来修正颜元、戴震的结论,而努力改造一种科学的致知穷理的中国哲学呢?我们究竟决心走哪一条路呢?③

(2)现在中国,需要种种。而其中之一必是中国的哲学家。所谓中国哲学家者,一不是中国哲学史家。二也不是住在中国的治西洋哲学的人。三更不是抱残守缺食古不化之伦。今日中国所最需要的中国的哲学家,必乃是有最新最切实的知识,认识中国哲学的特色精义,而发扬之,而履践之,而参照中国的哲学,而指出中国未来应走

---

① 李泽厚:《中国思想史论》上册,安徽文艺出版社1999年版,第124页。
② 前有杜国庠、侯外庐、郭沫若、宗白华、冯友兰等,今有:赵吉惠:《荀况是战国末期黄老之学的代表》,《哲学研究》1993年第5期;吴龙辉:《原始儒家考述》第五章,中国社会科学出版社1996年版。然而赵士林说:"今人侯外庐先生尝谓荀子'吸取了道家的自然天道观',此说容或有据,但整体地看,荀子天道观与道家天道观仍判然有别,仍鲜明地体现出儒家特色。"(《世界哲学家丛书:荀子》,东大图书股份有限公司1999年版,第47页)侯外庐说:"荀子虽然汲取了道家的自然天道观,但他对于道家、特别是庄子的天人思想的批判是有分寸的。"(《中国思想通史》第一卷,人民出版社1957年版,第588页)
③ 胡适:《戴东原的哲学》,商务印书馆1927年版,第197页。

之路者。①

胡适、张申府上言颇能说明中国哲学及中国哲学家的未来之应有的方向。"我们究竟决心走哪一条路呢"？中国哲学的"特色精义"何在？理解它需要哪些"最新最切实的知识"？"中国未来应走之路者"究竟是什么道路呢？本书的"性与天道"的哲学史探讨就算一个小小的尝试，至于此思想史探索的尝试可靠与否，还请方家大德不吝批评指教，以修正谬见而逼近思想史之真相。柏拉图《国家篇》（即《理想国》）末段说：

> 让我们永远坚持走上升之路，追求正义和智慧，只有这样我们才能得到我自己和神的珍爱。只要按我说的去做，那么无论是今生今世，还是去赴我已经描述过的千年之旅，我们都能诸事顺遂。②

借太史公司马迁语："《诗》有之：'高山仰止，景行行止。'虽不能至，然心乡［向］往之！"而所谓"追求智慧"，也包括回顾、反省历史尤其是回顾、反省思想史或"爱智慧"的哲学史。无论东方还是西方的哲学史，无论东亚还是欧洲的哲学史，人类最精彩的哲学史或哲学思想都应予以回顾与反省——毕竟欧洲大哲学家说"哲学即哲学史"，而"温故"与"三省"则是我们东方哲人的古老教诲。

欧洲大陆哲学的思想传统，从柏拉图到黑格尔的主线上都弥漫着形而上学的格调，都散发着神秘主义的气息。罗素说：

> **"以神秘主义为根据的哲学有着悠久的传统，它从巴门尼德一直流传到黑格尔……他（巴门尼德）把实在与现象，或他称之为真理之道与意见之道的区别引入了形而上学……当神秘主义者把'实在'与'现象'加以对比时，'实在'这个词并无逻辑的意义，而是有一种情感的意义……神秘主义所表达的是一种情感，而不是一种事实**

---

① 张申府：《张申府文集》第三卷，河北人民出版社2005年版，第180页。
② 柏拉图：《柏拉图全集》第二卷，王晓朝译，人民出版社2003年版，第648页。——此段话，商务印书馆1986年版郭斌和、张竹明译本作："让我们永远坚持走向上的路，追求正义和智慧。这样我们才可以得到我们自己的和神的爱，无论今生活在这里还是在我们死后（像竞赛胜利者领取奖品那样）得到报酬的时候。我也可以诸事顺遂，无论今世在这里还是将来在我们刚才所描述的那一千年的旅程中。"（第426页）

……神秘主义者确实作出种种断言，这是由于他们不能把情感的重要性与科学的确实性区分开来的缘故。**当然不可能指望神秘主义者们会接受这一观点**……几乎所有的神秘主义者都一致认为，斋戒和禁欲生活是有益的。"①

比照罗素的话，或许也可以说："以神秘主义为根据的中国哲学有着悠久的传统，它从思孟一直流传到程朱……当然不可能指望神秘主义者们会接受这一观点……"美国数学家波利亚说："在我们的个人生活中，我们常常抱住一些幻想不放。**也就是说我们不敢检验某些易于为经验所否定的信念，因为我们深怕失去这种信念后会扰乱我们感情上的平衡。能在有些情况下抱一些幻想并非是不明智的**……"宗教家或宗教家一样的哲学家、思想家往往抱守波利亚说的"某些信念"，波利亚说：**"但是在科学上，我们却需要有一种完全不同的态度，即采取归纳的态度。这种态度的目的在于使我们的信念尽可能有效地适应于经验。"**

科学家或科学家一样的哲学家或思想家往往崇尚波利亚说的"科学家应有的道德品质"——"理智上的勇气"、"理智上的诚实"、"明智的克制"。所以，波利亚说，"我们应当随时准备修正我们的任何一个信念……如果有一种理由非使我们改变信念不可，我们就应当改变这一信念……如果没有某种充分的理由，我们不应当轻率地改变一个信念"。又说：

你不应当过分相信任何一个未被证明的猜想，即使它是由一个大权威提出来的，甚至即使是你自己提出来的，你应当力求去证明它或推翻它；总之你应当去检验它。②

我欣赏罗素对欧洲哲学的形而上学、神秘主义传统的理解或判定，而波利亚上述"猜想—证明"的科学原则或科学方法，则是我个人于史学性学术研究工作——思想史、学说史、观念史、制度史、生活史之研究——的一种自诫与期待。苟坚持科学家的这种原则或方法，则"猜想—推翻"应该被不断地推进，永远止境，如此方现无限真相、无限新知！

---

① 罗素：《宗教与科学》，徐奕春、林国夫译，商务印书馆1982年版，第96—97页。——罗素言西方哲学家的绝对主义、神秘主义亦见本书"引言"部分谈西方哲学的形而上学传统。
② G. 波利亚：《数学猜想》第一卷，李心灿等译，科学出版社1984年版，第4、6、7页。

附录

《無求備齋荀子集成》49 册總目錄

● 嚴靈峯《無求備齋荀子集成》49 册：收錄荀子及荀子研究著作九十種、八十家、四百卅八卷，分為白文、注解、節本、札記、雜著及日本漢文著述六類，其中宋刊本三種、明刊本十二種、清刊本二十二種、日本刊本十四種，餘為民國刊本。

一　白文

荀子　二十卷　明　許宗魯　明嘉靖六年樊川別業刊六子書本

荀子　三卷　明　謝其盛　明萬曆六年吉藩崇德書院刊二十家子書本

荀子　二十卷　明　吳勉學　明萬曆間新安吳勉學刊二十子本

荀子　三卷　清光緒元年湖北崇文書局刊子書百家本

二　注解

荀子注　二十卷　唐　楊倞　宋熙寧元年刊本

△榛按：此非熙宁原本，乃宋台州本即今古逸丛书本；此集成缺宋浙北刻本，今见北京国图。台本、浙本皆祖熙宁本。

△榛又按：本集成缺北京国图所藏南宋钱佃本之清代摹抄本，高正 1991 年《〈荀子〉宋椠考略》曰钱佃本原本现不存。

纂圖分門類題注荀子　二十卷　宋　劉旦　宋紹興間建陽書坊刊本

△榛按：高正 1991 年《〈荀子〉宋椠考略》定為宋高宗绍熙年间刊本，晚宋光宗绍兴间数十年。

纂圖互注荀子　二十卷　宋　龔士高　宋景定元年刊六子本

△榛按：本集成缺北京国图所藏同名本，北京此本是宋刻元明递修本，与台北国图同名本有刻字差异，版本关系待考。

△榛又按：本集成缺北京国图所藏南宋坊刻巾箱本。

△榛又按：本集成缺南宋音点大字荀子句解本，此书北京、台北国图皆有藏，本人另藏影台北本。

校刻楊注荀子　二十卷　明　顧春　明嘉靖九年世德堂刊六子本

△榛按：此即 1914 年中夏右文社影世德堂刊本《荀子》。疑世德堂刊《荀子》

不止一种，款式有异，如一种有刻工名，一种无刻工名，详见台中东海大学图书馆谢莺兴《从馆藏世德堂本〈荀子〉试论世德堂刊刻〈荀子〉的次数》一文。

　　荀子注訂正　　明　虞九章、王震亨　明萬曆間刊本
　　△榛按：本集成缺明刻本《刪注荀子二卷》，1612年写刻本，江苏师范大学图书馆藏有之。

　　荀子批點　二十卷　明　闕名　明刊本
　　荀子評點　四卷　明　孫鑛、鐘惺　明天啟間刊六子全書本
　　△榛按：本集成缺明末清初傅山《荀子評注》，此书重要；今有上海古籍出版社1990年版《傅山〈荀子〉〈淮南子〉評注手稿》一书印行，傅山评注，吴连城释文。

　　荀子箋釋　二十卷　清　謝墉　清乾隆五十五年刊抱經堂叢書本
　　△榛按：本人另藏光绪二年浙江书局据嘉善谢本校刻本之残本。

　　荀子箋釋　十卷　清嘉慶九年姑蘇聚文堂刊十子本
　　荀子箋釋　二十卷　民國十九年上海中華書局袖珍古書讀本排印本
　　荀子集解　二十卷　清　王先謙　清光緒十七年刊本
　　荀子集解　二十卷　民國二十五年上海世界書局諸子集成排印本
　　荀子點勘　二十卷　清　吳汝綸　清宣統六年衍星社排印本
　　荀子簡釋　二十卷　梁啟雄　民國四十五年古籍出版社修正排印本
　　荀子簡注　三十二卷　章詩同　民國六十六年排印本

　　三　節本

　　荀子類纂　一卷　明　沈津　明隆慶元年含山縣儒學刊本
　　荀子品節　二卷　明　陳深　明萬曆十九年刊諸子品節本
　　荀子品匯釋評　明　焦竑、翁正春、朱之蕃　明萬曆四十四年刊十九子品匯釋評本
　　荀子玄言評苑　明　陸可教、李廷機　明光裕堂刊諸子玄言評苑本
　　荀子匯函　一卷　明　归有光、文震孟　明天啟五年達古堂刊諸子匯函本
　　刪定荀子　清　方苞　清乾隆元年刊抗希堂十六種本
　　荀子節錄　唐　馬總　清乾隆三十九年武英殿聚珍叢書本
　　荀子節錄　唐　馬總　清道光間刊指海本
　　荀子述記　清　任兆麟　清乾隆五十二年遂古堂刊述記本
　　荀子述記　清　任兆麟　清光緒十年閒雲精舍刊本
　　荀子治要　唐　魏徵　日本天明七年尾張國校刊本
　　荀子治要　唐　魏徵　日本昭和十六年宮內省排印本

荀子選　二卷　清　张道绪　清嘉慶十六年人境軒刊諸子文萃本

荀子著書　清　马驌　清同治七年姑蘇亦西齊刊本

荀子文粹　五卷　清　李寶洤　民國六年排印本

荀子菁華錄　一卷　張之純　民國七年排印本

△榛按：此书全称《评注荀子菁华录》，初版于民国五年，为张之纯《评注诸子菁华录》之一，后陆续更版数次。

荀子選注　葉紹鈞　民國十九年排印本

荀子精華　闕名　民國二十五年排印本

白話譯解荀子　葉玉麟　民國三十六年排印本

荀子讀本　譚正璧　民國三十八年排印本

荀子選　方孝博　民國四十八年排印本

荀子譯注　吳則虞　民國五十三年排印本

四　札記

荀子補注　一卷　清　劉台拱　清嘉慶十一年揚州阮常生劉端臨先生遺書刊本

荀子補注　一卷　清　劉台拱　清光緒十五年廣雅書局刊本

荀子補注　清　郝懿行　清嘉慶間刊齊魯先喆遺書本

荀子叢錄　清　洪頤煊　清道光二年刊讀書叢錄本

荀子雜誌　九卷　清　王念孫　清道光十二年刊讀書雜誌本

荀子存校　王懋竑　清同治十二年刊白田草堂續集本

荀子札记　清　朱亦棟　清光緒四年刊群書札記本

荀子校正　清　顧廣圻　清光緒九年斠補隅錄刊本

荀子札迻　清　孫詒讓　清光緒二十年刊札迻本

荀子詩說　清　俞樾　清光緒二十五年春在堂全書本

荀子考異　宋　錢佃　清光緒間刊對雨樓叢書本

△榛按：清繆荃孫《宋台州本荀子与熙宁本同异记》一卷极重要，本集成缺影录；清惠栋《荀子微言》一卷本亦缺影录。

荀子平議　四卷　清　俞樾　民國十一年念劬堂刊諸子平議本

荀子斠補　四卷　劉師培　民國二十五年排印本

荀子補釋　劉師培　民國二十五年排印本

荀子詞例舉要　劉師培　民國二十五年排印本

△榛按：龔自珍《阐告子》篇自言二十七岁作文曰"龚氏之言性也，则宗无善

无不善而已矣"

△榛又按：章太炎《訄书》1900年初版首列《尊荀》篇，本集成缺影录。（明末清初唐甄《潛书》第二、三篇为《尊孟》、《宗孟》）

  荀注訂補　鍾泰　民國二十五年排印本
  荀子新證　四卷　于省吾　民國二十七年排印本
  荀子管見　金其源　民國三十七年排印本
  荀子新箋　高亨　民國五十年排印本
  讀荀子小箋　楊樹達　民國五十一年排印本
  荀子校書　清　于鬯　民國五十二年排印本
  荀子讀記　嚴靈峯　民國六十六年排印本

五　雜著

  荀子韻讀　清　江有誥　清嘉慶十九年刊江氏音學十書本
  郇卿別傳　清　胡元儀　在王先謙荀子集解內
  荀卿子通論　清　汪中　在王先謙荀子集解內
  荀子性善證　姜忠奎　民國九年排印本
  荀子性惡篇平議　馮振　民國十二年排印本
  荀子學說　胡韞玉　民國十二年排印本
  荀子正名篇詁釋　劉念親　民國十三年排印本
  荀子研究　陶師承　民國十五年排印本

△榛按：商务印书馆1931年熊公哲《荀卿学案》、商务印书馆1933年杨筠如《荀子研究》、商务印书馆1938年陈登元《荀子哲学》重要，本集成缺影录。本人皆藏。（杨筠如《荀子研究》、陈登元《荀子哲学》与钱穆《孟子研究》、杨大膺《孟子学说研究》、郎擎霄《孟子学案》收入上海书店版《民国丛书》第4编第4册）

  荀子非十二子篇釋　方光　民國十七年排印本
  闡荀　陳柱　民國二十四年北流陳氏十萬卷樓刊本

△榛按：余家菊《荀子教育学说》重要，民国二十四年上海中华书局排印本，本集成缺影录。本人藏。

  荀子學說研究　陳大膺　民國二十五年排印本
  荀子要詮　王遽常　民國二十五年排印本
  荀子評諸子語彙釋　梁啟超　民國二十五年排印本
  荀子正名篇　梁啟超　民國二十五年排印本

△榛按：王恩洋《荀子学案》极为重要，东方文教研究院民国三十四年排印本线装上下册，本集成缺影录。本人藏"国立北平师范学院"图书馆原藏本，封面有

"东方文教研究院赠"蓝色钤字,此得自于北京旧城一书肆。

△榛又按:牟宗三《荀子大略》重要,中央文物供应社民国四十二年排印本,本集成缺影录。本人藏原本。

△榛又按:本集成缺影录香港鹅湖书社民国五十二年版程兆熊《荀子讲义》。本人藏该书复制本,台北曾昉杰赠。

荀子樂論　吉聯抗　民國六十六年排印本

六　日本漢文著述

讀荀子　四卷　物雙松　手稿本

讀荀子　四卷　物雙松　日本寶曆十四年京師水玉堂刊本

△榛按:物双松即江户荻生徂徕,本姓物部,名双松,字茂卿,号徂徕,比清戴震早半个世纪。

荀子斷　四卷　塚田虎　日本寬政七年京師水玉堂刊本

荀子增注　二十卷　久保愛　日本寬政八年京師水玉堂刊本

△榛按:此书实扉页称《荀子全书》,平安书肆水玉堂刊本;此书与书末题"文政八年乙酉春"字样的平安书肆水玉堂刊本《荀子全书》(《荀子增注》)当为同一版本,然文政八年(1825)晚宽政八年近三十年。另,日本有明世德堂本《荀子》翻刻本,称《荀子全书》二十卷,延享二年(1745)日本平安书林翻刻,早宽政八年(1796)五十余年,此集成缺影录。

荀子遺秉　二卷　桃井白鹿　日本寬政十二年京師水玉堂刊本

荀子增注補遺　一卷　豬飼彥博　日本寬政十三年京師水玉堂刊本

校定荀子箋釋　二十卷　朝川鼎　日本寬政十三年江戶和泉屋刊本

△榛按:本集成所收上书卷首缺扉页或封面,且前五卷与其余卷分在第45、46册;此本似与平户维新馆所藏《荀子笺释》二十卷同,平户藏本版心下端刻"嘉善谢氏藏版"字样,且题善庵朝川校阅。但本集成本所收江户和泉屋刊本《校定荀子笺释》将《荀子校勘补遗》及钱大昕跋语不列书末而列杨倞序之前,此与平户藏本具体版本关系待考。

荀子述　一卷　朝川鼎　日本昭和八年排印本

增評荀子箋釋　二十一卷　郱岡良弼　日本明治十七年東京報告堂排印本

荀子標註　一卷　帆足萬里　日本昭和二年排印本

荀子補註　一卷　宇野哲人　日本昭和五年排印本

荀子略說　一卷　安積信　日本昭和八年排印本

(一九七七年十月　成文出版社有限公司台北印行)

※本人另辑有《〈无求备斋韩非子集成〉52 册总目录》、《〈无求备斋论语集成〉308 册总目录》,见"confucius2000.com＞林桂榛文集"发布,亦据自藏本编集;另收藏有日本嘉永甲寅年(1854)刻印本《校正韩非子解诂全书》一套,书界稀见,可谓善本,他日可影印若干而流布学人。

荀卿贊十二章
——兼和楊海文教授

（2012年2月26日撰）

性善出孟子，性朴自荀卿。材性無善惡，質異要分清。
倫惡因犯文，倫善在理平。名定而實辨，玄想遊說輕。

材質有美惡，習性非天成。材質謂高下，習性善惡形。
孟說性本善，荀以不善稱。軻說離性惡，卿說積習行。

善實對不善，不善非惡橫。不善駁性善，告荀匡正成。
性善倡返性，玄襲黃老聲。因性在本心，光復似禪呈。

因材而有性，材性莫玄評。習行基材性，積習即德行。
血氣心知形，正理平治呈。合乎為善也，不合乃惡稱。

性惡本漢訛，不善改惡名。千古荀況子，世世性惡稱。
習性指為性，旋成性善經。孟軻成亞聖，荀卿異端釘。

我曾勘荀書，撰文赴蘭陵。一炬煙火祭，慰卿於地城。
不善校惡字，夫子可曾聽？千古大儒荀，今世當正名！

論性荀最高，思孟如懸鈴。董子駁孟論，亦賡荀卿鳴。
抬孟宋二程，刺孟一望擎。以理說性善，荒誕更不經。

休謨與斯密，不如荀卿清。三下五除二，將性說分明。
天道亦如此，荀卿嫉幽冥。天體布空行，陰陽合地迎。

天人本相分，倫物要分清。玄無莫說有，說性莫亂淩。
參驗為實證，辯言邏輯憑。高蹈仁義是，強說理辭逞。

夫我蘭陵卿，秦來第一丁。東周百家學，至荀網羅清。
學邁孔夫子，廓然大儒興。遺言餘教得，王道甚易行。

教化與管制，禮樂刑政營。禮樂並法度，養欲平分爭。
起篇為勸學，修身不苟賡。富國強國篇，王制儒效增。

法度在正宜，制為義法恒。尊重自然俗，倫理社群生。
建國立其君，氓意生民騰。除賊廢暴政，華夏王道亨！

附楊海文教授原詩：

喜得影宋本《孟》《荀》并酬林桂榛兄

近日，與江蘇師範大學林桂榛兄往復論孟荀，知兄網羅荀韓文獻碩富，又蒙惠賜四部叢刊初編本《孟子十四卷》原本、古逸叢書本《影宋台州本荀子》復印本，心生喜悅，遂有感而發，兼以酬謝。趙岐，長陵（今陝西）人；楊倞，靈寶（今河南）人。康有為《萬木草堂口說·學術源流》云："中國稱孟、荀，即婆羅門稱馬鳴、龍樹也。"《萬木草堂口說·荀子》又云："孔子後有孟、荀，佛有馬鳴、龍樹，孔教後有漢武立十四博士，佛後有阿唷大天王立四萬八千塔。諸家盛衰，頗為暗合。拋卻自家無盡藏，沿門託缽效貧兒。"故有馬鳴、龍樹之喻。桂榛兄字夷山，客家人，故有夷山客之說。——2012年2月26日上午記於廣州中山大學南校區陋室。

赵岐注孟子，杨倞笺荀卿。灵宝植龙树，长陵扣马鸣。
今有夷山客，遥邮二影戒。可堪汉唐月，儒门起新命。

又附《诗答某生问人性》：

人性为何也？性当解作生。生生即是性，性实来源生。
发挥形上思，性乃自天生。若是形下观，性因情而现。
心知源血气，七情好恶显。耳目与口鼻，生死六欲旋。
性者本相近，习者乃相远。生性无善恶，德行有悲欢。

本性乃自赋，德性由沉潜。自在与超越，性情所肇端。
人性摄人情，人情万象衍。天情与天理，率修顺抑间。
得道之谓德，性道有因缘。性情动静兴，具体而征焉。
物性人性欤，俱是因情迁。生生不息矣，秉流归大川。

（2005 年 7 月 9 日撰）

孟子得运二千年、荀子失运二千年（一）

——关于孟荀思想路向及学说命运

林桂榛好：

……（略）

关于你的有关荀子之"性朴"的说法，我觉得是可以成立的，因为"自生论性是自《尚书》以来的一大传统"（牟宗三语），荀子性朴说也自然有根据；而孟子的"形色，天性也"也包含这个意思。我的建议是扬荀不一定辟孟，就像"性朴"不一定反对"性善"一样；如果以"辟孟"作为扬荀的手段，就会导致孟荀的人为对立，不仅从另一面跌入"善恶对峙"的老巢，更重要的还在于对人伦价值之源的消解。另外，善言天者必有征于人，反之亦然。

……（略）　×××

×××先生好：

谢谢您，我再按图索骥去找找这个牟宗三材料，谢谢告知。关于孟荀，我只关心学术，不关心辟孟还是辟荀（辟字不恰当，辟字染了气息他意），一切服从学术讨论，服从学术见解，不讲道理不讲逻辑的"强言"本来就是胡说而已，荀子该驳的早驳得淋漓剔透了，无须后人再费舌费辞。——性朴不等于性善，性朴必否定性善，性善也必否定性朴，这是性论的基本逻辑所致（不可能二者同时成立），且荀子"性朴"论同样包含治世治心之义，人"伪"也！何必强言善本天而强谓为善是光复善"本性"？善抽象？善本有？自天自性？纯粹是附会！荀子曰理据与参验，作信念假天言可，作学术则未必可。

荀子亦有"天人相合"的性论，斯"天地合而万物生，阴阳接而变化起,性伪合而天下治"之谓也(此句今在《礼论》篇,疑本在《性恶》篇,此句及该段在《礼论》篇与上下文无论证关系,疑为乱简而羼前)! 莫以为荀子不讲天道,莫以为荀子讲人性没有天道论基础,荀子自有其贯通天道、人道的自然哲学的义理,只不过不是思孟、程朱式地把仁、义、礼、智加以抽象崇奉,并加以附会于什么"天"、什么"性"……荀子为经验主义,孟子为基督式的绝对主义,为柏拉图主义,非亚里士多德主义……佛后马鸣、龙树,苏格拉底后柏拉图、亚里士多德。不论宗教,但论学术,亚里士多德总体上自是高柏拉图一筹,无须费舌深辩。

荀学的哲学基础是自然哲学,是经验哲学,此点正为戴震"异途同归"的见地,戴震的全部精义正在此,他虽不明荀子论性,然实英雄所见略同;不过戴震言人性是血气心知是对的,言天道是阴阳五行是半对的,《易》本不言五行①,赵翼《陔余丛考》考得清楚,而思孟之徒亦正附会战国黄老家的五行性命论以弥纶"天人"。甲骨文"阴"字本义汽汇云集,"阳"字本义日升光照,"易"字本义风起云横日蔽而雨落,郭沫若谓"变天"义,正是也。人所见地球万物不过是日地间而已,生命代谢与大气、地表的物质运动不过本于日地间的水与光,因日照能量而汽蒸水流,因汽蒸水流而成风云雷电、江河湖泊,由是山川润泽,泥土走积,万物资生,植动相长! 日地、水光间昼夜变化、四季变化,万物群生生生不息,孔子谓天地不言,谓"天何言哉天何言哉",天地大化、阴阳消息,日水相运、植动相生,一句话即日地间尤地球上物质与能量的传输、代谢与循环。而东方哲学、易道哲学、儒家哲学的基本精义正在此,今世之人,几人明之? 古世之学,几人知之? 由天道的大化消息明人道、人世、人生之逐消逐息,知进知守,知生知死,《郭店楚简》谓"易所以会天道人道也",《荀子》曰"善易者不占",帛书《周易》孔子曰求德不求占、惟德义是瞻。

---

① 校按:此说我后已修正,详见本书第二章第一节。水火木金土五行与历数五行的观念及概念源流已厘清,《周易》不言"五行"之说则当放弃和更正,《周易》言天道,恰言历数之五行也。

天何言哉？四时行焉，百物生焉①！

人性，本无所谓善恶，善恶确实是荀子《性不善》篇（即原《性恶》篇）说的在于正理平治与否（此即所谓"性朴"及善、恶德行系人伪之义），与"天"何干？何必强言之？您谓"善言天者必有征于人，反之亦然"，然反之不然也，善言人者未必需征于天（抽象的天，道德信念的天命、天性；荀子以为道德上天人相分，生命系统上天人相合）。我十年磨一剑，自会在学术上讲清这个分别及其之所以然的道理。大家冷静以治学，不论儒之门户，不论史之派别，综合承创，择善而从，对中国思想的现代化之路沉着思量！

另转发年前我一封关于儒学经验主义（荀子）思想道路的信，见附件。这些是我十年的心血，或者说是十五年的心血（从上大学至今）。一切皆从论证而来，非从预设的善恶信念而来，不从门户，但从学术，从道不从君，从理不从师，当仁不让，当理亦不让。《荀子》曰："善言古者必有节于今，善言天者必有征于人。凡论者贵其有辨合，有符验。故坐而言之，起而可设，张而可施行。"

荀子，因为我而得重生；我，因荀子而得老成；接荀子，绍汉儒

---

① 康有为1926年完成的天文学著作《诸天讲》讲天道讲得不错，篇四说"日之功德"正合我意。**实际上，古今懂我所揭日地间、火水间天地大化、阴阳消息这一自然哲学、天道哲学、易道哲学的人极少，尤其汉儒杂黄老后极少**，此义此说逐步消亡不昌。即使侯外庐等称之为"唯物主义"的宋后反理学者亦未明此，拿不出反对理学的哲学体系来，不过理学"理气"圈套继续打转而已，如"气在理先"云云，或流于为反对而反对（伦理意见），达不到戴震哲学那种学理的深度及体系（知识叙述）；**然戴震同样未彻悟天道之所以然，故云天道是阴阳加金木水火土的"阴阳五行"，半杂黄老，难脱汉儒、宋儒虚玄之蔽之迹**（说性亦未脱宋儒蔽迹）。"春生夏长、秋收冬藏此天道之大经也"、"昔者圣人建阴阳天地之情立以为易"、"易著天地阴阳四时故长于变"、"道之在天者日也"、"易以道阴阳"、"易以道化"。日地间、火水间天地大化、阴阳消息、四时行焉、万物生焉不过是先秦儒家的天道论常识，甚至是当时多数学者理智化天道论的常识，孔子实执这一天道观，翻检先秦文献遍然可寻，《管子》、《吕氏春秋》、《淮南子》、《文子》内皆可俯拾，甚至郑注纬书《乾鉴度》都是如此，司马迁所谓的"阴阳家"亦本此天道之实，《荀子》则更讲得清清楚楚，只可惜这一儒家哲学精义竟如血气心知为人性之实一样（这实系孔子之义）二千年未昌明光大，只可惜奉持这一天道论、易道论的大哲学家、大思想家荀子被人为地诋毁，被无情地湮没……汉杂黄老玄秘的儒，宋杂道释的儒，给儒家学理的侵染极大，金景芳痛言孔学"在汉以后被歪曲、埋没，没有得到阐发"，痛言"应将孔学与儒学、新儒学、现代新儒学区别开来"，历史如此变迁，哀哉！

（师法之道），会清儒（朴学、科学），成一家之言指日可待。论学术，我不"隐"，或亦有"犯"，多有得罪，然皆为光大中国思想、光大儒学而思，还望海涵，颂大安。

林桂榛　顿首　2009-01-27

【附一】摘康有为《万木草堂口说》论孟荀20条，供参考：

1. 读孟子入手最好，所谓由狂狷起脚。
2. 孔子后有孟荀，佛有马鸣、龙树……
3. 荀子文佳于孟子，孟天分极高，荀工夫深。
4. 孟天分太高，教人绝无下手工夫，惟"必有事焉"数句尚是。
5. 孟子高流，荀子正宗。
6. 荀言穷理，多奥析；孟言养气，故学问少。
7. 孟子言性善扩充，不须学问；荀子言性恶，专教人变化气质，勉强学问，论说多勉强学问。天下惟中人多，可知荀学可重。
8. 唐以前尊荀，唐以后尊孟。
9. 自唐皮日休、韩昌黎攻荀子，而荀日黜。
10. 《荀子》与《论语》同证。师法出于荀子欤①。
11. 礼学重师法，自荀子出，汉儒家法本此。
12. 后世师法之重，出于荀子，孟子无此义，《吕氏春秋》有之。
13. 血、气、志、意、知、虑皆由礼，即是孔子一部礼经。
14. 治气养心之术，言变化气质，古今论变化气质此为最精。孟子言养气，则无治气工夫。
15. 宋儒不讲礼，遁入于墨学。
16. 性只有质，无善恶。
17. 性无善恶，善恶者圣人所立也。
18. 言性，告子是而孟子非，可以孔子折中之。告子为孔门之说。
19. 荀子言性恶，以恶为粗恶之恶。董子言"生之谓性"是铁板注脚。总之，性是天生，善是人为二句最的。其善，伪也，伪字从人，为声，非诈为之伪，谓善是人为之也。

---

① 校案：楼宇烈校本"欤"作"考"，"考"本作"攷"，攷、欤形近而讹，当从姜义华等编校的上海古籍出版社《康有为全集》作"欤"。

20. 孟子性善之说，有为而言；荀子性恶之说，有激而发。告子"生之谓性"，自是确论，与孔子说合……程子、张子、朱子分性为二，有气质、有义理，研辨较精。仍分为二者，盖附会孟子。实则性全是气质，所谓义理，自气质出，不得强分也。余别有《论性》篇。

（案：此条录自《长兴学记》）

【附二】关于儒家哲学与宋道学的补充之见（私见）：

1. 孟子性善之说所以大行于宋儒者，皆由佛氏之故。盖宋儒佛学大行，专言即心即佛，与孟子性善暗合，乃反求之儒家，得性善之说，极力发明之，又得《中庸》天命之谓性，故亦极尊《中庸》。然既以"性善"立说，则"性恶"在所必攻，此孟子所以得运二千年，荀子所以失运二千年也。然宋儒言变化气质，已不能出荀子范围，此则宋儒之蔽也〔丙申本末句作：然宋儒终日言变化气质，又谓有义理之性，有气质之性，此宋儒之蔽也〕。……孟子用六祖之法，直指本心，即心是佛也。（康有为《万木草堂口说》）

2. 孟子性善之说，有为而言；荀子性恶之说，有激而发。告子"生之谓性"，自是确论，与孔子说合……程子、张子、朱子分性为二，有气质、有义理，研辨较精。仍分为二者，盖附会孟子。实则性全是气质，所谓义理，自气质出，不得强分也。余别有《论性》篇。（康有为《长兴学记》）

3. 张伯瑞（984？—1082）："夫神者，有元神焉，有欲神焉。元神者，乃先天以来一点灵光也。欲神者，气禀之性也，元神乃先天之性也。形而后有气质之性，善反之则天地之性存焉。自为气质之性所蔽之后，如云掩月。气质之性虽定，先天之性则无有。然元性微而质性彰，如人君之不明而小人用事以蠹国也。……"（《玉清金笥青华秘文金宝内炼丹诀》，典型的道家者流文献、道家者流思想义理）

4. 张　载（1020—1077）："性于人无不善，系其善反不善反而已，过天地之化，不善反者也；命于人无不正，系其顺与不顺而已。行险以侥幸，不顺命者也。形而后有气质之性，善反之则天地之性存焉。故气质之性，君子有弗性者焉。"（《正蒙·诚明》，孟子曰："口之于味也，目之于色也，耳之于声也，鼻之于臭也，四肢之于安佚也，性也，有命焉，君子不谓性也。"）

——窃以为：宋代道学先生的二性论之性命天理说，不是援引自佛家，实是援引自道家，其哲学体系是道家者流的，非儒家的体系；宋道学的形上体系是十足的道家者言，何炳松1933年《浙东学派溯源》讲宋道学的道家化讲得很透，性命论上讲大小程之别也讲得很透……（案：儒家天道论、人道论的哲学体系在易道哲学，在戴震之学，在荀子之学，在孔子的天何言哉四时行百物生及性近习远，荀子谓天地合而万物生、阴阳接而变化起、性伪合而天下治，谓圣人所以同而不异于众者性也、所以异而过于众者伪也，谓本性者材朴也，仁义礼治则伪积也，孔荀千真万确，皆符验可证。）

宋儒盖受当时朝廷及民间皆倡行的道佛之学刺激（佛家即佛即性，道家即性即天等），并受识于源远流长的道家者"理气"（道气）论（案：小程说大程"出入老释者几十年返求六经而后得"，北宋数子无一不出入道与释，何炳松、胡适谓之一拨"道士"、"道士的世界"；道家的理与气是虚指，儒家的气论是实论，如天道论的阴阳气及人性论的血气，儒家的气论本质上在于日地间的光与水，本于物理能量的运行代谢；"理"则是戴震说的条理次第，非"如有物焉"的独立存在），纳道家者流"先天之性"、"气质之性"及道家天命、天理论，并通过仁义的信念及言说假于孟子明言的"性善"及"君子不谓性"的性之上，于是揉以仁义伦理与道家思语的宋儒式"先天性、气质性"乃出，明吕坤谓"宋儒有功于孟子，只是补出个气质之性来，省了多少口吻"，正是如此！

将孟子"君子不谓性"的性补白为"气质之性"，从而与《孟子》现成的"性善"一结合（孟子性善论实杂战国黄老言而出，以仁义玄思附会之，荀子已驳其五行及性善），并在理气论下再补上个"天理"，架以"性即理也"，于是天人际"天、道、善、理气、性命"哲学体系全部叙通，全部构筑起，故明魏校谓质疑性善说的诸子之论皆可因小程"性即理也"的天人叙通而"诸说皆不攻自破矣"……（案：义理性是天，气质性就非天？性善是天，性恶就非天？不善非材性之罪，善就是材性之功？皆自天则戴谓何立"二本"？康谓义理性亦自气质出"即伪积所成的德性、习性，此孔荀义"，何必抬理而二分、强分理气之性？血气心知一本一源，宋儒玄思虚言二性附合理、气，谬极，戴震已破解之。）

宋儒在道家"理—气"盒子里装入仁义及性善，即成伦理上"天人不分"而实"天人合构"的宋代道学。性善，性出于天，天出于理，性即理、理即天；而其说之所以别于道家者流之本说，则无非增个"仁义"或"善"附合于性理及天道而已，斯自居醇儒者的所谓"自家体贴出"。（案：孟子是最早揉道家者说的儒学大师，此后董子则更杂黄老，张周程朱则杂道释，孟子、董子、朱子皆此一脉〔早期杂黄老，后有衍变，去神秘稍多，黄老言则本战国，多赤裸裸神秘主义的学说，至西汉董子亦然，董子尤杂黄老神秘义〕，后人多未明宋儒何以抬孟诋荀〔性恶之讹文及宋儒不懂伪字义助其诋荀〕，何以宋道学如此地与孟子性命论遥契，更未明孟子实儒门杂道家者言的鼻祖，是宋儒道学的灵牌鼻祖，戴震亦不知其所以然，惟扶桑儒的古学派稍明之。）

朱子说："看文字且依本句，不要添字。那里元有缝罅，如合子相似，自家只去抉开，不是浑沦底物硬去凿；亦不可先立说，拿古人意来凑。"（《朱子语类》卷十一）此言正可警宋儒口口声声张"儒"的弊病：不遵孔子罕言天道性命的遗规，与老佛起舞争时尚话语，强言崇言天理性命（比如朱熹注《四书》多拿时学凑古人，此其不同汉、唐、清经学之处，学术性不够），并不得孔子天道人性论之正言……羼以黄老，假以道释，抬孟张统，以理鼓义，成此一代"道学"，并从此与政权结合而统治中国思想界长达六七百年之久，虽已凋敝，然话语及思想遗响迄今依然（1264年宋理宗庙号"理宗"正与其尚理学合）。

北宋道学数子及南宋道学朱熹的哲学体系，并非何其精深高妙无可把握，明乎其大、其源，一切皆豁然可观。清儒颜习斋曰"必破一分程朱，始入一分孔孟，乃定以为孔孟与程朱判然两途，不愿作道统中乡愿矣"，此语或有过，然宋儒之学正是从宋儒假借道家言而附会孟子"性善"张二性及天理所开始的，他们甩开日本古学派所谓的"圣学即礼乐刑政"的孔学真谛，与时共舞，委蛇高蹈，放言虚理而弃礼言理言天，流禅流墨亦流道，远离礼乐刑政之实学而"人人禅子、家家虚文"。理学之弊历史已明证，理学理论的抽象闭合性及社会倡行的崇高集约性（以理杀人）戴震已明破……

今后历史给儒学留下真正舞台空间的，非理学，非理性主义（或性理主义）的儒学，乃孔荀之学，乃经验主义的儒学，乃荀子再三倡言的礼乐刑政之"师法之道"，亦师亦法，道隆治洽。西洋文艺复兴以来近代化、现代化、市民化、城市化过程中经验哲学、经验论思潮的崛起及其巨大历史功用与高度学术性，正是何种中国儒学在中国现代化过程将落于何种命运的最好预示……

曾子曰"启予足，启予手，诗云战战兢兢如临深渊如履薄冰"，然也。启予头，启予思，战战兢兢、如临深渊、如履薄冰！

来源：confucius2000.com＞林桂榛文集，2009/02/17 发布

孟子得运二千年、荀子失运二千年（二）

——再述孟荀的思想路向及学说命运

×××好：

关于孟荀，我的异见主要在人性论及法先王、法后王的差异上，在如何成仁成德的路向及方式上。我不赞同性善论，非因荀子或荀子的思想体系，而是因为我自己首先就认为它不符合事实，它是一种"附会"或"强言"，这是我的学理观察、学术叙述；至于孟荀地位，当然应按太史公及刘向等的议论，皆为儒家大师，这一点没有问题，也否定不了谁的思想地位、历史地位，佛后马鸣、龙树嘛，苏格拉底后柏拉图、亚里士多德嘛，都是大师，怎可否认，怎否认得了？（宋儒诋荀子严重，程子连"性伪"的"伪"都未读懂，《四库总目》明提这一点，太宰春台所谓不读书；而"性恶"讹文，则加重了他们的意见。）

我不同意性善论及其他一些内容，只是基于学理，"吾尤爱真理"（当然真不真可以另讨论）。若认为我的学理会解构孟子式的伦理天道论，会解构"本源"或"崇高"（王达三早就揪我这一点不放了，他跟我辩论过，谁也说服不了谁，我的这个致思也不是一年两年，很长久了），那我也没办法，我不会放弃我的认识，我的见解。而且我持这种见解不等于我是小人，我是禽兽，不等于我替人沦落开脱，不等于我没有承认人可以为善及张扬或鼓励人向善为善。德性善与否非言"天"或假天以言就存在，就尤可实现；德性在心里，在生活里，实质上都必须通过"礼"的生活细节或生活形式来获得，来散发，来消长，尤该提拔或重视的是"礼"本身……德性不是"如有物焉"的先决、先验存在，人善不善靠"伪"（人为），所以《荀子》首列"劝学"、"修身"，论"仁义礼治"，论"积伪成圣"；若认为善先决存在、永固存在，此同佛道，是一种信念（前贤云孟子性善论本义是教人向善，此系确见，不谬），这个信念依赖中国式的"天"或西洋式的"主"都可以叙述出来，路径都是一样的。

说穿了，这不过是一种绝对主义的伦理路数。

至于程朱一脉的宋儒，对不起，无论学理及个性，我都不赞同，不欣赏。马一浮弟子金景芳谓宋儒是孔子的罪人，是儒学的罪人（《金景芳学术自传》）；顾准文集也这么说，并说"孔子的嫡传是荀况"（《从理想主义到经验主义》，台北版 1994）；张岱年胞兄张申府更是早就这么说了，倡云"打倒孔家店，救出孔夫子"；清儒不少亦作如是观，日本古学派也多如是观（其实宋儒就有这么观的，宋儒非铁板一块皆道学、理学）。至于为什么宋儒的学说会落到这个境地，为什么落于这么个评价，戴震等有详细的叙述，我也有自己的一些学术看法。我赞同日本古学派的意见：孔学真谛在礼乐刑政四字，非在性命天理体系什么的（礼乐刑政非仅仅形式之在，它本自蕴含了质，如正，如恭，如仁，如乐等）。若仿道、释而立后者为语思主体则儒学立意固高然学思日促日狭，门庭日小，学思日闭，注意余英时提到的"反智倾向"问题。是不是"儒"，不在什么天理、性命一类的说辞，在仁心实质，在正义实质，有仁心持正义的，就是儒，西儒也是儒，无之的，东儒亦非儒，这是我的立场。

而何以成仁成义？就个体德性而言，戴震和康有为、刘师培都明说德性与识见在个体生命史上是从无到有的（其他古今思想家持此见解我不一一具列姓名了）。我们尤当注意德性、识见的塑造或建构非礼非术不成，无论德性何高何圣，皆由礼由术以成德成人，康有为谓"六经惟《礼》可行"，斯亦孔子、荀子德性之思、之行的真谛。孟子未必懂这个非常重要的道理（他是性善论、复性论），即使懂，也没有好好实践，没留下什么学理性陈述，反在《论语》、《荀子》里尽是，此是十三经的主流……（康有为明确说"孟子礼学甚浅"而荀子"言礼最精"，儒家礼学精华在荀子，此不可否也；康有为谓"荀兼内外学也"，谓"荀能通心学之本，发礼学之精"，又谓"孟言性善扩充，不须问学"、"孟言养气，故学问少"。）

即佛即性、即性即天的释家、道家式之论，立意固善，康有为曰来得固高，高流，不可入手，或狂狷起脚，与孔未必最契。儒家者流何也？太史公《自序》里有云："儒者以六艺为法……累世不能通其学，当年不能究其礼。"正在礼，在艺，在术，是也！无论作为"师"（教化）的礼或作为"法"（管制）的礼，孟子都不擅长。康有为说"师法"本是汉儒家法，传自荀子，是孔荀之义，《孟子》无之，甚是！孟子对治世之思没有太多的贡献，康有为谓"孟子礼学甚浅"、"全是诗书之学"，而孟子主要在心性，不在治世，治世理论不擅长，仁政说虽立意高，但毕竟空疏；养气治心则擅，然康云"无治字工夫"（一版本作"无治气工夫"），此即说"艺"，说"术"，说"礼"，康谓"养气"与"治气"有异，后者重礼艺。

孔后儒学有分化，自然亦有深化，《汉书·艺文志》开篇谓"昔仲尼没而微言绝、七十子丧而大义乖"是也。孟子自有孟子一贯的体系，荀子自有荀子一贯的体系，这一下子说不清，是大问题，是大文章……一个视角观之，自会得出一个结论；另一视角观之，又可能得另一结论，而这都可能与一个先在的立场有关。荀子《解蔽》曰"心未尝不臧也"、"不以所已臧害所将受"，此为"虚一而静"的认知说。我想有道理，学术得这么个方法、方式来探讨。

总之，有分歧是正常的，西方思想学术有理性主义与经验主义之分，就这个道理，各有立场或资分而已。重要的是发展，各美其美……唐杜牧至清康有为等都明云性恶论较性善论胜一筹，此亦一激论，类恩格斯引黑格尔：人性本善说道出了一种伟大思想，人性本恶说道出了一种更伟大得多的思想。然学术观之孟荀间"性朴"比"性善"胜几筹？"性善"比"性朴"胜几筹？此可"虚一而静"地讨论。当然，我校荀子《性恶》篇正确不正确，另论。

这个问题暂时不讨论了。

林桂榛　顿首　2009-01-30

来源：confucius2000.com＞林桂榛文集，2009/02/17 发布

各时期谁真正坚持了孔子的路线(道)？

林老师：

孟子"向内转"，重目的，达境界——如何理解？"向内转"与道的关系是怎样的？

谢谢，祝福！

×××

（榛按：×××为原杭州师范学院2002级本科生，本人曾任其班主任及课程教师）

××好：

来信悉。但你引的这三个字没有上下文与出处，我很难判断啊……莫非指"心性论"，即孟子强调一切都"反求诸己"，强调"仁义之心"，甚至谈政治也口口声声"仁政"、"仁义"？

无上下文，我很难判断，几句如上，仅供参考。

林桂榛 2007-11-08

林老师：

前面提到的问题是我在区别儒家流派时，看到孟子一派被说成是"向内转"，不是很理解"向内转"、"向外转"的儒家流派的差异。（其实是"过程"与"结果"、"目的"和"手段"的区别吗？）

中学历史教材有诸子百家，我讲到孟子的职业理想是"帝王师"，但得能修身才能平天下的"狂者"（曾听你说过孟子是"狂者"），当然我还讲了"狷者"。教学中，一学生提出：各时期谁真正坚持了孔子的路线(道)？于是看书才知道"儒分八派"，请教老师：谁在孔子之后坚持了他的"道"，并给予相应的人物与观点为证。

请百忙中赐教，感谢！

××好:

我还不太明白你说"向内转"、"向外转"是什么意思？哪一本书说的？至于孔子之后谁坚持了孔子的路线，这个问题，基本上是没有答案的，因为思想理论方面有深化即有分化，分化了就有差异嘛。

后孔子者不少人深化了孔子的六艺之学（诗书礼乐春秋易），但同时也分化了孔子的六艺之学，此庄子所谓"七窍凿而混沌死"（《应帝王》）及"天下多得一察焉以自好……天下之人各为其所欲焉以自为方……后世之学者，不幸不见天地之纯、古人之大体，道术将为天下裂"（《天下》）。

严格说来，没有人真正得了孔子之"全体"，大体得其道者有，而自封者是不能算的（孟子当然狂，他书中自吹自己得了圣人之道，大骂别人猪狗不如）；学术的平静角度来看，综合其学说著作及历史影响，主要还是孟子和荀子得孔子之道多一些吧。

孟子张扬仁心善性，荀子张扬礼法制度，各得其一侧而已。譬如孔子说"性相近，习相远"，孟子说"性有善（根）"，荀子说"性有恶（根）"，其实人的本性都差不多，无所谓性善与性恶，无所谓善根与恶根，孟子和荀子的偏差就是把"德性"、"习性"追根地当作"本性"。然本性相近，习性可远，孟荀所说的"性"实分别近于"好的德性"与"坏的德性"，然其皆非本性也，习性而已。本性无有善恶，活人的"本性"只是生命本身的生理存在而已。

"性"问题，孔子本来说得很清晰，很真实；到了孟子、荀子那里，他们想深化它，追根究底，可是问题反复杂糊涂了（当然"性"的语义也有变化，含义或不一样了），他们自己还当是"深刻"与"高明"……王国维早就一锤定音：本性善还是恶、人性善还是恶，这是十足的伪问题，自作聪明的伪问题。因为经验世界里只有习性、德性，根本没有本来就先验预存、预在的"本性"或"人性"，哪有抽象如柏拉图"理念论"的"人性"啊，那是一种情感化、空想式的信念或追想而已（无论认为人性善还是认为人性恶）。

总体而言，孟子张扬"仁"，荀子张扬"礼"。张"仁"则侧重内心德性，故他讲仁义与仁政；张"礼"则侧重外在关系制度，故他讲隆礼与重法，各有侧重。若能合孟、荀，则尤近孔子，"仁本礼用"，德性为

"仁",交往及关系、制度、群治为"礼",内在德性及外在制度都追求,或制度的正义性与正义的制度性都追求……

这个问题很难说清,就简单说这么几句吧。至于二程朱熹他们,可以说离孔子最近,但也最远,因为深化与分化比孟荀还多(董仲舒那已是神学了,背离了孔子的精神)……

林桂榛　2007-11-13

林老师好:

林老师指出孟子张扬"仁",张"仁"则侧重内心德性,就是孟子"向内转",就要"反求诸己",问道自己的本心,甚至在政治上也强调"仁义之心"。于是孟子号召"见大人则藐之","当今之世,舍我其谁"。荀子张扬"礼",张"礼"则侧重外在关系制度,荀子"向外转",不求本心,问道外在的世界,荀子提议"君子当官"。不知道是否可以这样理解?我的水平也只能这样理解了。

谢谢老师,过绍兴逗留,学生我尽地主之谊。

××好:

不太准确吧,谁说荀子不求"本心"(仁心)、不讲内求?《荀子》一书开头前几篇是什么啊?"劝学篇、修身篇、不苟篇"是也,不是吗?不过后面呢,有"富国篇、强国篇、礼论篇",是不是?

荀子也讲"化性",他的"性"是自然之性,"化性"就是化自然之性而成人文德性,如清代戴震说"德性始乎蒙昧终乎圣智",性相近、习相远,故化自然之性而成善美之习性、德性……孟子的"性"其实是善美的德性,他认为人皆有善性(他不是说"四端"嘛,什么"恻隐之心人皆有之,羞恶之心人皆有之……"、"仁义礼智非外铄于我,我固有之也"),云"人皆可以为尧舜",譬如六祖云"人皆有佛性",至于为什么有些人坏或恶,那是因为他们磨蚀了"性",故要寻回这个"性",恢复这个"性"。这就是孟子的"复性",光复、恢复其"性"。你们绍兴籍大儒马一浮民国时办的书院不就叫"复性书院"嘛,马先生的"复性"就是孟子的思路,光大人心的仁根善性也,光大性善,可以为善,可以成圣贤,诸如此等。

孟子的性善论多是一种信念,善人的一种信念。其实荀子以自然之性说人性更符合我们说的"人性",德性不等于人性,德性不是人类最一般,自然之性是人类之最一般(起点),而且此自然之性与其他生命(譬如血气动物)并无本质差别。比如戴震他们说的"人莫不怀生畏死",亚里士多德也这么讲,这么讲的古代思想家太多了……有学者说荀子不是"性恶论"而是"性朴论","性恶论"的文字可能是后人处理或篡改了;当然也学者说"性恶论"也仅仅是荀子在那时故意唱反调给孟派儒学而已,是矫枉过正地故作此调。此二解别有专门论文论证,颇有道理,两种情况都可能。《荀子》的"性"多是指是自然之性(他讲性恶已与他的性论相矛盾了,因为那是德性之性了,未必是他常用的自然之性的"性"义,故"性恶论"系后人篡改还真有可能,但还需详细质疑考证),自然之性"朴"也,血气心知、衣食住行、饮食男女,至于善性、恶习,实德性、习性也,此为经验世界的常识,无须论证,古今皆然。

前面讲孟子侧重内在仁心、荀子侧重外在制度,只是大概而已,其实荀子一样重"修身"啊,比孟子还全面,这一点这里要特别提出来。孟子突出地讲"仁"是有其时代背景的,那时候战国纷争,"率兽食人"、"杀人盈野"(见《孟子》原文),孟子重视仁心仁政是当然,代表那时候人类的"良心"嘛;孟子以为王官者只要"仁心一发,即可成仁",是多从观念、理念上去讲,颇有"内圣外王"的味道……不过怎么"外王",其实未必仅是孟子说的"发不忍人之心(仁心)",不是"念佛即可成菩萨",而是"放下屠刀可成菩萨",即不是通过善念的自在发挥,而是通过实际行为。当然实际行为方面,一般的善行也当以善念为前提;另外,善行也可成就善念,孟子所谓"假(借)仁而行"以至"久假不归",其实就是善的行为也可以熏陶和积染善的德性,生活中就是有这种现象的,所以习惯和礼仪很重要嘛,和荀子说的"化性起伪"差不多(此"伪"指"作为",非"虚伪")。

古代讲读书致仕,不过致仕了,也未必是事必躬亲吧,那哪能"躬"得过来啊。《离娄下》里孟子批评郑相子产事必躬亲:溱河涨水了,他用自己的车载老百姓渡河,孟子说为什么子产不动用资源修座桥了事啊,何必自己一一帮百姓渡河啊,如此何日才能了啊,有"人亡政息"的味道。孟子批评得好,可是他还是没有重视到另外一座桥——"制度"——的重要性,为什么不设立各种制度,然后让社会在一定的法度内运作啊,让中下层官吏在法度内办公啊,何必天天倡导"仁"、日日喝唱"善"啊,但孟子认识不到的。原因：一是孟子生活的乱世惨界决定了他大讲这个，情怀或注意力在这里；二是孟子不会重视到"河堤"或"桥"性质的"制度"是由于孟子的是"性善"论啊，所以讲"复性"不讲"制性"、"约性"，不讲外在制度去制约人……

可是荀子就不一样了，他也讲修身劝学，但他的人性论是自然人性论，看他的《礼论》篇，就会明白：人人都有自利心，自利行为，那么多人求利，就利益纷争了，于是先觉者就来立法度、起礼义，社会才能有序与平衡……这不就是近代欧洲的"契约论"（近代中国译之作"民约论"，这个译法甚佳）以及古希腊的城邦式理论？然也，就是有民约论的意思在嘛。所以，在荀子眼里，"德性"或制约化的"制度"是一样重要的，乃至后者更需要，所以看《荀子》一书的编排就知道了，《富国》《礼论》等放在后面。最后是《尧问》篇了，意即综合前几者可致尧舜之治（天下大治）了！

思路不一样，宗教般大悲悯、大仁义之情怀的孟子，当然鼓吹施发"仁"之念，以成仁人或仁政，成尧舜或尧舜之治；不过荀子不光盯着德性发悲心，他还重视现实，非常务实，强调礼法之治，我林某谓之"内蓄德性、外开制度"（"蓄"古训"养"）。民约性的制度当然建立在自然人性论的基础上，人自利嘛，所以设法度以防范和制约，故儒家的"礼论"逐步衍变成"法论"了，到了战国后期"法"的理论胜了，荀子还是秦相李斯他们的老师呢……不过要提醒：战国法家的法论虽然是要构建制度，但它还是帝王权谋，是"牧民"之术，战国法家的法治理论需要经过近代式自由民约论的改造，才可获得公正或正义性，即"公器"要体"公气"，又要经过"公议"以达"公意"，否则所谓的"法治"依然不过为一家一姓一党一羽的鞭子或板子而已。

不是孟子不知道人皆有"自利"之心，看《孟子》不是常云"富，人之所欲也；贵，人之所欲也，好色，人之所欲也……"、"口之于味也，目之于色也，耳之于声也，鼻之于臭也，四肢之于安佚也，性也"，孔子也讲"发财致富"过好小日子噢……而是孟子以为"君子不谓性也"，就是"君子"有更高的"性"，不以自然之性为"性"，因为"君子"超越之了，此所谓"舍鱼取熊、舍生取义"或"饱乎仁义者不愿人之膏粱之味也"……看看，孟子更近宗教家吧？荀子呢，更近学术家，更务实，所以嘛，荀子干脆来篇《非十二子》，当中大骂孟子"然而犹材剧志大，闻见杂博……甚僻违而无类，幽隐而无说，闭约而无解"。太史公司马迁则评价孟子"迂远而阔于事"，平心而论，不无道理的。学术嘛，光意气不行，那不是学术；治世嘛，光德性不行，那似宗教。

宗教般情怀，大慈悲，大仁义，这个社会需要，是一种个体德性与社会良心的引领者，故孟子了不起，要充分敬意！不过从"治世"的角度以及学术观察的角度，荀子要胜孟子一筹，所谓"内蓄德性、外开制度"也，此"内蓄德性、外开制度"已不是观念、理念上如念佛一样的"内圣外王"（理念式的流转），此"外开"是通过先觉者的制度预设或适时调整，来成就永久而稳定的尧舜之治，此观美国创国时的那些理论家、政治家，在正义的追求之下，开创了人类最伟大的国家制度，从而生成了人类最开明而有效的政府运行。

几点意见，供你参照和斟酌，要多读书，读好书，读古书。

林桂榛复上　2007-11-19

（附）孟子曰："乃若其情，则可以为善矣，乃所谓善也。若夫为不善，非才之罪也。恻隐之心，人皆有之；羞恶之心，人皆有之；恭敬之心，人皆有之；是非之心，人皆有之。恻隐之心，仁也；羞恶之心，义也；恭敬之心，礼也；是非之心，智也。仁义礼智，非由外铄我也，我固有之也，弗思耳矣。故曰，'求则得之，舍则失之。'或相倍蓰而无算者，不能尽其才者也。《诗》曰：'天生蒸民，有物有则。民之秉彝，好是懿德。'孔子曰：'为此诗者，其知道乎！故有物必则；民之秉彝也，好是懿德。'"（《孟子·告子上》）

来源：confucius2000.com＞林桂榛文集，2007/11/24发布

《易经》的术数体系与思想体系

——孔子易道思想考原［论纲］

×××先生好：

最近我正在以《阴阳消息、天地大化——"易"、"阴"、"阳"考辨与先秦儒家天道论考述》为题，作一个中国易道哲学的天道论考原工作，系我博士论文的其中一部分，专门阐释有别于思孟学派、程朱学派的儒家天道论，是作《揭开二千年之学术谜案——荀子〈性恶〉校正议》后的又一重要考述工作，进行学术史的回溯复原与思想再阐。

在前人基础上，考知甲骨文"阴"字本义汽汇云集，"阳"字本义日升光照，"易"字本义云蔽日而雨落（郭沫若谓"变天"义），易、阴、阳三义是完全取决于"日"、"水"两种存在，正是宇空之日及地球之水，正是日地间"火"、"水"相运，造就了天地氤氲、万物化生，帛书《周易·易之义》所谓"天地定立，山泽通气，火水相射，雷风相榑，八卦相厝"。而中国易道哲学的基本思想，正从此出，是一种高级的自然哲学，完全符合现代天文地理学常识。华夏先哲太伟大了，三字即可道破地球气候变化、万物生长的全部奥秘！

《周易》原本不言五行，清赵翼和民刘师培等考得清清楚楚[①]。帛书《周易·易之义》第一章载："子曰：易之义唯阴与阳，六画而成章……""易之义唯阴与阳"系易学总纲，画龙点睛，一针见血，一语道明《易》之精义！——阴阳实在天象，是以太阳热能量和地球水循环为中心的天象变化，以及天象变化下的山川河海、万物生长；也即《周易》其要在于言天道阴阳，天道阴阳在日水，在日水条件下的四季变化、万物消长。说穿了是自转、公转下太阳的辐射以及地球的水决定了地球的寒热、风雨、

---

① 校按：此说我后已修正，详见本书第二章第一节。水火木金土五行与历数五行的观念及概念源流已厘清，《周易》不言"五行"之说则当放弃和更正，《周易》言天道，恰言历数之五行也。

江河，正是寒热、风雨决定了万物消长（动物都依赖植物而生，植物依赖日水而生），此即周易阴阳哲学、易道哲学的精义！

天道乃日水相生而阴阳变化起，《易经》源卜筮，本祝巫占天象之用，进而占卜一切。《系辞上》曰"君子居则观其象而玩其辞、动则观其变而玩其占"，帛书《系辞上》曰"君子居则观其马而沅其辞、动则观其变而识其占"。观马玩辞，观变识占，八卦、六十四卦具体卦象和卦辞，此是卜筮之术数，然此术数的创发及阐义，实源于天象变化及占卜天象变化的需要，赖此术数以预吉凶也，进而天人之吉凶尽可囊于此卜筮术数中，此《史记·龟策列传》所明述，《史记》言阴阳家以及《周易》等，皆明晰可证，故汉刘向曰："夫占变之道，二而已矣，二者阴阳之数也，故《易》曰一阴一阳之谓道，道也者物之动莫不由道也。"

《系辞上》曰"圣人设卦、观象、系辞焉而明吉凶，刚柔相推而生变化"，帛书《系辞上》曰"圣人设卦、观马、系辞焉而明吉凶，刚柔相遂而生变化"。术数《易》之用乃在占卜吉凶，吉凶之实则在变易，故古人仰观天文、俯察地理，先顾天之阴阳大道，进而由阴阳消息以知人事损益进退（天人的大生命系统本合一的），此帛易所谓数往知来为"达数也"。《黄帝内经》曰"法于阴阳、和于术数"，"阴阳消息"可由天象天道的"阴阳消息"推衍至一切的损益消长，如此儒家《周易》之学在天象与筮法的基础上建立的是明天道、人道的思想体系以及察预天人吉凶的术数体系，此帛书《周易·要》里孔子所阐要。后人或重术数体系，而思想体系则多抛弃了，或所谓的义理已黄老玄秘化侵染，宋儒说易道大歧。

阮籍《通易论》曰："《易》之为书也，本天地，因阴阳，推盛衰，出自幽微以致明著。"又曰："《易》之为书也，覆焘天地之道，囊括万物之情，道至而反，事极而改。"可惜，汉儒以下，《周易》原所统摄的理智化明天道、人道的思想体系多为术数虚玄之学掩盖，此为帛书《周易·要》孔子所明确预言："子曰：《易》，我后其祝卜矣，我观其德义耳……后世之士疑丘者，或以《易》乎？吾求其德而已，吾与史巫同涂而殊归者也。君子德行焉求福，故祭祀而寡也；仁义焉求吉，故卜筮而希也。祝巫卜筮其后乎！"——孔子自然有他天道、人道合一的哲学体系，他的哲学体系，就在他的易道哲学的思想体系里！

但是，孔子的易道哲学不幸被历史湮没了（已被他预言），一是五行说，二是理道说，而被篡改最严重的，当数唐宋人"理—气"建构体系下而依附于"儒"所建立的"无极而太极"的易道哲学论：宋儒大力推崇的《周易》"无极而太极"论，其赖以根据的"太极、两仪、四象、八卦"，在帛书《周易》里实仅指术数之法而已，即帛书《周易》谓"太恒、两檥、四马、八卦"；跟什么抽象的"无极而太极"、"所以一阴一阳者理也、道也"等道家式玄虚宇宙生成论无任何关系！

"一阴一阳之谓道"，天道即阴阳消息，那是因为日火、地水，四季变化正由此，万物消长正由此。易道首为天道也，天道即阴阳变易之道也。而人道，自然是范围于阴阳天道之内的，人或人类的生态系统、生命系统是存在于地球的气候、生态系统之内的，此为自然哲学的"天人合一"；即使是人之伦理、美感、宗教的"天人合一"亦难离生态系统的"天人合一"，此钱穆先生生命尽头讲"天人合一"系中华思想最益于世界者时亦所未明者也。

而人性，实不脱"血气心知"。心知赖血气，形存而神存，而血气正如天道赖地水日火以氤氲万物群生一样（管子曰地水如血也），血气亦赖水火并似水火且行以资养生命。血气指能量，也指物质，它运输物质，维持生命的代谢循环。中医则谓心为"火"，血气之运行赖心之搏动也，血液输送营养，营养供给能量……戴震曰"血气心知性之实体也，阴阳五行道之实体也"，前半句对，后半句错，《周易》言天道不言五行，天道之要在地水日火、阴阳变化，天地间万物群生生生不息。刘师培曾曰戴震言性言道等并未脱宋儒，正是！

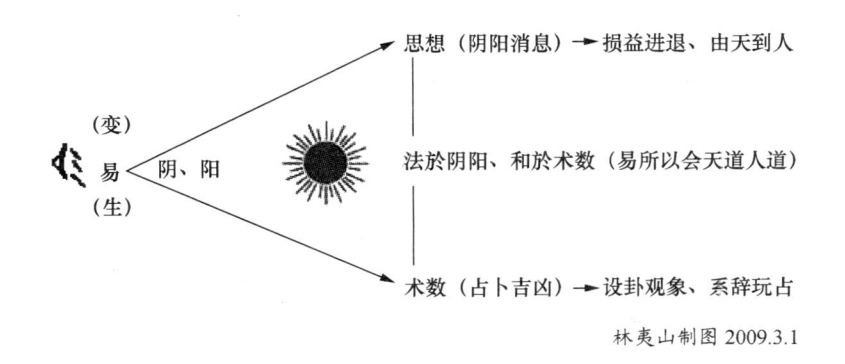

林夷山制图 2009.3.1

"阴阳消息—血气心知—人情王道—礼乐刑政"，《四库全书》里宋时《六经奥论》明立"礼本人情"条，实合《礼记》义，王夫之等明清儒云"王道本乎人情"，甚是！此"天道（阴阳）—人道（人情）—政道

（王道）"一体论是一新的儒家学说形态，其实也是一旧的儒家学说形态，礼乐与刑政、教修与管治，德性与制度，它是一种别样的返本开新，富有希望……

通过考字，通过范畴的厘定，我想重述先秦儒家的天道论。在这个天道论下，再述人性、人道、政道。这个思想学说有别于思孟以下的路径，然正是孔荀的路径；这个路径，被湮没了太久，太久，我要把它发掘出来，不使湮没无闻，并期贡献于人类思想，贡献于中国再造！

林桂榛　2009－02－20

来源：confucius2000.com＞林桂榛文集，2009/03/14 发布

正统儒家本无什么本体论及形而上学

"中国本没有所谓哲学。多谢上帝，给我们民族这么一个健康的习惯。"（傅斯年）

——代题记

林桂榛好：

偶然读到《哲学研究》刊何炳棣先生的一篇文章，饶有趣味。何以史家身份治中国思想史，往往有高论。在《读史阅世六十年》中，他谈到新儒家纯化了儒家的形上思想，有趣弯曲了儒家的本意（榛按："有趣"疑由"有意"笔误，"弯曲"疑由"歪曲"笔误），而作无谓的歌颂，其中骂了杜维明，怒气很盛。很是奇怪，治思想史与儒家哲学的人终究是难以同调，互相打骂不休。而我越发奇怪的是，这帮儒徒口称哲学，其实更近于宗教。

□□□ 2009-07-29

□□□好：

发来的何先生《儒家宗法模式的宇宙本体论——从张载的〈西铭〉谈起》一文通读了一遍，爽，我认为何先生讲得有道理，不是瞎说，收藏了，谢谢您推荐我阅读。

治史的人求真，治所谓哲学的人倒往往求意念，在求证意念物或意念命题时，又往往妄顾逻辑充要条件与历史真实，而且在经验主义看来那个意念物正如宗教"主"或柏拉图的绝对"相"一样，实际上并不存在，不过是自作聪明的臆想物或臆想形态而已（是思想抽离出来的，非实在，非先在）……西方1500年以来如果还热衷柏拉图式哲学那个"相"或基督教学理，那么文艺复兴以来就不可能产生什么"近代化"，更不可能有现代学术或现代科技；尽管那种形而上学的绝对"相"论还残存在所谓的近现代哲学论中，但那绝不是主流，更不是西方现代思想学术的主流思想。宗教与学术是分离的，学术就是学术，是求真。

何先生提到儒家"宇宙论"或"宇宙本体论"问题，我要补充一下。按我最近几年猖狂的阅读和思考结论，正宗的儒家没有宇宙本体论，没有后儒式的形而上学，更没有抽象高玄的气论、性论、命论、理论……孔子的宇宙论原是后来所谓阴阳家所具有的自然天道论，这个宇宙论在先秦大儒的真正接受和传承者是荀子。"形而上者谓之道、形而下者谓之器"，此道不过"一阴一阳之谓道"，道即行或所行（《说文》曰"所行"谓"道"，契文"道"即"行"），此形器万物之上的道即天道，天道即天体性之天行，天行即天道，天行天道不过日水相运、寒暑交递、四时更化、万物生息，古人总谓"阴阳大化"。这个思想，在《易传》与《荀子》里最明显，《易传》和《荀子》是最地道的儒家思想、儒家文献。

孟子遗文未留下显著的专题式宇宙论，有也是黄老化的天人论而已，此即他披挂上"仁义"话语的性命说、反尽说，尽心反性，达乎天命，这性命论其实是黄老化后的人生论及道德意念化后的半截宇宙论而已。至于六朝后的"儒"圈子或"儒"门户披上什么"理"啊"气"啊的本体论，那比孟子不知离谱多少，那是道家式的，不是儒家式的。我要说唐后那拨道学先生之"儒"不是儒家，那拨儒学不是儒学，准有人要气闷或干脆想跟我打架，或骂我禽兽或脑残。然我通过研究以为：中晚唐后的儒学，尤其是两宋的儒学，其主体理论（或所谓哲学论）并不是儒学，更不是孔子的①，甚至属孟子都难说全然（康有为谓宋儒谈二性是自己附会粘著于孟子）；不过是道家思论加儒家名号而已，不过是儒家哲学道家化而已（汉代是黄老化）。傅斯年说他们揉作自己一套却硬要说那套得自孔圣嫡传，《宋史》别立《道学传》谓道学先生"推明阴阳五行之理，命于天而性于人者"。周、张、程、朱那些主流学说，在经验主义看来，那"理气性命"才是神经病或脑残！

区别儒家宇宙论、道家宇宙论的要点是儒家的宇宙论只谈到日水之阴阳大化，到此为止，未立说任何更"上"的绝对的实体化宇宙本体；而

---

① 校按：参见本书所及《金景芳学术自传》（1993）、《金景芳学述》（1999）、杨大膺《孔子哲学研究》（1931）等。

道家却继续往上追,立"道"或"气"或"理",而这个道、气、理那才是西方哲学思路上(如柏拉图哲学)的"本体论"(本体存在、实体存在,如柏拉图中的"相"或宗教中的"主")。《老子》和《庄子》不是不明天道阴阳,这天道的自然哲学思想于先秦理智的诸家不过是学术常识(《孙子兵法》等兵家著述亦然),但是,《老子》和《庄子》更"聪明"了一层,他们有本体论,有本源性的绝对实体论,这个本体宇宙论或宇宙本体论自然也关联到他的人性论(譬如庄子的复性论,孟子的天命性善论及返性论思维亦同之)。黄老家参仙人杂神秘,阴阳家流弊于机祥谶纬(五行亦羼进了金木水火土五材等),道家最高思想水平者当以太史公司马迁所述道家为准,道家思想的顶端是有"道"为核心的本体论,至少有本体观思维,杂黄老,杂阴阳,杂儒墨,"其为术也,因阴阳之大顺,采儒墨之善,撮名法之要,与时迁移,应物变化,立俗施事,无所不宜,指约而易操,事少而功多"、"其术以虚无为本,以因循为用,无成势,无常形,故能究万物之情;不为物先,不为物后,故能为万物主;有法无法,因时为业;有度无度,因物与合"。

  总之,我说儒家没有宇宙本体论,没有形而上学,是就春秋原始儒家的思想理论而言,是就孔子及孔子门徒而言,是就先秦儒家的正统学说而言;而说春秋原始儒家、正统先秦儒家没有宇宙本体论,没有形而上学,既不是儒家的可悲与可耻,而是儒家本应有的高明或"光荣"。并且,所有我这些论说,都是有证据的,不是凭空捏造或臆想,我可以建立详细的反驳与立说——所有立说和反驳都建立在文献上,建立在经学文字工夫上。好好研究原始儒学,《易传》及《荀子》无道家本体论式的宇宙论或天道论,更无道家本体论式的人性论;孔子的宇宙论主要体现和记述在《易传》里,孔子论人性与天道也丝毫无孟子式本体论、超绝论,更绝无宋儒"理—气"本体化性命、天道论。

  道家有本体论、形而上学论,固然体现了道家学说的高超或思维的超远玄深,这一点孔子及孔门自然"自叹不如"。但孔子、荀子没有本体论、形而上学论式的宇宙论及人性论,只有到我们真正认知、思维达到成熟而超越儿童化思维,并真正反观、反省西方思想的历程后,我们才会真正发现原来孔子、荀子是那么的清晰,那么的高明,那么的思想畅然,甚至是那么的所谓"科学",呵呵,有意思吧。其实,所谓哲学史上的很多问题,都是愚人自扰而已,世上本无某"学",聪明自作之。"聪明"者自作之，当时不过是玩玩而已，或糊涂耍耍而已，今人偏要当真并作什么博士研究论文或硕士研究论文并云集一大批所谓哲学教授研究之并赞如何高明精深云云，你说可笑不可笑！

最近我把陈鼓应先生的主要道家专著收购到了，其中一些购自台湾。陈先生晚近云《易经》尤《易传》来自道家，是受了道家影响，其实这属"传情入色"之浅见或误读。《易经》无道家式的宇宙、性命本体论，谓有也是那里几个字眼被后人道家哲学式地发挥和涂抹了而已，其实绝对没有，《易传》是地道的儒家哲学著作，思想是孔子所传，文本是儒门所写，《周易》也应视作儒家"专利"（这跟儒家的起源有关），反而是后来的道家理论利用了《易传》……至于又后来的儒生，尤其是汉宋儒特别是宋儒，其论易又大羼道家学说，毕竟道家学说具有"深度"并且有市场啊，挪来一用。而那个太极图什么的跟仙家神符似的，其实方术加道家思论的道教最擅长"画符"。

我是经验论者，对哲学不是柏拉图路线而是亚里士多德路线，对儒学是孔子、荀子路线而不是孟子、朱熹路线，反本体论，反形而上学，反本体论式的理气性命论，反臆想，生活与学术讲实证，讲证据。对儒学研究，我走实证的清代经学及汉唐经学的路线，而不是宋明多为搞自我发挥、自我附会的道学路线。这里有几则我批判本体论、形而上学论的零散发言，见 http：//www.rjfx.net/dispbbs.asp? boardID = 8&ID = 7930，一哂！

儒学要自我批判，既是学理的，也是社会致思的，没有完成批判与清醒的儒学，就是没有完成 modernization 的思想学说，更是没有完成正本清源而实谬种流传的学说，也完全谈不上现代学术研究或作为独立的学术研究的对象。儒家多谬种或邪说，儒家多势利与旗号，儒家在两千多年来的政治或思想统治中，干的坏事不为少，作的"帮忙帮闲"角色不为少，这可不是闹着玩的，是事实，是千真万确的事实。

今天很多张罗"儒学"的民间人、官学人，其实张的不过是"封建主义"的思想复辟而已，满脑子都是表面高尚但实系为虎作伥的农耕社会腐陋思想的残余或表面高深可贵但实系毫无意义的学术虚妄，既没有学术功底，也没有思想高见，戏人拨鼓而已……

林桂榛　顿首　2009 - 07 - 30

摘句民国怪才宣永光的话："非混蛋，决不肯以人命试药品。非大混蛋，决不忍以国命试学说。"鲁迅老说"黄金世界"，说："有我所不乐意的在你们将来的黄金世界里，我不愿去。"道德家们和政客家们总是在许诺"黄金世界"，用所谓的道德或道德理论包装得让一帮饥民与蠢氓向往不已，如入尧舜之世⋯⋯波普尔《开放社会及其敌人》第一卷重点批判了柏拉图，揭示了柏拉图终极社会理想与极权伦理思维的瓜葛，令人惊心动魄。

没有通过现代批判的儒家或儒学思维，流落或周旋于汉宋思维与话语，则高妙道德话语背后散发的是腐臭荒唐的伦理逻辑与荒诞幼稚的儿童化情思⋯⋯当法家批判陋儒童话般思维所臆想的"黄金世界"时，儒家已被揭开其魔幻般伦理思维情结；当法家的法术论被人民契约与社会正义加以批判和过滤时，法家丛林法则般集权工具制度论与集权目的论已被揭穿开核⋯⋯

林桂榛　又及　2009－07－30

【附一】《哲学研究》迄今"本体"话题之论文

1. 郭振香：《不息之本体：儒家哲学的形上之思》，《哲学研究》2010年第5期。

2. 朱立元：《试析李泽厚实践美学的"两个本体"论》，《哲学研究》2010年第2期。

3. 李安泽：《方东美生命本体哲学探源》，《哲学研究》2009年第2期。

4. 陈凡等：《现象学技术哲学：从本体走向经验》，《哲学研究》2008年第11期。

5. 周祯祥：《范畴本体和皮尔斯范畴三分理论》，《哲学研究》2007年第1期。

6. 萧诗美：《论"是"的本体意义》，《哲学研究》2003年第6期。

7. 李振纲：《自然之德性与无为的智慧——老子哲学的本体与方法》，《哲学研究》2002年第7期。

8. 钱捷：《本体的诠释（下）——析梅洛·庞蒂现象学的"肉体"概念》，《哲学研究》2001年第6期。

9. 钱捷：《本体的诠释（上）——析梅洛·庞蒂现象学的"肉体"概念》，《哲学研究》2001年第5期。

10. 屠承先：《明末清初本体功夫论的融合与终结》，《哲学研究》2001 年第 5 期。

11. 景海峰：《叶适的社会历史本体观——以"皇极"概念为中心》，《哲学研究》2001 年第 4 期。

12. 李振纲：《道德理性本体的重建——蕺山哲学论纲》，《哲学研究》1999 年第 1 期。

13. 李章印：《主体的高扬与超越——评〈自然本体化之误〉及对其所引发问题的思考》，《哲学研究》1995 年第 6 期。

14. 方同义：《本体与境界——中国古代哲学主题的理论阐释》，《哲学研究》1993 年第 3 期。

15. 李翔海：《本体诠释学与中国哲学的现代化和世界化——访美籍华裔学者成中英教授》，《哲学研究》1992 年第 11 期。

16. 钱时惕：《本体实在及其在不同认识层次的投影》，《哲学研究》1992 年第 11 期。

17. 黄克剑等：《返本体仁的玄览之路——从熊十力哲学的价值取向看当代新儒家的文化思致》，《哲学研究》1988 年第 5 期。

【附二】道学源自道家之学、道学援自道家学

明末清初的顾炎武斥唐宋间"希夷先生"陈抟及北宋五子之首"康节先生"邵雍的易图与易书为"道家之易也"，曰："自二子之学兴，而空疏之人迂怪之士举窜迹于其中以为易。而其易为方术之书，于圣人寡过反身之学去之远矣！"（《原抄本顾亭林日知录》卷一）晚生顾炎武十年的毛奇龄则云："圣学不明久矣……道学者虽曰以道为学，实道家之学也……是道学本道家学，两汉始之，历代因之，至华山（陈抟）而大张之，而宋人则又死心塌地以依归之，其为非圣学断断如也！"（四库本《西河集》卷一百二十二《辨圣学非道学文》）晚毛奇龄数十年的日本古学派荻生徂徕等亦谓"圣学"（孔学、儒学）的主题是"礼乐刑政"而非什么宋道学家的"性命理气"等，辩驳甚明，非可污覆。乾嘉学者章学诚则云："（宋史）又道学、儒林分为二传，前人多訾议之……儒术至宋而盛，儒学亦至宋而歧，道学诸传人物实与儒林诸公迥然分别，自不得不如当日途辙分歧之实迹以载之。"（刘氏嘉业堂刻本《章氏遗书外编》卷三）此则虽未必看出宋道学与汉唐道家一脉相承的实际渊源，但似乎亦同样看出了宋代道学与正统儒学的巨大差异。

【附三】史学家傅斯年评所谓哲学及中国哲学

我不赞成适之先生把记载老子、孔子、墨子等等之书呼作哲学史。中国本没有所谓哲学。多谢上帝，给我们民族这么一个健康的习惯。我们中国所有的哲学，尽多到苏格拉底那样子而止，就是柏拉图的也尚不全有，更不必论到近代学院中的专技哲学，自贷嘉、来卜尼兹以来的。我们若呼子家为哲学家，大有误会之可能。大凡用新名词称旧物事，物质的东西是可以的，因为相同；人文上的物事是每每不可以的，因为多是似同而异。……思想一个名词也以少用为是。盖汉朝人的东西多半可说思想了，而晚周的东西总应该说是方术。

——《与顾颉刚论古史书·三》，《傅斯年全集》卷一第459页

……哲学之为语言的副产物，似乎不待繁证即可明白了。……汉语在逻辑的意义上，是世界上最进化的语言（参看叶斯波森著各书），失掉了一切语法上的烦难，而以句叙（Syntax）求接近逻辑的要求。并且是一个实事求是的语言，不富于抽象的名词，而抽象的观念，凡有实在可指者，也能设法表达出来。文法上既没有那么多的无意识，名词上又没有那么多的玄虚，则哲学断难在这个凭借发生，是很自然的了。

"斐洛苏非"，译言爱智之义，试以西洋所谓爱智之学中包有各问题与战国秦汉诸子比，乃至下及魏晋名家宋明理学比，像苏格拉底那样的爱智论，诸子以及宋明理学是有的；像柏拉图所举的问题，中土至多不过有一部分，或不及半；像亚里士多德那样竟全没有；像近代的学院哲学自戴卡以至康德各宗门……在中土更毫无影响了。拿诸子名家理学各题目与希腊和西洋近代哲学各题目比，不相干者如彼之多，相干者如此之少，则知汉土思想中原无严意的斐洛苏非一科，"中国哲学"一个名词本是日本人的贱制品，明季译拉丁文之高贤不曾有此，后来直到严几道、马相伯先生兄弟亦不曾有此，我们为求认识世事之真，能不排斥这个日本贱货吗？

——《战国子家叙论·一》，《傅斯年全集》卷二第252—253页

【整理按：论"哲学"，傅斯年与王国维大异。王国维曾热衷哲学并高度评价哲学的意义及地位，且积极推动了中国近代教育立哲学科。傅斯年则纯粹是史学立场或

路径，对玄虚话题一概摈弃不取，此倒切近陈寅恪立场，此亦中央研究院"史语所"之学风。哲学或如冯友兰所引金岳霖语——"哲学是概念的游戏"，此与傅斯年言"哲学为语言的副产物"皆可谓人之出之的高见，对欧洲语言中的"哲学"学说系统有极深刻之洞察。史学家意在求真，唯力图恢复真相，哲学家则往往意念打转求大求高求玄求远，两家治学治思路径差异太大。严格说来唯史学家、史学路径适合研究人类史（包括人类的观念史、语言思想史），哲学家实不适合，因为哲学家首先在逻辑起点及语言演绎上往往背弃"不可证伪"的求真原则，多数命题似是而实非，或是"正确的废话"，或"你不说我还明白，你越说我越糊涂了"（简单问题复杂化，肤浅问题高深化）。而波普尔《开放社会及其敌人》等则力揭柏拉图、黑格尔、马克思三位大哲学家与现代极权主义思想的渊源，愚蠢的"哲学家"即使哲学语言再严密、道德意图再高尚，然其害"猛于虎"——与权力或政权结合十分可怕，从朱熹到黑格尔，皆命运同。】

来源：confucius2000.com＞林桂榛文集，2010/09/27 发布

挽武漢大學中國哲學三賢（三章）

　　從琴棋書畫至經史子集，清茶濁酒慰平生，四海與五湖，歎百年滄桑廢士學；
　　由共產主義到自由主義，暴政強權付白眼，一波已三折，披往代哀華歸道山。

——挽蕭萐父先生（2008 年 9 月）

　　善詩善詞，生活游於才藝據德依仁，又覃思莊叟荀卿其書，心懷逍遙和真理；
　　闕疑闕殆，學術師乎賢哲講學從義，且精意五行三正之道，身沐艱曲與華章。

——挽李德永先生（2009 年 7 月）

　　仰觀天文，致思陰陽四時五行，天道本日地天體周行不怠，一生乾坤大道易；
　　俯察地理，為學卜策二爻八卦，吉德在人情物理日用無窮，七秩仁澤君子風。

——挽蕭漢明先生（2011 年 1 月）

致思尚经史，为学避玄谈

——林桂榛三十五学术自述

　　林桂榛，江西籍客家人，1974年生于赣南兴国县，先后就学于华南师范大学政法系、中国社会科学院哲学研究所、武汉大学中国传统文化研究中心，又供职于杭州师范学院、徐州师范大学等，先后任助教、讲师、副教授，主要研究中国经史与汉前诸子，致思礼乐刑政与东亚文明，并以"自由仁敎与民邦政治"之旨自砺。治学重史，尚求实，崇考证，目前已完成数种重要学术辨正，依完成先后次第概述如下：

　　①对孟子"徒善不足以为政、徒法不能以自行"一语的辨正。宋朱熹以来对孟子该句多有诬枉之解，今哲学界、法学界诠征此语亦多诬枉，孟子此句绝非云"善"（道德）"法"（法律）需共行并进，乃云无论善意、法度实皆得依赖人为、人行而得实现或实行，修辞及上下文足证。亦辨正孔子的"德治说"指官吏者、在上位者首先自己得讲德，辨正西方的"法治说"（是rule of law，勿偷换为rule by law）指官吏、政府在公议公意之"法"的框架内、规定内有限性、正义性活动或运行，辨正某"德治法治"说或"治国方略"说对中西哲思的歪曲。（已完成，发表数文申证）

　　②对"仁"字演变的辨正。主要是对"仁"的本字"息"（上身下心，即说文所谓"卷"[忎]）如何演变到"仁"作出考析，推定左右结构的"仁"由上下结构的"忎"演变而来且系简写、速写之结果：将上部"千"之横笔（"人"形腰间加横线或环线指躯体）与下部"心"的"V"形上的横笔简化出，又将"千"之竖笔与"心"字"V"形上的左侧下行笔简化出并连写（"V"的右侧上行笔如尾勾，略去），简写、速写的结果即是左"亻"右"二"，此即"仁"字，如 。此考证利用了战国简帛文等字体，相关字形可体现这种演变痕迹。至于楚

简"身+心"的"息"即"忑"、"仁",则是已有学者的研究结论,甲骨文、金文无"仁"字亦有学者已考证之。(已完成,参加学术会议发表,已公开发布)

③对"亲亲相隐"问题的综合辨正。对孔子"父子相为隐,直在其中矣"何语义、唐律以来中国古代法制或律典中的"亲属得相容隐"何内容、"亲属得相容隐"与"干名犯义"两律制何区别、"亲属得相容隐"和汉律"亲亲得相首匿"(东汉何休《公羊传解诂》)何区别、柏拉图或柏拉图笔下的苏格拉底是否赞成 Euthyphro"告父杀人"为绝对虔敬/公正及何理由作了系列辨正,以"不显"及"知而不言(隐默)"训正"隐",以"视"及"辨别是非"训正"直",以"容许什么样亲属对犯案人什么样行为保持沉默不发"训正唐律以来的"亲属得相容隐"律条,破解经学、哲学、法学界一大学术疑案及系列学术诬枉,亦同时辨正邓晓芒等论苏格拉底、柏拉图及中国古代律学、法制的系列谬说。(已完成,发表数文申证)

④对北宋江民表(江望)人性论的整理与辨正。通过《诸儒鸣道》这一唯一传世宋刻孤本(上海图书馆藏)所录遭宋庭禁毁的江民表《心性说》这一传世珍件,剖解了江民表人性说对孟子性善论及抬孟之宋儒道学化人性论的深刻批判——习性、本性系两不同范畴,孔子殁后孟子等论性的谬误在于"指习性而为性"。江作为居士虽持"正性无性"佛学观,但"指习性为性"的性善论批判与先秦荀子已极似:江主张"性空",荀子主张"性朴";江主张"积习成性"、"习与性成",荀子主张"化性起伪"、"善者伪也",即江认为本性为无而习性可善可恶、有善有恶,荀则认为本性为朴而习性可善可恶、有善有恶,两人皆正确区别了本性与习性的差别。江民表《心性说》和荀子《性不善》系中国学术史上孟子性善论批判之双璧,也是与黄老道家化汉儒、宋儒及六朝隋唐玄学"性命-理气"论迥异的学思进路。——此问题结合 17—18 世纪日本"古学派"思想家太宰春台等对孟子、宋儒"苟且教导言"之性理说的哲学批判展开研究,剖析了 17—18 世纪日本思想家与戴震等不谋而合的知识回归与思想突破。(已完成,公开发布、发表过部分)

⑤专治《荀子》,在蔡元培 1894 年、河北高步瀛 1896 年以前、四川刘念亲 1923 年、日本金谷治 1950 年、日本儿玉六郎 1974 年、广东周炽成 2002 年质疑荀子持"性恶"论基础上,对《荀子》"性恶"论及荀子

天道天行人性人情论作系统辨正，详细考证及复原文献，实证荀子是"性朴论"者、《性恶》篇所有"性恶"字眼系"性不善"之篡讹（讹于王充时代之前，约为西汉晚期），揭示了荀子"血气心知"、"材性知能"学说下关于"材质—性能"、"朴—伪"之人性观的高度真确性以及对孔子"性近习远"的准确继承和正确衍进，挖掘了民国学者王恩洋、傅斯年等对荀学体系、荀学地位的精到评价（王评价荀学早已达到近现代欧洲学思水平，傅评荀学实为孔学真正嫡传），系颠覆二千余年之学术史论及破解荀子"性恶"论学术疑案的一大突破，对于复原荀子的学说文本、思想体系有重要价值，为荀子辨诬，为荀子弘光，彰显"孔子—荀子"这一失落了的儒家思想学脉或理论演进轨迹，是汉刘向、唐杨倞校理《荀子》后的又一大学术推进。（博士论文一部分，未发表）

⑥专研《周易》、《易传》及中国古代天文哲学。网罗文献，对"阴—阳—易"三字及孔子天道论、易道论作详细考察辨正，训定"会/陰/阴"字本义汽汇云集，"易/陽/阳"字本义日升光照，"易"字本义云蔽日而雨落，然后参照帛书《周易》载孔子言等重述孔子思想的根基——天道论——的基本内涵或学说体系，并对中国台湾陈鼓应"《系辞》出自道家或参入道家言"等论作出相关辨正，对儒家易道哲学羼道家哲学而衍汉魏哲思、唐宋哲思作出厘析，并在辨清"五行"之天道历数本义基础上再现原始儒家哲思的最顶端——四时五行、阴阳大化之自然天道论——之系统原貌，再现先秦东亚自然哲学的要义，揭示中国医学、中国哲学的基本内核——自然世界"日水相运万物生息"、人体世界"血气心知形神生息"之学说原貌，是对周秦儒家思想发展或儒家思想脉络的重大溯源性考释，儒家原始"天道论—人性论"的研究获得正本清源的学术突破。（博士论文一部分，未发表）

⑦对《乐记》的乐论及"乐"问题作系统辨正。考证"樂"（楽）字的起源，否定罗振玉隶定甲骨文"樂"，修正汉许慎《说文解字》训"樂"，训定建木悬铃架鼓尤其建鼓为"樂"字之源起（从"幺"从"糸"之字亦由此获得训正，正从铃及串铃、挂铃之丝线或绥繸而衍），揭开"樂"活动、"樂"概念的原始真相；考释"樂"范畴的"器物—行为—精神"三大内涵，考释"樂"字指称人精神状态时的"神思之动—兴奋欢喜—平静和悦"三大内涵，校正汉、唐、清经学家释精神之"樂"；另辨正《乐记》"聲—音—樂"三范畴及其差别，辨正《乐记》

奏、歌、舞及"声容—情志"交感互动的艺术哲思,辨正古典儒家乐论哲思中的"和"范畴及尚"和"学说的生活渊源或历史渊源,并对音乐史论界争论 20 多年来的"音心对映论"作系统厘正。(已完成,未发表)

其他礼乐刑政的纯学术问题未成文及未思考成熟,容继续学习及研究。本人博客:http://linguizhen.blog.sohu.com。

(2009 年 8 月 31 日撰,兹编入时已作校补)

主要参考文献[①]

1. 丛书类

△ 文渊阁四库全书；续四库全书；丛书集成初编；丛书集成续编。
严灵峰编：《无求备斋论语集成》（308 册），艺文印书馆 1966 年版。
严灵峰编：《无求备斋孟子十书》（42 册），艺文印书馆 1969 年版。
黎庶昌辑：《古逸丛书》，江苏广陵古籍刻印社 1990 年版。
张元济辑：《续古逸丛书》，江苏广陵古籍刻印社 1994 年版。
井上哲次郎等：《日本伦理汇编》，育成会（日本东京）1901—1903 年版。
《日本思想大系》（67 册），岩波书店，各册出版时间有差异。

2. 文集类

俞樾：《春在堂全书》（7 册），凤凰出版社 2010 年版。
章学诚：《章氏遗书》（2 册），汉声出版社 1973 年版。
章炳麟：《章氏丛书》（2 册），世界书局 1982 年版。
刘师培：《刘申叔遗书》（2 册），凤凰出版社 1997 年版。
《王国维遗书》（16 册），上海古籍出版社 1983 年版。
《康有为全集》（3 册），上海古籍出版社 1987—1992 年版。
《梁启超全集》（10 册），北京出版社 1999 年版。
《傅斯年全集》（7 册），湖南教育出版社 2003 年版。
《胡适文存》（4 册），黄山书社 1996 年版。
《胡适经典论丛》（8 册），安徽教育出版社 2006 年版。
《宗白华全集》（4 册），安徽教育出版社 1994 年版。
《三松堂全集》（15 册），河南人民出版社，各册出版时间有差异。
《方东美作品系列》（14 册），中华书局 2012—2013 年版。

[①] 注：凡标△者为借阅，其余皆为自藏本。

《王恩洋先生论著集》（10册），四川人民出版社2001年版。
《蒙文通文集》（6册），巴蜀书社，各册出版时间有差异。
《张申府文集》（4册），河北人民出版社2005年版。
《戴震全集》（7册），黄山书社，各册出版时间有差异。
《吴汝纶全集》（4册），黄山书社2002年版。

3. 字学类

容庚编著：《金文编》，中华书局1985年版。
中国科学院考古研究所：《甲骨文编》，中华书局1965年版。
《古文字诂林》（12册），上海教育出版社，各册出版时间有差异。
丁福保编纂：《说文解字诂林》，云南人民出版社2006年版。
周法高主编：《金文诂林》，香港中文大学出版社1975年版。
于省吾主编：《甲骨文字诂林》，中华书局1996年版。
何琳仪：《战国古文字典》，中华书局1998年版。
阮元等纂集：《经籍纂诂》，中华书局1982年版。
宗福邦等主编：《故训汇纂》，商务印书馆2003年版。
闵齐伋、毕弘述：《订正六书通》，上海书店1981年版。

4. 易传类

戴琏璋：《易传之形成及其思想》，文津出版社1989年版。
严灵峰：《马王堆帛书易经斠理》，文史哲出版社1994年版。
邢文：《帛书〈周易〉研究》，人民出版社1997年版。
邓球柏：《帛书周易校释》（第3版），湖南人民出版社2002年版。
张立文：《帛书周易注译》，中州古籍出版社2008年版。
廖名春：《帛书〈易传〉初探》，文史哲出版社1998年版。
廖名春：《〈周易〉经传与易学史新论》，齐鲁书社2001年版。
廖名春：《帛书〈周易〉论集》，上海古籍出版社2008年版。
濮茅左：《楚竹书〈周易〉研究》，上海古籍出版社2006年版。
张政烺：《张政烺论易丛稿》，李零等整理，中华书局2011年版。
丁四新：《楚竹简与汉帛书〈周易〉校注》，上海古籍出版社2011年版。
于豪亮：《马王堆帛书〈周易〉释文校注》，上海古籍出版社2013年版。
韩仲民：《帛易说略》，北京师范大学出版社1992年版。
王化平：《帛书易传研究》，巴蜀书社2007年版。
刘彬：《帛书〈要〉篇校释》，光明日报出版社2009年版。

伊藤长胤：《周易经翼通解》，新文丰出版公司1978年版。

张惠言：《张惠言易学十书》，广文书局1977年版。

李学勤：《周易经传溯源》，长春出版社1992年版。

朱伯崑：《易学哲学史》，昆仑出版社2005年版。

金景芳：《周易讲座》，吉林大学出版社1990年版。

金景芳：《〈周易·系辞传〉新编详解》，辽海出版社1998年版。

郑万耕：《易学源流》，沈阳出版社1997年版。

王博：《易传通论》，中国书店2003年版。

杨庆中：《周易经传研究》，商务印书馆2005年版。

徐芹庭：《易经源流：中国易经学史》，中国书店2008年版。

张舜徽：《周秦道论发微》，中华书局1982年版。

张立文：《中国哲学范畴发展史（天道篇）》，中国人民大学出版社1988年版。

郭鼎堂：《先秦天道观之发展》，商务印书馆1936年版。

黄湘阳：《先秦天人思想述论》，文史哲出版社1984年版。

向世陵、冯禹：《儒家的天论》，齐鲁书社1991年版。

杨慧杰：《天人关系论》，水牛图书出版公司1994年版。

傅佩荣：《儒道天论发微》，中华书局2010年版。

张立文：《周易与儒道墨》，东大图书公司1991年版。

牟宗三：《周易的自然哲学与道德涵义》，文津出版社1988年版。

陈鼓应：《易传与道家思想》，（台北）商务印书馆1994年版。

陈鼓应：《道家易学建构》，（台北）商务印书馆2003年版。

5. 天文类

《历代天文律历等志汇编》，中华书局1976年版。

邢云路：《古今律历考》，商务印书馆1936年版。

丁福保、周云青编：《四部总录：天文编、算法编》，广陵书社2006年版。

陈久金、卢央、刘尧汉：《彝族天文学史》，云南人民出版社1984年版。

刘尧汉、卢央：《文明中国的彝族十月太阳历》，云南人民出版社1986年版。

杜升云、陈久金：《中国文化精华文库·天文历数》，山东科学技术出版社1992年版。

陈久金：《陈久金集》，黑龙江教育出版社1993年版。
陈美东：《古历新探》，辽宁教育出版社1995年版。
云南彝学学会等编：《中国彝族十月太阳历学术讨论会论文集》，云南民族出版社1995年版。
陈久金、杨怡：《中国古代的天文与历法》，商务印书馆1998年版。
陈久金、张明昌：《中国天文大发现》，山东画报出版社2008年版。
陈美东：《中国古代天文学思想》，中国科学技术出版社2007年版。
陈久金：《中国少数民族天文学史》，中国科学技术出版社2008年版。
张汝舟：《二毋室古代天文历法论丛》，浙江古籍出版社1987年版。
张培瑜等：《中国古代历法》，中国科学技术出版社2008年版。
卢央：《中国古代星占学》，中国科学技术出版社2008年版。
陈久金：《星象解码》，群言出版社2004年版。
陈遵妫：《中国天文学史》，上海人民出版社2006年版。
冯时：《中国天文考古学》，中国社会科学出版社2007年版。
冯时：《中国古代的天文与人文》，中国社会科学出版社2006年版。
冯时：《百年来甲骨文天文历法研究》，中国社会科学出版社2011年版。
冯时：《中国史话·天文学史话》，社会科学文献出版社2011年版。
[美] 班大为：《中国上古史实揭秘——天文考古学研究》，上海古籍出版社2008年版。
潘鼐：《中国古天文图录》，上海科技教育出版社2009年版。
郑文光：《中国天文学源流》，科学出版社1979年版。
[日] 新城新藏：《东洋天文学史研究》，中华学艺社1933年版。
郑文光、席泽宗：《中国历史上的宇宙理论》，人民出版社1975年版。
张闻玉：《古代天文历法论集》，贵州人民出版社1995年版。
常秉义：《周易与历法——周期循环的奥秘》，中国华侨出版社1990年版。
曲安京：《中国数理天文学》，科学出版社2008年版。
徐子评：《中医天文医学概论》，湖北科学技术出版社1990年版。
[日] 井上聪：《先秦阴阳五行》，湖北教育出版社1997年版。
陶磊：《〈淮南子·天文〉研究》，齐鲁书社2003年版。
[美] 艾兰等编：《中国古代思维模式与阴阳五行说探源》，江苏古籍出版社1998年版。

［俄］康德拉捷夫：《太阳辐射能》，科学出版社1962年版。

李玉梅、狄勉祖：《太阳辐射浅说》，中国农业出版社1978年版。

《宇宙》（中文版），科学出版社、时代公司1979年版。

《地球》（中文版），科学出版社、时代公司1979年版。

《天气》（中文版），科学出版社、时代公司1981年版。

《水》（中文版），科学出版社、时代公司1981年版。

《能》（中文版），科学出版社、时代公司1981年版。

6. 思孟类

魏启鹏：《简帛文献〈五行〉笺证》，中华书局2005年版。

庞朴：《帛书五行篇研究》，齐鲁书社1980年版、1988年版。

《道家文化研究》第十七辑"郭店楚简专号"，生活·读书·新知三联书店1999年版。

《中国哲学》第二十辑"郭店楚简研究"，辽宁教育出版社2000年版。

《中国哲学》第二十一辑"郭店简与儒学研究"，辽宁教育出版社2000年版。

庞朴：《竹帛〈五行〉篇校注及研究》，万卷楼图书有限公司2000年版。

丁四新：《郭店楚墓竹简思想研究》，东方出版社2000年版。

郭沂：《郭店竹简与先秦学术思想》，上海教育出版社2001年版。

李零：《郭店楚简校读记》（增订本），中国人民大学出版社2007年版。

梁涛：《郭店竹简与思孟学派》，中国人民大学出版社2008年版。

武汉大学中国文化研究院：《郭店楚简国际学术研讨会论文集》，湖北人民出版社2000年版。

杜维明编：《思想·文献·历史——思孟学派新探》，北京大学出版社2008年版。

山东师范大学齐鲁文化研究中心编：《儒家思孟学派论集》，齐鲁书社2008年版。

陈来：《竹帛〈五行〉与简帛研究》，生活·读书·新知三联书店2009年版。

杨泽波：《孟子性善论研究》，中国社会科学出版社1995年版。

黄俊杰：《中国孟学诠释史论》，社会科学文献出版社2004年版。

江文思、安乐哲编：《孟子心性之学》，社会科学文献出版社2005年版。

骆建人：《孟子学说体系探赜》，文津出版社1979年版。

周淑萍：《两宋孟学研究》，人民出版社 2007 年版。
方俊吉：《孟子学说及其在宋代之振兴》，文史哲出版社 1993 年版。
刘瑾辉：《清代〈孟子〉学研究》，社会科学文献出版社 2007 年版。
李畅然：《清代〈孟子〉学史大纲》，北京大学出版社 2011 年版。
李峻岫：《汉唐孟子学述论》，齐鲁书社 2010 年版。
余允文：《尊孟辨　附续辨　别录》（丛书集成初编），中华书局 1937 年版。
《孟子》十四卷（景清内府藏宋刊本），四部丛刊，商务印书馆 1936 年版。

7. 荀子类

《无求备斋荀子集成》（49 册），成文出版社 1977 年版。
《无求备斋韩非子集成》（51 册），成文出版社 1980 年版。
《荀子》（宋浙北本，中华再造善本），北京图书馆出版社 2002 年版。
《纂图互注荀子》（中华再造善本），北京图书馆出版社 2006 年版。
《诸儒鸣道》（中华再造善本），北京图书馆出版社 2004 年版。
《景印宋本荅点大字荀子句解》，台北故宫博物院 1990 年版。
△王纳一：《删注荀子二卷》，江苏师范大学藏明刻本，1612 年版。
高正：《〈荀子〉版本源流考》，中国社会科学出版社 1992 年版；中华书局 2010 年版。
张西堂：《荀子真伪考》，（台北）明文书局 1994 年版。
马积高：《荀学源流》，上海古籍出版社 2000 年版。
江心力：《20 世纪前期的荀学研究》，中国社会科学出版社 2005 年版。
田富美：《清代荀子学研究》，政治大学博士论文，2005 年。
梁晓园：《清代荀学研究》，暨南大学硕士学位论文，2006 年。
王先谦：《荀子集解》，思贤讲舍刻本，1891 年版。
陶师承：《荀子研究》，上海大东书局 1926 年版。
杨筠如：《荀子研究》，商务印书馆 1931 年版。
陈登元：《荀子哲学》，商务印书馆 1928 年版。
钟泰：《荀注订补》，商务印书馆 1936 年版。
刘子静：《荀子哲学纲要》，商务印书馆 1937 年版。
梁启雄：《荀子简释》，中华书局 1983 年版。
龙宇纯：《荀子论集》，学生书局 1987 年版。

廖名春：《荀子新探》，文津出版社 1994 年版。
牟宗三：《名家与荀子·荀子大略》，学生书局 1985 年版。
姜尚贤：《荀子思想体系》，台南协益印刷局 1965 年版。
兒玉六郎：《荀子の思想：自然·主宰の両天道観と性朴説》，風間書房 1992 年版。
王天海：《荀子校释》，上海古籍出版社 2005 年版。
何志华等：《〈荀子〉词汇资料汇编》，香港中文大学出版社 2012 年版。
何志华等：《荀子与先秦两汉典籍重见数据汇编》，香港中文大学出版社 2005 年版。
陈雄根等：《先秦两汉典籍引〈礼记〉数据汇编》，香港中文大学出版社 2012 年版。
《国立政治大学哲学学报》第十一期"国际荀子研究专号"，政治大学哲学系，2003 年版。
《汉学研究集刊》第三期"荀子研究专号"，云林科技大学汉学资料整理研究所，2004 年版。

8. 性情类

江恒源：《中国先哲人性论》，商务印书馆 1926 年版。
徐复观：《中国人性论史》，（台北）商务印书馆 1979 年版。
牟宗三：《心体与性体》，上海古籍出版社 1999 年版。
唐君毅：《中国哲学原论·原性篇》，中国社会科学出版社 2005 年版。
周炽成：《荀子韩非子的社会历史哲学》，中山大学出版社 2002 年版。
周炽成：《荀韩人性论与社会历史哲学》，中山大学出版社 2009 年版。
潘菽：《心理学简札》，人民教育出版社 1984 年版。
李宗吾：《心理与力学》，山城学社 1947 年版。
丁原植：《楚简儒家性情说研究》，万卷楼图书有限公司 2002 年版。
李零：《上博楚简三篇校读记》，中国人民大学出版社 2007 年版。
欧阳祯人：《先秦儒家性情思想研究》，武汉大学出版社 2005 年版。
聂保平：《先秦儒家性情论》，吉林人民出版社 2007 年版。
黄意明：《道始于情：先秦儒家情感论》，上海交通大学出版社 2009 年版。
郭振香：《先秦儒家情论研究》，安徽大学出版社 2011 年版。
蔡仁厚：《儒家心性之学论要》，文津出版社 1990 年版。
刘翰平：《儒家心性与天道》，商鼎文化出版社 1996 年版。

李晓春:《宋代性二元论研究》,中国社会科学出版社 2006 年版。
蔡方鹿:《宋明理学心性论》(修订版),巴蜀书社 2009 年版。
李明辉:《四端与七情:关于道德情感的比较哲学探讨》,华东师范大学出版社 2008 年版。

9. 西哲类

《柏拉图全集》,王晓朝译,人民出版社 2002—2003 年版。
《亚里士多德全集》,中国人民大学出版社,各册出版时间有差异。
《西塞罗全集》,王晓朝译,人民出版社,各册出版时间有差异。
亚当·斯密:《道德情操论》,商务印书馆 1997 年版。
大卫·休谟:《人性论》,商务印书馆 1980 年版。
斯宾诺莎:《伦理学》,商务印书馆 1983 年版。
维特根斯坦:《逻辑哲学论》,商务印书馆 1962 年版。
黑格尔:《哲学史讲演录》,商务印书馆 1959 年版。
罗素:《西方哲学史》,商务印书馆 1963/1976 年版。

10. 其他类

△傅举有、陈松长:《马王堆汉墓文物》,湖南出版社 1992 年版。
顾颉刚:《古史辨》(1—7 册),上海古籍出版社 1982 年版。
吕思勉:《先秦学术概论》,世界书局 1933 年版。
钱穆:《先秦诸子系年》,商务印书馆 2001 年版。
吴文璋:《巫师传统和儒家的深层结构:以先秦到两汉的儒家为研究对象》,复文图书出版社 2001 年版。
顾颉刚:《秦汉的方士与儒生》,群联出版社 1955 年版。
杨向奎:《西汉经学与政治》,独立出版社 1945 年版。
许啸天:《国故学讨论集》,群学社 1927 年版。
郭沫若:《十批判书》,人民出版社 1954 年版。
郭沫若:《青铜时代》,科学出版社 1957 年版。
《周秦诸子斠注十种》,北京图书馆出版社 2007 年版。
金景芳:《金景芳儒学论集》,四川大学出版社 2010 年版。
蔡尚思:《孔子思想体系》,上海人民出版社 1982 年版。
杜任之等:《孔子学说精华体系》,山西人民出版社 1985 年版。
杜任之:《孔子论语新体系》,复兴图书杂志社 1948 年版。
永瑢等撰:《四库全书总目》,中华书局 1965 年版。

余嘉锡：《四库提要辨证》，云南人民出版社 2004 年版。
《十三经》（四部丛刊影印本），上海书店 1997 年版。
《十三经注疏》（阮刻本），浙江古籍出版社 1998 年版。
《中国古籍善本书目》，上海古籍出版社 1989－1998 年版。
吴龙辉：《原始儒家考述》，中国社会科学出版社 1996 年版。
陈来：《古代宗教与伦理》，生活·读书·新知三联书店 2009 年版。
陈来：《古代思想文化的世界》，生活·读书·新知三联书店 2009 年版。
李申：《中国古代哲学和自然科学》，中国社会科学出版社 1989 年版。
李约瑟：《中国科学技术史》第二卷，科学出版社 1990 年版。
李约瑟：《中国科学技术史》第四卷，科学出版社 1975 年版。
侯外庐等：《中国思想通史》，人民出版社，各册出版时间有差异。
李存山：《中国气论探源与发微》，中国社会科学出版社 1990 年版。
［日］小野泽精一等编：《气的思想——中国自然观和人的观念的发展》，上海人民出版社 1990 年版。
向世陵：《理气性心之间——宋明理学的分系与四系》，湖南大学出版社 2006 年版。

（报刊论文略去不列，凡所征论文皆见正文之注释）

跋　　语

　　我是 2006 年 9 月入武汉大学中国传统文化研究中心修博士学位的，修课则多师武汉大学哲学院教授。《易传》曰："日往则月来，月往则日来，日月相推而明生焉；寒往则暑来，暑往则寒来，寒暑相推而岁成焉。"一晃，地球已绕日公转六周或六圈了，就如小时候玩的陀螺一样转得飞快，我也逼近武大博士生修学的一般之最高时限，六年真是庄子说的如白驹过隙啊！

　　子曰："吾十有五而志于学，三十而立，四十而不惑……"我生于 1974 年春，1988 年夏我虚岁十五，刚升至初一，我在每本教科书的封面上都写上"没有科学文化知识是人生最大的痛苦与悲哀"字样以自砥。20 岁以高考全县文科应届第一名考入华南师范大学，班主任陈金龙教授赐教甚多；24 岁参加全国统考并免复试考入中国社会科学院，导师哲学研究所伦理室陈瑛研究员指教尤详。27 岁以《论鲁迅对中国旧道德的批判》获硕士学位后到杭州师范学院任教，在杭前三年有很多犹豫与摇摆，学问未深，俗道刚行，未来走何种可恃一生的道路？或如俗民一样作俗人？教书、买书、读书，尤其购《说文》文献自修训诂学、通读《诸子集成》及研究明清"情思潮"等，我在明清与先秦的"人情论"问题上找到了学术兴趣点，找到了思想的兴奋点，终于在 30 虚岁时立下决心一生投身学术，哪怕娶妻成家不得也不变。带着初级研究计划及提纲，2004 年我参加了北京大学博士生招生考试并联系了导师，不幸考试成绩极劣；次年又报考了复旦大学和武汉大学，不幸成绩又劣，是时陈延斌教授因建伦理学硕士点之需邀我赴徐州，遂离杭至徐任职；来年再专考武大，某科还低分数线 1 分，然幸被学校破格录取。

　　我现虚岁三十九，孟子说"我四十不动心"且"告子先我不动心"，孟子、告子不动心于什么可另研究。但比照"不动心"之辞，我 30 周岁起对学问道路从未动过一丝心，我未必属先也未必属后。董仲舒精治

《春秋》而"三年不窥园",精治更多书更多问题,三个三年也不够!相传黄侃说"五十之前不著书",若30岁才发奋读书治学,到50岁也只用功了20年。"板凳须坐十年冷",如今我只用功了8年,差得太远。然最近8年来,我从未有超过1万元的固定储蓄,未购任何房与车,除了吝啬的个人及家庭生活开支,全部收入都用来购买文献,包括我离杭时提取的6万多元住房公积金及后来近10万元各种课题经费。几十万元文献及8年不动心的积累,学文字学、天文学、日本儒学、希腊哲学等,专业学术方面开始有些起色,于"亲亲相隐"、荀子、孟子、阴阳五行、《易传》、《乐记》等问题有了些学术创见并部分论文获公开发表。

我是带着学术问题去考博士生的,也是带着学术问题去读书的。由"人情"溯"人性",由"人性"溯"天道",再欲贯通"天道→人性→人情"。人情甚明,然人性为何?天道为何?这是我近十年的思想史寻思。今闭门读书已数年,30万余字的学位论文屡经砍削增删已成,但我依然不满意,不满意于我自己的研究,不满意于我自己的论证,因为论证很多还不够充分和彻底,因为有很多问题还没有解决及文献论证上充分展开(比如孟子思想受杨朱及墨家影响的问题,思孟性道论受战国黄老学性道论及墨家天志论影响的问题),还需要更深入的研究及文献搜集。"板凳须坐十年冷,文章不写一句空",或许如孔子说的"加我数年",在我届40周岁的时候,我对于本论文"先秦儒家'性与天道'论考原"的研究及论证或会更加可靠、成熟些。然中国不是日本或其他国家,中国大学的学制制度不允许"加年"或"假年",再延时则我的学位申请资格或因修学超期而丧失——我是缴费读博,纯学费4.8万元。

感谢业师郭齐勇教授六年来对我的指导及关心,感谢将我收为博士生,也感谢对我的宽容,对我完不成相关学术任务及本应三四年内完成博士学业而完不成的宽容。近几年来,娶妻、生子、家务,读书、上课、营生,疏于联系师长及学友,也很少出远门(我已四年多没节假日回赣南老家),真是《石头记》脂砚斋述曹公云"背父母教育之恩、负师兄规训之德"、"实愧则有余、悔则无益"之情。"一事无成、半生潦倒"是古来书生的常见画像,我快要40岁了,我常问自己:我有什么不属于文字泡沫而经得起历史冲刷并能沉淀于历史深层的学术创见?大浪淘沙,知耻后勇,把生命投入到学术的阅读与思量中去是学人报答师友的最好方式。

也感谢武大李维武、徐水生、朱志方、吴根友、丁四新、胡治洪、张传有、张杰、邹元江（以上哲学院教师），冯天瑜、杨华、刘国胜（以上史学院教师）等教授，我或接受过他们的耳提面命，或修过、听过他们的课程等，感谢他们将智慧与仁德赐于不敏之我。感谢台北刘又铭、佐藤将之与北京梁涛、广州杨海文等教授赐教或惠赐文献，感谢周斌、王甬、翟奎凤诸博士及学弟向珂、廖晓炜为我从北京、武汉等惠寄文献，感谢武大承担博士生学业管理工作的魏荣华（中国传统文化研究中心）、冯娟（哲学院）等老师于我的关心与帮助，感谢学长孙劲松、秦平、刘贻群等的关心与帮助，也感谢硕士时导师中国社科院陈瑛研究员、本科时班主任老师华南师大陈金龙教授及本科时同班同学、好友中山大学龙柏林博士等多年来对我生活与学习的关心与帮助。师友的恩泽我永记，我对不住师友的地方，请师友们恕罪。读博期间，武大哲学院萧萐父、李德永、萧汉明三位先生先后辞世，兹文末并附挽辞三章，以志我之哀思。

另要致谢清华大学万俊人教授，我曾两次写信向他讨教，他都很快亲笔回信，一是读硕时，二是在杭时。我因原学伦理学而想考清华大学伦理学博士生，但后来学术兴趣转移到纯中国思想史或哲学史上，是他知情后回信劝我宜报考武大郭齐勇教授读研究生，这是我此后决心考入武大读博的重要因缘，感谢他指引我道路。也感谢我现任职单位的陈延斌教授，是他请本单位低职高聘把我聘到徐州并次年伦理学硕士点建成后开始招收研究生，他的盛情邀请是我离开杭州的重要因缘，到了徐州后也一直蒙他各方面关心，感谢他多年来于我多方面的帮助。另还要感谢我的浙、蜀朋友杨际开与刘春阳等，他们以出身日语专业的语言素养以及对世道、学术的研究给予了我很多启发与帮助，尤其是日语方面的帮助。

"青荷吟月旧词章，菱潊横舟夜更长。别梦江南吴与越，湖山眷恋在钱塘。"这是我 2005 年夏离杭时的《钱塘诗别五首》之一。离开生活了四周年的杭州我多有不舍，但移职徐州后我更没有生活压力，有更纯粹的自我读书环境，学校馆藏的"四库"、"续四库"等众多古籍丛书也为我提供了丰富的文献资源，而丰富的古文献是文史哲学问的起点或开端。所以，离开杭州后的在徐几年，我的学术积累大幅度增进。这些年来，我的生命时光真是没有虚度，所谓"发愤忘食，乐以忘忧，不知老之将至云尔"，转眼头发已疏白，20 余岁的青年已为近 40 岁之中年矣。

感谢妻王虹霞，妻为子仲仲付出了很多，仲仲两三年的成长也分散了我大量时间和精力，但仲仲的可爱让我俩感受到家的温情与后生者的意义。鲁迅1919年曾作《我们现在怎样做父亲》，云清结旧账、开辟新路、肩住黑暗、打开闸门，我亦愿所有后生者更有光明！

——林桂榛2012年3月跋于江苏师范大学泉山公寓

审查报告五则

博士论文审查报告一

×××（匿名专家）

[审查结论：同意答辩]

[综合评分：91分]

该文基础扎实，对原典掌握较熟，诠释正确，论文有创新之处：其一，对字义的考释甚详，在比较中能得出正确的结论；其二，对天道天行的诠释能全面系统的给以阐述，能发前人所未发；其三，对天道能用天文学的视阈予以关照；其四，对思孟的五行能予以全面的梳理，从而作出较合理的解释；其五，揭出江望《心性说》对孟子性善论的批评；其六，揭出《荀子》"性恶"乃"性不善"之讹；其七，能与西方哲学作比较中剖析其哲学的特色。

该文论述全面系统，资料详实，条理清楚，考究源流，观点正确，有理有据，是一篇好论文。该文纵向的梳理很详，建议可以在先秦横向的比较中展开对天道天行的论述，这样便可凸显先秦儒家在天道人性论中的地位和缺失。

博士论文审查报告二

×××（匿名专家）

[审查结论：同意答辩]

[综合评分：91分]

"性与天道"问题实乃学术史上一大公案,历来众说纷纭。本文选取孔、孟、荀三家,以对历史对象的考察,企图还原历史(思想史)的本来面貌,澄清先秦儒学开创阶段的天道性命思想,具有重要的学术价值。

作者在全面梳理前人论述的基础上,以强烈的问题意识,对诸多问题加以论辩,提出了许多发人深省的新鲜见解。诸如,孔子精通天文历数,实是以阴阳五行损益变化为核心的天文学天道观;以"血气心知"言人性方能厘清"性"范畴的准确实义,此传统正是源自孔子"性相近也,习相远也"、"少成若天性,习惯之为常"以及以"血气"状态论人性情之说;今本《易传》属子弓学派作品,架起了"孔子—荀子"天道论的传承谱系;"性朴说"是荀子学说体系的基础与核心,是迄今为止中国思想史上人性学说的最高成就等等,均有充分史料予以佐证,可备一家之言。尤其是对"五行"观念之本义及其演变的考释,并重新解释了荀子对思孟五行论的批判,实发前人所未发。论文史料详实,考辨精审,剖析亦相当透彻,可以说是一篇较为优秀的博士学位论文。

论文引证史料颇详,但个别地方略于疏解。将"孟荀性道论的差异"列入荀子"由人性论到人情论"节(第三章第四节),似有不太协调之感。本文具体考辨精详,如能在宏宽把握上更进一步加强、提升其理论思维的向度,则会更为出色。

博士论文审查报告三

×××(匿名专家)

[审查结论:同意答辩]
[综合评分:90分]

近些年来讨论儒家人性理论的文章比较多,但学术立场不尽相同,甚至差异很大,《天道天行与人性人情——先秦儒家"性与天道"论考原》便是其中十分独特的一篇。该文从天道与人性的关系入手,认真分析了孔子、孟子、荀子的不同人性理论,既分析了其中的逻辑关联,又强调了三家各自的特点,尊孔、贬孟、褒荀,立场非常鲜明。

作者视野比较开阔,从黑格尔对儒家的批评说起,兼及五行、楚简、帛书,可以说关于人性理论争论最前沿的一些问题都已经涉及了。行文十分自信,将荀子性恶论之"恶"字校勘为"不善",并相信至少是希望此举能得到未来出土文献之证实,令人刮目。作者天性中似乎有不因循他人、不出新语誓不休的特点,文中新鲜观点屡出,虽不无可议之处,但其精神是必须肯定的。总的看来,我认为这是一篇非常有特点的优秀博士论文。

虽然我对该文在总体上予以肯定,打分不低,但并不赞同作者的基本观点乃至学术立场。作者完全是从经验主义的立场来分判孔孟荀三大家的,因为孟子思想中有先验的成分,而荀子经验主义的特点比较明显,所以抑孟而扬荀,甚至提出荀子的人性理论是"迄今为止中国思想史上人性说的最高成就"。这种看法是不无讨论余地的。从理论上说,人如果没有一个先验的层面,是不可能真正解决"why be moral"这一理论难题的,不管你把荀子解说得多么圆满,这个问题仍然存在。从实践上说,宋明以后,儒学家总体上是扬孟抑荀的,按照作者的立场,那只能说明古人都是犯糊涂,缺乏辨别是非之能力了。作者为了证明自己的观点把李宗吾、江望都搬了出来,这些人的眼光能与陆王相比吗?建议作者今后进一步加强西方哲学的训练,对这个问题再作反省。根据我的经验,承认经验是非常容易的,看到先验的价值,却不是那么简单了,而这也恰是衡量一个人学术思想之高下的一个重要指标。

附:作者文中涉及了我的一些思想,特请注意:

①拙著《孟子性善论研究》已有修订版(中国人民大学出版社,2010年),旧的版本,特别是原打印稿就不要再用了。

②我提出性善论是"性有善端可以为善论",旨在强调性善是一个过程,而不是一个完成式,并不是对性善论的根本否定。

③我的孟子研究的一个重要发现,是证明了孟子"天才"地猜测到或看到了人是一个先验(先在)的道德存在,不管其具体论说有多少问题,仅此一点即决定了性善论的理论价值不可磨灭,亦决定了荀子的思想远远不能与孟子相比。但学界很少有人能真正明白这一点的理论意义。

④顺便说一下,论文中对古代天文学有很多描述,下了很大工夫,但不客气地说,这只是自然科学的方法,而不是哲学的方法。这也就是我为什么希望作者进一步加强哲学思维训练的缘故。

(以上三则审查报告据武汉大学学位授予档案录入)

书稿出版审查报告一

×××（匿名专家）

[审查结论：同意出版]

《天道天行与人性人情——先秦儒家"性与天道"论考原》是一部研究先秦儒家"性与天道"的学术专著。该成果从"天道天行与人性人情"这一崭新的层面出发，着力研究了孔子、孟子、荀子三位先秦儒家"性与天道"的学术思想，详细考证了先秦儒家孔子、孟子、荀子三人在"性与天道"问题上的话语及其思想的传承与创新，并详细考证分析了孔子、孟子、荀子三人学术思想的差异与分歧。

该成果在继承前人和吸收今人研究成果的基础上，利用丰富的传世文献资料和大量的出土简帛资料，勇于探索，敢于创新，提要钩稽，探赜索隐，旁征博引，条分缕析，发前人未发之覆，睹今人未睹之秘，大胆假设，小心求证，新意迭出，取得了可喜的研究成果。其突出特色是充分利用了出土的简书、帛书等新材料，其主要学术建树是充分论证《荀子》的"性恶"实非荀子所本有，荀子不持"性恶"论而持"性朴"论，建构了荀子"性朴"论的理论结构……。该成果具有较高的学术价值，是一部优秀的学术专著。

该成果符合学术规范，未见抄袭、剽窃现象。该成果创新点突出，科学性强，研究难度极大，学术价值高。该成果公开出版能为中国儒学史，尤其是中国先秦儒学史的进一步研究提供新思路。该成果的欠缺和不足有二：一是引文过于冗长；二是余论正文省略。该成果所附宋本《荀子·性恶》校勘清样之径改"性恶"为"性不善"则可能引起争鸣。建议压缩与本论题关系不大的引文，花大力气完成所略余论之后公开出版这一学术成果。

嘉惠学林升堂矣，入室尤有可望。

出版书稿审查报告二

×××（匿名专家）

[审查结论：同意出版]

本论著学术视野宽阔，在哲学与科学、义理与考据、中国文化与西方文化等多重维度中展开论述，参酌历史学、语言学、古文献学、新出土文献及现代研究成果，对传统观点作出"翻案"性的新解说。在具体论述上细致深入，写作态度认真、投入。

本论著着力探索了儒学与上古三代天文学的联系，认为孔子"性与天道"论源于古代天文学，其思想主旨为天文学天道论、气质人性论、礼法政治论。认为子思、孟子学派是抽象论"性"，背离孔子原意，荀子才是孔子思想的正传。又提出孔子、子弓、荀子的思想谱系，从而和孔子、子思、孟子的思想谱系相区别。这对过分侧重思孟学派、宋明新儒学的当代儒家思想研究有所拨正，可以拓宽对孔子儒学的认识。论著中的一些具体论述也很有意义，如对于"五行"论作了较为细致的梳理，凸显时序意义上的"五行"论，从而为理解先秦儒学提供了一个重要的思考维度。又如对荀子"性恶"论进行再分析，认为荀子的人性论建立在"血气心知"的基础上，从理论上讲是"性"质朴论，而传世的《荀子·性恶》篇中的"性恶"应为"性不善"，大胆猜测，并作出了自己的一些论证。在论述中注重考据字源，比较诸家解说，详细有心得，有些理解很有启发意义。

由于作者的视界限制，引证有倾向性，虽有所得，但偏颇处也不少。作者归依科学思维、考据方法，对哲学分析缺乏基础也缺乏认真体会的态度。讨论哲学问题时多站在西学、佛学立场上，对儒家哲学不能契合，遮蔽了孔子儒学不同于传统术数之学的人文性、超越性特质，不理解孔子儒学的复杂性。论著在具体论述上也存在一些问题，以荀子性恶论中的"恶"字为"不善"之讹，改原文而缺乏根据，出于义理推断，几同臆测。语言表述直率，但也有不准确之处，放肆评议各家，多自以为是。另外，个别章节与主题结合不紧密，论证过程中有引证繁琐反而湮没主题的问题。希望能进一步斟酌修定。

（以上二则审查报告据江苏师范大学科研处档案录入）

后　　记

本书是由本人同题博士论文整理而成的，原文2012年5月在武汉大学答辩通过。现删去原博士论文附录部的宋本江望《心说》、《性说》书影及宋明本《荀子》书影若干并略作增补，其余与原文几乎完全相同。关于本书的写作情况，详见本书跋语所述，该跋语即我博士论文的原跋语。本后记另交代如下几点，以利读者了解本书尤其是本书的观点。

其一，为本书作序的陈瑛先生、郭齐勇先生分别是本人读硕、读博时的专业指导教师。两位先生在2013年春所作的序言里对拙著的圈点分析及对相关得失的指正，是与学生又一次的交谈或商榷，也是为读者郑重介绍本书。感谢两位先生的慷慨赐序，感谢先生们于后学的真诚之学术扶掖或学术提携。

其二，本书作为博士论文及出版书稿共经五名外地专家双向匿名审查（武汉大学博士论文是省外专家匿名审查），审查结论另行公布。而对于评审专家诸如"论文中对古代天文学有很多描述，下了很大工夫，但不客气地说，这只是自然科学的方法，而不是哲学的方法"及"作者归依科学思维、考据方法，对哲学分析缺乏基础也缺乏认真体会的态度"之类的鉴议，则拙著于引言部分早已预先作了交代或预先答辩，这里再作一点解释于如下四段文字。

哲学在神学与科学之间，哲学是语言的副产品，哲学史本身即哲学，这是哲学发生或发展的事实。至于有的哲学家将哲学做成了"概念的帝国"或冯友兰引金岳霖语所谓"概念的游戏"，并居概念高岭、概念庙堂以哲学来自僻自雄（梁漱溟语，见本书"引言"），甚至将哲学置身于神学内部或外沿，但这只是哲学的一种路数或领域而已，并非是哲学史、哲学思、哲学学的全部。我感兴趣的不是概念的帝国，而是观念、思想、学说发生与流变的真貌或真相。即使对形而上学、神秘主义观念或思想学说有好奇心（比如黄老、杨墨、思孟之说），那也是对精神史真相的一种好奇心而已。我热心于探真相、求新知，除此之外，我于学说史、思想史、观念史的学习研究无其他兴趣及能力。

以冯友兰先生的分类看来，我的学术趣味属亚里士多德、荀子式而非柏拉图、孟子式。我无一丝神秘主义趣味，也无一丝形而上学趣味，方东美《新儒家哲学十八讲》言及的"形上学的冲动"、"宗教的冲动"也与我无缘，我于西方哲学史的形而上学传统的欣赏要大大小于其非形而上学传统。虽然我不赞赏形而上学或各种内涵的哲学本体论，但并不代表我不去体悟或体证这种形而上学或本体论的思维本身（比如孟子的性善论，比如道学的道与天理等）。形而上学哲学思维与神秘主义思维与我无缘或于我早已终结（罗素《宗教与科学》说西方哲学从巴门尼德到黑格尔都有"以神秘主义为根据"的传统），这未必是我的出于无知，而是出于我"知"的自觉。故我对罗素《西方哲学史》中类似孔子"曾谓泰山不如林放乎"的"宇宙逐渐在学习黑格尔的哲学"的修辞语言会心一笑，更对形而上学哲学家可能将"本体"深入到"价值"领域心存戒备。因为本体是集约的，故其本体论捆绑的价值论也必是集约主义的，此罗素所谓"黑格尔的形而上学和价值问题有了关联"。

罗素《西方哲学史》说："实在性的问题是形而上学的问题，价值的问题是伦理学的问题。"罗素《宗教和有关问题论文集》又说，自然的哲学与价值的哲学完全是两回事，"把二者混为一谈是有害无益的"。罗素批判了认为全体比部分有更多实在性的黑格尔形而上学及认为公民是为国家而存在的黑格尔伦理学并揭示了此二者的思想关联，此正如波普尔《开放社会及其敌人》对某些哲学体系的批判。罗素、波普尔于"形而上学和价值问题有关联"的深刻揭示，在东方则有统治中国达六百年以上的宋道学可资印证，也有今日依然流行的集约本体论、集约价值论的"国家哲学"可资印证。方东美认为追求"本体论"的统一与"价值论"的统一是哲学大精神，我则以为此两统一之再统一正是哲学大悲剧。

罗素《宗教和有关问题论文集》说人们信仰宗教的根本原因不是因为"论证"，而是"由于感情的原因"，苏珊·哈克《逻辑哲学》则说"感性"会影响"逻辑判断"，这正是杜威《哲学的改造》"哲学不是发源于理智的材料而是发源于社会的情绪的材料"之谓。罗素《宗教和有关问题论文集》又指出：为迎合自己口味不惜歪曲自然的哲学，或将某些经验的东西视为具有宇宙意义，"所有这一类哲学都是由妄自尊大造成的，最好要用一点天文学来加一矫正"。此正如张申府1931年版《所思》所说："天文教育是今日最必须的教育……天文可以使人博大，天文使人见到崇闳……人生最之最需要者固尤在闻音乐与知天文，音乐、天文乃最可以使人和悦，乃最可以使人高尚，乃最可以使人广大，乃最可以使人旷达……音乐、天文，本是中国所最长，但也是中国近年之所最缺。"心灵精细必须依赖音乐，而宏大必须依赖天文学，非以形而上学自雄博大崇闳，此形而上学哲学自雄往往只是语言的、概念的或心灵想象的，未必是自然事实或社会事实。本书的目的之一，就是以天文学来矫正道学家、哲学家之类对"道"或"天道"的哲学自雄，并以孔子天文学天道论的思想史证据来澄清"夫子之言性与天道不可得而闻也"，来澄清或鉴照后孔子者对该"不可得而闻"之"性与天道"的阐发是否得孔子真意。

其三，本书虽然经反复校对和修改，但错误一定还很多。古人云："校书如扫几尘，随扫随有。"希望有兴趣的读者朋友翻阅本书时能指正本书尚且存在的各种错误，比如：（1）观点错误，如来源于论证无效，此无效或在逻辑无效，或在证据失实或失真等；（2）字符错误，如错字、别字、漏字、多字（衍字）及特殊符号错用或点读不当等；（3）格式错误，如空格、空行、分段、注释插入等。错而不知、以非为是系遗憾，知错不改、谬种流传是罪孽，万望读者、方家帮我减少遗憾和罪孽。

本书征引古籍居多，且古文写法比现今复杂，故录错文字及句读标错现象常见（本书多数从四库、续四库征引不常见古籍并自己点读）。读者若发现尚存的格式错误、字符错误、观点错误，等等，敬请将指正意见径直电邮至 guoxue999@126.com，兹先表谢忱。但因今古有别及古版多样，有些今天看来属错用的文字并非有错，比如《大戴礼记》里孔子语"少成若天性，习贯之为常"及《贾谊新书》里孔子语"少成若天性，习贯如自然"，其"贯"字均非错引，而是原文如此；"贯"即"习"义，今多作"惯"，古则多作"贯"或"掼"。类似这种情况恕不一一指出。

其四，本书原有"余论"曰"关于《易传》等的几个问题"，因阐说篇幅大及将在本人研究《周易》经传术数与天文学问题的另著中详细展开，故兹抄存已删去的"余论"纲目为：①"是故形而上者谓之道，形而下者谓之器"；②"一阴一阳之谓道，继［系］之者善［禅？嬗？］也，成之者性［生］也"；③"易有太极［大恒］，是生两仪，两仪生四象，四象生八卦，八卦定吉凶，吉凶生大业"；④"生生之谓易……极数知来之谓占，通变之谓事，阴阳不测之谓神"；⑤说"神"：雷电现象与神龙观念；⑥说"帝"：天枢秩序与帝极观念。

其五，我们实难绝对做到孔子说的"毋意、毋必、毋固、毋我"之四毋，尤其学术讨论中的争鸣更是如此。但孔子曾说"学而不思则罔，思而不学则殆"，《荀子·正名》又谓"以仁心说，以学心听，以公心辨"及《荀子·解蔽》曰"不以所已臧害所将受谓之虚……未得道而求道者谓之虚壹而静"，我恳切希望读者、方家不吝指正。

我读硕士时所在的中国社会科学院研究生院曾以"自加压力、志在一流"为训词，我自1998年入学起即铭记之，并将永以自砥。

（林桂榛 2013 年 8 月 10 日撰）

按出版约定，本书原当在2013年底前出版发行，因作者研究《乐记》等耽误了编校工作，故拟延至2014年（故CIP编号及书号皆是2014年的）；后又因2014年作者由江苏师范大学迁到曲阜师范大学任教及有反复的新校对等原因，故再延迟至2015年底交付出版。本书的出版发行一再延误时间，兹特向师友、读者等说明并致歉。

（林桂榛 2015 年 11 月六校时补记）